임진왜란

동아시아 국제전쟁

임진왜란

동아시아 국제전쟁

이계황 지음

혜안

들어가며

　　　　　　　　광화문과 그 주변 지역 풍경은 참 아이러니하다. 이순신 장군 동상과 총독부 건물(지금은 철거되었다), 미국 대사관과 정부종합청사, 그리고 조선 최고의 왕으로 칭송받는 세종대왕 동상은 아무리 보아도 어울리지 않는다. 좀 더 시야를 넓혀 용산을 보자. 용산지역은 임진왜란 때도 청일전쟁 때도 외국군(일본군과 청군)이 주둔했던 곳이고(현재의 용산지역과는 완전히 일치하지는 않지만), 6·25='남·북한 무력 충돌' 이후부터 미군이 주둔하고 있던 지역이다. 이것을 다른 관점에서 본다면, 경복궁과 남대문이 상징하는 조선왕조의 영광(세종대왕 동상)과 조선왕조의 불행한 역사였던 임진왜란(이순신 장군 동상), 근대기의 총독부(조선총독의 관저였던 청와대까지 포함하여)로 상징되는 일본의 침략과 질곡에 찬 한국의 권력, 현대기의 민족 간 무력 충돌과 미국(미국 대사관) 등이 중첩하여 나타난다. 이러한 아이러니한 풍경 속에 임진왜란이 있고, 현재의 한국이 존재한다.

　　여기에 교육정책 측면을 부언해 보자. 1960년대 후반쯤에 소위 '애국조회'라는 것이 있었다. 거의 매주 월요일 조회 때마다 선발된 학생이 이순신 장군의 활약상을 조사하여 이를 전교생 앞에서 발표하게 하였다. 학생이 이순신 장군의 행적을 조사해서 발표한다 했지만, 사실

선생님이 제공한 자료를 선생님 지도하에 요약·발표하는 정도가 고작이었다. 또한 지금도 대부분의 초·중·고등학교에는 1970년대를 통해 세워진 이순신 장군 동상이 있다. 이것들은 박정희 정권이 실시한 교육정책의 한 방법으로 이루어진 것으로, 국난극복의 역사를 내건 한국의 또 다른 현실을 말하고 있다. 물론 이 정책이 박정희 독재정권의 정당화를 선전하기 위한 것이었음은 말할 나위도 없다.

이렇듯, 한국에서의 임진왜란은 역사의 질곡과 권력의 정통화·정당화, 혹은 필요에 따른 '역사의 정치화'·'선택적 기억'을 통해 정착하여 현재에 이르고, 때로는 과장되고 때로는 왜곡된 형태로 해석해 왔다. 특히, 이순신이 훌륭했던 장군이었음은 틀림없지만, 국난극복의 '성웅聖雄'으로 과대 포장하여 이순신을 자리매김함으로써, 임진왜란의 역사 의의·의미가 오히려 축소되거나, 편향될 우려마저 있는 것이 현실이다.

위와 같은 상황으로 말미암아 임진왜란의 성격 및 역사 의의, 그리고 임진왜란의 역사상歷史像을 올바르게 정립될 수 없었다. 그 최대 이유는 임진왜란을 조선과 일본, 혹은 조·명과 일본의 전쟁으로 파악하는 '일국사一國史' 시각과 전투사의 총합을 전쟁사로 파악하는 시각을 들 수 있다. 임진왜란이 조선·명·일본의 '동아시아 국제전쟁'이었음은 조선에 파견된 명군 속에 동남아시아 여러 나라의 군사가 편입되어 있었다는 사실이 상징하고 있다.[1] 류큐와 동남아 지역 국가들이 임진왜란과 직간접으로 관련되어 있었던 사실의 역사 의의는 앞으로 좀 더 천착하여 명확히 해야 할 연구 과제이다.

이 책은 임진왜란의 성격을 조·명·일에 국한한 '동아시아 국제전쟁'으로 규정한다. 위 명과 류큐, 그리고 동남아 여러 국가의 직간접의 임진왜란 개입을 들어, 임진왜란의 성격을 '동아시아 국제전쟁'으로

---

1   李鉉淙,「壬辰倭亂時 琉球·東南亞國人의 來援」,『日本學報』2, 1974.

규정한 것은 아니다. 그것은 임진왜란이 조·명·일 3국의 국가 이해가 서로 뒤얽혀 있고, 그 해결 방법도 동아시아 3국의 이해관계와 밀접하게 관련되어 있으며, 따라서 전쟁 기간의 대부분이 외교교섭으로 채워져 있고, 임진왜란 이후의 3국 사이의 관계도 이전과는 다른 형태로 나타나기 때문이다. 예를 들어 임진왜란의 원인·전개 과정을 보면, 일본은 '전국 규모의 대명영국제大名領國制'가 가지는 모순의 해결을 위해, 명은 일본의 명침략을 조선에서 방어하기 위한 전략='순망치한론脣亡齒寒論, 문정론門庭論'에 입각한 군사전략과 그에 입각한 전투, 조선은 자신의 안위를 책봉체제를 이용하면서 일본군을 방어하기 위한 전략으로 명에 원병을 요청하여 전쟁을 수행한다. 이러한 구조가 전투·전쟁의 성격을 규정하는 기본요인이며, 조·일과 명·일 사이의 외교교섭이 전쟁 기간의 대부분을 차지하게 한 요인이다. 임진왜란이 위와 같은 성격의 전쟁이었기 때문에, 전쟁 후의 조·일, 조·명 외교교섭도 위 문제들과 서로 뒤얽혀 복잡다단하게 전개된다. 그리고, 전쟁 종결 이후의 동아시아 국제관계도 책봉체제를 중심으로 한 명분 외교에서 현실을 중시하는 외교관계로 전환하고 있다고 하겠다.

  위와 같은 시각에서 이루어진 연구성과는 아직 미흡하다. 아니, 아직 없다고 해도 지나치지 않을 것이다. 임진왜란과 조·일 국교 재개 교섭에 관한 이제까지의 중요 연구로는 뒤에서 보듯이 이케우치 히로시池內宏, 나카무라 히데타카中村榮孝, 다나카 다케오田中健夫, 다시로 가즈이田代和生, 미야케 히데토시三宅英利, 기타지마 만지北島万次, 나카노 히토시中野等, 이현종, 이원식, 이진희, 민덕기, 유재춘, 김문자의 연구들을 들 수 있다.

  이 연구들은 높은 수준의 실증 연구로 평가받고 있으나, 여러 오류를 포함하고 있고 사료 사용에 편의성이 있다는 약점을 안고 있다. 그리고 일본학계의 연구는 주로 조선사료를 사용하면서도 일본 입장만을 강조하는 경향이 강하여, 국제적 시각·시야를 결여함으로써 조·일 국교 재개 교섭이 동아시아사에서 가지는 역사 의의를 명확히 하지 못한 치명적인 결점이 있다. 나아가 국제적 시각·시야를 결여하여 조·일 국교 재개 교섭 과정의 시기 구분도, 각 시기의 특징도 명확히 하지 못하고 있다.

동아시아 지역사의 시각에서 임진왜란을 '동아시아 국제전쟁'으로 규정하고, 임진왜란의 전체상을 구축하는 것을 목적으로 한 이 책은 1994년 필자의 교토대학 박사학위논문 『文祿·慶長の役における東アジアの國際狀況と朝·日の國交再開交涉』, 그것을 바탕으로 출간한 『文祿·慶長の役と東アジア』(臨川書店, 1997), 그리고 한국과 일본에서 발표한 논문들을 모아 구성하였다.

1장 임진왜란 연구의 현황과 과제는 제2기 한일역사연구공동연구위원회 근세사부 활동으로 생성된 「임진왜란과 동아시아」(『한일역사의 쟁점 2010』, 경인문화사, 2010)과 「임진왜란을 보는 눈」(『역사 속의 한일관계』, 동북아역사재단, 2009)를 엮어 편집한 것이다. 2장 임진왜란 원인론은 제2기 한일역사연구공동연구위원회 근세사부 활동 보고를 책으로 묶은 「한국과 일본학계의 임진왜란 원인론에 대하여」(『동아시아 세계와 임진왜란』, 경인문화사, 2010)를 바탕으로 편집한 것이다. 3장 동아시아 속의 임진왜란은 「朝鮮から見た文祿·慶長の役」(『岩波講座日本歷史 第10卷 近世 1』, 岩波書店, 2014)를 바탕으로 하였다. 그리고, 4장 정응태무주사건丁應泰誣奏事件과 강화교섭 이하는 모두 『文祿·慶長の役と東アジア』(臨川書店, 1997)에 실려 있는 논문들을 바탕으로 첨삭을 가하였다.[2]

이상에서 알 수 있듯이, 이 책의 내용은 필자가 대개 2000년대 초기까지 발표한 논문들을 바탕으로 하고 있다. 임진왜란과 조·일 국교 재개

---

[2] 참고를 위해 위의 학위논문 일부를 논문으로 발표한 「慶長の役後の國際關係」, 『史林』 76-6, 1993 ; 「慶長の役の最末期における丁応泰無奏事件と日·明將らの講和交涉」, 『日本史研究』 389, 1995 ; 「和好交涉における朝·日の態度」, 『日本國家の史的特質(近世·近代)』, 思文閣出版, 1995 등을 적어둔다.

교섭에 관한 최근 연구가 있음은 필자도 알고 있다. 그러나, 책을 출간하면서 이 연구성과들을 따로 참고하지는 않았다. 책의 바탕이 된 『文禄·慶長の役と東アジア』는 일본어로 작성된 것이어서 일본어를 읽을 수 없는 한국 독자들이 접할 기회가 없었다. 이번에 이 책을 출간하여 그 내용을 한국 독자들에게 소개하고, 특히 필자가 보는 임진왜란을 독자에게 알리고 싶었다. 일본어로 된 책은 출간된 지 이미 25년이 지난 연구서고, 그 바탕이 되었던 논문들 역시 이미 10년 이상 된 것들이어서, 이미 연구사 속에나 언급해야 할 것들이다. 따라서, 굳이 후학들의 연구에 비판의 칼을 들이대고 싶지 않았고, 최근 연구성과들을 참고할 필요도 느끼지 않았다. 오히려 독자들에게 필자의 1990년대 연구수준을 연구사 속에서 펼쳐 보이는 편이 임진왜란상을 이해하는 데 더 도움이 될 수 있다고 판단했다.

한편, 필자의 예전 논문들은 한문이나 근세 일본어를 그대로 인용하였기 때문에 고도로 훈련된 독자가 아니면 그 내용을 이해하기 매우 어렵다. 이 책을 출간하면서 한문이나 근세 일본어 사료는 번역해서 싣되, 필요에 따라 축약하기도 하고 의역하기도 하였다. 이 때문에 사료의 어감이나 이미지가 조금 손상될 염려가 없는 것은 아니나, 기왕 독자들에게 의미를 제대로 전달할 생각이라면 그렇게 하는 것이 좋겠다고 판단했다. 그리고 많은 독자들에게 일본사는 익숙하지 않을 것이라 생각해, 곳곳에서 이 책의 내용과 관련한 일본사를 부연 설명하였다. 역시 이로 인해 논리 전개가 다소 매끄럽지 못하고, 진부하고, 부연설명이 중복되면서 독서의 긴장감을 감소시킬 염려가 있으나, 독자들의 가독성을 높일 의도인 만큼 미리 독자들의 양해를 구하고 싶다.

이 책은 주제의 선명성을 살리기 위해 그 바탕이 된 『文禄·慶長の役と東アジア』와 같은 구성을 취했다. 그런데, 정유재란 종기와 정유재란 종결 직후의 강화교섭, 정응태무주사건, 그리고 명군과의 유철留撤교섭은 거의 동시기에 상호 관련하면서 전개된다. 그런 까닭에 이 시기를 하나의 주제로 다루어 그 주제들의 상호 관련성을 강조하여 서술하는 것이 효과적이라고 생각하나, 이 책의 구성은 주제들의 선명성과 논리성을 강조한 『文禄·慶長の役と東アジア』의 구성을 따른 것이다. 이에 책에 담긴 주제들의 상호 관련성을 보강하려다 보니 아무래도 곳곳에서 내용이 반복되기도 하고 부연설명이 되기도 했다. 이 때문에 독자들은 읽기에 지루하고 부담스러움을 느낄 수도 있을 것이다. 그럼에도 이 책에서 다루는 주제에 관심을 가진 독자들에게 주제들의 연관성을 이해하도록 하기 위해 약점을 인지하면서도 중복과 부연설명이라는 선택을 했다. 이 점도 독자들께서 어여삐 보아주기 바란다.

이 책은 임진왜란의 시발에서 동아시아 평화체제의 완성으로서 조·일 교린관계의 성립까지를 연구대상으로 삼고, 임진왜란을 동아시아 지역사의 시각에서 입체적이고 동태적이고 총체적으로 이해하고자 했다. 그리고 조선, 명, 일본을 상호 '타자'로 보고, 임진왜란을 조·명·일 3국의 '동아시아 국제전쟁'으로 규정하고, 전투사의 총합이 아닌 동아시아 전쟁사로 파악하고자 하였다. 이렇게 하여 임진왜란의 특징과 역사 의의를 명확히 하고, 일국사―國史 시각에 퇴색된 얄팍한 역사의식으로 뒤틀린 임진왜란의 역사상을 바로잡고자 했다.

1장 임진왜란 연구의 현황과 과제는 책의 도입부에 해당하며, 2장 임진왜란 원인론은 임진왜란 연구의 시각·서술과 그 성격을 규정하기 위한 기초작업이다. 3장 동아시아 속의 임진왜란은 위 시각을 바탕으로 동아시아 지역사로서의 임진왜란상='동아시아 국제전'으로서의 임진왜란상을 입체적이고 총체적으로 서술하고자 한 시도다. 4장 정응태무주사건과 5장 명군 유철을 둘러싼 조선과 명, 6장 정유재란 종결 전후의 강화교섭과 조선에서는 당시의 조선과 명의 정치·군사·외교 상황 및 관계를 명확히 하고 더불어 조·일 강화·화호 교섭을 규정하는 요소를 추출하고자 하였다. 즉, 조·명, 조·일, 명·일 외교관계에 임진왜란이 남긴 외교과제가 무엇이었는지를 확인한다. 7장 조·일 화호·통호 교섭과 8장 조·일 화호·통호 관계의 성립은 위 임진왜란이 남긴 외교과제들을 조·일 양국이 어떻게 풀어나가면서 조·일 교린관계를 성립시키는지, 그리고 그것이 조·일 양국에 무엇을 의미하는지를 명확히 하고자 하였다.

이 목적을 달성하기 위해, 1장에서는 한국과 일본 학계의 임진왜란 연구 현황과 과제를 시기별로 사회상황과 문제의식을 관련시키면서 다루고자 한다. 이를 통해 시기별로 임진왜란 연구경향과 그 결과로서의 임진왜란의 역사상歷史像이 무엇을 의미하는지 살펴보고, 임진왜란 연구에서 주목해야 할 점을 다루고자 한다.

2장에서는 한국학계와 일본학계의 임진왜란 원인론을 다룬다. 임진왜란에 관한 많은 연구에도 불구하고, 임진왜란의 발발 원인에 관한 논의는 여전히 분분하여 정설이 없다. 이 부분은 참으로 이해하기 어렵다. 모든 역사 설명방법은 인과 필연의 원칙을 따르도록 강조하면서도, 임진왜란의 발발 원인에 대한 정설이 없다는 것은 이 전쟁의 서술에 일관성·논리성, 그리고 역사상이 불분명함을 의미한다. 이에 2장에서는 위의 시각에서 한국과 일본 학계의 현재까지의 임진왜란 원인론을 살펴보고, 그에 대한 비판을 통해 배우면서 필자 나름의 임진왜란 원인론을 제기하고자 한다.

3장에서는 필자 나름의 임진왜란 원인론을 바탕으로 동아시아 지역사의 입장과 조·명·일의 타자성을 인정한 전투사가 아닌 전쟁사로서의 임진왜란상='동아시아 국제전쟁상'을 추구·구축하고자 한다. 이러한 입장에서 동아시아 속의 임진왜란이라는 제목으로 도요토미 히데요시豊臣秀吉의 조선침략계획, 명분 없는 침략-임진왜란, 강화 없는 '강화교섭', 허무한 전쟁-정유재란 순으로 기술하여 임진왜란 전체의 역사상을 추구하고자 한다.

　4장에서는 정응태무주사건을 다룬다. 정응태무주사건은 정유재란 말기에 경리 양호가 명 조정에 울산성전투 보고를 올렸는데 정응태가 이 보고는 허위라고 상주하면서부터 시작된 것이다. 이 사건에는 명 조정의 일본과의 강화파와 주전파 간의 대립이 포함되어 있고, 더욱이 임진왜란의 발발과 관련한 '조·일 음결'의 의구심이 포함되어 있다. 사건의 추이에 따라서는 조선이 임진왜란 발발의 책임도 뒤집어쓸 사안이었고, 조선의 군사·외교권이 근본에서 박탈당할 상태에 이를 수도 있는 대사건이었다. 즉, 정응태무주사건은 조선의 존망과 관련된 대사건이었다. 이 장에서는 정응태무주사건의 발생과 그에 대한 조선의 대응을 다루어, 명 조정과 조선에 파견된 명 장수들이 임진왜란·정유재란을 바라보는 태도를 명확히 하면서 명 조정의 동아시아 전략의 일단을 살피고, 이에 대한 조선의 대응을 살펴, 정응태무주사건의 역사 의의를 명확히 하고자 한다. 이는 임진왜란 이후의 조·명 외교·군사 관계, 조·일 국교 재개 교섭을 근저에서 규제하고 있는 요소를 장악하기 위함이다.

　5장에서는 조선 주류 명군의 유병留兵과 철병撤兵의 교섭 과정을 다룬다. 이 문제는 명군의 조선 내원과 논리상 수미首尾 관계에 있는 것으로, 명 장수들과 일본 장수들의 강화교섭, 일본군의 재침 가능성과 그에 대한 조·명의 대응과도 관련되고, 조선으로서는 일본과의 강화·화호 교섭과 조선 군사·외교권의 회복, 그리고 정응태무주사건과도 관련된 당면한 정치·군사·외교 상의 최대 사안이었다. 여기에서는 명군의 유철留撤을 둘러싼 조선과 명, 그리고 조선과 명 장수들의 대응을 위 사안들을 고려하며 살펴보고자 한다. 이는 특별히, 현재 미국군이 주류하고 있는 우리나라 상황에서, 외국군의 주둔과 철수를 어떻게 볼 것이고, 동시에 외국군 철수에 얼마나 많은 처절한 노력이 필요한지를 생각하는 계기도 되기를 바란다.

6장에서는 정유재란 종결 전후시기의 명·일장들의 강화교섭과 조·일 교섭을 다룬다. 보통은 임진왜란기의 조·일, 명·일, 명·일장들의 강화교섭은 주로 다루고, 정유재란기의 명·일장들의 강화교섭은 소홀히 다루는 경향이 있는데, 임진왜란(정유재란 포함) 이후의 조·일, 명·일장들의 강화·화호 교섭은 정유재란 종기의 강화교섭을 전제로 진행되었다. 그 전제는 조선 왕자·대신의 일본파견 및 조선의 일본입조入朝였다. 그리고 일본군의 철수로 확보를 위해 명군은 명 조정의 허락도 없이 비밀리에 일본으로 인질을 파견하였다. 이 문제들은 조·명 장수의 일본과의 강화·화호 교섭, 조·명 장수들의 유철 교섭과도 맞물려 있고, '조·일 음결' 문제와도 긴밀히 관련되어 있다. 이러한 관점에서 조·명·일의 상황 변화에 주목하면서, 정유재란 종결 전후기의 명·일장의 강화교섭과 조·일 강화교섭의 추이를 살피고자 한다. 이것은 이후의 본격적인 조·일 화호교섭이 이 시기에 제기된 문제들을 해결하고 나서 진행되기 때문에, 본격적인 조·일 화호교섭의 전제를 명확히 하고자 하는 의도다.

4, 5장은 현재까지 연구성과가 빈약하고, 필자도 급하게 정리하여 많은 오류가 있을 것으로 보이며, 아직 사실관계도 불분명한 점이 많다. 6장도 또한 그러하다. 필자의 위 연구를 바로잡을 후학의 훌륭한 연구성과를 기대한다.

7장에서는 조선주류 명군이 철수한 후의 조·일 화호·통호 교섭을 다룬다. 조선주류 명군의 철수는 명의 동아시아 전략의 변화를 반영한 것으로 조·일의 화호·통호를 인정한다는 의미다. 조선은 명군의 철수를 통해 군사·외교권을 확보하고, 이를 바탕으로 조·일 외교에 적극 임하게 된다. 그렇다고, 조선이 명과 교섭 없이 독단으로 조·일 외교를 전개할 입장은 아니었다. '조·일 음결' 문제는 사정에 따라서 언제든지 재현될 수 있는 사안이었기 때문에, 조·일 관계는 그 성격상 조·명

관계의 정상화 없이는 불가능한 것이었다. 따라서, 조·일 화호교섭 과정은 당연히 조·명 관계의 정상화 교섭과 맞물려 있다. 한편, 쓰시마는 경제상의 이익을 위해 최선을 다해 조선과의 화호교섭에 임하였고, 도요토미 히데요시를 이은 도쿠가와 이에야스德川家康는 외교권을 장악하여 권력을 강화하려 하였다. 위와 같은 상황에서 조선과 쓰시마對馬島 간에 화호관계가 성립하고, 일본과의 화호·통호 교섭으로 넘어가게 된다. 이 글에서는 위의 상황을 염두에 두면서, 조선의 쓰시마 기미책, 명의 동아시아 전략의 변화, 이러한 상황 변화에 따른 조선과 쓰시마의 화호교섭 과정과 조선·쓰시마의 화호관계 성립을 서술한다.

8장에서는 조·일 화호교섭 과정과 조·일 교린관계의 성립을 다룬다. 조선이 일본과의 화호·통호 교섭에 임한다는 것은 명과의 관계─조선의 자주적인 군사·외교권을 명에게 인정받은 것을 의미하고, 그 실행이 조·일 교섭을 통해 나타난 것으로 볼 수 있다. 한편, 일본은 이에야스의 장군직 취임과 관련하여 조선의 신사 파견을 요청하였다. 그러나, 조·일 화호·통호=교린관계의 설정에는 선결해야 할 사항들이 존재했다. 그것은 일본 통치권자의 확인, 임진왜란 발발 책임론, 그에 따른 사과와 그 표현으로서의 신뢰성·성의성의 확보, 그에 따른 국서교환의 방법 및 조건 등을 들 수 있다. 이 글에서는 이상의 문제 등이 조·일 외교교섭을 통해 어떻게 해결되고, 당시 조·일 양국의 주요 관심사가 무엇이었고, 조·일 교린관계의 성립이 어떤 역사 의의를 갖는지 등을 명확히 하고자 한다.

필자의 이 같은 지향이 책에 얼마나 반영되어 독자들을 설득해 낼 수 있을지는 알 수 없다. 판단은 오롯이 현명한 독자들의 몫이다. 다만, 이 책을 통해 독자들이 그동안 이해하고 있던 임진왜란을 다시 되돌아볼 계기가 된다면, 필자로서는 그것으로 만족하며 무상의 영광으로 생각한다.

글 싣는 차례

들어가며 5

1장 임진왜란 연구의 현황과 과제 19

머리말 ·· 21
한국학계의 임진왜란 연구현황 ·· 24
일본학계의 임진왜란 연구시각 ·· 29
맺음말을 대신하여 ·· 40

2장 임진왜란 원인론 45

머리말 ·· 47
한국학계 ·· 49
일본학계 ·· 57
　패전 전 57 | 패전 후 70
맺음말 ·· 88

글싣는 차례 15

3장 동아시아 속의 임진왜란 95

머리말 ··· 97
도요토미 권력의 조선침략 계획 ·· 98
명분 없는 침략-임진왜란 ··· 117
    파죽破竹의 진격 117 | 조·명군의 반격 127
강화 없는 '강화교섭' ·· 140
허무한 전쟁-정유재란 ·· 154
맺음말 ··· 170

4장 정응태무주사건丁應泰誣奏事件과 강화교섭 173

머리말 ··· 175
정응태무주사건의 발생과 강화교섭 ·· 176
    명·일 장수들의 강화교섭 176 | 제1차 정응태무주와 조선의 대응 180
    제2차 진주사 파견 187
제2차 정응태무주사건 ·· 190
조선의 대응 ·· 196
맺음말 ··· 203

5장 명군 유철留撤을 둘러싼 조·명 교섭 205

머리말 ··· 207
제1차 철병-명의 '3만 유병안'과 조선의 '1만5천 유병안' ····································· 209
제2차 철병-명의 '1만5천 유병안'과 조선의 '8천 유병안' ···································· 222
제3차 철병-명의 '1만 유병안'과 조선의 '3천 유병안' ··· 229
명군의 완전 철병과 조선의 '1천 유병안' ··· 240
맺음말 ··· 246

6장 정유재란 종결 전후의 강화교섭과 조·명·일 3국의 동향 249

머리말 ··· 251
정유재란 종기의 강화교섭과 조선 ·· 252
　명·일 장수들의 철병 교섭 252 ｜ 쓰시마 정벌론 261
정유재란 종결 직후의 강화교섭 ··· 269
강화교섭에서 화호교섭으로의 전환 ·· 286
맺음말 ··· 305

7장 조·일 화호·통호 교섭 309

머리말 ··· 311
명군 철수 후의 조선과 명 ·· 313
　쓰시마 기미론 313 ｜ 명의 동아시아 전략의 변화 319
조선과 쓰시마의 화호교섭 ··· 328
정탐사 파견과 조선·쓰시마의 화호관계 성립 ······································ 344
맺음말 ··· 364

8장 조·일 화호 관계의 성립 367

머리말 ··· 369
조선·쓰시마의 화호 성립 ··· 371
'회답겸쇄환사' 파견을 둘러싼 조·일 교섭 ·· 391
맺음말 ··· 422

나오며 427

찾아보기 433

1장

임진왜란 연구의 현황과 과제

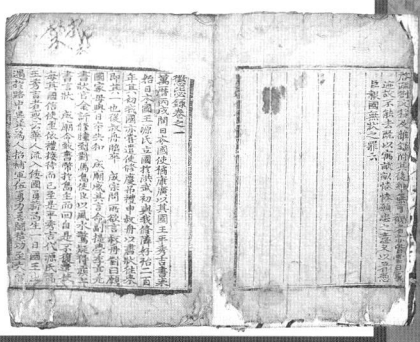

> 임진왜란 연구에서 느끼는 갑갑함은, 산이 있고 그 산에 여러 봉우리가 있는데, 그 가운데 한 봉우리씩은 가보고 전체 산은 가보지 못하여 그 산 전체의 경관을 보지 못한 데서 온다.

머리말

임진왜란에 관한 논의는 임진왜란이 끝난 직후부터 조선·명·일본에서 시작되었다. 주지하듯이 임진왜란이 끝난 후 유성룡은 『징비록懲毖錄』을, 일본의 호리 마사오키堀正意는 『조선정벌기朝鮮征伐記』를, 명明의 제갈원성諸葛元聲은 『양조평양록兩朝平攘錄』을 저술하였다. 이는 임진왜란이 동아시아 3국의 일대 사건이었고, 그 영향 또한 심대한 것이었음을 보여준다. 동시에 임진왜란의 '동아시아 국제전國際戰' 성격을 나타내고 있다. 그런 까닭으로 전근대기에도 임진왜란에 관한 기술은 한·중·일 3국 모두 비교적 풍부하며, 내용도 다양하다. 이에 관해 담론 연구방법을 통해 '동아시아 지역사' 입장에서 더욱 천착할 필요가 있다.

임진왜란은 한국과 일본에서 단일 주제로는 최대의 연구업적을 자랑하는 연구 주제고, 연구의 소주제도 다양하며 방법론 또한 다양하다. 이것은 연구의 다양성이라는 측면에서 바람직하다고 하겠으나, 한편으로는 임진왜란 이해를 혼란스럽게 만들기도 한다. 그러다 보니 현재 임진왜란에 대한 학설들을 상세하게 이해하는 데는 많은 시간과 노력을 필요로 한다. 임진왜란은 400여 년 전 명을 포함한 조선과 일본 사이에 일어난 '동아시아 국제전쟁'이라고 했는데, 그에 대한 연구는 위에서 보았듯이 근대 국민국가 형성기-현재도 대부분 그렇지만-의 국가 이데올로기와 관련되어 있고, '밝은 역사'에의 유혹 등으로 말미암아 한·일 학계 사이에 첨예하게 대립하는 양상을 내포하고 있기도 하다. 임진왜란에 대한 한·일 역사학계의 연구성과와 평가가 같을 필요는 없지만, 한·일 역사학계의 연구성과가 지향하는 역사 의의·의미가 어떠한 내용을 함의하고 있고, 그 성과들이 무엇을 지향하고, 어떠한 연구방법을 구사하는지, 이들 연구성과의 문제점은 어떤 것인지 등은 꼼꼼히 확인해볼 필요가 있다 하겠다.

임진왜란에 대한 연구사가 정리되지 않은 것은 아니다. 기타지마 만지北島万次는 1990년 「豊臣政權の朝鮮侵略に關する學說史的檢討」를 발표했다.[1] 그는 위 논문에서 에도江戶시대로부터 1980년대까지의 연구성과를 대상으로 대표 연구자의 저술을 분석하고 그들의 연구성과, 연구방법론 및 문제점을 명확히 했다. 이 연구는 한·일 양국을 통틀어 최고 수준으로 평가받고 있으며, 현재까지도 지대한 영향력을 유지하고 있다. 그러나, 이 연구는 임진왜란에 대한 연구성과 전반을 다룬 것이어서 각 주제를 충분히 고찰하였다고는 할 수 없다. 한편 제1기 한일역사공동연구위원회는 임진왜란 연구사를 주제로 설정하여, 당시까지의 연구성과와 그 과제를 정리하였다.[2] 2004년까지의 연구성과를 망라하여 정리하고, 문제점들을 지적한 이 보고서들은 시기별, 주제별로 연구

---

1 北島万次, 「豊臣政權の朝鮮侵略に關する學說史的檢討」, 『豊臣政權の對外認識と朝鮮侵略』, 校倉書房, 1990.
2 박재광, 「壬辰倭亂 硏究의 現況과 課題」, 『한일역사공동연구보고서(2)』, 한일역사공동연구위원회제2분과, 2005 ; 六反田豊·田代和生·吉田光男·伊藤幸司·橋本雄·米谷均·北島万次, 「文祿·慶長の役(壬辰倭亂)」, 『한일역사공동연구보고서(3)』, 한일역사공동연구위원회제2분과, 2005.

사를 정리하여 현재까지의 연구성과를 조감하는 데 아주 유익하다. 특히, 보고서에 임진왜란 연구 문헌목록이 일목요연하게 정리되어 있어서 임진왜란 연구에 많은 도움을 주고 있다. 그러나, 이 보고들 역시 임진왜란 연구 전반을 대상으로 하고 있어서 각 주제에 관해 충분히 고찰하였다고는 할 수 없다.

위에서도 언급했듯이 임진왜란은 한국에서도 일본에서도 최대의 연구성과가 축적되어 있고, 다양한 시각에서 연구가 이루어졌다. 그럼에도 임진왜란의 전체상은 여전히 정립되지 않은 채다. 그것은 주로 한·중·일 3국 모두가 일국사—國史의 시점에서 소주제에 집착하여, 동태적이고 종합적인 시각이 미약하거나 결여된 데서 비롯되었다고 보인다. 이 글은 임진왜란 연구의 진작을 위해, 일본의 연구시각과 한국에서의 연구현황을 이제까지의 연구사 정리와는 다르게 해방 후로부터 2006년도 전반기까지를 대상으로 사회상황과 관련한 임진왜란 연구경

〈5년 단위별 임진왜란 연구 문헌 분류표〉

연도＼분야	단행본	정치	경제	사회	인물	의병	전투	외교	기타	계
~1950	6				4					10
51~55	3				6				2	11
56~60	5			1	2				1	9
61~65	4		3	2	5	2	1	4	2	23
66~70	5		1		3	5	4		2	20
71~75	11	6	2	2	3	3	2	3	2	34
76~80	9	2	1	1	2		2	3	4	24
81~85	6	1	2		9	10	13	3	16	60
86~90	18	6	2	4	6	7	5	7	9	64
91~95	18	9		2	10	16	38	11	23	127
96~00	25	6	5	7	22	12	21	7	30	135
01~05	37	7		6	26	18	23	3	66	196
계	147	37	16	25	98	73	109	51	157	713

* 「倭亂·胡亂硏究論著目錄」, 『韓國軍事史論文選集 5』, 國防軍事硏究所, 1999 ; 박재광, 「壬辰倭亂 硏究의 現況과 課題」, 『한일역사공동연구보고서 2』, 한일역사공동연구위원회 제2분과, 2005, 국회도서관 소장 도서·논문 검색 등을 통해 작성하였음.

향을 시기별로 나누어 살펴보고, 임진왜란 연구에서 고려해야 할 몇 가지 사안을 생각해 보고자 한다.

한국학계의 임진왜란 연구현황

해방 이후 한국 역사학계는 임진왜란을 어떻게 연구해 왔을까? 다음 〈표〉에서 알 수 있듯이 임진왜란 연구는 1960년대부터 시작되었다. 양적인 면에서 1950년대 19편이던 연구는 1960년대에 43편으로 가파른 증가세를 보인다. 이후 1970년대의 소강시기를 거쳐 1980년대에는 1960년대의 약 3배, 1970년대의 약 2배 정도의 연구성과가 발표된다. 나아가 1990년대에 이르면, 1980년대의 약 2배 정도, 1960년도의 약 6배 이상 연구성과가 발표된다. 2000년대 전반기에는 1990년대의 약 1.5배 정도의 증가를 보였다.

이렇게 보면, 임진왜란에 대한 본격적 연구가 시작된 것은 1980년대 이후라고 해야 할 것이다. 그 이전에 연평균 한 자리 수에 머물던 연구성과가 두 자리 수로 올라선 것이 이를 상징한다. 즉, 1970년대에 연평균 5.8편이던 것이 1980년대에는 연평균 12.4편에 이르렀다. 1980년대의 이러한 본격적 연구를 바탕으로 1990년대에는 연평균 26.2편, 2000년대 전반기는 39.2편으로 증가하여, 임진왜란 연구는 단일주제로는 국내 최대의 연구성과를 나타내고 있다고 보아도 좋을 듯하다.

한편, 임진왜란 연구를 분야별로 살펴보면, 정치 37편, 경제 16편, 사회 25편, 인물 98편, 의병 73편, 전쟁 109편, 외교 51편으로, 인물, 의병, 전투연구가 전체의 약 절반을 차지한다. 더욱이 기타 분야를 제외하면, 순수한 임진왜란 연구의 약 70%를 차지한다. 이러한 인물 중심의 임진왜란 연구는 일종의 전통처럼 보인다. 1950년대에는 거의 이순신에 편중·집중되었고, 1960년대에도 이순신과 의병장 연구에 집중되었다. 이러한 연구경향은 1970년 이후 지금까지 이어지고 있다. 이렇듯 인물과 의병 연구, 그리고 전투가 인물과 상호 관련되어 있다 보니 한국의 임진왜란상은 주로 인물에 기대어 구성될 수밖에 없다. 이것은 한국의 임진왜란 연구의 문제의식과 경향을 상징적으로 보여 준다.

임진왜란 연구에 대한 시기별 특징을 보자.

1960년대에는 1950년대의 인물 연구 편중에서 경제, 사회, 의병, 전투, 외교 등의 분야로 확산한다. 그러나, 여전히 인물 중심의 연구, 즉 이순신과 의병, 그리고 그것과 관련된 전투 등에 관한 연구가 전체 연구의 약 절반을 차지한다. 특히 이순신에 관한 연구가 전체 연구의 3할 이상에 달하여, 여전히 1950년대 이래의 연구경향이 지속되고 있다. 그러함에도 이 시기 연구에서 주목되는 것은 김석희, 이재호, 이장희 등에 의한 의병 관련 연구다. 이를 통해 소위 '의병사관'이 형성되기 시작한다. 또한 이 시기에 연구영역이 정치, 경제, 전투, 외교 분야로까지 확대된 것은 비로소 이 시기에 임진왜란에 관한 역사학적 연구가 출발하였다는 것을 시사한다.

1970년대에도 1960년대와 같은 연구경향을 보이지만, 70년대에는 인물, 의병, 전투에 관한 연구가 전반적으로 감소한다. 즉, 위 3분야에 관한 연구가 1960년대에 21편, 1970년대에 12편으로 반감한다. 이 같은 경향을 어떻게 이해하면 좋을까? 위에서 언급하였듯이 60년대 후반부터 교육정책으로 말미암아 임진왜란 연구는 이순신 장군에게 집중되었다(당시 임진왜란 연구가 육군과 해군의 정훈실을 중심으로 이루어졌다는 것은 국회도서관 「임진왜란 연구목록」을 조사해 보면 쉽사리 알 수 있다). 또한 60년대 후반부터 70년대를 통해 이순신 장군 동상이 각 학교에 세워졌다. 1965년은 한일협정이 체결된 해이기도 하다. 그런데도 임진왜란 연구가 그다지 증가하지 않은 것은 연구자들의 정권에 대한 저항을 나타내고 있는 것인지도 모르겠다. 한국의 뿌리 깊은 반일감정이 작용한 것으로도 보인다.

하지만, 이 시기에 전투와 의병 연구가 지속되었다는 것은 국난극복을 주제로 한 연구가 정권의 의도와는 다른 방향으로 향할 가능성도 내포하고 있다. 즉, 국가와 정권을 분리하여 과감히 전투에 임했던 민중=의병의 활약을 애국적인 행위(=정권과 무관한 애국)로 도출해내고 싶었을지도 모른다. 당시의 대표적 연구서로 이형석李炯錫의 『壬辰戰亂史』 상·중·하(壬辰戰亂史刊行會, 1967)를 들 수 있는데, 이 책의 저자 이형석은 훈련을 받은 역사학자는 아니다(그러나 임진왜란 전투에 관한 방대한 사료를 사용한 실증적인 연구로 중요한 성과를 거뒀다). 약 1,000쪽에 달하는 『太陽이 비치는 길로』 상·하(삼중당, 1973)라는 책의 저자도 역사학자가 아닌 문학가 이은상이다. 위의 저서들은 박정희 정권이 임진왜란을 이데올로기로 이용하였음을 상징적으로 잘 보여준다. 그런데, 이러한 '역사의 정치화'를 통한 이데올로기 창출이 역사학자들이 아닌 비역사가들과의 협조에 의해서였다는 점(육군과 해군의 정훈자료로서 많은 글이 실렸던 점은 독재정권의 이데올로기가 주로 군인을 통해 이루어졌고, 동시에 정권의 기반이 군軍에 있었다는 점을 나타낸다)은 이 시기의 암울함을 여실히 보여준다 하겠다. 또 당시의 임진왜란 이해가 얼마나 감상적이고 비논리적이었는가를 잘 보여준다.

1972년 10월의 폭거(10월유신)가 일어난 후, 모든 방면에서 감시와 규제가 강화되면서 인물·전투·의병사 연구는 21편에서 12편으로 줄고, 1973년 이후부터 1980년까지 임진왜란 연구는 전반적으로 소강상태를 보인다. 그런데 의병과 인물 연구가 감소 추세를 보인 데 비해 정치와 외교 분야 연구는 증가한다. 이는 독재정권의 이데올로기 혹은 정당화에 이용될 수 있는 인물과 의병의 연구를 피하면서, 임진왜란 당시의 군사제도와 정치역학관계, 그리고 임진왜란의 사회·경제상의 영향, 한·중, 한·일 외교관계로 연구의 눈길을 돌린 것으로 보인다.

임진왜란 연구가 본격화된 것은 1980년대에 들어와서부터로, 연구논문 수도 모든 분야에서 이전보다 2배 이상이다. 이러한 연구의 급증은 어떻게 설명해야 좋을까?

우선, 임진왜란에 대한 정치분야 연구의 증가는 1980년대의 정치상황과 관련이 있을 것이다. 주지하듯이 80년 박정희 정권이 붕괴하고, 이는 모든 분야에 영향을 미쳤다. 우선 60년대 이래 박정희 정권의 교육정책에 의해 왜곡된 임진왜란상을 재정립하려는 움직임이 생겼다. 70년대까지 이순신에게 집중되었던 연구는 다른 인물들의 평가로 이행하였고, 지금까지 소홀히 평가받았던 인물 혹은 밝혀지지 않았던 인물을 재평가하는 연구가 급증하였다. 그리고, 수군水軍 중심의 전투에서 의병을 포함한 육지전투에 대한 연구가 증가하였다. 그 결과 이전과는 다른 측면에서의 전투와 의병에 관한 연구가 급증하였다. 기존의 의병장 활동에 초점을 맞추어 전투 과정을 설명하던 것에서, 지역을 중심으로 한 의병의 성격과 전투를 서술하였다.

또한, 외교 연구, 특히 조·일 외교관계 연구가 급증하였다. 주지하듯이 1982년에는 교과서를 둘러싸고 한일간에 외교 마찰이 발생하였고, 전두환 대통령이 일본을 방문했을 때 천황이 과거사에 대해 사죄 발언을 했다. 한국에는 이전부터 두 가지의 대對일본 인식이 존재하였다. 하나는 일본을 배척하자는 배일排日, 또 다른 하나는 일본의 경제발전을 경이롭게 바라보는 배일拜日이다. 열등감에 찬 우월감[排日], 우월감에 찬 열등감[拜日]을 내포한 이 대일본 인식은 동전의 앞뒷면처럼 상호 모순된 인식이 혼재된 것으로, 상황과 필요에 따라 발출되는 성격을 띠고 있다. 이 두 가지 '배일' 인식이 미묘한 관계를 유지하면서 당시 임진왜란에 대한 외교사 연구를 급증시킨 것이다. 또한 소위 '국제화' 요구도 한일외교사 연구에 영향을 끼쳤다. 즉, 새로운 한일관계를 모색하기 위해 전제가 되는 조선과 일본의 국교 재개 교섭 연구가 진행되었다.

1990년대에는 연구의 양은 증가하였지만, 연구경향은 표면상 1980년대와 크게 다르지는 않다. 그런데 1990년대 중반 한국의 민주화가 급속히 진행되고, 아울러 중국이 급속한 경제성장을 이룩하며 세계의 주목을 받으면서 중국과의 관계도 국제관계에서 중요시되었다. 반면 불황의 장기화에 빠진 일본과의 관계는 상대적으로 비중이 저하되었다.

이 같은 상황에서, 1992년에 임진왜란 400주년 기념학술회가 개최되어 많은 논문이 발표되었다. 해군군사연구실, 한림대 아시아문화연구소 등의 임진왜란 연구 발표회와 1992년에 맞추어 기획된 『허선도교수화갑기념논문집』 등은 그 대표적인 업적이며, 『임란수군활동연구논총』(해군사관학교 박물관, 1993) 등도 다수의 연구를 기획 출간했다. 1990년대에는 1980년대 연구성과를 반영하면서도 지금까지 관심을 끌지 못했던 정치, 경제, 사회, 조명朝明관계 분야로 연구가 확대되었다. 지금까지 거의 없었던 무기체계에 관한 연구도 출현하였다. 반면 조일 외교관계에 관한 연구는 1995년 무렵을 기점으로 감소한다.

1990년대의 임진왜란 연구에서 두드러지는 특징 중 하나가 전투 관련 연구의 비약적인 증가다. 즉, 1980년대 18편이었던 전투연구가 1990년대 59편으로 3배 이상 증가한다. 이들 연구는 인물과 의병을 중심으로 한 연구에서 전선의 상황과 전투, 전투지역의 인민 동향 등을 고려한 종합적 전투사의 구성을 지향하는 경향을 보였다. 그리고 이러한 연구성과를 바탕으로, 임진왜란 전체의 전쟁 승패를 검토하고 그와 관련하여 임진왜란을 재평가하고자 하였다.

이 같은 1990년대의 연구상황은 위에서 언급한 요인 외에도 다른 요인이 작용하였음에 주목할 필요가 있다. 1980년대 후반부터 지방자치와 관련한 지역사 연구가 활발해진 것이 그것으로, 그 영향으로 임진왜란 당시 활약한 의병·인물 등의 연구가 급증하였다. 또한 1980년대 이후 문중에서 조상을 현창顯彰할 의도로 연구비를 조성하여 인물·의병에 관한 연구를 의뢰하고, 인물에 대한 기념사업회를 설립하여 특정 인물에 관한 연구를 장려하는 경향이 나타났다. 이는 당연히 인물·의병·전투에 관한 연구를 증가시켰다. 이러한 연구들은 임진왜란 연구의 다양성과 지역확산성을 제공한다는 점에서 긍정적으로 평가할 수 있겠으나, 지나친 과장과 편향성을 띨 수 있다는 점에서 주의가 요구된다. 이 시기에 임진왜란을 둘러싼 민간전설 등에 관한 연구가 급증하였던 점도 주목된다. 또한 문학계에서 진행된 임진왜란 연구, 한일 비교문학 시각에서의 연구 등이 두드러진 증가세를 보인 것도 1980~90년대 임진왜란 연구의 한 특징이라 할 수 있다.

2000년대 전반기에도 연구경향은 1990년대와 비슷하나, 임진왜란과 관련한 문학 연구가 폭발적인 증가세를 보인다. 〈표〉의 기타 분야는 대부분 이러한 문학 방면에서의 연구다. 이상을 통해 알 수 있듯이, 대체로 한국에서의 임진왜란 연구는 1990년대 들어 다양화하면서 본궤도에 올랐다고 평가할 수 있다.

일본학계의 임진왜란 연구시각

임진왜란 연구사에서 중요한 것은 근대에 들어 국가·정치 현실과 관련하여 임진왜란을 언급·연구하였다는 점이다. 일본의 경우 1893년 기노시타 마히로木下眞弘는 『豊太閤征外新史』를, 1894년 마쓰모토 아이주松本愛重는 『豊太閤征韓秘錄』을 서술했다. 이 연구들은 저술 연대가 말해주듯이 청일전쟁의 전의를 고양시키려는 의도가 있었다. 1905년 일본 사학회史學會는 『弘安文祿征戰偉績』을 간행하며, 간행사에 "이 책을 전장의 각 단대單隊 및 부상 병사를 수용하는 내외

병원에 기증하여 위로[恤兵]의 작은 성의[微衷]를 표하고 … 내외 여러 학교에 기증하여 수신역사修身歷史 강화의 재료로 공급하고자 한다"라고 썼다. 바로 임진왜란 연구가 일본제국주의의 대외팽창과 애국심 고양과 관련되어 있음을 웅변으로 말하고 있다.

일본에 근대교육제도가 확립하고, 대학이 학문의 요람으로 기능하면서 그 성과를 내기 시작한 것은 대개 1920년대부터다. 임진왜란과 관련하여 이 시기를 대표하는 학자는 이케우치 히로시池內宏다. 그의 업적은 몽골을 포함한 동북아시아 지역(여진, 금, 만주, 조선)을 대상으로 고대부터 중세에 이르기까지 여러 분야에 걸쳐 있으나(『滿鮮史硏究』 전 5권), 특히 『文祿慶長の役 正編 第一』(南滿州鐵道, 1914), 『文祿慶長の役 別編 第一』(東洋文庫, 1936)은 그의 조선사 연구의 금자탑이다. 이케우치 히로시의 이러한 연구들은 조선총독부의 의뢰로 만철조사부 역사조사부滿鐵調査部歷史調査部에서 이루어진 만몽滿蒙·조선 연구의 일환이었다. 그의 임진왜란 연구는 실증성·고증성이 높으나, 당시 일본제국주의의 대륙침략을 정당화하고, 그 기반을 닦는 작업이었음은 말할 나위도 없다.

이케우치 히로시가 도쿄제국대학에 근무하던 1923년에 도쿄제국대학에 입학하여 1926년 조선총독부 조선사편수회朝鮮總督府朝鮮史編修會에 근무한 나카무라 히데타카中村榮孝는 1930~40년대의 임진왜란 연구를 주도하였다. 그는 1945년 패전 전까지 조선총독부 조선사편수회에서 근무하면서 일본의 대륙침략에 적극 호응하여(『東亞新秩序の建設と古代大陸経營の先蹤』, 朝鮮總督府, 1940) 조선 관련 논문들을 다수 발표하였다. 패전 후에는 1948년 나고야名古屋대학의 교수로 재임하면서 수많은 조선 관련 논문을 발표하였다. 그의 임진왜란과 조·일 관계사 연구업적은 『日鮮關係史の硏究』(全3卷, 吉川弘文館, 1965~69)로 정리 출간되었다.

패전 후의 일본 사학계는 황국사관·침략주의 태도에서 침략과 저항으로서의 임진왜란상 구축을 지향하였다. 스즈키 료이치鈴木良一는 1951

년 역사학연구회대회에서 「히데요시의 조선정벌秀吉の朝鮮征伐」을 발표하고, 1954년 『도요토미 히데요시豊臣秀吉』(岩波書店, 1954)를 저술하여 침략과 저항의 구도를 주장하면서, 봉건권력의 집중·강화=전국통일의 연장선상에 임진왜란을 위치시켰다. 당시로서는 획기적이었던 이 관점은 물론 높게 평가받아 마땅하나, 임진왜란 서술에 그 관점이 얼마나 관철되었는지는 의문이다. 그의 주장 역시 패전 전의 역사의식을 완전히 청산한 것이라고 볼 수 없다. 이 주장의 배후에는 당시 최대의 논객으로 아시아주의(Pan-Asianism)자인 다케우치 요시미竹內好의 미국 침략과 그에 대한 일본민중의 저항을 촉구하려는 의도가 숨어 있다. 제국주의 역사에 대한 반성 없는 저항하는 주체의 형성은 또 다른 형태의 민족주의 고창일 뿐이다. 근세 대외관계사, 특히 한일관계사를 주도하여 온 나카무라 히데타카中村榮孝의 연구들도 겉으로는 높은 수준의 실증성을 유지하고 있는 듯이 보이나, 근저에서는 일본 우위의 국가상을 유지하고 있다. 즉, 책봉체제에 속한 조선의 규정성, 그것에서 벗어나 있는 근세 일본의 독립성을 기저에 두고 한일관계사의 논리를 전개하였다. 이러한 주장에는 '타자'로서의 조선은 완전히 빠져 있다.

1950년대 히데요시 토지조사사업[太閤檢地] 논쟁의 성과가 1960년대에 막번체제론幕藩體制論에 계승된다. 사사키 준노스케佐々木潤之介는 도요토미 정권과 도쿠가와 정권의 차이를 명확히 하려면 조선침략을 포함하여 검토하여야 하며, 군역軍役의 통일적인 확정이 임진왜란을 계기로 실현되었음을 지적하고, 통일정권으로서의 히데요시 정권의 붕괴는 조선침략을 고려하지 않고는 설명할 수 없다고 했다. 아사오 나오히로朝尾直弘는 당시 부역은 동원할 수 있었으나, 군역은 동원할 수 없었던 도요토미권력이 자신의 지배권력을 강화하기 위해 대외침략을 감행하였다고 했다. 즉 도요토미 정권의 구조적 모순=도요토미 정권 내부의 대립·모순을 극복할 수 없고 전국대명戰國大名의 영토확장 욕심을 억제할 수 없는 상황에서 대외침략을 일으킨 것이라고 했다.

이러한 견해들은 대외침략=임진왜란을 막번체제 성립과정과 관련해 자리매김하려 했다는 특징을 가지고 있다. 그러한 의미에서 연구사상 대단히 중요한 의미를 갖는다. 그러나 이 견해도 대외침략을 막번체제 형성·확립 과정의 연장선상에 무매개로 권력과 관련시킴으로써, 대외침략이 갖는 고유의 논리를 간과하였다. 여기에 도요토미 정권의 발전과정과 관련시키지 못했다는 약점도 있다. 히데요시가 대륙침략을 언급한 것은 1585년의 일이며, 이후 1592년 조선침략을 실행에 옮길 때까지 자주 되풀이하였다. 그렇다면 대륙침략 언급이 가지는 정치사적 의미는 도요토미 정권의 발전과정에 대응시켜 해석하여야 할 것이다. 즉 1585년의 상황과 1592년의 상황=구조적 모순과 정치과제가 같다고 볼 수 없는 것이다.

1960~70년대에 임진왜란과 조·일 관계사 연구를 주도한 학자는 다나카 다케오田中健夫, 미야케 히데토시三宅英利다. 다나카 다케오의 연구는 『中世海外交涉史の研究』(東京大學出版會, 1959), 『中世對外關係史』(東京大學出版會, 1975)로 정리 출판되었다. 『中世海外交涉史の研究』는 남북조 시기부터 근세 초기를 대상으로 왜구와 무역 문제를 주로 다루고 있고, 『中世對外關係史』는 일본의 명·조선과의 관계를 당시 일본의 정치·경제·사회·문화와 관련하여 다루고 있다. 이러한 연구는 일본 중세를 동아시아 세계 속에 자리매김하려는 문제의식을 내포하고는 있다.

미야케 히데토시는 어린 시절 한국 대전에 산 적이 있으며, 이 시기(1960~70년대) 그의 관심은 일본 근세기에 조선과 일본이 평화로운 우호관계를 유지한 데에는 까닭이 있을 것이라 보고, 그 실마리로 조선통신사를 줄기차게 연구했다. 그의 연구성과는 『近世日朝關係史の研究』(文獻出版, 1986)로 정리 출판되었는데, 조선통신사와 쓰시마와 조선의 외교·무역 관계를 비교적 편견 없이 다루었다. 그의 연구 지향점은 평화로운 조선과의 관계(동아시아의 국제관계)를 강조하여 쇄국체제 하의 조·일 관계, 나아가 쇄국제를 상대화하여 열린 근세사상近世史像을 구축하는 것이었다.

1960~70년대의 이러한 연구방법의 모색 배후에는 마르크스 사학의 붕괴와 서양중심의 역사상에서 새로운 세계사상의 구축을 지향하는 움직임이 자리하고 있다. 이들의 연구는 새로운 세계사 속에 일본을 자리하게 하려는 노력의 일환으로 평가할 수 있다. 그러나 여전히 새로운 세계사상의 구축, 새로운 세계사 속의 일본 이해, 그 일환으로서의 조선을 포함한 대외관계사의 구축은 일본의 연장으로서의 조선이 자리하고 있다고 보인다(타자 없는 동아시아사상 혹은 세계사상). 다만 그들의 시야가 국가 간의 교섭에 머물지 않고 여러 분야로 향해, 성과를 거둔 점은 높이 평가할 만하다고 하겠다.

1970년대에 이르러 전국戰國동란=중세 해체, 도요토미 정권과 조선 침략, 에도江戶 막부 성립에 이르는 역사 과정을 16~17세기의 동아시아 국제관계의 변동 속에서 장악하려는 시각이 생겨났다. 1970년 야마구치 게이지山口啓二가 「日本の鎖國」(『岩波講座 世界歷史 16』, 岩波書店, 1970)을 발표했다. 그는 전국동란의 배경으로 대외관계의 변동을 전제하면서, 도요토미 정권이 단기간에 봉건국가를 형성하였기 때문에, 내부로부터 부단한 대외침략을 지향하였고, 권력과 결합한 호상의 무역이익에 대한 욕구로 대외침략을 일으키게 되었다고 했다. 야마구치 게이지는 쇄국제를 해금정책海禁政策의 일종으로 파악하여, 일본 근세사의 '특수성'=쇄국제를 동아시아사의 보편성으로 환원하였다. 이 논리는 쇄국제=해금정책, 나아가 대외로 향한 4창구론[四口論]으로 발전하여 '열린 근세사상'의 구축으로 이어진다.

사사키 준노스케佐々木潤之介에 따르면, 일본 중세국가는 명明 중심의 국제질서=책봉체제의 변경에 위치하고 있었고, 통일정권은 동아시아 질서가 해체되어 가는 사회변동 속에서 성립하여 구래의 동아시아에 대한 종속을 그에 대한 반역·대륙침략으로 극복하여, 국제적 국가주권의 확립을 지향했다고 했다. 한편, 아사오 나오히로朝尾直弘는 일본의 중세국가는 명과 종속관계에 있었으며, 일본의 전국동란은 동아시아에서 명을 중심으로 하는 국가체제 해체의 일부라고 하였다. 그리고 도요토미 정권은 이 중세국가를 독력獨力으로 해체하고, 명 중심의 동아시아 질서에 대항하여 일본형 화이의식日本型華夷意識을 형성·강화하였으며, 히데요시의 대륙침략은 집권적인 권력기구를 강화하려 한 데서 나온 내적 필연임과 더불어, 새로운 국제관계를 편성하여 국가주권을 확립·독립시키려 한 데서 발생했다고 했다.

이러한 견해들은 임진왜란을 세계사와 관련시키며 동아시아사 속에 위치시키려 했다는 점에서 획기적이다. 그럼에도 불구하고, 이 견해를 지탱하는 전제들에 대한 검토는 매우 미약하다. 우선 일본 중세국가=무로마치 막부가 지속하여 명 중심의 동아시아 국제질서에 편입되어 있었던가 하는 문제가 있다. 주지하듯이 일본이 명의 책봉체제 아래 있었던 시기는 아주 이례적인 시기였으며, 무역관계만 단속적斷續的으로 행해졌다(감합무역). 전국기에 동아시아 지역에서 해상세력의 활동이 활발해지고(후기 왜구), 서양세력의 동아시아 진출로 명 중심의 무역체제가 붕괴해 가고 있었던 점은 인정할 수 있지만, 전국동란이 위 해상세력과 소위 남만으로 불리는 서양세력의 동양 진출과 직접 관련되었다거나 전국동란의 발생과 전국대명 간의 대립과정 전반에 명 중심의 국제질서의 해체와 직접 관련되었다든가 하는 흔적도 찾아볼 수 없다(물론 대명大名 사이의 편차는 인정하지만). 나아가 전근대 시기에 국제관계에 따라 '국가주권'이 실질적으로 확립·독립한 경우는 없다. 다만 '국가주권'이 확립되고 나서 국제관계에 편입된다거나 거역하거나 하는 전쟁을 포함한 외교행동이 나타날 뿐이다.

이렇게 보면, 이들의 견해에는 일본을 중심으로 한 동아시아사, 즉 일본의 연장으로서의 동아시아만이 존재한다. 즉 동아시아 속의 일본사상의 추구가 아닌, 일본사 속의 동아시아사상의 추구인 것이다. 따라서 임진왜란은 기본적으로 일본 전국 통일과정의 연장선상에 위치할 수밖에 없다.

야마구치 게이지, 사사키 준노스케, 아사오 나오히로의 임진왜란 논의가 모두 동아시아사 속에 일본 근세=막번체제의 성립을 자리매김하고, 그 과정에 임진왜란을 자리시키려 했다고 했는데, 이 견해들 속에 포함된 또 다른 지향을 간과해서는 안 된다. 즉 쇄국제=해금정책=4창구론, '동아시아에의 종속(책봉체제)에 대한 반역', '일본형 화이의식'의 재생·강화=국가주권의 확립이라는 주장은 1970~80년대의 일본에게 무엇을 의미할까? 야마구치 게이지의 쇄국제=해금정책은 보편사로서의 일본사 이해를 지향하고 있고, 사사키 준노스케와 아사오 나오히로의 '책봉체제에의 반역'과 '일본형 화이의식'의 재생·강화는 근세 일본의 국가주권 확립·독립으로 귀결된다. 위 3인은 소위 '안보투쟁'을 경험한 세대다. 이들은 젊은 시절에 직간접으로 대미 투쟁·항쟁을 통해 패전 후 일본의 완전한 국가주권 확립을 지향한 세대고, 1960년대 이후의 경제발전을 바탕으로 소위 미국이 주도하는 '전후체제'의 해소를 지향하려는 의식이 위와 같은 사고로 표현된 것은 아닐까? 이는 곧 국제 정치·경제상의 일본 팽창·제패=국가주권 확립의 지향을 의미한다고 하겠다.

이 같은 일본사의 동아시아사상 추구의 극단이 후지키 히사시藤木久志의 견해다. 후지키 히사시는 『도요토미 평화령과 전국사회豊臣平和令と戰國社會』(東京大學出版會, 1985)를 저술했다. 그는 도요토미의 통일정책인 사전금지령[惣無事令], 다툼금지령[喧嘩停止令], 무기몰수령[刀狩令]·해적정지령 등을 '도요토미 평화령'이라고 불렀다. 히데요시는 조선·류큐·타이완· 필리핀 등을 일본 국내와 동일하게 '도요토미 평화령'이 적용되는 지역 =복속지역으로, 명·남만南蠻(유럽)은 교역대상국으로 인식하고 있어서, 도요토미 정권의 동아시아 외교는 중층성을 띤다고 보았다. 후지키에 따르면, 히데요시의 조선침략은 국내 통일과정의 연장이며, 대명정책의 기조는 감합勘合무역이었다. 즉 임진왜란의 목적은 명을 상대로 한 감합무역의 부활이라고 결론지었다.

이 견해도 히데요시의 조선침략을 국내정책의 연장선상에 위치시켰는데, 전국 통일과정이 군사 정복과정인가 하는 의문에서 출발하여 통일정책으로서의 '평화령'을 발견해냈다는 데 특징이 있다. 그런데 이 평화가 누구의 평화인가 하는 근본적인 의문점은 제쳐두고라도, '평화령'이 통일과정에서 차지하는 위치가 애매하다. 즉, '평화령'은 전국통일의 군사전략의 한 부분으로 위치할 뿐, 진정한 평화를 추구한 것이 아니라는 점이다. 대외침략과 관련해서 보면, 조선과의 교섭에서 이 평화령의 논리·논법이 사용되지 않았다. 사전금지령의 논리는 히데요시가 대명大名들에게 명령하는 형식의 문서에서만 사용하였다. 따라서, 후지키 히사시는 대외침략의 고유 논리를 마찬가지로 간과해 버렸다고 해야 한다. 그리고 외교의 중층성 논리도 문제다. 히데요시가 임진왜란 시기를 제외하면 명과 외교접촉을 시도한 흔적은 찾아볼 수 없다. 존재한 적도 없는 사실에 의미와 논리를 부여하는 것은 기본 오류이며, 히데요시의 조선침략 원인·의도·실태를 사상시킨 것이라고 하겠다.

한편, 이 시기 임진왜란의 전쟁사에 지대한 관심을 유지하며 묵묵히 연구한 학자가 기타지마 만지北島万次다. 그의 연구업적은 『豊臣政權の對外認識と朝鮮侵略』(校倉書房, 1990), 『豊臣秀吉の朝鮮侵略』(吉川弘文館 日本歷史叢書, 1995), 『壬辰倭亂と秀吉·島津·李舜臣』(校倉書房, 2002) 등등으로 정리· 출

간되었다. 그는 방대한 조선사료를 중심으로 하고 일본사료를 사용하면서, 이케우치 히로시 이후 전쟁사 입장에서 임진왜란을 정리하였다. 그런데, 전투·전쟁 과정은 소상한데, 실제 전쟁 기간의 대부분을 차지하였던 조·일, 명·일 간의 교섭은 소략하게 다루고 있다. 그런 의미에서 전쟁사라기보다는 전투사에 가깝지만, 그래도 비교적 편견 없이 전쟁의 전체상을 그려내고자 노력한 점은 높이 평가하고 싶다. 그리고 이 시기 다시로 가즈이田代和生도 『近世日朝通交貿易史の硏究』(創文社, 1981), 『書き替えられた國書-德川·朝鮮外交の舞台裏』(中公新書, 1983) 등을 출판했다. 다시로 가즈이의 연구는 주로 쓰시마와 조선의 교역에 초점을 맞췄는데, 『書き替えられた國書-德川·朝鮮外交の舞台裏』에서는 조·일 통호교섭과 관련한 국서 개찬改竄을 심도 깊게 다루었다.

기타지마 만지보다 1세대 정도 늦게 태어나, 1990년대 이후 세대의 임진왜란 연구자로는 나카노 히토시中野等가 주목된다. 그의 연구는 『豊臣政權の對外侵略と太閤檢地』(校倉書房, 1996), 『秀吉の軍令と大陸侵攻』(吉川弘文館, 2006), 『戰爭の日本史16 文祿·慶長の役』(吉川弘文館, 2008)으로 정리되어 출간되었다. 특히 『秀吉の軍令と大陸侵攻』는 일본사료를 주로 사용한 것으로 당시의 일본 사정을 들여다볼 때 대단히 유효하다. 그러나 기타지마 만지가 주로 조선사료에 의존하여 일본과 명의 입장을 등한시하였다면, 나카노 히토시는 주로 일본사료를 중심으로 연구하여 조선과 명의 입장을 등한시하였다는 지적은 면하기 어렵다. 여하튼 위 두 학자의 연구는 패전 후 임진왜란을 정면에서 다루었다는 점에서 주목할 만하고, 이들의 연구성과는 당분간 높이 평가될 것이다. 이들의 연구시각은 임진왜란을 조·명과 일본의 전쟁으로 다루는 패전 전의 인식틀에서 벗어나지 못한 한계를 보이고, 당시 조·일, 명·일 교섭의 의미를 명확히 집어내지 못하였다. 따라서 위 연구들은 전쟁사의 시각을 나타내고는 있으나, 여전히 불충분한 결과를 낳았다고 하겠다.

1990년대 후반 들어 임진왜란은 동아시아 지역사의 시점에서 다시 주목받기 시작하였다. 중국 명·청사 연구자인 기시모토 미오岸本美緒는 "16세기 후반부터 17세기 전반의 동아시아·동남아시아는 명을 중심으로 하는 국제교역 질서가 해체되고, 과열하는 상업의 붐 속에서 신흥 상업=군사 세력이 급속히 신장하여 생존을 걸고 충돌하는 시기였다"고 하면서, 이 시기에 명 주변지역에서 교역의 이익을 기반으로 신흥 군사세력이 대두해 국가를 형성하기 시작했다고 했다. 그러한 상황 속에서 일본도 통일정권을 수립해 나가며 "조선·명까지 지배하에 넣고자 한 조선침략은 '왜구적 상황'이 낳은 군사행동의 하나"라고 했다. 무라이 쇼스케村井章介도 기시모토 미오의 이 같은 전제와 견해에 동의하면서, "일본의 전국동란을 거쳐 통일권력이 형성되고, 여진족이 통일되어 두 개의 국가가 형성되었다"고 했다. 그리하여 임진왜란은 "전국동란을 이겨내고 천하를 호령하는 히데요시가 보다 큰 자신감과 자존의식을 가지고 국제사회에 임한" 결과라고 했다. 이 시기에 이들은 이 같은 견해를 표명하기는 했지만, 그러한 시각에서 이루어진 본격적인 연구는 아직 없다.

중국사 연구자 기시모토 미오가 이 시기(16세기 후반부터 17세기 전반기)를 동아시아 지역사의 입장에서 분석한 점은 신선하다 하겠으나, 신흥 상업=군사 세력으로 판단한 점에 대해서는 의아하다. 일본 전국시기로 한정해 기시모토 미오의 견해를 대입해 보면, 전국대명=신흥상인이 된다. 위에서도 언급했지만, 일부 전국대명이 해상세력, 남만과 직접 관련되어 있었다는 점을 인정한다 해도, 대부분의 전국대명과 위의 해상세력(남만 포함)과의 관계는 간접적이었다고 볼 수 있다. 전국대명은 피지배계급(=농민세력)과의 대립·항쟁을 극복하면서 성장했고, 그 과정에서 상업세력과는 협력하거나 자신의 권력 속에 그들을 편입시키기도 하고 혹은 대립하기도 하였다고 보아야 한다. 따라서 일본 전국기를 신흥 상업세력=군사세력으로 설명하기엔 적합하지 않다. 다만, 이 시기 해상세력으로 국가권력의 통제에서 벗어나 독자세력화한 집단이 존재했고, 그런 의미에서 명 중심의 국제교역 질서가 붕괴한 점은 인정할 수 있다. 그러나 신흥세력과 결합한 군사세력=전국대명이 성장하여 통일정권(=히데요시 정권과 청)을 수립해 나간다는 기시모토 미오의 견해는 일견 주목할 만하다 해도 해상세력의 성장과 국가권력의 형성을 무매개로 결합한 거칠고, 논리상의 연결고리를 갖추지 못한 견해라고 할 수 있다.

위의 연구들은 1970년대 이래의 국제관계론=일본의 연장으로서의 동아시아사라는 관점에서 1980년대 후반 이후의 지역사 시점으로의 전환을 시도한 것을 보여준다. 그런 의미에서 동아시아 지역사 연구에 많은 시사점을 제공하며, 임진왜란을 동아시아 지역사 속에 자리매김하려 한다는 점에서 중요한 견해다. 그러나 위의 견해들은 상업 발전을 매개로 동아시아 지역사를 구성하고, 그 결과로 도요토미 정권의 조선침략을 규정함으로써 조선침략을 정당화하거나 어쩔 수 없는 전쟁이었다는 식으로 오해하게 만들 가능성이 크다. 거기에다 기시모토 미오는 "조선은 국제교역의 붐에 수동적·간접적이었다"라고 하여 조선을 동아시아사 속에서 부수적, 종속적인 위치로 자리매김하고 있다. 이러한 견해는 근대기의 조선침략도 국제정세론 혹은 지역론과 연결시켜, 식민지 지배와 전쟁에 대해 정당성을 주장하는 논리를 제공할 위험성 또한 크다. 동아시아 정세를 통일국가 형성의 동인動因으로 설명하고 있는 이런 견해들은 도요토미의 전국 통일과정에서 국제정세가 어떻게 얼마나 작용하였는지 구체적으로 증명하지 못하는 치명적인 결함을 안고 있다.

한편, 이러한 견해의 배후에는 냉전체제의 붕괴와 WTO체제도 있다는 점에 주목해야 할 것이다. 이 견해는 현금의 국제정세 속에서 일국사

―國史적 역사학의 외피를 탈피하여 '어두운 근대사'를 상대화하여, 동아시아의 결합을 통해 패권 형성을 지향하는 집단에게 연구자의 의도와는 관계없이 이용당할 수 있는 속성을 내재하고 있다 하겠다.

맺음말을 대신하여

이상에서 알 수 있듯이, 한국과 일본 사학계는 임진왜란에 관해 많은 연구 논리와 시각, 그에 따른 연구성과를 축적해 왔다. 그런데도 어딘지 모르게 허전함이 느껴진다. 임진왜란은 왜 발생했고, 이 전쟁은 어떻게 전개되고 종결되었는가, 그리고 이 전쟁의 특징은 무엇이고, 그 역사 의미는 무엇인가 하는 등의 문제가 여전히 미궁 속에 있는 느낌이다. 비유하자면, 산이 있고 그 산에 여러 봉우리가 있는데, 그 가운데 한 봉우리씩은 가보고 전체 산은 가보지 못하여 그 산 전체의 경관을 보지 못해서 오는 갑갑함이다. 한국과 일본의 임진왜란 연구는 결국 일국사―國史 시점에 제한되어 동아시아사의 시점이 약하거나 결여되어 있고, 임진왜란의 여러 주제 사이의 연관성도 사상하고 있다. 거기에다 전쟁의 시작과 끝=전쟁사의 시점도 명확하지 않다.

이것은 임진왜란 연구가 한·중·일 3국의 그 많은 연구성과에도 불구하고 다시 구축되어야 한다는 것을 시사한다. 전쟁은 최후의 외교 수단이라는 말이 있다. 전쟁의 끝은 전투의 끝이 아니라 평화관계의 설정이다. 이런 시각에서 이루어진 임진왜란 연구는 안타깝게도 아직 보기 어렵다. 그런 의미에서 임진왜란 연구는 이제 초입단계라고도 할 수 있다.

이러한 인식에 바탕하여, 이 전쟁의 발생·과정, 종전·전쟁의 종결=

평화관계의 회복을 염두에 두고, 임진왜란의 전체상을 구축하기 위해 고려할 시점들에 대해 생각해 보도록 한다.

우선, 생각해 보면 임진왜란은 참으로 아이러니한 전쟁이다. 일본측에서 일방적으로 침략한 전쟁이기 때문에, 그 원인은 당연히 일본 근세사의 전개 과정에서 해명해야 할 것이다. 전쟁의 원인에 대해서는 히데요시 공명심설功名心說, 감합勘合무역설, 영토야욕설, 무사 불만설, 일본 국내통일 연장설, 국제관계설 등등 다양한 학설이 있지만, 전적으로 수긍할 만한 연구는 아직 없다. 이 전쟁의 원인은 기본적으로 막번체제의 형성과정, 특히 히데요시 정권의 발전과정과 밀접히 관련되어 있다. 따라서 히데요시 정권의 발전과정을 시기에 따라 분석하고, 그 모순을 시야에 넣어 임진왜란의 원인을 추구하여야 할 것이다.

둘째, 7년의 전쟁기간 중 전투가 격렬하였던 기간은 '임진왜란' 초기의 10개월 정도, 정유재란 초기의 2~3개월 정도, 말기의 2~3개월 정도고, 양군은 장기간에 걸쳐 상호 대치하였다. 그 대치 기간에 치열한 외교전이 전개되었다. 이는 이 전쟁의 성격과 관련하여 묵과할 수 없는 부분으로, 전쟁과 관계 있는 각국(조·명·일)의 사정·상황·의도를 나타내고 있다. 사실 이 부분에 주의를 기울이지 않은 연구는 껍데기 연구에 불과하다 하겠다.

셋째, 명의 조선원병이 신속하게 이루어졌다는 점이다. 이에 대해서는 보통 조선이 명의 책봉체제에 편입되어 있었던 점, 조선이 원병을 요청한 점, 일본의 조선침략 정보가 개전 이전에 이미 명에 보고되었다는 점 등으로 설명하고 있다. 그러나 명의 조선원병은 근본적으로 명의 대조선·일본 정책과 관련되어 있다고 봐야 할 것이다. 이는 전투에 임한 명군의 입장, 전략, 명군의 조선 주둔·철병과도 관련된 문제다. 그럼에도 불구하고 이 문제에 관한 연구도 보기 드물다.

넷째, 이 전쟁에서 의병의 활동은 대체로 '임진왜란' 초기에 집중되어 있다. 그럼에도 불구하고, 의병을 강조하였던 것은 전투에서 승리하였다는 기억을 창출하고, 또 패배한 전투에서도 민중이 목숨을 버리면서까지 보여준 '조국애'-애국심을 고양하기 위해서였다. 물론 앞에서도 언급하였듯이, 의병 연구가 독재정권에 대한 대항을 포함하고 있었다고 할 수는 있으나, 정권과 학계는 '민족'이라는 보이지 않는 비밀회로를 공유하고 있었다. 따라서 학계가 정권에 대한 대항 내지 반항의 의도를 갖고 있었다 하더라도, 민족이라는 비밀회로를 따라 그러한 의도는 결과적으로 국가·민족 이데올로기 안으로 흡수되어 임진왜란의 역사상도 왜곡되어 갔다고 할 수 있다. 즉, 의병활동을 강조하는 일은 바람직하지만, 그 강조가 지나칠 경우 전쟁의 전체 과정을 이해할 수 없게 만들 우려가 있다 하겠다.

다섯째, 세 번째 문제와 관련하여 신속히 이루어진 조·일 국교 재개 문제다. 전쟁이 종료된 직후부터 강화·화호 교섭이 시작되고, 1607년 양국 간의 국교가 정식으로 수립되었다. 일본군이 물러난 지 9년째 되던 해의 일이다. 이것은 현대에서도 보기 드문 일이다. 양국은 왜 그렇게 국교 수립을 서둘렀을까? 이것도 조·명·일 각국의 상황과 의도가 작용한 것이라고 보아야 한다. 이 부분에 염두에 두지 않은 연구는 임진왜란 전쟁사의 종결로서 각국이 가지는 국교 재개교섭의 역사적 의의를 명확히 할 수 없고, 이 교섭에 임하는 각국의 적극성 역시 도출하기 어려울 것이다.

여섯째, 임진왜란의 영향에 관한 문제다. 한국에서는 이 전쟁을 기점으로 조선사를 전후로 나누어 이해하고 있다. 이것은 전쟁이 미친 영향을 중요시하고 있음을 보이는 단적인 예다. 하지만 전쟁 이후의 크나큰 변화가 이 전쟁에 기인하였다고 본다면, 극단적으로 말해 조선시대의 역사발전은 외재적 요인에 의한 것이라는 논리가 성립될 수도 있다. 따라서 전쟁이 발생하기 전의 정치·경제·사회 발전의 전체상을 명확히 한 후, 전쟁의 영향을 살펴서 전쟁 이후의 정치·경제·사회 변화를 설명할 필요가 있다고 생각한다.

위에서 언급한 문제들을 다룬 연구가 없는 것은 아니지만, 만족할 만한 수준은 아니다. 특히, 각 분야의 연구성과를 총체적으로 검토하여 상호 간의 관계를 밝힌 연구는 아주 드물다. 더욱이 임진왜란 전체의 역사상과 역사 의의를 밝히고자 한 연구는 거의 없다. 있다 하더라도, 역사인식의 차원에서 일국사―國史의 관점을 뛰어넘었다고는 할 수 없다. 이제 임진왜란 연구는 일국사의 틀을 뛰어넘어 동아시아 지역사의 관점에서 연구할 필요에 직면해 있다. 그리고 전쟁 전후 역사발전의 전체상을 확인하지 않으면 안 될 것이다. 이러한 입장에서 임진왜란의 역사적인 의미를 총합으로 평가해야 할 것이다.

2장

임진왜란 원인론

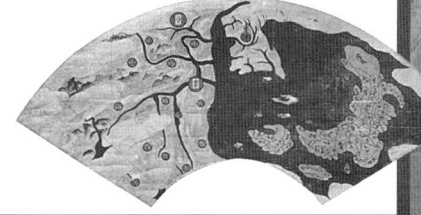

> 우리의 임진왜란 연구는 한 마디로 '전쟁사 없는 전투사'다. 이는 민족사관, 영웅사관, 의병사관과 버무려져 안타깝게도 제대로 된 전쟁사 연구를 더디게 만들고 있다.

머리말

한·일의 임진왜란 관련 연구는 업적도 많고 방법도 다양하여, 양국의 모든 분야 연구를 총망라해서 살펴보기는 매우 힘에 부친다. 그래도, 임진왜란 연구자라면 피할 수 없는 공통된 주제가 있다. 바로 임진왜란 원인론이다. 역사학이 인과 필연의 논리를 추구하는 한, 역사사건의 원인을 규정하는 일은 숙명이라 하겠다. 역사학이 아니더라도, 모든 학문은 원인과 결과의 논리상의 상응 없이는 설득력을 확보할 수 없다. 따라서, 연구자들이 모두 동일한 임진왜란 원인론을 견지할 필요는 없으나, 연구자가 고구한 원인론을 기초로 자신의 연구주제를 사실에 비추어 논리화하는 것은 역사(학문)연구의 기본이다.

임진왜란 연구자들은 임진왜란의 원인에 관해 어떠한 견해를 가지고 있을까? 그리고 임진왜란의 원인을 고려하면서 자신의 연구주제에 대해 얼마나 일관된 논리를 펼치며 서술하고 있을까? 임진왜란 원인론은 사실 임진왜란 전체를 가늠하는 문제이나, 이에 대한 논의는 드물다. 특히, 한국학계가 그렇다. 한국학계는 임진왜란 원인론에 대해 일본학계의 것을 비판 없이 받아들이는 경향이 강하다. 역사학에는 소위 문제의식이란 명제가 있다. 역사학의 문제의식은 현실 인식을 바탕으로 성립한다. 그래서 현실 인식에 입각한 문제의식이 담긴 어떤 학설을 이해하려 한다면, 연구가가 처한 현실을 살피는 것은 필수 불가결하다. 그런 의미에서, 한국 학자들이 의식적 혹은 무의식적으로 일본학자들의 임진왜란 원인론을 받아들일 때, 과연 일본학자들이 처한 현실과 그에 입각한 문제의식을 정확히 파악하고 이해한 것인지, 그리고 그것들을 우리의 현실 인식과 문제의식을 바탕으로 비판하면서 받아들이고 있는지는 좀 의문스럽다.

이에 여기에서는 한국과 일본의 임진왜란 원인에 대한 학설들을 살펴보고, 그것이 함의하는 바를 명확히 하고자 한다. 이 글에서 임진왜란의 원인에 대해 살펴보고자 하는 것은 임진왜란에 관한 서술들이 사실·사건 중심이고, 사실·사건 상호 간의 연관관계는 간과하고 있다는 점, 특히, 전투의 전개와 임진왜란 원인과의 논리적 필연성을 유지하지 못한 채로 서술한 '전쟁사 없는 전투사'에만 집중하고 있는 것은 아닌가 하는 의문이 생겨서다. 즉, 임진왜란 원인을 명확히 하지 않고서는 임진왜란의 전쟁 과정·전략·역사 의의 등을 명확히 할 수 없다는 것이다. 이 글에서는 우선 임진왜란 원인에 관한 한국의 연구를 살펴보고, 일본의 경우는 패전 전과 패전 후로 나누어 고찰하고자 한다. 그리하여 이 학설들이 갖는 문제점과 역사학 의의를 명확히 하려 한다.

한국학계

한국에서 임진왜란을 최초로 학문적으로 연구한 사람은 최남선으로, 1931년 『壬辰亂』을 저술했다.[1] 해방과 더불어 북한의 성해成海는 1949년 「조선명장론(리순신장군 편)」(상·중·하)를 발표한다.[2] 남한에서는 이윤재,[3] 이은상,[4] 강흥수,[5] 이분·박태원,[6] 권태익,[7] 진단학회,[8] 이충무공기념사업회[9] 등이 임진왜란을 연구하기 시작한다. 한편, 이 시기에 한국사 전체의 흐름을 이해시키고자 하는 노력으로 한국사 개설서가 집필된다. 이러한 연구들은 당연히 '식민사학'을 극복하고 '민족사학'을 확립하기 위한 노력의 일환이었다.

임진왜란의 원인에 대해서는 임진왜란 연구 처음부터 나타난다. 이미 최남선은 "히데요시가 오랜 기간 갈가리 찢어졌던 국내를 통일하고, 이욕利慾과 공명심에 끌려서 조선과 명을 침략할 양으로"라고 서술하였다. 이병도는 "히데요시가 이(히데요시秀吉 자신의) 신흥세력을 믿고 지나친 망상을 일으켜 조선과 명을 노리려 하여"라고 하였고, 이인영은 "조선·중국을 정벌하여 그(히데요시) 부하에게 땅을 나누어주려는 어리석은 생각에서 나온 것이다. 또 당시 히데요시는 일본의 여러 봉건제후를 정복하여 주권을 잡았으나, 국내의 무신들을 방치하면 내란이 야기될 우려가 있어서, 그것을 외국으로 구축할 필요를 느끼었는지도 모른

---

1 崔南善, 『壬辰亂』, 東明社, 1931.
2 成海, 「조선명장론」 상·중·하, 『력사연구』 6·7·8, 1949.
3 李允宰, 『聖雄李舜臣』, 通文館, 1946.
4 李殷相, 『李忠武公一代記』, 國學圖書出版部, 1946.
5 姜興秀, 『壬辰倭亂과 丙子胡亂』, 文運堂, 1948.
6 李芬·朴泰遠 譯, 『李忠武公行錄』, 乙酉文化社, 1948.
7 權泰益, 『壬辰倭亂』, 啓蒙社, 1951.
8 震檀學會 編, 『李忠武公』, 同研社, 1950.
9 李忠武公記念事業會 編, 『民族의 太陽』, 李忠武公記念事業會, 1951.

다"라고 하였다. 김성칠은 "그들(일본인)이 천여 년 동안 갈고 다듬은 이빨을 무고히 이웃을 향하여 휘두른 것이며, 대대로 물려받은 해적의 피가 한데로 엉키어서 나타난 왜구 중 가장 큰 규모의 것이었다"라고 서술하였다.[10]

이상의 논의는 기본적으로 후술하는 패전 전 일본학계의 임진왜란 원인론, 즉 소위 공명심론, 감합무역설, 정복욕설, 영토확장설 등을 바탕으로 한 것이다. 단, 이인영은 임진왜란의 원인을 히데요시 정권의 모순에서, 김칠성은 일본의 국민성에서 구하려 했던 점이 주목된다.

한우근은 1952년 「壬辰亂 原因에 관한 검토-豊臣秀吉의 전쟁 도발 원인에 대하여」를 발표, 임진왜란의 원인을 탐구하였다.[11] 그는 "도요토미 히데요시가 그 전란(임진왜란)을 도발하게 된 원인 내지 동기에 관하여서는 우리나라(한국) 학자 간에 학술적인 논의가 이루어진 바 없음은 유감"(91쪽)이라고 하면서, "그것(임진왜란의 원인)에 대한 정확한 이해 없이는 비록 자기 결함과 수난과 피해와 의용을 열거하여 본다 해도 임란壬亂이 차지하는 역사적 의의를 널리 파악할 수 없다"(91~92쪽)라고 했다. 그리고 그는 "일본의 사회적 배경과 히데요시의 노력의 방향을 고찰하여 그(임진왜란) 침구의 지반을 밝힘으로써 그 동기를 논구"(93쪽)하고자 했다. 그리하여 그는 "그것(임진왜란의 원인)은 일본 서부를 중심으로 일어난 서양무역에 따르는 새로운 기세를 꺾어서 봉건적 집권체제를 강화하려는 의도를 내포하고, 그 위에 호족 일반의 호언장담이 그가 국내 통일을 성취하여 나아가는 동안에 봉건적 통솔 하의 대외 교역의 이利를 요구하게 되고, 다시는 (나아가) 해외지 침구에로 전개되어진 것"(101쪽)이라 결론내렸다.

---

[10] 이상 한우근, 「壬辰亂 原因에 관한 검토-豊臣秀吉의 전쟁도발 원인에 대하여-」, 『역사학보』 1, 1952, 93쪽.
[11] 위의 글.

이 견해의 특징은 도요토미 정권의 발전지향성과 도요토미의 대외무역 이익 추구를 결합시킨 데 있다. 도요토미 정권의 발전지향성이란 "상업도시의 발달과 천주교를 괴멸시킴으로써 반봉건적인 근대시민적인 사회의 발아를 질식하게 하였을 뿐만 아니라, 백성·승려의 무장을 해제하고, 성책을 파괴하여 집권적 봉건체제를 전국적으로 재통일 강화"(96~97쪽)하는 것이라 했다. 위의 근대시민적인 사회의 발아란 상업·해외무역의 융성, 소총의 유포, 기독교 전파를 의미하며, 이러한 동향을 새로운 기운으로 표현하였다. 그리고 이 새로운 기운은 주로 일본 서변을 중심으로 해서 일어났다고 했다(95쪽).

이상의 논리 장치를 통해 그는 새로운 기운을 내포한 봉건영주(=규슈를 중심으로 한 서국대명) 세력의 말살=봉건적 집권체제의 재편·강화와 서국대명이 장악하고 있던 대외무역의 이익을 빼앗기 위해 임진왜란을 일으켰다는 결론에 도달한다.

이 견해는 쇄국과 관련한 핫토리 시소服部之總의 '절대주의 낙태론'을 연상시키는데, 서양(=선진)과 일본(=후진), 서일본(=선진)과 동일본(=후진)이라는 대치구조를 전제하고 있다. 또한 도요토미 정권에 대해 봉건재편(성)론을 이미지로서 내포하고 있다. 1950년 단계에서 임진왜란의 원인을 도요토미 정권의 발전과정에 따른 권력의 내부모순에서 구하려 한 점은 주목할 만하다. 그러나, 이 견해는 기본이 되는 역사 사실과 도요토미 정권에 대한 구조적·체계적 이해의 부족과 임진왜란을 서국(서쪽지역)대명으로만 국한시켜 축소한 점에 큰 약점이 있다.

이형석은 1974년 『壬辰戰亂史(상)』에서 임진왜란의 원인을 간접 원인과 직접 원인으로 나누어 설명하였다. 간접 원인으로는 "조선과 명나라의 허점이 무엇이었던가 하는 문제를 다루어 보고자"[12] 하는 전제하에,

---

12 李炯錫, 『壬辰戰亂史(上)』, 新現實社, 1974, 110쪽.

조선이 침략을 받게 된 요인으로 분당정치와 기강 문란, 사회제도의 폐단과 도의관의 타락, 조신朝臣의 무능과 실천력의 미약성, 경무輕武사상과 안일 고식성, 사대사상과 타력 의존성, 국방정책의 빈곤을 들고 있다(110쪽). 그리고 명의 허점으로는 문약하여 왜구에게 곤란을 당하고 있었으며, 당시 만주족이 흥기하고 있음을 들었다(115쪽). 이러한 정세에 대해 "도요토미 히데요시가 이러한 정보를 알게 되고, 이 약점을 타고 침략한 것은 아니지만, 명의 국력이 미약하다는 허를 노린 것은 틀림없는 사실이라 아니할 수 없다"(116쪽)라고 했다.

개전의 직접 원인과 관련해서는 "곧 도요토미 히데요시의 침략 동기를 말하는 것인데 이것을 논하려면 먼저 히데요시가 성장하던 당시의 실정을 살펴보아야 할 것이다"(116쪽)라고 전제하면서, 히데요시의 성장 과정, 쓰루마쓰鶴松 탄생, 히데요시 사망에 관해 서술한다. 히데요시에 대해 "매우 불우한 환경에서 자라나서 매우 고독한 신변이었으나, 자기를 믿는 신념이 강하여 정월 초하룻날 아침 해와 같이 출생한 태양의 아들이라고 자처하기도 하는 그러한 단순한 지능의 소유자였다"(117쪽)라고 평가했다.

그리고 임진왜란의 개전 원인을 "전국戰國시대부터 살벌로 업을 삼고 무예와 전법에 있어서 백전 노련한 군사들의 장지壯志를 해외에 몰아내는 것은 뒷날의 후환을 막을 뿐만 아니라, 비교적 젊은 제후들의 웅심雄心을 북돋아 주고, 또 그의 아들 쓰루마쓰가 죽은 뒤로는 자기의 노후를 은근히 걱정하게 되어 제후의 인력과 재력의 성장을 억제하고, 그들의 젊은 정력을 소모시키는 한 방편으로도 생각하였으리라고 보는 바이다"(118쪽)라 하였다. 아울러 히데요시의 정복욕을 더욱 부채질한 심적 요소로 히데나가秀長와 쓰루마쓰의 죽음을 들었다(119쪽). 그러면서도 "이것이 직접적 원인이 되어서 히데요시가 외정을 단행하였다고는 볼 수 없으며, 다만 히데요시의 마음을 자극시켜서 외정 단행의 결심을 더욱 부채질한 효과는 컸다고 보는 바이다 … 외정의 원동력은 아니지만, 그의 추진력적인 역할을 하기에는 충분하다"(119쪽)라고 했다.

이 견해는 신흥 대명=히데요시가 키운 대명[子飼大名]들의 욕구 충족, 쓰루마쓰 사후 히데요시 정권의 위기 해소=대명세력의 약화 의도를 임진왜란의 원인으로 보려 한 것이나, 양자의 상호관계가 명확하지 않다. 특히 그가『壬辰戰亂史』자서自序에서 "이 싸움(임진왜란)은 도요토미 히데요시 한 사람의 방약무인에서 나온 불장난이었고, 아무런 명분이 서지 않는 일방적 침략"(위의 책, 11쪽)이라고 한 것을 보면, 히데요시 정권의 모순에서 명확히 임진왜란 원인을 찾았다고도 할 수 없다.

서인한은 1987년『壬辰倭亂史』에서 도요토미 정권은 "대명세력들을 일시적으로 결합시켜 놓은 일종의 연합정권"[13]이며, "그의 정권 기반에 내재되어 있는 취약점을 해소하기 위한 방편으로서, 봉건적 지배구조를 재편하여 대명집단의 세력을 약화시키는 대책을 강구하지 않을 수 없게 되었다"(13쪽)고 했다. 그리고 "대규모의 원정사업을 벌이고, 여기에 봉건 대명의 무력집단을 투입하여, 그들의 전투력을 소멸시킴으로써 그 세력을 약화하려 획책하였다. 이러한 책략에서 정복지역의 광대한 영토를 대명 세력에게 재분배하여 그들의 영지 확장 욕구를 충족시켜 줌으로써 대명 세력들로부터 광범한 지지기반을 확보하려는 의도가 내포되어 있기도 하였다"라고 했다.

이 견해는 히데요시 권력을 일종의 '연합정권'으로 규정하고, 이 정권에 내재된 모순에서 임진왜란의 원인을 구하려 한 점에서 주목된다. 히데요시가 임진왜란을 통해 얻으려 한 것은 봉건적 지배구조의 재편=대명 세력의 약화와 대명 세력의 영토확장 욕구 충족이라고 했다. 그런데, 그는 여기에서 대명 세력의 약화와 조선침략의 상관관계를

---

13 徐仁漢,『民族戰亂史4 壬辰倭亂史』, 國防部戰史編纂委員會, 12쪽.

명확히 제시하지는 않고 있다. 아울러 실제로 대명들 모두가 영지확장의 욕구가 있었던 것도 아님을 간과하고 있다. 그의 견해에는 1960년대 이래 막번체제론에서 논의된 임진왜란 원인론의 영향이 보이나, 히데요시 통일권력=일종의 연합정권의 구조적 모순=대립·갈등=봉건적 지배구조의 재편=대명 세력의 약화 지향과 대명 세력의 영토확장 욕구의 상호관계와 논리상의 결절점을 명확히 하지 못한 약점이 있다.

정구복은 2005년 「임진왜란의 역사적 의의-壬辰倭亂에 對한 韓·日 兩國의 歷史認識」에서 "조선침략을 명나라를 공격하려는 한 단계라던가, 조선과의 전쟁이 아니라 명과의 전쟁이었다고 인식함은 참된 역사적 이해라고 할 수 없다. 일본 국내의 토지를 받지 못한 무사들의(에게) 영지를 줌으로써 그 불평을 해소하려고 조선을 침략했다는 동기설도 타당하지 않으며, 한국 측에서 서술하고 있는 대명들의 세력을 전장으로 몰아 그들의 힘을 없애려 하였다는 설도 타당하지 않다. 감합무역을 재개하려 하였다는 설도 1593년 명나라와의 강화회담 과정에서 나오는 것이지만, (임진왜란의) 근본적인 동기라고 할 수 없다. 일본의 영토를 확장하려 했다는 설도 강화회담 중 조선 남부 4도 분할론에 나타나지만, 근본적인 조선침략의 동기라고 할 수 없다"[14]라고 하여 임진왜란 동기에 관한 학설들을 비판했다. 그리고 "히데요시는 미천한 신분에서 출세하여 전쟁의 승리를 계속하였고, 그는 전쟁을 치르는 과정에서 죽었다. 그는 전쟁으로 일생을 산 사람이다. 그가 조선을 침략한 참된 동기는 그칠 줄 모르는 그의 전쟁욕이었다고 해석할 수밖에 없다"(195쪽)라고 하였다.

정구복은 한국학계와 일본학계의 임진왜란 동기에 관한 학설들을 비판하고 있는데, 그가 비판 대상으로 삼은 학설들은 모두 패전 전의 것이고, 패전 후의 학설에 대한 검토는 없는 듯하다. 게다가 기존

---

[14] 정구복, 「임진왜란의 역사적 의의-壬辰倭亂에 對한 韓·日 兩國의 歷史認識-」, 『한일역사공동연구보고서 제2권』, 한일역사공동연구위원회, 194~195쪽.

학설들에 대한 그의 비판은 "참된 역사적 이해라 할 수 없다", "타당하지 않다", "근본적 동기라 할 수 없다" 등 비판의 근거가 매우 주관적이고 근거를 제시하지도 않았다. 이러한 시각 하에 전개한 '히데요시 전쟁욕'에 대한 이해는 자칫 임진왜란 원인을 히데요시 개인으로 환원·왜소화시킬 위험성이 매우 크다 하겠다.

한편 2006년 박수철은 「15·16세기 일본의 전국시대와 도요토미 정권」에서 "히데요시 시기에 실시된 태합검지太閤檢地와 병농분리정책을 통해 중세사회가 질적으로 변화하였다는 전국시대와 근세사회의 단절을 지적해온 기존 통설은 재검토되어야 한다"[15]는 전제 하에 임진왜란 원인론을 검토했다. 그는 감합무역설에 대해 "히데요시가 무역에 깊은 관심이 있었던 것은 사실이고 개연성은 있지만, 무역 문제를 직접 언급한 사료를 찾을 수 없다"(208쪽)라고 비판한다. 그리고 기존의 공명심설을 단순히 히데요시 개인 차원으로 환원시킨 점을 비판하면서, "히데요시의 공명심은 결코 히데요시 개인 차원에만 국한된 것이 아니라 당시 무사집단의 일반적 지향이자 그들의 정서가 반영된 구조적 산물"(209쪽)이라 했다.

따라서 "공명설과 영토확장설은 사실 별개의 것이 아니다. 현재 공명설이 무시되고 영토확장설의 주장만이 통설적 위치를 점하고 있지만, 필자(박수철)가 보기에는 공명설과 영토확장설은 동전의 앞뒷면 관계이다 … 영주계급의 영토확장 지향은 구체적인 사료로 나타날 때 공명이란 이름으로 표출되고 있다"(210쪽)라고 하였다.

그리고 후지키 히사시藤木久志의 도요토미 '평화령'에 대해서는 "분쟁 종식 과정에서 나타난 무수한 전란, 그 속에서 전개된 헤아릴 수 없는 방화·약탈·참상 등 전국시대 이래의 참혹한 살상과 폭력행위에는 관대

---

[15] 박수철, 「15·16세기 일본의 전국시대와 도요토미 정권」, 『전쟁과 동북아 국제질서』, 일조각, 2006, 207쪽.

하다"(214쪽), "임진왜란까지를 시야에 넣고 전체적인 관점에서 조망하려 한다면, 도요토미 정권의 지향을 평화=사전금지·분쟁종식이 아닌 다른 논리구조를 찾아야 한다"(215쪽)라고 비판했다. 그는 "히데요시는 천황 권위를 매개로 항복(이는 히데요시가 관백에 취임해 있다는 의미로 보이나, 실제 통일과정에서 천황 권위를 내세워 상대방을 항복시킨 예는 없다) → 지위 보장, 거부 → 정벌이란 서로 다른 두 가지 선택방식을 가지고 있다"(216쪽)고 하면서, "도요토미 정권은 끊임없이 영지확장을 지향하였다. 지속적인 영토확대 전쟁을 통해서만이 다양한 구성원의 이해관계를 조정하고 그들의 불만을 잠재울 수 있었기 때문이다. 히데요시가 정권 초기부터 명을 침략하려 한 것은 그런 점에서 조금도 이상하지 않다"(217쪽)라고 하였다.

이 견해는 영토확장설과 공명심론을 결합한 것으로 주목되나, 공명심론의 근거가 조선국왕에게 보낸 국서라는 사실과 공명심론을 주장하는 전제와 의도를 고려하지 않았다는 약점이 있다. 그리고 전국시대와 도요토미 정권과의 연속성을 전제로 하고 있으나, 전국대명과 도요토미 정권=통일정권은 역사 전개상 엄연히 구분해야 하며, 양자 모두 영토확장 욕구를 가지고 있다 하더라도 그 논리구조와 목적은 달리 설명해야 할 것이다. 또한 대명의 영토확장=공명심론의 근거로 제시한 사료가 싸움·전쟁을 전후로 발급된 것이라는 점, 즉 전쟁을 독려하거나 책임을 물을 때 발급된 사료-사료를 직접 인용하지는 않았지만-를 인용한 점도 설득력을 반감시킨다. 한편 히데요시 정권이 다양한 구성원의 이해를 조정하기 위해 영토확장을 지향하여 임진왜란을 일으켰다면, 다양한 구성원의 이해 상충 구조를 임진왜란 원인으로 삼아야 할 것이나, 이에 관한 논리를 제시하지 못한 점도 지적해둔다.

일본학계

| 패전 전 |　　　　　　다나카 요시나리田中義成는 러일전쟁이 일어난 1905년에 「豊太閤の外征に於ける原因に就いて」를 발표하였다. 그는 히데요시가 오다 노부나가織田信長의 명으로 주고쿠中國 모리毛利씨를 정벌하기 위해 출진할 때 노부나가가 주고쿠를 영지로 주겠다고 하자, 히데요시가 자신은 해외(조선, 중국)를 토벌하고자 한다는 내용을 기록한 『日本外史』와 『續本朝通鑑』의 기술을 인용하여, 당시 히데요시의 조선침략이 돌발행위[突飛]였다는 견해를 비판하였다.[16] 그리고 당시 일본의 해외진출 기운을 지적하면서 "불세출의 호걸인 도요토미가 그러한 사회풍조에 편승하여 공전의 위업을 해외에서 이루려 했던 것은 당연하다"(4쪽)고 하였다. 즉 영웅주의 역사관과 당시의 해외진출 지향성을 근거로 히데요시의 조선침략을 설명했다.

또 그는 1925년 『豊臣時代史』에서 히데요시가 처음부터 명 및 조선을 귀복시키려는 마음을 품고 있었던 것처럼 이야기하지만, 이는 결과를 보고 원인을 상상한 것에 불과하다고 전제하면서, 히데요시의 전략은 우선 가능한 한 평화수단을 써서 상대를 설득하여 항복을 권하고, 그에 따르지 않으면 비로소 정벌하는 방식을 취했으며, 이는 노부나가에게 배운 것이라고 하였다. 그리고 히데요시는 천황의 명을 받들어 명[諭]하여, 싸움의 명의를 바르게 하였다[17]고 하면서, "그(히데요시)는 국내를 정벌할 때도 천자天皇의 명을 받들어 명한다. 그럼에도 불구하고 적이 그것을 받아들이지 않으면 어쩔 수 없이 그것을 정벌하였다. 즉 전쟁의 명의를 분명히 한다. 하물며 외국에 대해서는 싸움의 의의를 더욱 바르게 하여 단순히 도적과 같은 침략[盜賊的侵略]을 하려고 하는

16　田中義成, 「豊太閤の外征に於ける原因に就いて」, 『史學雜誌』 16-8, 1905, 2쪽.
17　田中義成, 『豊臣時代史』, 明治書店, 1925, 227쪽.

것은 결코 있을 수 없는 일이다"(278쪽)라고 하였다.

이어서 무로마치 막부室町幕府와 노부나가·히데요시의 '평화외교'를 강조하였다. 그에 따르면, 노부나가는 1579년 조선에 사신을 파견하여 "(명과) 국교를 통하려 조선에 그 소개를 의뢰"(282쪽)하였으나 조선이 거절하였다고 한다. 이러한 노부나가의 외교태도를 자못 진취적인 것으로 평가하면서, 히데요시는 노부나가의 이 같은 외교정책을 계승하였다고 보았다(283쪽).

이어 히데요시가 해외팽창(조선침략) 의도를 가지고 있었다고 하는데, 위에서 소개한「豊太閤の外征に於ける原因に就いて」에서 서술한 내용과 같다. 그러나 1585년 4월과 5월 모리 데루모토毛利輝元와 안코쿠지 에케이安國寺惠瓊·구로다 요시타카黑田孝高에게 보낸 서장과 1587년 10월 고바야카와 다카카게小早川隆景에게 보낸 서장을 통해 히데요시가 조선에서 명·남만까지 경략하려 했던 점을 강조하였다(286쪽). 그리고 조선사절이 일본에 오자, 히데요시는 "조선에게 (일본의 명에 대한 감합무역을) 소개하게 하여 무로마치시대에 있었던 감합제도를 부활시켜 관선·상선의 왕래를 트고자 하는 뜻을 전하려 했다고 보인다"(287쪽)고 했다. 그는 이것에 대해 "국제조약을 체결하여 통상무역을 열려고 한 것으로, 그 요구는 정정당당한 것이라 해야 할 것이다. 이것이 실로 히데요시의 원래 목적"(287~288쪽)이라고 했다. 그 증거로 강화조약 교섭 시의 감합무역 부활 요구를 들었다(288쪽).

소위 '감합무역설'이다. 즉, 임진왜란의 목적은 명과의 감합무역의 부활이었고, 조선침략은 조선이 일본의 감합무역 중재 요청을 거절한 때문으로 명과의 감합무역을 실행하기 위한 방법이라고 보았다. 이 견해는 위에서 보았듯이 영웅주의 사관에 입각한 것으로, 히데요시의 조선침략 책임은 조선에 있다는 전제를 깔고 있다. 이 설의 약점은 우선 위의 전제는 제쳐두고라도, 히데요시가 조선에 감합무역을 의뢰

한 직접적인 증거가 없다는 사실이다. 결국 이 주장의 의도는 조선침략에 대한 정당화라고 볼 수 있다.

이케우치 히로시池內宏는 1914년 『文祿慶長の役 正編 第一』에서 이 시기(전국 말기에서 근세 초기에 걸쳐)에는 해외팽창 정신이 흘러넘치고 있었으며,[18] 히데요시의 해외경략에 대한 포부는 "구구한 조선의 정복이 아니라 명국 400여 주의 석권을 목적으로 했다는 것은 이미 정설이고 … 그 종국의 목적은 … 천축(인도)·남만에 미치려 했다"(2~3쪽)고 했다. 히데요시가 조선·명을 침략할 뜻을 품은 시기는 『朝鮮征伐記』를 인용하여 1582년 이전이라고 보았다(32쪽).

이케우치 히로시는 "영웅은 사람을 속인다. 영웅의 사업은 상리常理를 가지고 논할 수 없다. 그들의 행동은 천마가 하늘을 나는 것과 같이 평범한 사람은 알아차리기 어렵다"(35쪽)라고 하면서, "히데요시는 만고에 없는 영웅이다. 만고에 없는 영웅으로 전례 없는 장대한 계획叶圖을 그렸다"(위의 책)라고 했다. 즉 만고에 없는 영웅 히데요시가 대륙 '정벌'을 계획했다는 것이다. 한편 당시 일본의 상황을 "우리 국민(일본)의 정신이 국가영역을 초월하여 외부로 흘러넘치던 시대다. 그들이 해외로 팽창하여 새롭게 활동 세계를 열고"(34쪽) 있었다고 하면서, 그 영향으로 히데요시는 해외정복을 계획하였다는 것이다.

이케우치 히로시는 히데요시의 대륙침략 원인에 대한 학설들, (1) 쓰루마쓰 사망에 따른 울분 해소설, (2) 국내무력 해외 소진설, (3) 조선의 일본 명입공 거절설, (4) 탐병설 등을 나열하고, (1)은 후인의 부회, (2)는 탁상공론, (3)은 히데요시의 대륙침략 구상이 1587년 이전이라는 점, (4)는 도학자 일류의 도덕적 비판(36쪽)이라고 비판했다. 그에 따르면, 히데요시의 대륙침략은 "여러 해에 걸쳐 품어온 뜻을 수행하려 한

---

[18] 池內宏, 『文祿慶長の役(正編 第一)』, 吉川弘文館, 1914, 1쪽.

히데요시의 위업으로, 그의 해외정벌 동기는 그 자신의 경우 혹은 당시의 나라 사정과 형상[國狀]에 관한 특수 필요에 연원한다고 보기 어렵고"(37쪽), "히데요시의 해외원정에 대한 기대는 그 자신의 특수 욕구, 바꾸어 말해 그의 공명심에서 나온 것이라고 보아야 한다." 그 근거로 1590년 조선국왕에 보낸 국서, 1587년 소 요시토시宗義智에게 보낸 서간, 『九州御動座記』, 『日本西教史』의 기사를 들었다. 그러나 당시 히데요시는 결코 조선 영토를 병탐할 생각은 없었고, 해외침략을 계획한 초기부터 명을 병탄할 계획이었다(52쪽)고 보았다.

한편 쓰루마쓰가 사망한 1591년 8월 히데요시는 명 정복을 단행할 결의를 표명했다고 했다(195쪽). 그리고 '정명征明' 결의와 '정한征韓' 수행은 구별해야 하며, 주요 대상은 명이고, 히데요시가 "정명을 결정한 후 웅지를 실행하고자 제반 준비를 서둘렀으나, 다음 해 1592년 초두에는 아직 병兵을 조선에 가할 뜻(정벌의 뜻)은 없었다"고 했다(196~198쪽). 여전히 조선을 정명의 길목에 있는 통로로 여겼다는 것이다. 한편 그 유래가 오래되었지만 그저 마음 속에 잠복되어 있기만 했던 정명 기획을 히데요시가 실행에 옮길 결의를 발표한 시기는 1591년 8월이라고 했다(200쪽).

따라서 쓰루마쓰 사망과 관련하여 '정명'을 단행했다는 학설이 그 증거로 제시한 『三藐院記』, 『朝鮮征伐記』, 『豊臣秀吉譜』, 『多聞院日記』 등의 기사를 비판하면서(204~210쪽), 히데요시가 정명의 포부를 품은 것은 1587년 규슈를 정복한 이후고 고호조後北條씨를 정복한 후 정명에 대한 기망企望이 배가倍加되었으며, 1590년 조선통신사의 일본방문이 알려지자 1591년 8월 이전에 히젠 나고야名護屋의 축성을 계획하고 명에 대한 침략을 준비했다고 보았다(218~219쪽). 따라서 그는 히데요시의 정명 준비가 동국東國 정복을 마치고 시작되었다는 설을 부정한다.

쓰루마쓰의 사망과 '정명' 결단의 상관관계에 대해서는 "사랑하는 아들의 사망에 슬퍼하는 것은 범부도 영웅도 다르지 않다. 슬픔에 상처받지 않는 것이 영웅이라지만, 이러한 사태와 관련해서 당시 사람들이 히데요시를 (그렇게) 본 것 또한 결코 잘못이라고 할 수 없다"(220~211쪽)라고 했다. 그렇다고 해서 "정명 단행을 쓰루마쓰의 요절과 결합시키려 하는 것은 잘못이다. 외정은 히데요시가 오랫동안 품어 온 뜻[宿志]이다"(221쪽), "(쓰루마쓰 사망에) 히데요시가 너무 괴로워하여 분연 궐기하여" 침략을 단행했다는 설은 "사랑하는 아들을 장사지냈을 즈음 울분이 끓어올랐다고 해도, (임진왜란과 쓰루마쓰의 사망은) 서로 관련이 없다"(222쪽)라고 부정했다. 즉 영웅 히데요시는 자식의 죽음 같은 것에 좌우되지 않는다고 보았다.

이는 소위 영웅주의에 입각한 히데요시 '공명심론'이다. 히데요시가 정복하려 한 대상이 조선이 아닌 명이었다는 그의 주장에는 히데요시의 조선침략 책임이 조선에 있다는 논리가 내재되어 있다. 이케우치가 실증주의를 구사한 높은 수준의 연구성과를 냈다고 평가받고 있지만, 그의 역사관이 전근대의 영웅주의에 바탕을 두고 있음을 간과해서는 안 될 것이다.

쓰지 젠노스케[辻善之助]는 1917년 「豊臣秀吉の支那朝鮮征伐の原因」에서 히데요시의 중국·조선 침략 원인에 대해서는 아직 학자들이 모두 납득할 만한 설이 없다고 전제하면서, 당시까지의 설들을 비판하였다. 우선 쓰루마쓰 사망설(울분설)에 대해서는 쓰루마쓰가 사망하기 전(1585년)에 이미 대륙을 침략할 의도가 있었다는 사실을 『日本西敎史』와 1586년 안코쿠지 에케이·구로다 요시타카에게 보낸 서장 등을 인용하여 부정하였다.[19]

그리고 대륙침략 의도를 표명한 사료들에 대해서는, "히데요시의

---

[19] 辻善之助, 「豊臣秀吉の支那朝鮮征伐の原因」, 『海外交通史話』, 東亞堂書房, 1917, 190쪽.

중국정벌 기도가 일찍부터 보였지만 어떤 이유로 그러한 기도를 했는지는 설명할 수 없다"(198~199쪽)라고 했다. 이어 "히데요시는 조선에 군을 보내, 당시 장수들의 힘을 소비하고, 그것으로 국내평화를 유지하려 했을 것이다. 혹은 땅을 빼앗아 장수들에게 상으로 나누어주려 했을 것이다"(199쪽)라는 설에 대해 "이는 그(임진왜란) 동기의 한 원인일 뿐, 그것을 주원인으로 인정하기에는 불충분하다"라고 하면서, "그것(임진왜란 원인)을 충분히 설명하지 못하면, 아무래도 명분 없이 군사행동을 했다는 비방을 면하기 어려울 것이다. 조선에서는 물론이고 일본에서도 그 같은 설이 자주 보인다"라고 했다. 그리고 당시 국민들 사이에 흘러넘치던 활력이 자연스레 밖으로 작용했다거나, 흘러넘치는 기운을 이용하여 고까운 외적[怨寇]에게 복수전을 시도했다고 한 설에 대해서도 "막연한 설로, 히데요시가 군대를 움직인 명분이라고는 할 수 없다"라고 했다.

이러한 비판을 전제로 그는 "히데요시는 필연코 조선 및 명에게 통상무역과 관련한 어떤 요구를 한 것은 아닐까? 즉, 아시카가足利(무로마치 막부) 이래의 감합=통상무역의 복구를 요구했을 것이다. 그런데 이 요구가 받아들여지지 않자 군대를 움직였을 것이다"라고 했다. 그 증거로서 ① 타 외국(필리핀, 타이완)에 대한 입공 요구, ② 강화조약 조문, 『징비록懲毖錄』 기사(봉封은 인정하나 공貢은 허락하지 않음), ③ 『조선통교대기朝鮮通交大記』 1591년 기사[國書], ④ 혼간지 문서[調物] 등을 들었다(200~205쪽).

그의 주장에 따르면, 히데요시가 조선에 조공(입공)을 요구하고, 일본이 조선에게 중국과의 통상 주선을 요구했다가 거절 당하자, '정벌'군을 조선에 파견하였다는 것이다. 그리고 일본이 명에게 입공을 요구한 것은 "국민 자존의 염念이 크게 발전, 대외경對外硬 사상이 크게 고양되어 있던 때"로 "국가의 명예를 소중히" 하였기 때문이라고 했다(207쪽). 이러한 주장 하에 그는 임진왜란 원인을 입공=통상으로 보았다. 그리고 "히데요시는 일반인들에게 매우 거리낌 없고 거친[豪放粗大] 영웅으로 비쳐지고 있으나, 그의 사적을 살펴보면 많은 점에서 주도면밀한 면을 보인다. 그저 전쟁을 좋아한다는 그런 단순한 생각으로 정벌을 기도할 인물이 아니다 … 그는 동시에 명분을 중시했다 … 요컨대, 그는 이익을 중시했지만 동시에 국가의 명예를 소중히 여겼다"(206쪽)라고 주장하였다. 그리고 이 전쟁으로 조선과 일본 국민 모두 피폐해지고 전란의 참화를 입었다는 점을 지적하면서도, "(임진왜란은) 대단히 장쾌壯快한 일로 국민 원기를 배양한 공은 이루 헤아릴 수 없다 … 히데요시의 지나(중국)정벌이 우리(일본) 국민의 정신에 비상한 감화를 주었음을 생각하면, 이 전쟁이 결코 무익했다고는 할 수 없을 것이다"(207쪽)라고 했다.

이 설은 소위 '감합무역설'로, 히데요시를 거리낌 없고 거친 영웅이 아닌 명분을 중시하고 국가의 명예를 중히 여기는 '영웅'으로 전제한다. 이에 따라 조선을 침략할 의도는 없었으나, 명에 대한 감합 요구 중재를 조선이 거절했기 때문에 침략하였다고 하여 일본의 조선침략을 정당화하고 있다.

도쿠토미 소호德富蘇峰는 1921년 『近世日本國民史』의 「秀吉外征動機の諸說」(1·2)에서 임진왜란의 원인을 둘러싼 에도시대 이래의 학설들을 소개하면서,[20] 간단한 비판을 가하였다.[21] 이 비판에서 주목되는 것은 야마가 소코山鹿素行의 "히데요시가 사망하여 비록 그 공을 완수하지는 못했지만, 본조(일본)의 무위를 이역異域에 빛낸 것, 진구神功황후 이래 히데요시 치세에 있다"라는 구절에 크게 공명한 점이다(119쪽). 쓰지 젠노스케의 감합무역설에 대한 비판에서는 "오로지 겨우 대명무역의

---

20 林道春과 中井竹山의 공명설, 貝原益軒의 호전설, 安積澹泊의 侈心說, 賴山陽의 動亂外轉說, 山鹿素行의 秀吉弁護說, 辻善之助와 田中義成의 감합무역설 등.
21 德富蘇峰, 『近世日本國民史』, 明治書院, 1921, 113~124쪽.

감합인선勘合印船 회복에만 머물렀을까? 우리는 히데요시가 통상무역가 이상의 영웅이었다고 생각한다"(122쪽)라고 한 점도 주목된다. 한편 다나카 요시나리의 감합무역설에 대해서는 조선과 일본을 대등하다고 전제한 점, 명에 대해서도 오로지 통상만을 요망했다고 한 점을 비판하였다(124쪽).

이어 「外征動機諸說の批判」에서 본격적으로 여러 설을 비판한다. 여기에서 주목되는 점은, 우선 야마가 소코山鹿素行설에 대해 히데요시의 (임진왜란) 본래 목적은 명이고, 조선은 그 경로에 불과하다고 한 점을 비판한 것이다(124~125쪽). 또 "히데요시가 조선정벌을 목적으로 삼지 않은 것은 독일황제가 벨기에 정벌을 목적으로 삼지 않은 것과 같다. 벨기에가 통로를 막고 있었기 때문에 독일군에게 유린 당한 것처럼 조선도 통로를 막고 있었기 때문에 일본군에게 유린 당했다"(130쪽)라고 했다. 라이산요賴山陽설에 대해서는 "당시 대명들은 기상이 넘쳐났지만[英氣滿滿], (히데요시가) 명 정벌을 포기한다고 해도 단연코 히데요시에게 대들 위세[氣焰]는 없었다"(126쪽)고 했다. 감합무역설에 대해서는 "히데요시를 너무 근세화시킨 견해"라고 하면서 "뭔가 이번 세계대전 (제1차 세계대전)에서 영미 쪽 견해를 듣는 것 같다"라고 하였다(127쪽). 이렇게 해서, 그는 조선과 일본을 대등한 존재가 아닌, 조선을 대명大名처럼 간주하여 교통이 아니라 복속과 신속臣屬을 요구했다고 보았다. 또한 "조선정벌을 규슈전쟁九州役의 연장"으로 보고 "히데요시는 조선을 이국異國으로 간주하지 않았다"라고 했다(128~129쪽).

이러한 비판을 통해 그는 "히데요시의 외정 동기는 … 알렉산더대왕, 나폴레옹, 징기스칸, 티무르 등과 공통된 일종의 정복욕이 발작한 데 있었다. 즉 그에게는 대제국 건설이 자신의 본분이자 항상 마음에 두고 있었던 것으로서, 어떻게 해도 억제할 수 없는 것이 있었다"(130쪽)라고 하면서, "그(조선침략) 근본 동기는 히데요시의 담대[落落]한 영웅심에서 찾아야 한다. 즉, 호대好大, 호공好功, 호업好業, 호명好名에서 찾아야 한다. 그는 어떤 특정 목적을 위해 정복에 나섰다기보다는 오히려 정복 그 자체를 목적으로 했을 것이다"(131쪽)라고 했다. 그리고 "이 근본 동기에 그것(정복욕)을 채우기 위해 혹 명나라를 향해 무역이익을 차지하려 했을 수도 있다. 또 조선의 무례에 분개하기도 했을 것이다. 혹 사랑하는 아들이 요절하자 갑갑하고 울적한 심사를 떨치고자 그 같은 행동에 나섰을 수도 있다. 또는 여러 장수들에게 나누어줄 토지가 부족하여 새로운 영토의 필요성을 느꼈을 수도 있다. 하지만 이런 것들은 하나같이 방계나 지류고, 근본 동기는 히데요시라는 인물 자체의 갖고 있는 담대한 영웅심에 귀착될 것이다"라고 했다.

이것이 소위 '정복욕설'이다. 이 설의 전제도 히데요시 영웅관이다. 정복욕설을 주장한 의도는 감합무역설 비판에서 보이듯이 조선은 원래 동등한 '이국異國'이 아니라는 데 있다. 따라서 히데요시는 조선을 정복하려 한 것이 아니라 명을 정복(명에게 신복臣僕을 요구)하려 한 것이고, 마침 그 길목에 위치한 것이 조선이어서 조선을 정복한 데 불과하다는 주장이다. 여기에서 바로 중국을 아우르는 대일본제국을 희구하였던 도쿠토미 소호의 의도가 잘 드러난다.

다보하시 기요시田保橋潔는 1933년 「壬辰役雜考」에서 히데요시가 언제부터 명·조선을 원정할 마음을 품었는가, 그리고 언제 이것을 실행할 결심을 하였는가, 외정 동기는 무엇이었는가는 임진왜란 연구에서 가장 중요한 문제지만, 또 이것만큼 막막한 어려운 문제도 없다고 하면서,[22] "히데요시는 저 나폴레옹 대제와 같이 세상에 보기 드문 영걸"(25쪽)이라고 했다. 히데요시가 대륙정벌을 신중히 고려하게 된 것은 "1585년 가을, 히데요시가 관백 선하를 받고, 명실공히 무가武家의

---

22 田保橋潔, 「壬辰役雜考」, 『青丘學叢』 14, 1933, 25쪽.

동량으로서 공가公家의 수장이 되면서부터였다"(27쪽). 이 당시 히데요시에게 외정의 대상은 명이 아닌 조선이라고 보았다. 또 히데요시는 1590년 조선통신사의 방일을 신복臣服으로 여겨 만족하고 있었기 때문에, 과연 이것이 히데요시 외정의 전제인지 그 여부는 신중히 검토해야 한다(30쪽)면서 "덴쇼天正(1573~1591) 말년에 이르기까지 히데요시의 외정은 문서상으로만 존재하는 소위 '종이 위의 계획[紙上計劃]'으로 실행 여부는 다른 문제"라고 하였다(36쪽).

그에 따르면, 히데요시가 '외정'을 실행으로 옮기겠다고 결심한 시기는 쓰루마쓰가 사망한 1591년 여름이다. 1591년 정월에 동생 도요토미 히데나가豊臣秀長가 사망한 데 이어 8월에 쓰루마쓰까지 사망하자, 히데요시는 이를 "천하난역天下亂逆의 바탕"이라고 자각했다고 한다. 히데쓰구秀次(히데요시의 조카로 양자 겸 상속자)를 사랑하지도 신뢰하지도 않았던 히데요시는 자신이 쌓아둔 부와 양성해온 정예병을 해외에 투입하려 했다. 쓰루마쓰의 사망으로 인한 울분도 떨치고, 백 년 후 도요토미씨의 앞길에 대한 기대를 갖고 있지도 않았기 때문에 한없는 정복욕을 만족시키려 했을 것이라고 했다(38~39쪽).

한편, 감합무역설에 대해서도 감합이나 기타 무역에 대해 문서에 언급한 적이 없다고 하면서 이 설을 완전히 상상의 산물로 보았다. 그리고 삼국분할계획三國分割計劃을 분석하여 히데요시가 중국에 대해 무지하였음을 강조하고, 강화조약에 감합무역 조항을 포함시킨 것은 명을 정복하는 것이 불가능하다고 판단한 때문이라고 했다. 정유재란은 조선3도의 할양이 이루어지지 않아 발생하였다고 보았다. 즉, 히데요시는 영지 가증加增을 공약으로 내세워 무사들의 사기를 고무시켰는데, 명 정복의 실패가 명확해지자, 조선3도를 할양받아 공약 일부를 실행함으로써 위신을 지키려 했다는 것이다.

이것이 소위 '쓰루마쓰 사망설'이다. 임진왜란 원인과 관련하여 다보하시 기요시의 학설은 영토확장설로 이해하고 있지만 이는 시정되어야 한다. 다보하시 기요시의 견해를 임진왜란 원인=영토확장설로 정리하게 된 것은 아마도 다보하시가 삼국분할계획과 일본·조선의 교섭 과정에서 일본이 조선3도의 할양을 강조하였던 데서 비롯한 것이 아닌가 한다. 다보하시의 임진왜란 원인론은 히데요시의 중국에 대한 무지를 지적하면서도 히데요시 영웅관을 기초로 하고 있다. 이 견해의 특징은 쓰루마쓰의 사망(후계자의 사망)을 '천하난역天下亂逆의 바탕'으로 파악하고, 이 같은 위기에서 히데요시가 자신의 부와 정예군사력을 해외에 투입하려 했다고 본 것이다. 이 논리에 따르면, 히데요리秀賴의 탄생이 대단히 중요해지지만, 이에 대한 논의는 전혀 없다. 그리고 1591년 이전의 대륙침략 언급에 대해서는 '문서상의 계획'일 뿐이라고 하면서도 조선정복을 목표로 삼았다고 했다. 뿐만 아니라 1590년 이전의 대륙침략을 언급한 사료들이 왜 문서상의 계획일 뿐인지에 대해서도 언급하지 않았다.

나카무라 히데타카中村榮孝는 1935년「文祿·慶長の役」에서 "임진왜란은 도요토미 히데요시 만년의 일대 장거다. 국내통일이라는 위업을 이룩한 히데요시는 마침내 대륙경략이라는 큰뜻을 품고, 조선으로 군대를 보내고, 나아가 군대를 명까지 진격시키려 하였다"[23]고 했다. 그에 따르면, 히데요시가 외정을 염두에 두기 시작한 것은 1585년부터이며(8쪽), 출병의 계기가 된 중대 사건은 1591년 히데나가와 쓰루마쓰의 사망이었다(12쪽). '외정' 동기는 "불후의 대사업을 이룩하여 명성을 드높이고, 성명盛名을 후세에 전하려는 욕구, 즉 공명심에 바탕을 두고"(13쪽) 있다고 하면서, 히데요시의 이 같은 공명심을 원 세조(쿠빌라이)의 그것에 비유하였다. 한편 감합무역설에 대해, 다보하시 기요시의

---

[23] 中村榮孝,「文祿慶長の役」,『岩波講座日本歷史(6) 近世1』, 岩波書店, 1935, 3쪽.

학설을 받아들여 강화조건에 감합무역의 복구를 포함시킨 것은 명을 정복하는 것이 불가함을 깨달은 후 소기의 결과와는 별도로 고려된 것이라고 했다(18쪽).

이러한 나카무라 히데타카의 주장은 1939년 「文祿·慶長の役」에서 더 명확해진다.[24] 그는 히데요시를 "불세출의 영걸"(253쪽)로 평가하고, 임진왜란을 "국내통일을 이룩한 후, 나아가 명나라를 정복하고, 마침내 동양을 일체一體로 한 하나의 대평화권을 건설하여, 대륙에 황화皇化를 보급한다는 대이상大理想 아래 일으킨 전쟁"(253~254쪽)이라고 하면서, 전쟁 원인을 역시 공명심에 바탕을 둔(259쪽) 것이라고 단언했다. 그리고 히데요시의 외정이 국가의 이름 아래 행해지고, 대사가 항상 칙명에 의거하였던 것은 히데요시에게 황실이 얼마나 중요했는지를 입증하는 것으로, 건무중흥建武中興으로부터 무로마치·전국戰國의 시련을 거쳐 오다 노부나가 이래 뚜렷하게 드러난 황실존숭의 시대정신이 발양된 것이라고 했다(263쪽). 또한 종국적으로 외정을 통해 얻고자 했던 것은 그저 명의상의 복속이 아니라, "당시 일본에 알려져 있던 동양의 여러 나라(명, 필리핀, 류큐, 타이완, 조선)를 쳐서 하나로 만드는 것"이었다고 했다.

나카무라 히데타카는 이 공명심론을 패전 후까지도 기본적으로 유지하였다. 그는 『日鮮關係史の硏究』(중권)에서, 임진왜란은 실로 이십수년에 걸친 장기전쟁으로 임진왜란과 정유재란을 분리하면 그 의의를 명확히 할 수 없다고 하면서, 장기간에 걸친 이 전쟁의 근본 의의는 임진왜란에서 찾아야 하고, 정유재란은 강화조약의 일부로서 억지로

---

24 中村榮孝,「文祿·慶長の役」,『大日本戰史(3)』, 三敎書院, 1939. 나카무라 히데타카는 논문의 집필 목적을 "크게 해외발전의 진취적 기상을 고무함과 더불어 그 실패의 흔적에 비추어 장래 정세에 대처하여 바른 교훈으로 삼을 것을 염두"에 두었다(258쪽)고 한 것으로 보아, 임진왜란에서 대동아공영권의 논리를 제공하려 했던 것 같다.

임진왜란을 매듭짓기 위한 소극적 연장에 불과하다고 보았다.[25] 그리고 "히데요시는 외정을 통해 공명을 획득하려 했다"(위의 책, 75쪽)고 단언했다. 또 1592년 히데쓰구에게 보낸 주인장을 인용하면서 "이 대계획(대륙침략 계획)의 주안점은 아시아 여러 지역을 통일하여, 북경으로 천도하고, 정화政化의 보급을 도모, 남방 해상을 경영하는 것이었다. 히데요시는 이 대사업을 성취하여 공명을 얻고 그 명예를 만대에 전하려 했다"(위의 책, 77쪽)고 했다. 따라서 류큐·필리핀·타이완·조선과의 교섭의 최종 목적은 완전한 신복이었다.

한편 그는「對外戰爭における豊臣秀吉の目的」(1964)에서 전쟁의 목적은 기본적으로 영토 확장이며, 조선 점령지에서 실시한 조치들과 강화조약의 조선4도 할양 요구도 그러한 영토 확장의 의도를 보여준다고 했다.[26] 이 배후에는 히데요시의 의도에 공명한 출전 장수들이 있었고, 히데요시는 이들 장수의 요청을 버팀목으로 삼아 대외전쟁으로 시대의 과제를 해결하려 했다는 것이다(위의 글, 288쪽). 그리고「秀吉の朝鮮出兵の意図はどこに求められるか」(1976)에서는 "정권 확립을 위한 지배계급의 강화를 소령所領과 유통의 대외적 확대에서 구하고, 동아시아 정복을 통해 해결하고자"[27] 했다고 주장했다.

소위 패전 전 나카무라 히데타카의 임진왜란 원인설은 영웅주의에 입각한 '공명심설'과 임진왜란의 목표인 '영토확장설'을 무매개로 결합시킨 것이다. 대개는 나카무라의 견해를 단순한 '영토확장설' 정도로

---

25 中村榮孝,「豊臣秀吉の外征」,『日鮮關係史の研究(中)』, 吉川弘文館, 1969, 72쪽. 이 논문은「文祿慶長の役」(『岩波講座 日本歷史(6) 近世1』, 岩波書店, 1935),「文祿·慶長の役」(『大日本戰史(3)』, 三教書院, 1939)을 보정·가필한 것인데, 기존의 자기 학설에 대한 비판이나 역사인식에 대한 반성의 흔적은 찾기 어렵다.

26 中村榮孝,「對外戰爭における豊臣秀吉の目的」,『日鮮關係史の研究(中)』, 吉川弘文館, 1969.

27 中村榮孝,「秀吉の朝鮮出兵の意図はどこに求められるか」,『海外交渉史の視点(2)』, 日本書籍, 1976, 58쪽.

이해하고 있는데 이는 시정해야 할 것이다. 나카무라의 '영토확장설'은 임진왜란의 목표고, 임진왜란 원인은 '공명심설'이다. 특히 주의할 점은 위에서 보았듯이 감합무역설을 부정하면서도 "아시아 여러 지역을 통일하여, 북경으로 천도를 결행하고, 정화政化의 보급을 도모, 남방 해상의 경영을 추진"하고자 했다고 한 대목이다. 이는 소위 '대동아경영권'을 연상시키는데, 황화皇化의 중국 보급, 존황정신의 발양 등을 강조한 점은 전형적인 황국사관을 드러낸 것이다. 패전 후에도 한일관계사를 주도한 그의 연구들은 겉으로는 최고의 실증성을 담보한 것처럼 보이나, 그 근저에는 일본 우위의 국가상을 유지하고 있다. 즉, 책봉체제에 속한 조선의 규정성, 거기에서 벗어나 있는 근세일본의 독립성을 전제로 하여 한일관계사의 논리를 전개한다. 이런 면에 주목한다면, 나카무라 견해를 수용할 때는 극히 세심한 주의가 필요하다 하겠다.

| 패전 후 | 스즈키 료이치鈴木良一는 1952년 「秀吉の'朝鮮征伐'」에서 히데요시가 명나라를 침략할 뜻을 갖게 된 시점을 『日本西敎史』를 인용하여 1585년으로 보았다.[28] 그는 1585년 단계의 히데요시 정권에 대해 "기나이畿內 중심으로 편성된 우수한 조직과 무기와 경험을 갖춘 군대, 그(히데요시)의 통제 아래 있던 상업자본의 힘과 요구에 따라 전국통일에 착수하였다"(위의 글, 41쪽)라고 하면서, 선교사 추방의 배후에 상인이 있고, 노부나가·히데요시의 통일운동은 기나이 정복을 통해 얻은 군대의 힘과 상업자본을 배경으로 한다고 했다(위의 글, 42쪽). 그러나 "히데요시 직할령은 도쿠가와 막부에 비해 적고 불안정하였으며, 히데요시가 키운子飼 가신도 다수가 독립대명이 되어 직속 군대가 적어 ⋯ 도요토미 정권의 기초는 생각보다 약해서 상업자본에 의지하

---

28 鈴木良一, 「秀吉の'朝鮮征伐'」, 『歷史學硏究』 155, 1952, 40쪽.

였다"(위의 글)고 서술하였다.

이 상인들은 해외무역을 소망하였고 "도요토미 정권은 이(무역국) 나라들에게 정치적 압력을 행사해야 했을 것이다. 여기에 히데요시가 '가라이리唐入'(대륙침략. 대상이 명인지 조선인지는 불분명)의 뜻을 세운 요인[力]의 하나가 있을 것이다"(위의 글)라고 했다. 이들의 요구로 바로 침략이 행해진 것은 아니지만, "상업자본의 움직임과 요구가 '가라이리唐入'의 배경이 된 것은 의심의 여지가 없다"라고 했다. 한편 쇼쿠호 정권織豊政權(오다 노부나가 정권과 도요토미 히데요시 정권)은 전국戰國 제후의 그러한 (영국의 내부모순에 기인하는) 전쟁으로 필연적으로 탄생하기 때문에 … 제후의 소유욕은 국내통일의 결과 외국으로 향하게 된다고 했다. 그러나 상업자본의 요구와 한데 결합되어 있던 제후의 소령욕所領慾이 그대로 침략으로 이어질 수는 없고, "봉건왕정의 정상에 단단히 버티고 앉아 있으려 한 히데요시라는 일개 인격에 이들의 각종 요구들이 통일되고서야 비로소 침략으로 나타나게 된다"라고 했다. 그러나 "타민족·외국의 조선 '정벌'·통합을 내지(일본)와 완전히 동일시한 점에 히데요시를 비롯한 장수들의 근본적 잘못이 있었다"(위의 글, 44쪽)라고 지적했다.

이상에서 보듯이 스즈키는 히데요시 정권을 기나이 지역을 기반으로 상업자본과 결합해 있었고, 도쿠가와 정권에 비해 기초(=군사력)가 약한 정권으로 파악하였다. 그리고 상업자본의 요구=해외무역 요구(감합무역)와 영주의 소령욕(=영지 확대 지향성)이 히데요시라는 한 개인에게 집약되면서 대외침략이 나타난다고 했다. 이 설은 패전 전과는 달리 히데요시 정권의 특질과 그 구조적 모순 속에서 대륙침략 원인을 찾으려 했다는 점에서 획기적이다. 그러나, 히데요시의 군사력이 이에야스 정권에 비해 상대적으로 약하다는 사실은 인정되나, 히데요시가 키운 후다이 대명들이 독립하면서 도요토미 '정권'의 기초가 약해졌다는 지적은 받아들이기 어렵다. 그리고 히데요시 정권과 상업자본과의 밀착에 대해서는, 개연성은 인정되나 그것이 어느 정도였는지, 상업자본이 대륙침략에 관련되었다는 직접 증거가 무엇인지를 제시하는 내용이 미약하다.

한편, 그는 1954년 『豊臣秀吉』[29]에서 임진왜란을 침략과 저항의 구도로 설명했다. 아마 다케우치 요시미竹内好의 영향을 받은 듯하다. 이 주장의 배후에는 미국의 침략과 그에 대한 저항주체로서의 일본 민중, 일본 민중의 미국 침략에 대한 저항을 촉구하는 의도가 숨어 있다. 그러나 저항 주체로서의 조선 민중은 그의 시야에 들어가 있지 않다. 그러한 의미에서 그의 역사인식, 문제의식은 퇴색한 일국사一國史 시각에 입각하여 일본 현실에 국한된 편협한 것이었다고 하겠다.

사사키 준노스케佐々木潤之介는 1964년 『政治史 2』에서 "통일정권의 모습을 띤 히데요시 정권이 해체될 때까지 그 전 정치과정의 배경에는 조선침략이 드리워져 있고 그것과 결합되어 있다"[30]라고 하면서, "통일의 각 단계에서 히데요시는 조선침략을 생각 … 임진왜란은 그 도달점에 위치한다"(위의 책, 69쪽)라고 했다. 그리고 임진왜란의 필연성에 대해 "조선을 필두로 하는 외교관계나 통일군주로서 히데요시의 개인적 성격에서만 그 근원을 찾는 것은 올바르지 않다. 그것은 히데요시 정권이 어떠한 특질을 가지고 있는가 하는 문제에서 생각할 필요가 있다"(위의 책, 71쪽)라고 했다.

이러한 전제하에, 그는 1590년 전국통일과 더불어 집권적 봉건국가체제 건설=무사의 계급적 정비·확립과 통일된 지배체제의 완성에 노력해야 했는데, 이 통일적 지배체제의 완성을 대륙침략 과정에서 추진했다고 보고 여기에 바로 히데요시 정권이 갖는 '한계 내지 모순'이 있다고 했다. 이 '한계 내지 모순'은 영국領國노선파, 중앙노선파, 중간파 사이의

---

29 鈴木良一, 『豊臣秀吉』, 岩波書店, 1954.
30 佐々木潤之介, 『政治史(2)』, 山川出版社, 1965, 68쪽.

정치적 대립, 특권적 도시 호상과 일부 대명의 동양무역 진출·제패 요구를 의미한다. 바로 이 대명들 사이의 대립과 호상의 무역 진출 요구가 임진왜란의 직접 원인이 되었다고 했다(위의 책, 71~72쪽).

그는 1971년 「統一政權論についてのノート」에서 통일정권의 성립은 병농분리의 성립과 다를 바 없다고 전제하면서,[31] 대륙침략과 관련하여 동아시아에서 일본이 점하는 위치, 권력 측의 대륙침략의 직접 계기와 특히 그 계기를 촉진시킨 요인 등을 검토하였다. 그리하여, 도요토미 정권의 의미를 동아시아 문제를 포섭한 형태로 명확히 하고, 통일정권의 제 문제를 동아시아사 속에 자리매김하려 했다.

동아시아에서 일본의 위치는 국가주권 문제를 포함하는 국교 문제와 직결된다. 지금까지와는 다른 대외인식에 기초한 국가주권의 창출은 새로이 국가권력을 장악할 자의 과제로서, 이제까지의 국제질서에 대한 '반역'이자 주인선朱印船을 시작으로 한 무역제도, 그 종말로서 쇄국제의 문제라고 보았다(위의 글, 93쪽). 대륙침략의 촉진 요인에 대해서는 도요토미 정권의 기반이 된 기나이와 관련시켜 분석하였는데, 기나이의 경우 높은 생산력으로 15세기 이래 명·일무역을 중심으로 한 동아시아경제와 결합되어 있었고, 기본적으로 생산력 발전에 기초한 유통과정을 장악하고 지배하는 지향성을 띠고 있었다는 경제적 의미를 지적하였다(위의 글, 93~94쪽). 대륙침략에 대한 권력측의 직접적 계기에 대해서는 히데요시 정권에 내포된 내부모순에 기초한 대립의 표면화를 들었다. 내부모순이란 권력항쟁 차원의 대립이 아닌 농민지배 형태를 둘러싼 영주 사이의 대립이라고 했다. 그리고 권력 내부의 모순·대립의 격화에 대해서는, '공의公儀'적 지위 - 영주·농민으로부터 상대적으로 자유롭고, 영주 간의 대립에서도 상대적으로 중립적인 - 를

---

31 佐々木潤之介, 「統一政權論についてのノート」, 『歷史評論』 253, 1970, 91쪽.

지향하는 통일권력이 더욱 더 권력강화를 도모하였고 그것이 대륙침략과 결합되어 있었다고 했다(위의 글, 94쪽).

위에서 보듯이, 사사키의 의견은 임진왜란 원인에 관한 한 스즈키의 논의를 발전시킨 것으로 보아도 될 것이다. 다만 히데요시 정권의 내부모순 중 농민지배 형태를 둘러싼 대명 간의 대립(=영국노선파, 중앙노선파, 중간파, 도시호상과 일부 대명의 동양 진출·제패 요구(영지 확장욕) 등, 이 부분은 태합검지에 대한 이해와 관련이 있다)을 전면에 내세운 점에서 차별성을 인정할 수 있다. 한편 그는 임진왜란을 동아시아사 속에 자리매김하려 하였다는 점에도 주목해야 한다. 이것은 임진왜란에서 쇄국에 이르는 전 과정을 시야에 넣어 파악하려는 입장이라 하겠다. 즉 임진왜란 원인을 히데요시 정권의 구조적 모순—영주 사이의 농민지배 형태를 둘러싼—에서 찾고, 이 모순을 해결하기 위해 대륙침략을 감행하여 영주 지위를 약화시켜 통일권력을 강화시키려 했다는 것이다.

아사오 나오히로朝尾直弘는 1964년 「豊臣政權の基盤」에서 도요토미 정권은 '오토나大人 백성'(재지 유력농민)의 부역징수권을 박탈하여 재지의 폭력조직을 해체시키고(병농분리), 중·하층 소농민과 직접 대치하였다고 했다.[32] 이러한 새로운 지배=예속관계를 설정하면서 동시에 전통적인 사상·수탈 양식을 계승·이용하고, 이 시기(1585년)부터 히데요시는 조선침략 구상을 공표하게 된다(위의 글). 즉 "대외침략이라는 국가적 사업을 구실로 군역을 동원하려 했지만, 궁궐[禁裏]·제 사사諸寺社의 조영에는 부역을 동원할 수 있었지만 군역 부과는 할 수 없었다. 조선출병은 이 점을 보완하는 것으로, 도요토미 정권의 군역동원 지레로 이용되었다"고 했다. 그리고 위의 논문을 정리하면서 "출병계획과 태합검지 실시가 함께 출현한 사실에 주목하여, 도요토미 정권이 진정한 통일정

32　朝尾直弘, 「豊臣政權の基盤」, 『歷史學硏究』 292, 1964, 33쪽.

권이 되기 위해 불가피했던 대명 이하에 대한 군역 부과와 그에 의한 권력 편성을 실현하기 위해 조선출병을 정면에 내세웠다"[33]라고 했다. 즉, 검지를 통해 병농을 분리하여 지배계급의 재지 토착성을 제거하고 아울러 대명에게 군역을 부과하여 새로운 권력을 편성하기 위해 조선출병을 감행했다는 것이다.

한편, 아사오 나오히로는 1969년 「近世封建制をめぐって」를 발표했다.[34] 그는 "명과의 강화조건 중에 감합무역 부활이 포함되어 있으나 그것은 부차적인 요소에 불과하며, 도요토미 정권 자체의 구조적 모순이 대륙출병을 필연화시켰다"(위의 글, 49쪽)고 지적했다. 여기에서 구조적 모순이란 "정권 내부에서 무가영주 상호 간의 모순을 극복할 수 없던 상황에서 부분적으로 전국대명戰國大名적인 영토 확장욕을 억누르지 못하고 그 욕구는 밖으로 향하게 된다. 다른 하나는 보다 기본적인 문제인데, 새롭게 등장한 전국대명과 농민을 자신의 지배 아래 편성하는 과정에서 그 지렛대로서 대륙출병이 필요했다"(위의 글, 49~50쪽)고 했다. 즉 조선출병은 기본적으로 통일권력의 요구, 통일권력의 집권적인 권력 편성의 강화 방책이었다는 것이다. 한편 무역·쇄국과 관련하여 "이 전쟁을 계기로 상업자본이 통일권력에 포섭되어 갔다. 석고제石高制에 기초한 권력 편성의 강화와 무역독점체제의 진행이라는 본질적인 측면에서 조선출병과 쇄국은 직접 연속된다"(위의 글, 54쪽)라고 했다.

이 견해는 히데요시 권력의 내부모순에서 임진왜란 원인을 찾았다는 점에서 사사키와 공통된다. 다만, 사사키가 영주 간의 대립을 임진왜란의 발발 원인으로 강조한 것과는 달리, 아사오는 임진왜란이 도요토미 정권의 국가화國家化(=군역 부과)와 그에 따른 권력편성 강화와의 관련을

---

[33] 朝尾直弘, 「近世封建制をめぐって」, 『日本近世史の自立』, 校倉書房, 1988, 50쪽.
[34] 朝尾直弘, 「近世封建制をめぐって」, 『日本の歴史 別巻』, 讀賣新聞社, 1969. 이 글에서는 『日本近世史の自立』(校倉書房, 1988)을 인용하였다.

강조한 데서 차이가 있다. 영주들의 영토확장욕을 인정한 점도 공통된다. 그러나 사사키와 마찬가지로 권력 편성 과정에서 왜 대외전쟁이 필연적인 것이었는지에 대한 사료의 제시나 논리상 해석은 미약하다고 하겠다.

위의 사사키와 아사오의 견해는 막번제체의 성립과 관련시켜 그 과정에 대외침략을 위치시켰다는 데 특징이 있다. 그러한 의미에서 연구사상 대단히 중요한 위치를 점한다. 그러나 이 견해도 대외침략을 막번체제 형성의 연장선상에 무매개로 위치시킴으로써 대외침략이 가지는 고유 논리를 간과해 버렸다. 거기에다 침략을 도요토미 정권의 발전 과정과 관련시키지 못하였다는 약점도 안고 있다. 즉 1585년 도요토미가 대륙침략을 처음 언급한 이래 1592년 조선침략을 실행에 옮길 때까지 자주 되풀이되었다. 그렇다면 대륙침략의 언급이 갖는 정치사적 의미를 도요토미 정권의 발전 과정에 대응시켜 해석해야 마땅할 것이다. 즉 1585년 상황과 1592년의 상황=구조적 모순과 정치적 과제는 동일하다고 볼 수 없는 것이다.

한편, 사사키 준노스케는 일본 중세국가는 명明 중심 국제질서의 변경에 위치하였고, 일본 통일정권은 이 동아시아질서의 해체에 규정된 사회변동 속에서 성립하여, 구래의 질서에 대한 반역, 즉 대륙침략을 통해 극복함으로써 국제적 국가주권을 확립하려 했다고 보았다. 한편, 아사오 나오히로도 일본 중세국가는 명과 종속관계에 있었으며, 일본의 전국동란은 동아시아에서 명을 중심으로 한 국가체계가 해체되는 모습의 일부라고 하였다. 여기에서 도요토미 정권은 중세국가를 독자의 힘으로 해체시키고, 명 중심의 동아시아 질서에 대항하여 일본형 화이의식日本型華夷意識을 재생·강화하였다고 보았다. 그리고 히데요시의 대륙침략은 집권적인 권력기구를 강화하려 한 데서 나온 내적 필연임과 더불어, 새로운 국제관계를 편성하여 국가주권을 확립·독립시키려는 의도에서 발생했다고 했다.

　사사키와 아사오가 이러한 추론을 끌어낸 것은 막번체제에서 대외관계의 확정을 '쇄국제'로 보고, 임진왜란을 포함한 외교 과정 역시 '쇄국제'로 가는 하나의 과정에 포함시키려 했기 때문이다. 물론, 전쟁이 최후의 외교수단임은 두말 할 나위 없으나, 임진왜란 발발이 '동아시아 국제질서에 대한 반역', '일본형 화이의식', 나아가 후에 보게 될 후지키 히사시의 '일본형 화이질서'를 지향했다고 보는 것은 무리다. 위 견해들은 임진왜란 발발 당시 상황을 살펴 얻어낸 결과가 아니라, '쇄국제'의 완성이라는 결과에 그들의 현실 인식을 투영시킨 것으로 보인다. 실제로 임진왜란 당시와 그 후의 '쇄국제' 완성에 이르는 상황과 과정은 다르다. 따라서 위 '동아시아 국제질서에 대한 반역'이라든가 '일본형 화이의식', '일본형 화이질서' 같은 것을 주장하려면, 임진왜란부터 '쇄국제'가 완성되는 17세기 중반까지의 상황 변화와 대외 인식·논리의 변화를 설명해야 한다. 백번 양보해서 그러한 인식이 임진왜란 발발에 영향을 미쳤다면, 그것을 사실로 뒷받침할 수 있어야 한다.

　위에서 살펴본 견해들은 임진왜란을 세계사와 관련시키며 동아시아사 안에 위치시켰다는 점에서는 획기적이다. 그러나 이 견해를 지탱하는 전제들에 대한 검토는 매우 미약하다. 우선 일본 중세국가=무로마치 막부가 지속하여 명을 중심으로 한 동아시아 국제질서에 편입되어 있었는가 하는 문제가 있다. 주지하듯이 일본이 명의 책봉체제 아래 있던 시기는 아주 이례적일 정도로 짧았으며, 무역관계만 단속적으로 행해졌다. 그리고, 전국동란의 발생이 명을 중심으로 한 국제질서의 해체와 직접 관련되었다는 흔적도 찾아볼 수 없다. 나아가 전근대 시기에 국제관계에 의해 '국가주권'이 실질적으로 확립·독립하는 경우는 없다. 다만 '국가주권'이 확립하는 과정 혹은 '국가주권'이 확립되고 나서 국제관계에 편입되거나 거역하거나 하는 외교행위가 나타날 뿐이다.

이처럼 이들 견해는 일본사를 동아시아사 속에 자리매김하려 했다는 면에서는 획기적이나, 이 견해의 배후에는 일본을 중심으로 한 동아시아사, 즉 일본의 연장으로서의 동아시아가 존재한다. 이는 위의 견해가 동아시아 속의 일본사 상을 추구한 것이 아니라, 일본사 속의 동아시아사 상을 추구한 것임을 나타낸다. 그 때문에 임진왜란은 기본적으로 일본의 전국통일 과정의 연장선상에 위치할 수밖에 없다. 이들의 문제의식과 지향점은 위에서 본 대로다.

야마구치 게이지山口啓二는 1964년 「豊臣政權の構造」를 발표한다.[35] 그는 히데요시의 전국통일 동기를 ① 전국 영주들 간의 모순 지양과 봉건소농에 대한 지대착취의 관철(검지檢地), ② 기나이畿內·근국近國의 선진적 조건들의 장악, ③ 이세·기슈紀州·세토나이瀨戶內 수군의 장악을 들고 있다. 그리고, 도요토미 정권의 구조적 특질로 ① 전국을 장악한 봉건국가 권력 ② 대명 간의 격심한 대립·항쟁, ③ 직할지의 기나이 집중성을 지적했다.[36]

야마구치에 따르면, 도요토미 정권은 이에야스 정권과 비교하여 '고유의 가중家中'이 훨씬 약하고, 더욱이 손아래 동맹자인 도자마 대명外樣大名에 도쿠가와德川, 모리毛利, 우에스기上杉, 마에다前田 등 거대 대명이 많아, 이들을 통제하기 위해 기나이의 선진성을 기반으로 한 강력한 군사력을 추구하고 여러 대명들에게 '제한 없는 군역'을 강제'하였다(위의 글, 40쪽)(영주 간 적대적 모순). 그런데 이 '제한 없는 군역'의 부과가 대명 권력을 더욱 강화시켜, 도요토미 정권은 기존의 압도적 우위를 상실해 가고, 영주 간 모순은 확대되었다고 한다. 그리고 전쟁상태를 전제로 한 이 '제한 없는 군역'은 통일전쟁이 완료된 후 필연적으로

---

[35] 山口啓二, 「豊臣政權の構造」, 『歷史學硏究』 292, 1964. 이 책에서는 山口啓二, 「豊臣政權の構造」, 『幕藩制成立史の硏究』, 校倉書房, 1974에서 인용하였다.

[36] 山口啓二, 「豊臣政權の構造」, 『幕藩制成立史の硏究』, 校倉書房, 1974, 30~43쪽.

해외침략으로 방향을 바꾸게 되었다고 했다(위의 글, 41쪽).

야마구치는 1970년 「日本の鎖國」을 발표했다.[37] 여기에서 그는 전국 동란의 배경에 대외관계의 변동이 있다고 전제하면서, 도요토미 정권은 단기간에 봉건국가를 이룩하면서 심각한 모순을 내포하고 있었다고 했다. 즉, 히데요시 직신단直臣團은 소수의 일족과 직접 키운 휘하[子飼い] 무장, 관료吏僚를 제외하면 병농분리에 의해 재지성을 상실한 단기병적 군인들[一旗組]로 구성되었기 때문에 전공을 세워 은상을 받을 기회를 원하고 있었다. 이에 도요토미씨 자체가 내측으로부터 부단히 대외침략을 지향할 수밖에 없었고, 휘하의 도자마 대명을 통제하기 위해서도 그들을 부단히 외정에 동원하는 방식으로 단속해야 했다고 했다(위의 글, 446쪽). 그리고 히데요시의 외정 계획을 뒷받침해준 것은 권력과 결합한 교토, 사카이, 하카타 무역상들로, 이들은 명의 해금과 포르투갈의 우월을 타파하여 무역이익을 직접 장악하려 했다(위의 글, 447쪽)고 했다.

이 견해는 도요토미 정권의 약체성-대명 상호간의 적대적 모순-을 해외침략의 주 요인으로 파악한 것이다. 그는 "중국정복이라는 히데요시의 야망은 말하자면 검지의 자[檢地の竿]와 소총부대[鐵砲隊]라는 두 가지 무기를 써서 대명들을 복속시키고, '제한 없는 군역'으로 확대된 영주간의 모순을 외부로 돌리면서 10년이 채 안 되는 짧은 기간에 전국통일을 이룩한 도요토미 정권의 특질과 깊이 관련되어 있다"(위의 글, 447쪽)고 했다.

미키 세이이치로三鬼淸一朗는 임진왜란의 국제적 배경을 막번체제 사회의 형성과정에서 자리한 내적 조건들의 상호 관련 속에서 살필 목적으로 1974년 「朝鮮役における國際條件について」를 발표했다.[38] 그는 출병

---

[37] 山口啓二,「日本の鎖國」,『岩波講座世界歷史(16)』, 岩波書店, 1970.
[38] 三鬼淸一朗,「朝鮮役における國際條件について」,『名古屋大學文學硏究論集(史學)』

원인을 둘러싼 해석에 대해 "대외영토 확장론과 감합무역 진흥론이라는 두 가지 견해는 본래 차원을 달리하는 주장임에도 불구하고, 양자택일 형태로 논의가 전개되었다"(위의 글, 192쪽)고 당시 상황을 지적하였다. 그리고 "조선역(임진왜란)에 보이는 국제적 제 조건의 규정성 문제는 히데요시가 일본의 봉건적 통일을 도모하면서 가장 적합한 대외관계를 어떻게 확립시키려 했는지를 명확히 하는 데서부터 출발할 필요가 있다"(위의 글, 191쪽)라고 했다. 또한 "일본과 다른 여러 나라와의 관계를 내적 모순과의 구조적 연관 하에 여러 외적 요인들을 집어넣어 그 자체로서 확정할 필요가 있다"(위의 글, 190쪽)라고 했다.

그는 "대외영토의 확대를 지향한 히데요시의 조선출병은 그 자체가 새로운 대명 무역독점체제의 수립을 기도한 것이고, 쇄국에 이르는 필연적 과정의 한 획기다. 패전 전부터 주장한 조선출병 원인에 대한 '대외영토 확장설'과 '감합무역 진흥설'은 결코 이율배반적인 것이 아니라 서로 다른 것을 전제로 하여 성립되는 주장"(위의 글, 181쪽)이라고 했다(해외무역 이윤에서 대명들을 차단시킨 감합무역 진흥론, 혹은 대외무역 독점론).

위 야마구치 게이지의 '제한 없는 군역'의 부과로 대명권력이 한층 강화되고, 그로 말미암아 히데요시 정권이 압도적 우위를 상실했다는 주장은 언뜻 이해하기 어렵다. 이 주장을 좀더 자세히 들여다보면, 히데요시 직신단(=단기병적 군대)은 대외침략을 지향하고, 도자마 대명들을 통제하기 위해 이들을 외정에 동원한다. 그런데 히데요시 직신단이 대외침략을 지향한다면 이들을 외정에 참가시켜야 하고, 도자마 대명을 통제하려 한다면 마찬가지로 이들을 외정에 참가시켜야 한다. 그리고 소위 후다이 대명을 포함한 친히데요시계 대명의 군사력을

21, 1974.

보전하려 했더라도 그들을 전투로 내몰 필요는 없었을 것이다. 주지하다시피 임진왜란에 동원된 일본군 주력은 대부분 후다이 대명을 포함한 친히데요시계 대명들이다. 따라서, 동국지역을 중심으로 한 도자마 대명들의 권력이 통제대상이기는 했지만 그들의 군사력은 온존되었고, 따라서 히데요시의 통제 효과는 반감될 수밖에 없다. "도자마 대명을 통제하기 위해 그들을 부단히 외정에 동원하였다"라고 한 표현에서 보이는 "그들"은 서국西國지역의 도자마 대명으로 이들은 대부분 친히데요시 대명들이다. 이렇게 보면, 야마구치 게이지의 견해는 임진왜란을 통일권력으로서의 히데요시 권력이 아니라 서국을 중심으로 한 히데요시 정권의 내부문제로 왜소화·축소화시킬 염려가 있다.

그런데 위의 사사키, 아사오, 야마구치, 미키와 나중에 언급할 후지키의 견해에서 보듯이 임진왜란은 '쇄국제'의 확립 과정(=일본의 대외관계 확립)과 관련시켜 자리매김한 점은 주목된다. '쇄국제'는 일본의 조선과의 교린관계, 중국·네덜란드와의 통상관계, 류큐·아이누와의 상하관계, 그와 관련한 무역관계를 포함한다. 위의 논의들은 임진왜란과 대외무역(=감합무역론), 히데요시 권력과 상인자본의 관계 등을 관련시키고 있다. 물론 임진왜란은 대외전쟁이므로 대외관계의 형성(=쇄국제의 확립)까지 시야에 넣으려 한 것은 일면 이해할 수 있다. 그러나, 주지하듯이 임진왜란 당시 무역관계를 중시한 외교교섭은 찾아볼 수 없고, 상인자본과 히데요시와의 관계는 인정한다 해도 상인자본과 임진왜란 간의 관련성을 짐작케 하는 흔적은 1588년 12월 시마이 소시쓰嶋井宗室의 조선파견을 제외하면 없다. 따라서 임진왜란 원인을 살필 경우, 대외무역을 히데요시 권력의 모순과 병치할 근거는 찾기 어렵다.

기타지마 만지北島万次는 1977년「秀吉の朝鮮侵略と幕藩制國家の成立」에서 시마즈島津씨를 대상으로 "일본에서 국내 통일전쟁의 확대는 다양한 지역 격차나 봉건영주제의 전개도에 차이를 내포하면서도 봉건영주

의 계급적 결집을 관철시켜 나간다. 이 과정에서 발생하는 모순들과 그 지양을 대외전쟁, 즉 조선침략을 포함한 정치과정을 매개로 해서 파악"하고, "조선침략 실패가 그 후 막번제의 형성과 전개에 어떠한 조건들을 부여했는지" 통일적으로 파악하려 했다.[39]

그는 "조선민족에게 압박을 가한 침략전쟁을 통해 일본의 봉건영주제는 신분질서를 강화하고, 궁극적으로 일본민중에 대한 지배체제를 강화했다"(위의 글, 16쪽)라고 했다. 그리고 "조선침략의 동기 중 하나가 일본의 통일정권 형성 과정에서 발생한 것이라면, 그 실패는 다시 국내모순으로 전가된다"(위의 글, 24쪽)라고 했다. 이처럼 기타지마 만지는 임진왜란을 히데요시의 통일과정에서 발생한 모순관계에서 일어난 것이라고 전제하면서, 대외무역과 상인자본과의 관계를 임진왜란 발발 원인에서 제외시켰다.

1960~70년대의 '동아시아사 속의 일본사 상'을 추구하는 가운데, 후지키 히사시藤木久志는 1985년 『豊臣平和令と戰國社會』를 저술했다. 그는 "히데요시의 천하통일=평화란 아마도 중세 최후단계를 통해 널리 일관되게 나타나는 영국 '평화령'이라는 동향의 일종의 총괄이고, 평화의 동향과 '평화령'의 대상은 전국戰國대명으로부터 중세촌락까지 중세사회 총체에 미쳤음에 틀림없다"[40]라고 전제하고, "히데요시 정권의 영토재판권을 조건으로 한 전국戰國대명의 교전권 박탈, 법에 의한 평화, 즉 사전금지령[惣無事令]이야말로 전국통합의 기조이며, 도요토미의 군사적 집중과 전쟁체제는 그 재판권의 집행과 침해된 평화를 회복시키기 위한 강제력으로 자리한다"(위의 책, vii쪽)고 했다. 그리고 해적금지령은 히데요시 정권이 해민조사령, 해상 도적행위 검단권, 해상분쟁

---

[39] 北島万次,「秀吉の朝鮮侵略と幕藩制國家の成立」, 歷史學硏究會 編, 『民族と國家』(歷史學硏究部別冊特集), 靑木書店, 1977, 15쪽.
[40] 藤木久志, 『豊臣平和令と戰國社會』, 東京大學出版會, 1985, p.vi.

재판권을 독점하는 지령이고, 해적금지령이 모든 동아시아 외교의 기초로서 일관되게 전개되었다는 사실을 명확히 하고, 해적금지령 배후에 있는 외교구상의 성격을 검토하고자 했다(위의 책, x쪽).

그리하여, 히데요시 정권의 해적금지령 관철은 단지 해민海民을 장악하기 위한 국내정책으로만이 아니라, 바다 지배권=바다 '평화령'에 기초하고 있고, 해적금지령을 모든 동아시아 외교의 기초로 삼아 히데요시 정권의 대명정책 기조는 어디까지나 감합 부활, 즉 복속의 요구를 수반하지 않는 교역정책이며, 류큐 정책의 기조는 국내 사전금지령[惣無事令]의 반출이라 할 복속안도책服屬安堵策이었다고 보았다(위의 책, 239쪽). 이러한 복속의 대상=도요토미 '평화령'의 대상인 나라는 조선·타이완·필리핀이 있고, 명·남만은 대등한 교역국으로 간주하여 외교정책의 중층성이 존재하였다고 보았다(위의 책, 247쪽). 따라서 히데요시는 "조선에 지위 보전을 전제로 한 복속의례를 강제"하였고, 여기에 따르지 않아 출병하게 되었다고 판단하였다.[41] 한편 "국내통일정책 즉 사전금지령의 확대를 꾀한 일본 측에게는 아마 해외라는 의식이 없었을 것이고, 패전으로 철퇴당한 후에도 패배의식보다는 오히려 바다를 건넌 정벌의 앙양昻揚을 남겼다"(위의 책, 263쪽)라고 했다. 따라서 무력을 통한 정명을 히데요시 정권의 일관된 기본방침으로 보는 통설을 부정한다. 그 결과, 후지키 히사시는 임진왜란을 조선을 복속시키기 위한 전쟁이자 국내통일정책의 연장이라고 주장하였다. 그의 논리에 따른다면, 임진왜란 발발은 조선이 일본에 복속하기를 거부했기 때문이다.

이 같은 견해의 특징은 전국통일 과정을 군사정복 과정에 대한 의문에서 출발하여, 통일정책 기조로서의 '평화령'을 발견해 냈다는 점이다. 그러나 이 평화가 누구의 평화인가 하는 근본적인 의문점은 제쳐두고

---

[41] 후지키 히사시(藤木久志)는 이에 대해 직접 언급하지는 않았으나 "'정벌'의 의미"라는 소절은 위와 같이 해석된다.

라도, '평화령'이 통일과정에서 차지하는 위치가 애매하다. 즉, 이 '평화령'은 군사전략·농민지배·해민지배와 무역독점정책의 일부로 위치할 뿐, 진정한 평화의 추구가 아니라는 점이다.

조선침략과 관련해서 보면, 히데요시가 소宗씨를 통해 복속을 요구했다 하더라도, 진정 조선을 통해 대명 감합무역의 부활을 요구했다면, 조선에 보낸 국서에 '정명가도征明假道'라느니 '삼국에 가명佳名을 남기려 한다'느니 같은 수사는 필요가 없다. 그리고 외교의 중층성을 인정하면서도, 복속의 대상지로 보아 외국이라는 인식이 없다고 하나, 조선·류큐·타이완·필리핀을 왜 복속 대상지=일본통일의 연장지역으로 인식한 것인지를 당시 일본인식(자기인식)과 함께 적극적으로 설명하지 않으면 논리를 이해하기 어렵다. 그리고 많은 사료에 조선은 물론이려니와 대등한 교역국인 '명까지' 침략하겠다고 한 부분은 어떻게 이해해야 할지에 대해서도 명료한 답변이 필요하다.

후지키 히사시의 '평화령'은 결을 달리하지만, 패전 전 다나카 요시나리의 '평화외교론'과 도쿠토미 소호의 '임진왜란은 규슈 정벌의 연장'이라고 한 학설을 결합한 논리로 보인다. 히데요시가 전국통일 과정에서 먼저 항복을 권유하고, 권유에 따르지 않으면 정복한다는 통일전략을 구사한 것은 사실이다. 조선과 관련하여 이 점을 고려한다면 '규슈는 기나이와 같다九州畿內同前'는 논리의 연장선상에 '조선은 규슈와 같다朝鮮九州同前'가 놓이게 된다. 그러나 이러한 논리는 히데요시가 대명들을 향해 전개한 논리고, 같은 논리를 조선에 제시한 사실은 없다. 물론 히데요시가 조선에 대해 '정명향도', '정명가도', '입명가도', '입공가도'를 상황 변화에 따라 시기를 달리하면서 주장한 것은 사실이며, 임진왜란 이전부터 종결 후까지 조선에게 '일본 입조'를 줄기차게 요구하였다. 그렇다고 대놓고 조선을 대명大名처럼 취급한 적은 없다.

누쿠이 마사유키貫井正之는 1996년 『豊臣政權の海外侵略と朝鮮義兵研究』

에서 임진왜란 원인에 대한 기존 학설을 소개하고, 자신의 견해를 피력했다.42 그는 1585년 히데요시가 히토쓰야나기 나오스케―柳直介에게 보낸 주인장을 소개하면서 "대규모 해외영토를 획득하여 대명들 간의 분쟁을 정지시키고, 전 대명 및 팽창된 가신단을 통째로 통제 아래 조직하고자 했다"(위의 책, 23쪽)라고 했다. 그리고 "도요토미 정권에게 정권수립과 해외침략은 분리할 수 없는 관계로, 1585년 이래의 정책 하나하나가 모두 해외전쟁과 표리일체를 이루고 있다. 결국, 도요토미 정권의 조선침략은 히데요시 정권의 확립과 완결, 그 구조적 모순을 해결하기 위해 필요불가분한 것이었다. 히데요시 정권의 중추를 구성한 사람들은 결코 해외침략전쟁의 소극적인 지지자가 아니었다. 또 전제군주 히데요시의 개인적 욕망, 명예욕 같은 왜소화된 이유로 침략전쟁을 행한 것도 아니다. … 권력자와 그에 동조하는 사람들의 욕망은 끝이 없었다. 국내의 영토획득에 집약된 부의 수탈과 권력의 장악이 종료되면 그 욕망은 해외로 향했다. 도요토미 정권의 해외침략은 국가 프로젝트였다"(위의 책, 25쪽)라고 했다.

1990년대 후반 들어 임진왜란은 동아시아 지역사의 시점에서 다시 주목받기 시작한다. 일본의 명·청사 연구자인 기시모토 미오岸本美緖는 1998년 "16세기 후반부터 17세기 전반의 동아시아·동남아시아는 명을 중심으로 한 국제교역 질서가 해체되고, 과열된 상업의 붐 속에서 신흥 상업(=군사)세력이 급속히 신장하여 생존을 걸고 충돌하는 시기였다"43라고 하면서, 이 시기에 명의 주변지역에서 교역을 통해 얻은 이익을 기반으로 신흥 군사세력이 대두하여 국가를 형성하기 시작하였는데, "일본 역시 이러한 상황 속에서 통일정권을 수립하고 '조선·명'까

42　貫井正之, 『豊臣政權の海外侵略と朝鮮義兵硏究』, 靑木書店, 1996.
43　岸本美緖, 「東アジア·東南アジア伝統社會の形成」, 『岩波講座世界歷史 13』, 岩波書店, 1998, 31쪽.

지 지배 하에 넣으려 한 조선침략은 … 16세기의 '왜구적 상황'이 낳은 대단히 돌출된 군사행동의 하나였다"(위의 책, 23쪽)라고 했다.

무라이 쇼스케村井章介도 2005년 "16세기의 동아시아는 … 반국가적 내지 비국가적인 움직임에 휘말리면서 고도의 군사력 집중에 의한 새로운 국가 형성이라는 움직임이 생겨났다. 그 축은 일본의 전국시대를 거친 통일권력의 생성과 여진족의 통일과 국가형성"[44]이라 하면서, 기시모토의 전제와 견해에 동의하였다. 그리하여 임진왜란은 "전국동란을 이겨내고 천하인天下人이 된 히데요시가 보다 큰 자신감과 자존의식을 가지고 국제사회에 임한 당연한 결과"(위의 책)라고 보았다.[45]

중세사 연구의 대가로 불리는 무라이 쇼스케가 왜 이러한 견해에 동의했는지는 도무지 이해가 안 된다. 무라이 쇼스케는 자신의 대표적인 연구서인 『アジアの中の中世日本』(校倉書房, 1988), 『中世倭人伝』(岩波書店, 1993)에서 '왜구'상으로서 국가권력(=민중억압 권력)에서 벗어난 지역민(해민)의 존재에 주목하고, 그들을 통해 국가권력의 상대화를 지향하였다. 즉, 국가권력에 저항하는 왜구상의 추구다. 이 부분을 강조하면, 무라이 쇼스케는 소위 경계지역과 경계민境界民, 국가권력이 미치지 않는, 나아가 국가권력에 대항하는 자유로운 민중상을 추구했다고 보인다.

무라이 쇼스케가 1990년대 후반 2000년대에 전국시대의 해상세력에 주목하여 연구영역을 넓힌 것은 위의 논리를 확장시키기 위해서였을 것이다. 그런데, 이 세력(=왜구)이 국가권력 형성에 관여했다고 한다면,

---

[44] 村井章介, 『東アジアのなかの日本文化』, 放送大學敎育振興會, 2005, 261쪽.
[45] 무라이 쇼스케(村井章介)는 16세기 중반 이후 동아시아의 상업·무역 발달에 대해서도 기시모토 미오의 의견에 동의하였다. 그리하여 "일본열도에서 벌어진 전국동란으로부터 통일권력이 탄생했다라고 하는 변동 역시 그러한 아시아 규모의 새로운 사태(소위 왜구적 상황) 중 일부를 이룬다"(村井章介, 「壬辰倭亂の歷史的前提」, 『歷史評論』 592, 1999, 55쪽)라고 하였다.

그것은 그가 추구한 왜구상과 정면으로 부딪치게 된다. 특히, 기시모토 미오가 임진왜란을 "'왜구적 상황'이 낳은 군사행동의 하나"라고 주장한 부분을 받아들여 "전국동란을 이겨내고 천하를 호령하게 된 히데요시가 보다 큰 자신감과 자존의식을 가지고 국제사회에 임한" 결과를 임진왜란이라고 평가한 것은 정말 이해하기 힘들다. 어떻게 '왜구적 상황'=경계민, 국가권력에서 벗어난 민중의 상황이 낳은 군사행동을 국가권력이 일으킨 전쟁(임진왜란)과 동일시할 수 있다는 말일까? 그리고 "왜구적 상황=전국동란 (상황)을 이겨낸 히데요시 권력이 보다 큰 자신감과 자존의식을 가지고 국제사회에 임했다"고 한 부분의 '이겨낸'이 가지는 의미가 명확하지 않다. 히데요시가 '왜구'=경계민을 제압했다는 뜻인지 아니면 포섭했다는 뜻인지 정확하지 않다. 제압했다는 뜻이라면 전국기 해상세력의 활동을 높이 평가하는 것은 모순이며, 포섭했다는 뜻으로 사용한다 해도 임진왜란 발발 원인으로 '왜구적 상황'을 거론한 것은 어울리지 않는다.

어쨌든 해상세력의 성장을 전국동란의 주요인으로 보는 것은 권력에 대한 농민세력의 저항을 왜소화시킬 우려가 있고, 임진왜란 원인으로 해상세력을 언급한 것도 역사 현실에 어울리지 않는다. 특히, 기시모토 미오가 무라이 쇼스케의 '왜구적 상황'을 받아들여, 임진왜란을 '왜구적 상황'이 낳은 군사행동의 하나라고 주장한 것은 기시모토가 무라이의 '왜구적 상황'의 의미를 오해한 데서 비롯한 것으로, 무라이도 꼼꼼한 논리 분석을 거쳐 기시모토 미오의 견해에 동의하였다고 보기도 어렵다.

이러한 관점은 1970년대 이래의 지역론='일본의 연장으로서의 동아시아사'의 시점에서 1990년대 이래의 지역사 시점으로의 전환을 의미한다. 그러한 의미에서 이 견해는 동아시아 지역사 연구에 많은 시사점을 제공하고, 임진왜란을 이 동아시아 지역사에 자리매김하려 한다는 점에서 중요하다. 그러나 위의 견해들이 상업·무역의 발전을 매개로 동아시아 지역사를 구성하고, 그 결과로 도요토미 정권의 조선침략을 들어 조선침략을 정당화한다거나 불가피한 일로 오해하게끔 할 가능성이 크다.[46] 그리고 기시모토가 "(조선의) 국제교역 붐과의 관계는 일본이나 중국에 비해 수동적·간접적이었다"(岸本美緖, 앞의 글, 24쪽)는 언급이 시사하듯이, 동아시아사 속에서 조선을 수동적·부수적·종속적인 위치로 위치시키고 있다. 이러한 견해는 근대기의 조선침략도 국제정세론 혹은 지역론의 입장에서 설명하게 하여, 식민지 지배와 전쟁의 정당성을 주장하는 논리를 제공할 가능성이 크다. 한편 이 견해들은 동아시아 정세를 통일국가를 형성하게 한 동인으로 설명하나, 도요토미 히데요시의 통일과정에 국제정세가 어떻게 얼마나 작용하였는지에 대해서는 구체적으로 증명하지 못하는 치명적인 결함을 갖고 있다.

한편 이러한 견해들의 배후에 냉전체제의 붕괴와 WTO체제가 있음도 간과해서는 안 될 것이다. 즉 연구자의 의도와 관계없이, 현금의 국제정세 속에서 일국사―國史적 역사학의 외피를 탈피하여 '어두운 근대사'를 상대화하여, 동아시아의 결합을 통한 패권 형성을 지향하는 집단에게 이용당할 수 있는 속성이 내재되어 있기도 하다.

맺음말

한국학계는 임진왜란 원인에 대한 언급은 많아도 그 원인에 관한 집중적인 연구가 대단히 빈약하다. 1952년 발표된 한우근의 연구와 2006년 발표된 박수철의 연구 정도가 임진왜란 원인을 비교적 상세히 다루고 있을 뿐이다. 한국학계의 임진왜란 원인에

---

46 이러한 입장을 강화하거나 발전시키면, 필연적으로 임진왜란 원인은 감합무역설로 귀착될 것이다.

대한 견해는 일본학계의 연구를 수용하면서 도요토미 정권의 내부모순에 초점을 맞추는 방향과 히데요시 개인의 성향을 강조하는 방향으로 나누어 볼 수 있다. 전자는 한우근·서인한 등의 연구, 후자는 이형석·정구복 등의 연구로 대표된다. 한편 박수철은 공명설과 영토확장설을 결합하여 새로운 임진왜란 원인론을 발표했다.

그러나 한국학계의 견해들은 충분한 천착을 거쳐 논리화한 것으로 보기는 어렵다. 이는 '민족의 성웅 이순신'이라는 말로 상징되듯이 '민족사관'과 '영웅사관'의 잔재가 결부되어 있는 한계에서 비롯된 것이다. 이러한 이해는 침략자 히데요시, 그를 방어한 이순신이라는 구도를 고착시켜 임진왜란에 대한 총체적인 역사상의 이해를 방해한다. 그리고 일본의 조선침략에 대한 민중의 저항이라는 역사상을 창출하기 위한 노력으로 제시된 '의병사관' - 이러한 역사인식과 서술이 결코 잘못된 것은 아니지만 - 이 전국 각지 민중의 움직임과 전투의 승리, 일본군의 만행을 강조하는 역사상을 강조하게 만든다는 점에서 임진왜란 원인에 관한 연구를 등한하게 하였을 것이다. 한편으로는 한국에서의 일본사 연구가 아직 미진하여 일본학계의 연구성과를 비판적으로 수용하여 정착시키지 못한 점도 임진왜란 원인에 관한 관심을 약하게 만든 요인으로 지적할 수 있다.

패전 전 일본학계의 임진왜란 원인에 대한 견해는 대부분 히데요시 영웅관에 입각해 있다. 그러다 보니 당연히 임진왜란 원인은 히데요시 개인의 속성에서 찾게 되고, 공명심론, 정복욕설, 쓰루마쓰 사망설 등이 발표되었다. 이러한 히데요시 영웅관에 입각하면서도 당시 국제정세와 무역을 강조한 감합무역설도 발표되었다.

이러한 견해들은 대부분 임진왜란의 최종 목표가 명 정복이라는 점에 동의한다. 한편 감합무역설은 조선이 일본과 명의 감합을 중재하지 않아 일본에게 침략당했다고 본다. 즉 임진왜란의 동기·원인이야 어떻든 조선이 일본의 요구=입공入貢에 응하지 않았기 때문에 조선을 침입했다는 것이다. 이 학설들은 임진왜란이 일본·명의 전쟁이라는 전제가 없으면 성립할 수 없다. 따라서 패전 전 일본학계의 임진왜란 원인론은 모두 '조선 불복속론'으로 정리할 수 있다.

특히 주목되는 점은 조선을 대명大名과 동일하게 간주하여 복속·신복을 요구하고, '조선정벌'을 규슈 평정의 연장, 히데요시는 조선을 이국異國으로 생각하지 않았다고 한 도쿠토미 소호의 언급이다. 한편, 다보하시 기요시는 임진왜란 원인을 쓰루마쓰 사망설에서 찾으면서, 쓰루마쓰의 사망을 '천하난역의 바탕'이었다고 평가하였는데 임진왜란의 계기·원인을 히데요시 정권의 모순에서 찾으려 한 점에서 주목되나, 삼국분할계획을 강조하고 있다. 나카무라 히데타카는 임진왜란 원인 −공명심론으로 볼 수는 있으나−을 명확히 하지 않았으나, 임진왜란의 최종목표는 명까지 영토를 확장하는 것이라고 보았다(이 점을 강조하면 '영토확장설'로 볼 수 있다). 그리고 위의 논의들은 대부분 류큐·필리핀·타이완·조선에게 완전한 신복을 요구했다는 점에 동의한다. 이러한 논의들이 하나같이 '조선 불복속론'을 바탕으로 하여 조선침략을 정당화하려는 의도를 드러낸 것은 말할 것도 없다. 패전 전의 이 같은 임진왜란 원인론은 영웅주의 사관을 인정한다면 성립할 수도 있겠다. 그렇지 않다면, 이 임진왜란 원인론들은 폐기처분하거나, 새로운 역사 인식과 그것을 바탕으로 한 새로운 논리를 구성해야 할 것이다.

패전 후 등장한 임진왜란 원인설의 특징은 히데요시 정권의 모순·특질에서 그 원인을 찾는다는 점에 있다. 스즈키 료이치는 호상의 해외진출 요구−이것을 감합무역론의 연장으로 볼 수 있으나−와 히데요시 정권의 불안정(취약한 군사력), 제후(대명)의 소령욕 등이 히데요시 일신에 집중되어 임진왜란이 일어났다고 했다. 사사키 준노스케는 히데요시 정권의 내부 대립과 호상의 무역진출 요구를, 아사오 나오히로는 무가영주 상호 간의 모순을 극복할 수 없는 상황과 대명의 영토 확장욕을, 야마구치 게이지는 '제한없는 군역'의 부과로 도요토미 정권 군사력의 압도적 우위가 상실되고, 그 결과 히데요시 군사력이 상대적으로 약화되었다는 점을, 기타지마 만지는 봉건영주의 계급적 결집 과정에서 발생한 모순을 임진왜란 원인으로 들었다.

임진왜란 원인에 대한 이런 설들은 기타지마 만지를 제외하면, 모두 주로 막번체제론의 연구자들이 제창한 것이다. 따라서 이들의 주된 관심은 쇼쿠호 정권론織豊政權論(오다·도요토미 정권론)이며, 그것을 전개하는 과정에서 필요한 한 임진왜란을 언급한다. 때문에 히데요시 정권의 모순 해결이라든가 임진왜란에 대한 논의는 그 이상 진전시키지 않았다. 위에서 언급하지는 않았지만, 임진왜란과 히데요시 정권의 관계를 추구한 학자로는 나카무라 다다시中村質, 미키 세이이치로三木淸一浪, 가미야 아쓰유키紙屋篤行, 야마모토 히로후미山本博文 등이 있다.

한편 임진왜란을 동아시아사 속에서 파악하려는 경향이 1960년대 후반을 통해 나타난다. 사사키 준노스케는 임진왜란을 기존의 동아시아 질서에 대한 '반역'으로, 쇄국제를 무역제도의 완성으로 자리매김했다. 아사오 나오히로는 임진왜란을 계기로 상업자본이 통일권력에 포섭되었고, 무역의 독점체제의 진행이라는 면에서 보면 조선출병과 쇄국은 직접 연속되어 있다고 했다. 그리고 명 중심의 동아시아 질서에 대항하여 일본형 화이의식華夷意識을 재생·강화하였으며, 새로운 국제관계를 편성하고 국가주권을 확립·독립시키려 했다고 했다.

이러한 논의는 동아시아 국제질서가 책봉체제=조공체제에 입각해 있다는 전제 아래, 히데요시 정권을 그에 반역·대항하는 존재로 자리매김하고, 책봉체제에 대한 반역·대항=자립=일본형 화이의식의 고양으로 평가하려는 의도를 내포하고 있다. 문제는 내부모순을 해결하기 위한 전쟁이 임진왜란이라면, 위의 책봉체제에 대한 반역·대항 논리는 마찬가지로 내부모순을 해결하기 위한, 일본 내부세력들을 설득하기 위한 논리로 보아야 한다. 물론 이러한 논리가 후대에 일본 내부에서 자신을 설명하는 논리로 발전할 가능성은 충분하다. 그러나 당시의 동아시아 국제질서=책봉체제와 그에 대한 반역·대항－그 자체가 존재하는지도 의문이지만－을 아무 매개 없이 일본의 자립으로 연결시키는 것은 이해하기 힘들다. 더욱이 책봉체제는 중국이 책봉국을 규제하는 제도로서의 성격이 있지만, 근본적으로는 중국이 중화를 표현하는 방법이며, 책봉국 역시 자신의 지배를 정당화하기 위한 내부로 향한 제도적·논리적 장치였음을 염두에 둔다면, 전근대기 책봉체제가 갖는 국제 규정성을 국가의 자립 여부로 판단하기는 어렵다. 따라서 근대국가의 독립성·자립성을 전근대기에다 투영시켜 책봉체제를 거부하고 일본을 자립시키는 목적·의지를 임진왜란 발발 원인으로 설명하는 것은 논리상 불충분하다.

　이러한 논의들은 히데요시 정권에 대한 이해를 바탕으로 한다. 즉 군사나 통일권력에서 한계성(대명의 소령욕을 포함하여)을 가진 히데요시 정권론을 전제로 한다. 문제는 이러한 내부모순들이 대외침략전쟁으로 해결될 수 있는가 하는 점이다. 이 점에 대해 야마구치 게이지의 제한 없는 군역의 부과가 히데요시 정권의 압도적 우위를 잃게 했다는 지적과, 기타지마 만지의 임진왜란 실패는 다시 국내모순으로 전가된다는 지적은 시사적이다. 결국 히데요시 정권이 국내에서 압도적 우위를 점하지 못하는 한, 국내외를 막론하고 군사적 긴장관계를 해소할 수 없다는 것이다.

　주지하듯이, 히데요시는 호조北條씨를 제외하면 외교를 통해 여러 지역의 대명들을 복속시키고, 복속을 약속하는 한 영국 지배를 인정하는 방식으로 매우 단기간에 전국을 통일하였다. 그러나 이러한 통일전략 때문에 대명의 군사력과 재지지배력은 유지·강화되었다. 이 시기

히데요시 권력은 천하인天下人 권력이고, 국가화를 지향하는 중앙정권임에는 틀림 없으나, 정권 구조는 '전국 규모의 대명연합정권'이라는 성격을 띠었다. 즉 당시 히데요시 정권은 총체적으로 대명들보다는 우월한 영지와 군사력을 확보하고 있었으나, 유력 대명들을 일거에 압도할 정도는 아니었다. 또한 전국 대명들을 통제할 제도·장치 역시 완벽하게 갖추지 못하고 있었다. 히데요시는 임진왜란 시기에 많은 지역에서 검지를 실시하고, 신분법령을 포고하여 권력 기반을 강화하였으나, 전국을 아우르는 국가제도(=국제)도 마련하지 못한 상태였다.

  이러한 히데요시 권력의 구조는 외부와 긴장관계를 유지하면서 영국지배권을 강화해 가던 전국대명戰國大名 권력=대명영국제와 기본에서 동일하다. 전국대명이 해결해야 했던 과제는 지배와 피지배 관계에서 발생하는 기본모순의 해소, 지배층 상호 간의 대립 해소, 하극상의 풍조 등을 제어하는 것이었다고 볼 수 있다. 이러한 상황에서 전국대명들은 농민문제를 해결함과 동시에 휘하 영주들의 재지 지배권을 약화시키기 위해 토지조사(검지檢地)를 실시하고, 병농분리를 통해 무사의 재지지배를 부정하고, 외부와 긴장관계를 조성하여 군사력을 결집하려 했다. 이는 히데요시가 전국을 통일한 단계에서도 기본적으로 동일하였다. 임진왜란을 통해 소위 태합검지太閤檢地를 강제하고, 조선침략을 구실로 전국의 전 군사력을 집중시켰다. 나고야성에 동쪽지역 대명의 군사력을 집중시킬 수 있는 구조를 유지하고 있었다는 점을 주의해야 할 것이다.

  이렇게 보면, 히데요시 권력은 영지와 군사력에서 압도적 우위를 점하지 못하고 대명들을 통제할 제도의 부재라는 상황에서, '권력 유지'를 위해 대내·외의 긴장관계를 필요로 했고, 그로 말미암아 조선을 침략했다고 보인다. 이 논리에 따르면, 히데요시 권력의 대외침략 목표가 조선인가 명인가 하는 논의는 불필요하다. 그리고, 이 논리는 히데요시 권력이 압도적 우위를 점하는 영지와 군사력의 확보, 대명을 통제할 수 있는 제도적 장치의 확보에 성공하지 못하는 한, 대내·외 긴장관계를 유지할 수밖에 없고, 또한 위의 조건들을 확보하지 못하는 한, 어떠한 강화교섭도 결렬될 수밖에 없으며, 감합무역을 부활시키기 위해 임진왜란을 일으켰다는 설 역시 의미를 부여할 수 없다는 사실을 표명한 것이다.

주지하듯이, 도쿠가와德川 권력도 세키가하라 싸움關ヶ原合戰을 통해 압도적인 영지와 군사력의 우위를 확보하고, 개역·전봉·제봉 등을 통해 대명들을 통제하고, 그 성과 위에 막번체제를 형성·안착시켜 나갈 수 있었다. 그러한 의미에서 임진왜란 원인에 대한 논의를 진전시키려면 히데요시 권력에 대한 평가와 이해가 필요하다 하겠다.

3장

동아시아 속의 임진왜란

> 조선을 빼놓고 이루어진 명·일군의 '강화' 교섭은 모두 조선을
> 둘러싼 명·일 양국의 전략에 따른 것으로 절대 조·명·일 삼국의
> 평화를 이루겠다는 것은 아니었다.

머리말

　　　　　　　임진왜란은 방대한 연구성과가 축적되어 있으나, 전쟁과 관련한 소주제에 집착한 연구들이 많아 주제들 간의 연관성을 파악하기 어렵고, 전쟁 전체의 역사상을 파악하기는 더욱 어렵다. 임진왜란은 전쟁사 없는 전투사, '타자' 없는 전쟁사, 조·명·일을 포함하지 않는 주체 없는 지역사가 되어버리고 말았다.

　이 글은 이 같은 인식을 바탕으로 한·일 선학들의 연구성과에서 배우고, 조선사 연구의 기본사료인 『조선왕조실록朝鮮王朝實錄』을 주로 이용하여 전국戰局을 더듬어가면서, 조·명·일 삼국의 대응을 세심히 살펴 전쟁의 전체상을 그려보고자 한다. 우선, 도요토미 권력의 전국통일과 조선침략을 둘러싼 조·일 외교 교섭을 다룰 것이다. 이어 임진왜란 초기 일본군이 파죽지세로 진격했던 전국을 침략과 저항의 관점에서 조·명·일 삼국이 어떻게 대응했는지 살펴보고자 한다. 그리고, 전국이 유착 상태에 빠지면서 진행된 '강화교섭'에 관해 전쟁에 대한 조·명·일의 동아시아 전략에 주의하면서 '강화 없는 강화교섭'이라는 관점에서 생각해 보고자 한다. 또 임진왜란의 전국과 일본군 퇴각 교섭에

관해 '명분 없는 전쟁'이라는 관점에서 생각해 보고 싶다. 이어 강화교섭의 파탄으로 일어난 정유재란 전국과 일본군의 퇴각 교섭에 대하여 '허무한 전쟁'이라는 시각에서 고찰하고자 한다.

그리하여 임진왜란과 관련하여 자칫 국제관계론으로 치우치기 쉬운 동아시아 지역사, 자국사의 연장으로서의 지역사를 지양하면서, '타자'로서의 동아시아 지역사, 조·명·일 각국의 동아시아 전략이 뒤얽힌 '동아시아 국제전쟁'으로서의 임진왜란상을 구축해 보고자 한다.

도요토미 권력의 조선침략 계획

1582년 6월 2일 오다 노부나가織田信長가 혼노지 변本能寺の變으로 유명을 달리한 후, 도요토미 히데요시豊臣秀吉는 1582년 6월 13일 야마자키 싸움山崎の戰い에서 혼노지 변을 일으킨 아케치 미쓰히데明知光秀를 물리쳐 오다가織田家 영국의 주도권을 확립하고, 1583년 4월 시즈가타케 싸움賤ヶ岳の戰い에서 오다가의 최고 가신이자 오다 노부나가의 4남 시바타 가쓰이에柴田勝家를 쓰러트려 오다 노부나가의 유력한 후계자 지위를 확보했다.

이제 오다가 영국에 남아 있는 반히데요시 세력은 다케다武田씨 멸망 후 우에노上野와 시나노信濃 2군을 영유하여 간토關東지역을 지휘하며 북이세北伊勢 5군을 영유한 다키가와 이치마스瀧川一益, 노부나가 사후 오와리尾張와 이세伊勢를 영유한 오다 노부나가의 차남 오다 노부카쓰織田信雄, 그리고 미카와三河·스루가駿河를 영유하면서 노부나가의 깊은 신임을 받았던 도쿠가와 이에야스德川家康 등이 있었다. 반히데요시 세력들과의 다툼은 1584년 3월부터 11월까지의 고마키·나가쿠테 싸움小牧·長久手の戰い으로 일단 정리되었다. 즉 도쿠가와 이에야스는 히데요시와의 화해를 통해 권력의 2인자로 자리하게 되었고, 오다 노부카쓰는 오와리와 북이세 5군[구와나桑名·이나베員弁·아사케朝明·미에三重·가쿄쿠河曲]을 영유하는 히데요시 휘하의 한 대명으로 전락하였고, 다키가와 이치마스는 1586년 9월 사망하여 역사의 뒤안길로 사라졌다. 이로써 히데요시는 2년여의 짧은 시간에 오다 노부나가 영국을 통합하고, 일본 통일의 길을 걷기 시작했다.

히데요시는 우선 1585년 3월 잇키一揆세력이 장악하고 있던 기이紀伊 지역을 평정하고, 7월에는 시코쿠四國를 장악한 조소카베 모토치카長宗我部元親를 평정하였다. 이어 8월 엣추越中의 삿사 나리마사佐々成政를 복속시켰다. 1586년 7월부터 1587년 4월까지 규슈九州를 평정하고, 1590년 7월까지 오다와라小田原의 고호조後北條씨를 정복하고, 이어 오슈奧羽를 제압하여 일본전국을 통일하였다. 이로써 1467년 발생한 오닌의 난応仁の亂 이후 약 130년 동안 이어진 전국戰國쟁란기는 끝을 맺는다.

히데요시가 비교적 짧은 시간에 전국을 통일한 것은 이미 오다 노부나가가 지역에 뿌리 깊은 기반을 가진 잇키세력을 거의 제압·정복하였고, 주고쿠中國 지역의 모리毛利씨를 제외한 거의 대부분의 대명들이 노부나가에게 복속한 상태였기 때문이다. 즉 오다 노부나가의 전국통일의 성과 위에 히데요시의 전국통일 과정이 자리하고 있다 하겠다.

히데요시는 일단 정복지를 정하면 다음 정복지를 미리 알려 정복에 가담한 자들을 격려하고, 정복당한 자(=복속자)들에게도 다음 정복지를 알려 격려한다는 전략을 폈다. 그런데, 그는 전국통일 과정에서 군사력을 직접 사용하기보다 외교교섭을 선행한다는 점을 특징으로 한다. 즉, 정복지의 대명大名이 히데요시에게 복속을 약속하면 그 지역의 지배권을 인정하는 정책이었다. 히데요시는 시코쿠四國, 규슈九州, 도호쿠東北 지역 등에 군사를 동원했으나, 히데요시에 반한 오우치大内씨, 호조北條씨를 제외하고는 모두 원래의 영지 지배를—축소하거나 하기는 했으나-인정했다. 이것은 단기간의 전국통일을 가능케 한 요인으로 작용하였고, 히데요시에게 대항한 많은 대명은 히데요시에게 복속한 이후에도 자신의 영지를 지배할 수 있었다.

무로마치 막부室町幕府의 장군 아시카가 요시아키足利義秋를 교토에서 몰아낸 1573년 이후 노부나가 권력과 이를 이은 히데요시 권력이 천하인天下人권력=장군권력=근세권력을 지향한 것에는 의심의 여지가 없다. 그러나 히데요시의 통일전략으로 통일된 일본은 각지에 시마즈島津씨, 모리毛利씨, 마에다前田씨, 도쿠가와德川씨, 우에스기上杉씨, 다테伊達씨 등등 수많은 유력 도자마 대명外樣大名이 산재하는 결과를 가져왔고, 히데요시 권력은 노부나가가 장악한 긴키近畿지역을 중심으로 한 직할지 220여만 석을 영유한 중앙권력으로 자리하였다. 말하자면, 히데요시가 통일한 일본은 '전국 규모의 대명영국제大名領國制'로서, 일본 전국을 일원적으로 지배할 수 있는 국가체제도, 유력 도자마 대명들을 압도할 만한 군사력도 아직 갖추지 못했다.

이것은 곧 기나이畿內지역을 중심으로 한 중앙정권으로서의 히데요시 권력·정권과 전통·유서 깊은 도자마 대명 권력·정권 간의 대립이 전국기의 '대명영국제'와 마찬가지로 잠재해 있었음을 의미한다. 이것은 히데요시가 키운 후다이 대명譜代大名들과 도자마 대명들 간의 대립을 주축으로 하면서, 히데요시 권력을 장악·행사한 이료吏寮집단과 후다이 대명과의 대립·갈등이 증폭될 수 있는 구조다. 이러한 구조는 가신 사이의 갈등과 도자마 대명 사이의 갈등으로, 직신과 가신 사이의 갈등이 후다이 대명과 도자마 대명 사이의 이합집산으로 갈등이 더욱 증폭될 가능성을 내재하고 있었다. 이것이 히데요시 권력을 규제·제한한 하나의 요소이기도 하고, 히데요시 권력의 한계이기도 하다.

한편, 전국기의 유풍=하극상 풍조는 이 시기 이후까지도 여전히 현실로 존재하고 있었다. 따라서, 전국대명이 영국의 내부 갈등=모순을 해결하기 위해 외부와 싸움을 수행하듯, 히데요시는 위의 '전국 규모의 전국대명영국제' 구조의 모순을 해소하지 않는 한, 정권을 유지하기 위해서는 국내·외를 불문하고 군사상의 긴장관계를 필요로 했다. 이러한 권력구조야말로 임진왜란 발발의 근본적이고 직접적인 원인이라 할 수 있다.

그런데, 정복목표가 정해지면 다음 정복목표를 제시하는 히데요시의 전략·논리는 일본을 향한 전략·논리였으나, 일본을 통일한 후에도 이 논리를 외국인 조선·명에게도 적용하였다고 한다. 그리하여 대외침략마저 통일전략의 연장으로 자리매김하였다는 것이다. 조선국왕의 참락參洛 요구는 그러한 의미를 잘 표현하고 있다고 하였다. 그러나 히데요시의 이러한 통일전략은 주로 대명大名을 향한 내국용 통일전략의 일부이며, 조선에 이 논리·전략을 직접 구사한 흔적은 보이지 않는다. 조선과의 전쟁=임진왜란과 일본국내 통일싸움의 정당화 논리·전략을 연결할 만한 논리상의 어떤 결절점도 발견할 수 없다. 따라서 임진왜란이 일본 국내 통일전략에 입각해 있다는 견해를 채용할 경우, 아주 아주 조심스러워야 한다. 즉 임진왜란을 일본 통일의 연장이라고 보는 논리는 일본 내부를 향한 선전 논리를 조선에 적용한 것에 불과하며, '전국 규모의 대명영국제'의 구조적 모순·갈등과 일본 통일의 논리·전략을 동일시하는 오류를 범해서는 안 된다.

한편, 루이스 후로이스Luís Fróis의 『일본사日本史』에 따르면, 오다 노부나가는 중국을 침략할 의도를 품고 있었다. 이에 대한 일본의 사료 증거가 없어서 자세하게는 알 수 없으나, 이는 전국기戰國期 일본의 통일과정과 대외침략이 연관되어 있음을 시사한다. 도요토미 히데요시가 조선침략을 처음 언급한 시기는 비록 명분에 불과하다 해도 일본 전국을 지배할 권한을 상징하는 관백關白에 취임한 직후인 1585년 9월이다. 즉 가신 히토쓰야나기 스에야스一柳末安에게 "일본은 말할 것도 없고, 가라코쿠唐國까지 명령(평정)하려는 마음"이라 하였다.[1] 가라코쿠가 명을 의미하는지 조선을 의미하는지는 명확하지 않다. 이 언급은 히데요시가 가토 사쿠나이加藤作內가 영지에 비해 과도한 무사세력을 유지하고 있다며 처벌을 내리면서 직신들에게 보낸 서장에 나온다. 히데요시의 명령을 잘 따르면, 영지를 확보하여 그에 상응하는 보답을 해줄 것이라고 공언한 문맥 속에서 발언한 것이다. 따라서 이 언급은 전국대명戰國大名의 재생산을 방지하고, 가신단의 결속과 히데요시에 대한 충성을 유도하기 위한 것으로 볼 수 있다. 이 시기의 가라코쿠 정복 언급은 휘하들의 충성심을 유도하려는 내부로 향한 추상적이고 막연한 논리였다고 하겠다.

히데요시는 1586년 3월 가스파르 코엘료Gaspar Coelho에게 일본을 통일하여 일본은 의붓아버지 소생인 동생 시바타 히데나가柴田秀長에게 맡긴 후, 자신은 조선과 중국을 정벌할 계획이라며 군함 2척과 승무원의 제공을 제안했다. 그리고 자신이 중국을 정벌하게 되면, 일본과 중국에 기독교 포교를 인정하겠다고 했다.[2] 이는 히데요시가 남만무역南蠻貿易의 거점인 규슈 정벌을 앞두고 자신의 포부를 나타내고, 포르투갈이 일본의 명침략에 협조한다면, 무역의 이익과 포교를 보장하겠다는 의미다. 그런데, 이 언급이 규슈 정벌을 앞두고 이루어진 것임을 염두에 두면, 포르투갈이 규슈 세력에 협력하는 것을 경계한다는 의미도 내포되어 있다고 보인다.

히데요시의 조선침략 언급은 규슈 정벌이 시작되기 전인 1586년 4월 10일에도 나온다. 히데요시가 모리 데루모토毛利輝元에게 내린 오보에覺에 보이는 "高麗御渡海"가 그것이다.[3] 이는 규슈 정벌 후의 구상과

---

1 岩澤愿彦,「秀吉の唐入りに關する文書」,『日本歷史』163, 1962.
2 村上直次郎 譯,『イエズス會日本年報(下)』(新異國叢書4), 雄松堂書店, 1969, 150쪽.
3 東京大學史料編纂所,『大日本古文書 家わけ』第8(毛利家文書), 東京大學出版會, 1987, 文書 344(이하『大日本古文書 家わけ』는『○○○文書』○○○(문서번호)로 줄여 표시한다).

관련하여 조선침략 의도를 나타낸 것으로 보인다. 이어 8월 5일 모리 데루모토·안코쿠지 에케이安國寺惠瓊·구로다 요시타카黑田孝高 등에게 규슈 평정이 끝난 후 조선 도해와 명 정복을 준비하라고 명했다.[4] 이것도 규슈 정벌에 앞서 규슈 정벌의 중심세력에게 정벌 후의 다음 정복목표를 제시하여 충성을 이끌어내기 위한 수사로 보인다. 조선과의 관계가 가시권에 들어오기 시작한 시기는 규슈 정복이 시작되고 쓰시마對馬가 히데요시에게 복속을 표시한 시점, 즉 1587년 5월이다. 히데요시는 5월 4일 처 기타노만도코로北政所 네네ねね에게 이키壹岐島·쓰시마가 자신에게 복속했다는 점, 조선국왕을 일본에 불러들이라[參洛]고 쓰시마에 명했다는 점, 만약 이를 받아들이지 않으면 내년에 정벌하겠다는 점, 그리고 자기 생전에 명을 정복할 것이라는 점을 서신으로 알렸다.[5] 이어 소宗씨에게도 조선침략을 언명한다. 즉, 1586년 6월 16일 소 요시시게宗義調에게 보낸 어내서御內書에서 규슈를 정벌한 후 조선을 정벌할 예정이며, 충성을 다한다면 조선에 영지를 주겠다고 했다.[6] 이에 대해 소씨의 가신 야나가와 시게노부柳川調信가 히데요시에게 조선침략을 연기할 것을 건의하자, 히데요시는 그 대신 조선국왕으로 하여금 일본에 인질을 파견하게 하라고 명했다.[7] 이 같은 내용을 반영하여 히데요시는 소씨에게 1587년 6월 15일 쓰시마를 안도하고, 조선국왕을 일본에 들게 하라고 명하고, 이 명령을 지연할 경우 조선을 침략할 것이며, 그 연후 쓰시마에게 조선지역에 영지를 안도할 것이라고 했다.[8] 이어서 히데요시는 규슈 정벌이 마무리된 후인 1588년 8월 12일 시마즈 요시히사島津義久를 통해 류큐琉球에 복속을 요구하였다.[9]

---

4 『毛利家文書』 949, 「黑田文書」.
5 北島万次, 『豊臣秀吉の朝鮮侵略』, 吉川弘文舘, 1995, 15쪽 「妙滿寺文書」.
6 武田勝藏, 「伯爵宗家所藏豊公文書と朝鮮陣」, 『史學』 4-3, 1925, 77쪽.
7 위의 글, 81쪽.
8 위의 글, 86~87쪽.

3장 동아시아 속의 임진왜란 103

한편, 1587년 9월 히데요시의 명을 받은 소씨는 가신 다치바나 야스히로橘康廣를 일본 국왕사라 칭하여 부산포에 파견하였다.[10] 1587년 9월 24일 경상좌수사의 계본啓本에 의하면, "일본국 첨지 다치바나 야스히로譎康年(廣)가 말하기를 일본국왕이 미혹하고 어리석어[迷愚] 잘 살피지[昭察] 못하니, 이를 폐하고 신왕(히데요시)을 세웠는데, 가까운 시일에 통교하고자 한다"[11]라고 했다. 조선 입조(복속)를 요구한 히데요시의 의사와는 사뭇 다른 것을 볼 수 있다.

조선은 일본이 조선에 사신을 파견한 것은 일본 국내의 환란을 염려하여 명明을 침략하려 하고, 절강浙江을 통한 침략이 어려워 조선을 점거하여 육지로 진병한 후 요계遼薊(요동과 산동)를 엿보려 하기 때문이라고 인식하고 있다(『선수』 20·9·1). 따라서 선조는 유주幼主를 찬탈하고 시해한 나라의 사신을 받아들여 접대할 수 없으니, 대의로 타일러 돌려보내라는 의견을 피력하고(『선수』 20·9·1), 종2품 이상의 정신廷臣들에게 의견을 구했다. 이에 대해 정신들은 화외化外의 미개한 나라에서 보낸 사신이라 예의로만 책하는 것은 불가하니, 관례에 따라 접대할 것을 건의했다(『선수』 20·9·1).

그럼에도 조선에서는 일본의 통신사 내일來日 요구에 대책을 세우지 않고 있다. 1587년 12월 22일 좌의정 정유길鄭惟吉이 일본이 요구하는 매를 보내주자고 상소하니 선조가 이를 허락하였다(『선조』 20·12·22). 1588년 정월 3일 별좌 이명생李命生은 주主를 폐한 일본이 세견례歲遣禮를 핑계로 틈을 보아 흉계를 도모하려는 술책이 어찌 없다고 할 수 있겠는가, 내조來朝한 사신을 구류하고 명에 보고한 다음 일본을 정벌하자는

---

9 『毛利家文書』 1440.
10 『宣祖修正實錄』 권21, 선조 20년 9월 1일 丁亥條. 이하 본문에서『宣祖修正實錄』 인용은 『선수』 00(년)·00(월)·00(일)로 표기한다.
11 『宣祖實錄』 권21, 선조 20년 9월 1일 丁亥條. 이하 본문에서『宣祖實錄』 인용은 『선조』 00(년)·00(월)·00(일)로 표기한다.

내용의 상소를 올렸다(『선조』 21·1·3). 수교(신사 파견) 논의가 본격화된 것은 다치바나 야스히로가 조선에 파견된 약 6개월 후인 1588년 3월 4일이다. 동·서반 2품 이상 정신들은 일본에의 통신사 파견을 불가하다고 결정했고, 선조는 이에 따르라 했다(『선조』 21·3·4). 이렇게 해서 다치바나의 조선통신사 일본파견 요구는 무산되었다.

이즈음 일본과의 수교에 가장 강력하게 반발한 사람은 공주교수 조헌趙憲이다. 그는 만언소萬言疏를 올려 소위 4불비론(敎導의 非人, 激勵의 無方, 禁防의 無術, 補翼의 非宜)을 주장하면서 통신사 파견을 맹렬히 반대하였다(『선수』 20·9·1). 그는 그 후에도 여러 차례 수교 반대 상소를 올렸고, 이 때문에 황해도 길주 영동역嶺東驛으로 유배되었다(『선조』 22·5·5).

그런데 소 요시시게宗義調는 히데요시에게 조선국왕의 일본 입조 실현을 독촉받고 있었다. 그리하여 요시시게의 뒤를 이은 소 요시토시宗義智가 1588년 12월 하카타博多 세이주지聖住寺 주지 겐소玄蘇를 정사, 소 요시토시 자신이 부사, 가신인 야나가와 시게노부柳川調信를 도선주都船主, 그리고 하카타博多 상인 시마이 소시쓰島井宗室 등 25인을 '일본 국왕사'라 칭하여 조선에 파견한다. 이에 조선은 1589년 6월 이조정랑 이덕형李德馨을 부산에 파견하여 이들 일행을 접대하였다(『선조』 22·6·30).

조선조정은 1589년 8월 1일 석강에서 일본과의 통신에 대해 논의하였다. 변협邊協은 쓰시마가 조선으로부터 많은 이익을 내고 있고, 다시 통교를 간청하고 있는 것을 볼 때 일본이 조선과 단교하지는 않을 것이라는 의견을 제시했다. 허성許筬은 통신사 파견을 거절하면 병화로 대처하여 변경이 시끄러워질 것이 염려스러우니, 통신사를 파견하는 것이 좋을 듯하다고 하였다(『선조』 22·8·1). 이에 선조는 변협에게 1555년에 일어난 왜구의 침입 규모에 대해 물었는데(『선조』 22·8·1), 일본이 조선에 병란을 일으킬 경우 규모가 어느 정도일지 가늠해 보려 한 것으로 보인다. 아마도 이 시기 선조는 일본군의 전면 공격은 없으리라 판단했을 것이다. 이에 선조는 8월 4일 바닷길의 어려움을 이유로 통신사 파견을 거절하였으나, 이 같은 조치가 예의가 아니며, 계속 통신사 파견을 거절할 경우 조선강토를 침략하여 원한을 풀려 할 것이니 후일 환난이 닥칠 것이다, 그러니 (히데요시가) 1587년 1월에 즉위하였다고 하는데, 1587년 2월 왜구가 쳐들어와 주민을 살해하고 포로로 잡아간 일이 있어 이 사건의 주모자 4~5인과 함께 조선인 포로를 송환해주고 왜구에 협력한 조선인 사을포동(沙乙蒲同(沙火同))을 잡아 보내준다면 통신사를 파견하겠다고 회답하면 어떻겠는가라는 제안을 했다(『선조』 22·8·4). 이는 히데요시가 진정 양국의 화평을 원하는 통신사 파견을 희망하는지를 알아보려 한 것으로, 선조가 지적하듯 조선포로 송환과 왜구 주모자의 압송[縛送]에 답하는 형식의 통신사는 "무단으로 통신사를 파견하여 역적의 조정(일본)에 머리를 조아리는 것은 아니다"(『선조』 22·8·4)라고 하여 통신사 파견의 대의명분을 세우려 한 것이었다. 한편, 겐소는 통신사의 파견 조건에 대해 사을포동과 일본인 주모자 압송, 그리고 일본으로 끌려간 조선인의 송환은 그리 어려운 일이 아니라고 답변했다(『선조』 22·8·4, 『선수』 21·12·1).

이에 예조는 8월 11일 2품 이상 대신들을 모아 선조의 제안을 논의하게 했다(『선조』 22·8·11). 이 대신회의의 결과인 듯, 1589년 8월 28일 일본사신들이 선조를 알현했다(『선조』 22·8·28). 선조는 일본으로의 통신사 파견 문제를 2품 이상 대신들에게 논의하게 하였고, 그 결과 이산보(李山甫)를 뺀 나머지 모두가 통신사 파견에 찬성하여 선조는 통신사 파견을 허락하였다(『선조』 22·9·21). 그리고 일본이 왜구 주모자의 압송과 조선인 포로의 송환이 있기 전인 11월 18일 통신 상사에 황윤길, 통신 부사에 김성일, 서장관에 허성을 임명하였다(『선조』 22·11·18).

한편 통신사의 파견 조건을 이행하기 위해 일본으로 돌아갔던 소 요시토시가 1590년 2월 조선에 다시 온다. 그는 사을포동과 정해년

(1587)의 왜구 주모자 3인을 압송하고, 김대기·공대원 등 조선인 116명을 송환해 왔다(『선조』 23·2·28, 『선수』 22·7·7·1). 이에 통신사 일행이 1590년 3월 6일 한성을 출발하여(『선조』 23·3·6), 4월 29일 부산을 떠나 7월 21일 교토에 도착하였다(『선조』 24·1·13).

이제까지의 교섭에서 보이는 특징은, 일본으로 파견된 사절이 히데요시가 요구하였던 조선국왕의 일본 입조에 대해서는 공식적으로 한 마디도 꺼내지 않았다는 점이다. 이 교섭을 배후에서 지휘한 인물은 고니시 유키나가小西行長였던 것으로 보이는데, 그럼에도 쓰시마가 히데요시의 요구를 언급하지 않았다는 사실은 조선의 일본입조를 거론하는 순간 통신사 파견은 불가능하다는 점을 인지하고 있었기 때문일 것이다. 쓰시마는 일단 통신사를 일본에 유치하여 자신의 노력을 나타내어 히데요시의 책망을 피하고, 조선으로부터도 자신은 조선과의 전쟁을 피하려 노력했다는 평가를 받으려 했던 것으로 보인다.

조선통신사 일행이 교토京都에 도착한 것은 1590년 7월 21일이다(『선조』 24·1·13). 당시 호조씨를 정벌하는 중이었던 히데요시는 9월 교토에 돌아왔다. 설에 따르면 히데요시가 통신사 일행을 고요제이 천황後陽成天皇에게 알현시키켜 하였으나, 공가들의 반대와 궁궐이 완성되지 않았다는 이유로 실현되지 않았다고 한다.[12] 하지만 이는 핑계일 뿐, 히데요시가 통신사의 천황 알현을 저지하였던 것으로 보인다.

11월 7일 통신사 일행은 주라쿠테이聚樂第에서 히데요시를 알현한다

---

12 윤유숙, 「도요토미 히데요시의 조선침략 발발 전 한일교섭 실태」, 『일본학보』 70, 2007, 884쪽. 이 견해는 공가 사료를 근거로 삼고 있는데 그것은 아마도 명분에 불과하고, 히데요시는 자신이 외교권자임을 드러내기 위해 천황과 통신사와의 만남을 차단했을 가능성이 더 크다. 따라서 천황과 통신사의 만남이 불발로 끝난 사실은 당시 히데요시 권력과 관련시켜 설명하는 편이 더 설득력 있어 보인다. 한편 통신사 일행도 천황 알현에 대해 논의하였으나, 국서가 히데요시 앞으로 작성된 것이어서 히데요시를 만나보는 것이 합당하다는 결론을 내렸다(金誠一, 「海槎錄」, 『海行總裁(1)』, 민족문화추진회, 1974).

(『선조』24·1·13). 알현 중간에 히데요시가 아들 쓰루마쓰를 품에 안고 나온 일은 익히 알려진 대로고, 알현을 마친 통신사는 답서가 없자 일본에 답서를 요구하였다. 통신사 일행은 일단 교토를 떠나 사카이堺에 머물면서 답서를 기다렸다(『선조』24·1·13). 1월 20일 도착한 답서에는 전하를 합하閤下, 예물을 방물方物로 표현하고, "한 번 뛰어 곧바로 명나라에 들어가"一超直入大明, "귀국(조선)이 선국가 되어 입조한다면"貴國先驅入朝이라는 문구가 들어 있었다. 통신사는 이 문구들에 대해 시정을 요구하였고, 겐소는 합하와 방물이라는 단어의 사용에 대해 실수를 인정하고 합하는 전하로, 방물은 예폐로 고쳤다.

위와 관련한 원문은 "欲一超直入大明國, 欲易吾朝風俗於四百餘州, 施帝都政化於億萬斯年者, 在方寸中. 貴國先驅入朝, 依有遠慮無近憂者乎"다. 이를 번역하면, "한 번 뛰어 곧바로 명나라로 들어가 4백여 주를 우리나라(일본) 풍속으로 바꾸어 놓고, 제도帝都의 정화政化를 억만년토록 시행하고자 함이 나(히데요시)의 마음이다. 귀국(조선)이 선구가 되어 입조한다면 앞일을 잘 헤아려 눈앞의 근심을 없애는 것이리라"가 된다. 문맥상 입명은 일본(히데요시)이 명을 침략한다는 의미가 분명하고, 입조 역시 조선이 일본에 입조했다는 의미가 분명하다. 그럼에도 겐소는 입조라는 표현은 일본이 명에 입조한다는 의미라고 주장하면서 수정을 거부하였다(『선조』24·3·1). 겐소의 주장에 따르면 "貴國先驅入朝"는 조선이 먼저 입조하고, (일본이 명에) 입조한다는 것이 된다. 문제는 일본의 "入大明國"=명 침입과 조선의 관계다. 위 히데요시의 조선 국서에는 그것이 명확히 표현되어 있지 않다. 그런데 겐소는 조선에 와서 "명나라를 침범하려 하니, 조선이 길을 안내하라"欲犯大明 使我國指路고 했다(『선조』24·10·24). 이로써 정명지로론征明指路論(=정명향도론征明嚮導論)이 성립한다. 할수없이 통신사 일행은 국서를 수리하여 귀국길에 올라 1591년 정월 28일 부산에 도착하였다(『선조』24·2·6).

히데요시 국서의 내용에서 주목되는 점은 자신의 태몽, 즉 태양설화를 기술한 점이다. 스스로 태양의 아들로서 일본 전국을 통일하였다는 점을 강조한 것이다. 또한 명에 대한 침입도 명확히 하고 있는데, 명을 복속시키려 함은 자신의 가명佳名을 삼국에 떨치고자 함에 있다고 하였다(『선수』 24·3·1).

이번 통신사행에서 주목할 것은 히데요시가 통신사의 천황 알현을 거부한 점, 일본의 명 침입에 대해 언급하고 문맥상 조선의 일본 입조가 분명한데도 불구하고 일본이 명에 입조하는 의미라고 고집한 점이다. 통신사의 천황 알현 시도는 일본 주권자가 누구인가를 확인하기 위해서일 것이며, 이를 거부했다는 것은 히데요시 자신이 일본의 주권자=외교권자임을 표명한 것으로 보인다. 일본의 명침략 언급에 대해 통신사가 이의를 제기하지 않은 것은 명에 대한 침입은 히데요시의 의도만을 보여준 것으로 그것을 실현하겠다는 의미로는 받아들이지 않았기 때문이기도 하지만, 일본과 명 사이의 문제이니 관여하지 않겠다는 의도로도 풀이된다. 즉 입조를 그대로 인정한 것은 겐소의 주장처럼 일본이 명에 입조한다는 의미로도 해석할 수도 있었기 때문이다.

그런데, 쓰루마쓰를 안고 회견장에 들어온 히데요시의 행동을 어떻게 볼 것인가 하는 문제는 대단히 중요하다. 보통은 히데요시가 외교상 무례를 저지른 것이라고 해석하지만, 그렇게 간단하지는 않다. 위의 합하나 방물이라는 단어는 조선국왕과 조선지역이 이미 일본에 예속되어 있다는 히데요시의 의식을 드러낸다. 그러한 인식 하에 쓰루마쓰를 통한 퍼포먼스는 통신사를 자신의 지배 하에 있는 신하의 사자 정도로 자리매김하려는 의도를 내포한 것으로 보인다. 의례의 장에서 펼친 이러한 행위는 더욱 상징적 의도를 나타낸다. 즉, 수하들이 지켜보는 가운데 자신의 지위와 권위를 각인시키는 효과를 내기 위한 것으로 보아도 무방할 것이다. 이는 역으로 히데요시의 권력과 권위가 아직 완전하게 확립되어 있지 않았음을 의미하기도 한다.

그런데 겐소의 경우, 이미 조선의 정명향도征明嚮導를 입명가도入明假道로 바꾸어 그것을 기정사실화하고, 조선이 일본의 명 조공 길을 열어주지 않는다면 일본이 조선을 침략할 것이라고 위협했다. 겐소의 이러한 입명가도론은 조선의 일본에 대한 입공가도론入貢假道論을 내재하고 있고, 입명 목적을 침략이 아닌 입공에 두고 있다. 일본이 입공을 하든 입명을 하든 조선은 일본에 가도假道해야 한다는 것인데, 여기에서 조선은 가도를 용납할 것인가의 문제에 봉착하게 된다. 조선이 일본에 가도를 허용하면 조선은 일본에 입조한 것이 되고, 가도를 거부하면 일본의 침략을 받게 된다. 이를 명 측에서 보면, 조선이 가도를 허용할 경우 조선과 일본의 '음결陰結'이고, 가도를 거부한다면, 일본의 침략을 감수하는 명의 번병藩屛 역할을 다하는 것이 된다. 한편 일본은 조선통신사의 일본 방문을 조선의 일본 입조로 자리매김함으로써 국서에 방물, 합하 같은 단어를 사용하고(비록 나중에 예폐와 전하로 바꾸기는 했으나), "한 번 뛰어 곧바로 명나라로 들어가"─超直入大明, "귀국(조선)이 선구가 되어 입조한다면"貴國先驅而入朝이라고 주장했던 것이다.

한편, 소 요시토시는 조선통신사 일행이 귀국하는 길에 겐소·야나가와 시게노부柳川調信를 동행시켜 조선에 파견한다. 그들은 3월 1일 조선에 왔고(『선수』 24·3·1), 조선은 홍문관 전한 오억령吳億齡을 선위사로 삼아 이들을 접대하였다. 당시 오억령은 겐소에게 내년(1592) 조선에 가도假道하여 명을 침범하겠다는 말을 듣고 조정에 이에 관한 사정을 보고하였다(『선수』 24·3·1). 시게노부와 겐소는 윤3월 1일에 상경하는데(『선수』 24·윤3·1), 이때 겐소는 김성일에게 "중국에서 오랫동안 일본을 거절하여 조공을 바치러 가지 못하였다, 도요토미 히데요시[平秀吉]가 이 때문에 분하고 부끄러운 마음이 쌓여 전쟁을 일으키고자 한다, 만약 조선에서 먼저 (명에) 아뢰어[奏聞] (일본이 명에) 조공할 길을 열어준다면 조선은 반드시 무사할 것이고, 일본 백성들도 전쟁의 노고를 덜게 될 것이다"라고 했다. 이에 대해 김성일 등이 "대의大義로 헤아려 볼 때 옳지 못한 일"이라고 타이르자, 겐소가 다시 말하기를, "옛날 고려가 원元나라 병사를 인도하여 일본을 쳤다, 이 때문에 조선에 원한을 갚고자 하니, 이는 사세事勢에서 당연한 일이다"라고 했다(『선수』 24·윤3·1). 이미 황윤길과 김성일은 귀국하여 3월 히데요시의 조선침략의도에 대해 상반된 보고를 한 참이었다(『선조』 24·3·1).

일본 사절 야나가와 시게노부와 겐소는 1591년 4월 1일 인정전에서 선조를 알현하였다(『선수』 24·4·1). 조선은 일본 사절들의 이야기를 명에 상주할 것인가를 두고 논의를 시작하였다(『선수』 24·4·1). 그리고 1591년 10월 24일 주청사奏請使로 한응인韓應寅, 서장관 신경진辛慶晉, 질정관 오억령吳億齡 등을 파견하여 일본이 명을 침입하기 위해 조선에 길을 안내指路하라고 한 내용을 알렸다(『선수』 24·10·24). 그 전에 성절사 김응남金應南을 통해 일본이 명을 침범할 의도를 갖고 있다는 것을 명 예부에 알렸으나(移咨), 류큐가 일본이 명을 침략하려 한다는 것, 조선은 이미 일본에 항복하여 명침략을 향도할 것이라는 소식을 명에 전했다. 이에 명 병부가 요동을 통해 조선에 그 실상을 물어 오자 조선은 주청사를 파견하여 조선의 향도론을 해명하고자 했다(『선수』 24·10·24).

한편, 1591년은 히데요시 정권에겐 매우 불안한 해이기도 했다. 이 해에 히데요시의 이부異父 동생이자 정권 제2인자였던 도요토미 히데나가豊臣秀長가 사망했다. 히데나가는 1590년 1월경부터 병이 악화하여 오다와라小田原 정벌에도 참전하지 못하였고, 10월경 조카 히데쓰구秀次가 히데나가의 건강 회복을 위해 단잔 신사談山神社를 방문하여 기도를 올리기도 했다. 그러나 1591년 1월 22일 히데나가는 향년 52세로 야마토大和 고리야마성郡山城에서 병사하였다. 히데나가에게는 대를 이을 아들이 없었기 때문에, 양자인 조카(히데쓰구 동생) 도요토미 히데야스豊臣秀保가 가독家督을 이어받았고, 고리야마 성에는 금 56,000여 매와 은이 2간 사방 방에 가득하였다고 한다.

그리고 2월 23일 히데요시는 돌연 센노 리큐千利休를 교토에서 사카이堺로 추방하고, 자택 근신을 명했다. 이 추방에 대한 공식 이유는 리큐가 기거하고 있던 교토 다이토쿠지大德寺를 2년 전에 사비로 수축할 때, 문 위에 리큐의 목상을 세우고, 그 밑으로 히데요시를 지나가게 했다는 것이었다. 마에다 도시이에前田利家, 리큐 제자들 중 후루타 오리베古田織部, 호소카와 다다오키細川忠興 등의 대명들이 리큐의 목숨을 구하기 위해 백방으로 애썼으나, 결국 히데요시는 리큐를 교토로 불러들여 주라쿠 저택聚樂屋敷에서 절복할 것을 명하였다. 리큐의 목은 이치조 모도리바시一條戾橋에 내걸렸다.

리큐의 절복 이유에 대한 설들을 보면, ① 값싼 다기류茶器類를 비싸게 팔아 큰 이익을 취했기 때문이다, ② 니조 천황二條天皇릉을 훼손하여 석재를 취하고, 그것으로 정원을 꾸몄기 때문이다, ③ 히데요시와 다도에 관한 생각이 대립하였다, ④ 히데요시는 원래 다도를 싫어하여 리큐에게 불만을 품고 있었고, 리큐에게 다완茶碗의 처분을 명했음에도 리큐가 그것을 거역하여 역린을 건드렸기 때문이다, ⑤ 히데요시가 리큐의 딸을 첩으로 들이려 하였으나, 리큐에게 거절을 당했기 때문이다, ⑥ 리큐가 히데나가 사후 정치불안에서 오는 정치투쟁에 휘말렸다, ⑦ 리큐가 히데요시의 조선출병을 비판했기 때문이다, ⑧ 권력자 히데요시와 예술가 리큐의 자부심이 대결한 결과다, ⑨ 교역을 독점하려는 히데요시와 상업도시 사카이의 권익을 지키려는 리큐가 대립하여 사이가 소원해졌기 때문이다, ⑩ 리큐의 수행처인 난슈지南宗寺가 도쿠가와 이에야스와 관련되어 있고, 이에야스의 첩자가 다유茶湯에 독을 풀어 히데요시를 암살하려 했기 때문이라는 등등 구구하다.

거기에다 1589년 5월 27일 태어나 후계자로 되어 있던 히데요시의 아들 쓰루마쓰鶴松가 1591년 8월 5일 병사했다. 쓰루마쓰는 태어난 지 4개월여 지난 1589년 9월 13일 히데요시의 후계자로 지목되었으나 자주 병마에 시달렸다. 7월 27일 쓰루마쓰가 병상에 눕자, 히데요시는 전국의 신사와 사찰에 쓰루마쓰의 건강 회복 기도를 명하고, 가스가 신사春日神社에 300석을 기진하여 기도를 올리게 했다. 그 덕분인지 잠시 건강을 회복한 듯 보였으나 8월 2일 다시 병이 도졌다. 히데요시는 다시 전국의 신사·사찰에 쓰루마쓰의 건강 회복 기도를 명하고, 가스가 신사에 다시 700석을 기진하였다. 가스가 신사는 1588년 히데요시의 정실 오만도코로御政所의 건강 회복 기도비로 7천 석을 기진받은 적이 있었다. 히데요시는 가스가 신사에 다시 1,000석을 기진하겠다고 약속하고, 쓰루마쓰를 위해 기도를 올리게 하고, 자신도 도후쿠지東福寺에서 기도를 했다. 또한 가신과 영민領民에 이르기까지 같은 기도를 올리게 하고, 천하의 명의들에게 쓰루마쓰를 치료하게 하였다. 이런 모든 노력도 헛되이 쓰루마쓰는 1591년 8월 5일 세상을 떠났다.

한편, 1590년 7~8월에 걸쳐 오다와라 호조씨를 멸망시킨 히데요시는 여세를 몰아 일본 북부 오슈奧州 지역을 평정하였다. 이 과정에서 1590년 10월 히데요시의 오슈 처분과 검지에 반발하여, 무쓰陸奧 중부지역에서 가사이오사키 잇키葛西大崎一揆, 이 잇키에 동조하여 와가·히에누키 잇키和賀·稗貫一揆, 센보쿠 잇키仙北一揆, 후지시마 잇키藤島一揆, 쇼나이 잇키庄內一揆가 일어났다. 이 잇키들은 물론 진압되었지만, 1591년 3월 13일 발생한 구노헤 마사자네의 난九戶政實の亂은 오슈 지역을 심각하게 불안한 상태로 몰아넣었다. 이에 히데요시는 6월 히데쓰구가 이끄는 3만 병력에 이에야스 이하 도호쿠東北, 호쿠리쿠北陸, 무쓰 지역 대명의 대군을 투입하여 구노헤 마사자네의 난을 9월에 겨우 진압할 수 있었다.

이 난들은 지배와 피지배계급의 기본 모순을 내포하고 있고, 그와 관련한 전국대명戰國大名 상호의 대립·항쟁을 보여준다. 따라서 히데요시는 자신에게 복속한 도호쿠 지역 이북의 대명들에게 대규모 군사를 동원하여 잇키들을 진압하게 했다. 이는 한편으로 히데요시 권력의 취약성을 적나라하게 나타낸다 하겠다.

이런 어수선한 상황 속에서, 히데요시는 1591년 8월 내년(1592년) 조선침략을 결행하겠다고 공포하고, 규슈 히젠肥前의 나고야名護屋에 조선침략의 거점으로서 나고야 성名護屋城(佐賀縣唐津市)을 수축하기 시작했다. 아직 조선이 일본의 명침략에 길을 빌려주어 협력할 것인지에 대한 답변을 내놓지 않은 상황에서, 조선침략을 선포하고 준비에 착수한 것이다. 정명가도든 입공가도든 가도에 대해 조선으로부터 어떤 공식 답변도 없던 시기에 조선침략을 선언하고 준비에 들어갔다는 것은 바로 위에서 지적한 불안한 상황들을 군사동원을 통한 비상 시국의 조장으로 돌파하려 했던 것은 아닐까? 즉, 히데요시가 통일한 일본은 '전국 규모의 대명영국제'로서, 지배와 피지배계급의 기본 모순에 더하여 영주들 사이의 대립·항쟁이 통일 직후부터 폭발하였고, 히데요시 정권 내부의 이료파吏僚派와 대명파大名派의 대립은 도자마 대명의 동향과 관련하여 정국을 뒤흔들 가능성을 안고 있었다. 히데요시가 이 시기에 조선침략을 공포한 배경에는 이 같은 사정이 있었다.

이런 상황 속에서 후계자를 잃은 히데요시는 1591년 11월 히데쓰구를 양자로 맞아들여 후계자로 삼고, 관백직을 그에게 물려주었다. 히데요시는 히데쓰구에게 일본의 국내통치를 맡기고, 자신은 조선침략에 전념하고자 했다고 한다. 12월 28일 히데쓰구가 관백에 취임하고, 도요토미가의 씨장자氏長者 자리에 올랐다. 관백 취임 후 히데쓰구는 주로 주라쿠테이에 거주하면서 정무를 보았으나, 히데요시가 정한 「고핫토御法度」, 「온오키메御置目」를 따르고 있어 태합太閤 히데요시는 여전히 통치자로 군림하고 있었다. 한편 히데쓰구는 1592년 1월 29일 사다이진左大臣에 보임되고, 2월 주라쿠테이에서 천황을 맞아(두 번째의 천황 행차), 히데쓰구에 대한 권력세습을 내외에 드러내 보였다.

1592년 3월 15일, 히데요시는 전국의 대명들에게 12월까지 오사카大阪로 집결할 것을 명했다. 당시 징발된 대명의 군사 수는 석고 1만 석당 시코쿠四國·규슈九州 지역 600명, 주고쿠中國·기이紀伊 지역 500명, 5 기나이畿內 지역 400명, 오미近江·오와리尾張·미노美濃·이세伊勢 지역 350명, 도토미遠江·미카와三河·스루가駿河·이즈伊豆 지역까지는 300명, 그 이동以東은 200명, 와카사若狹 이북·노토能登 지역은 300명, 에치고越後·데와出羽는 200명씩이었다. 대명들에게 할당된 군역은 개별 대명들의 사정에 따라 증감된 것이어서 일률적이지는 않았다. 이때 동원된 군사 수는 위 기준의 약 8할 정도 되었다고 한다. 주로 서일본 지역(西海道, 南海道, 山陰道, 山陽道)은 위의 기준에 따라 군사가 동원되었으나, 동일본 지역(기나이 이동)은 기준보다 수가 적었다. 특히, 서일본 지역 대명들이 조선에 출진하였고, 도쿠가와 이에야스 등 동일본 지역의 대명들은 히젠 나고야에 주둔하였다.

군사 수는 대명들의 석고량에 따라 할당되었기 때문에, 동원된 수는 다양하였다. 이 군사들은 많은 군사를 동원한 대명에게 소속되어 편성되었고, 후다이 대명인 가토 기요마사加藤淸正와 고니시 유키나가小西行長 등이 도자마 대명인 나베시마 나오시게鍋島直茂·소 요시토시宗義智·마쓰우라 시게노부松浦鎭信를 지휘하기도 했다. 당시 일본의 총석고는 약 2,000만 석으로, 1만 석당 250명의 군사를 동원했다고 보면, 동원 가능 인력은 약 50만이고, 임진왜란에 동원된 인원은 그 수의 약 절반 정도였다고 하겠다.

히데요시는 나고야성 주변에 하타모토 27,695명, 이에야스 등의 대명 군사 73,620명(도쿠가와 이에야스 15,000, 마에다 도시이에 8,000, 도요토미 히데야스 10,000, 우에스기 가게카쓰上杉景勝 5,000, 호리 히데하루 6,000 등) 총계 약 10만 명을 주둔시키고, 9대로 편성된 총 158,800명, 수군 8,750명을 조선에 출진시켰다. 단, 동원된 인원에는 인부와 수부 등 비전투원도 포함되었다. 시마즈島津군에는 비전투원이 약 4할, 다치바나橘군에는 약 5할, 고토五島군은 약 7할이었다고 한다. 이 비전투원들은 전투에 동원하지 않는 것이 원칙이었으나, 전투원으로 전용되는 경우도 많았다.

후에 보듯이 조선침략군 편성의 특징은 서국 대명이 중심이고, 동국 대명들은 나고야에 재진시켰다는 점이다. 왜 이렇게 편성했을까? 소박하게 생각하면, 히데요시가 군사적으로 압도적인 우위를 확보하지 못한 상태에서 동국 대명들을 조선침략군에 편성하는 쪽이 상대적으로 우위도 유지하고, 동국 대명들의 군사력을 소진하는 방법도 되지 않았을까?

보고 들은 것이 적은 탓인지는 몰라도, 이렇게 문제에 접근한 것을 접한 적이 없다. 굳이 언급해 본다면, 서국지역과 조선이 가까워서 서국 대명을 중심으로 조선침략군을 편성하였다는 것 정도일까? 하지만 이것은 당시 히데요시 권력의 성격과 관련하여 염두에 두어야 할 중대한 문제로서, 히데요시 권력의 성격과 임진왜란 발발 원인을 살필 수 있는 최대 관건이 된다. 히데요시가 조선침략군을 이렇게 편성한 것은 위에서 보았듯이 당시 도호쿠 지역의 상황이 아직 불안하였고, 이것은 당연히 히데요시 권력에게 커다란 잠재 위협을 내포하고 있었다. 이 지역에서 다수의 병력을 차출할 경우, 천하는 또다시 혼란에 빠질 위험이 있었다. 히데요시는 이에야스의 권력·군사력을 약화시키기 위해 1590년 8월 관동으로 이봉하는 조치를 취했다. 이 조치로 최대의 잠재 대항세력인 이에야스를 견제하는 데는 성공하였으나, 도호쿠 지역은 여전히 소란스러웠다. 이런 상황에서 동국 대명들을 대거 동원할 경우 이 지역은 다시 전란에 휘말릴 가능성이 있었다. 히데요시로서는 동국지역에 일정 정도의 군사력을 유지시켜야 했고, 대신 이 지역 대명들이 재지세력과 결합하는 것을 막기 위해 그들을 나고야로 불러모았다. 말하자면, 나고야에 머문 대명들은 일종의 인질이었다. 이것은 히데요시 권력='전국 규모의 대명영국제'의 한계·모순을 아주 잘 보여준다.

명분 없는 침략-임진왜란

| 파죽破竹의 진격 | 조선통신사와 도요토미 정권의 교섭이 파탄한 1590년 11월 시점에서, 전쟁은 필연이 되었다. 도요토미 히데요시豊臣秀吉는 1592년 3월 13일, 약 16만 병력을 9대로 편성하여 조선으로 건너가도록 명령했다.13 18,700명의 병력을 이끄는 제1대의 고니시 유키나가는 쓰시마 번주 소 요시토시와 함께 4월 13일(朝鮮曆, 이하 같음) 부산으로 향한다. 고니시 유키나가는 14일 부산, 15일 동래, 19일 밀양을 점령했다.14 이로써 일본군은 조선침략의 전초기지를 확보했다. 이어서 22,800명을 이끄는 가토 기요마사의 제2대가 4월 17일 부산에 상륙하여 19일 언양, 21일 경주를 점령했다.15 그리고 11,000 병사로 편성된 구로다 나가마사黑田長政의 제3대도 4월 17일 부산에 상륙하여 18일 김해를 점령한다.16 그 후 제1대는 4월 25일 상주, 26일 문경을 점령한 후 조령을 넘어 28일에는 충주에 이르렀다(중로=부산-밀양-대구-선산善山)(『西征日記』, 『선수』 25·5·1). 제2대는 경주 점령 후 신녕新寧에서 조령을 넘어 충주로 향했다(좌로=부산-경주-영천-안동). 제3대도 김해에서 추풍령을 넘어 청주로 향했다(우로=부산-합천-영동-금산)(『선수』 25·5·1).

---

13 『小早川家文書』 501.
14 天荊, 『西征日記』, 『續續群書類從(3)』, 續群書類從完成會, 1978, 679쪽(이하『西征日記』로 줄임). 덴케이(天荊)는 외교를 맡아본 묘신지(妙心寺)의 승려.
15 中野 等, 『秀吉の軍令と大陸侵略』, 東京: 吉川弘文館, 2006, 75~77쪽.
16 위의 책, 62쪽.

〈조선침략 일본군 편성도〉

	대명	병력수	참고	
제1대	소 요시토시	5,000	쓰시마, 나가사키	20,000석
	고니시 유키나가	7,000	히고	200,000석
	마쓰우라 시게노부	3,000	히젠	63,000석
	아리마 하루노부	2,000	히젠	40,000석
	오무라 요시아키	1,000	히젠	25,000석
	고토 스미하루	700	고토	14,000석
소계		18,700		
제2대	가토 기요마사	10,000	히고	250,000석
	나베시마 나오시게	12,000	히젠	360,000석
	사가라 나가쓰네	800	히고	22,000석
소계		22,800		
제3대	구로다 나가마사	5,000	부젠	125,000석
	오토모 요시무네	6,000	분고,부젠	370,000석
소계		110,000		
제4대	모리 요시나리	2,000	부젠	60,000석
	시마즈 요시히로	11,000	사쓰마	600,000석
	다카하시 모토타네	2,000	휴가	53,000석
	아키즈키 다네나가		휴가	30,000석
	이토 스케타카		휴가	36,000석
	시마즈 도요히사			
소계		14,000		
제5대	후쿠시마 마사노리	4,800	이요	113,000석
	도다 가쓰타카	3,900	이요	70,000석
	조소카베 모토치카	3,000	도사	100,000석
	하치스카 이에마사	7,200	아와	180,000석
	이코마 지카마사	5,500	아와지	171,800석
	구루시마 형제	700	이요	14,000석
소계		25,100		
제6대	고바야카와 다카카게	10,000	지쿠젠 등등	590,000석
	모리 히데카네	1,500	지쿠고	75,000석
	다치바나 무네시게	2,500	지쿠고	132,000석
	다카하시 나오쓰구	800	지쿠고	18,000석
	지쿠시 히로카도	900	지쿠고	18,000석
소계		15,700		
제7대	모리 데루모토	30,000	아키 등등	1,420,000석
소계		30,000		
제8대	우키타 히데이에	10,000	비젠 610,000석(쓰시마 재진)	
소계		10,000		

제9대	하시바 히데카쓰	기후 8,000		야마토 1,000,000석(이키 재진)
	호소카와 다다오키	3,500		산고 120,000석(이키 재진)
소계		11,500		
총계		158,800		

		선박 관리자船奉行(병력과 물자 수송)	
수군 (총 8,750명)	조선	하야카와 나가마사早川長政, 모리 다카마사毛利高政, 모리 시게마사毛利重政	
	쓰시마	핫토리 가즈타다服部一忠, 구키 요시타카九鬼嘉隆, 와키자카 야스하루脇坂安治	
	이키	히토야나기 가유一柳可遊, 가토 요시아키加藤嘉明, 도도 다카토라藤堂高虎	
	나고야	이시다 미쓰나리石田三成, 오타니 요시쓰구大谷吉継, 오카모토 시게마사岡本重政, 마키무라 마사요시牧村政吉	

* 참고란에 표시한 지역과 영지고 수치는 대략(불확실). 그리고 일시 이키와 쓰시마에 머물러 있던 군사뿐 아니라 선박을 관리하는 일부 대명(수군), 위의 편성표에는 빠진 대명들도 전투에 참여하였다. 따라서 임진왜란에 참가한 대명과 군사 수(부역종사자를 제외한다 해도)를 정확히 어림잡기는 어렵다. 게다가 위의 군사 숫자가 모두 부역농민을 제외한 것만이라고도 할 수 없다.

이처럼 파죽지세로 진격한 일본군은 조령에 이른다. 이즈음 조선조정은 군무를 총괄하는 도순변사都巡邊使로 신립申砬을 임명하여 일본군의 진격을 막아보려 하였다. 4월 26일 충청도 병력 약 8,000을 이끌고 조령으로 향하던 신립은 변경을 순찰하는 순변사巡邊使 이일李鎰이 문경에서 패배하고, 조령이 이미 일본군 제1대에게 점령당했다는 오보를 접하고는 27일 충주성을 나와 탄금대에서 배수진을 쳤다(『선수』25·4·14).[17] 고니시 유키나가는 예비대 약 3,700을 충주성에 주둔시키고, 군을 좌익 3,000(마쓰우라 시게노부松浦鎭信), 우익 5,000(소 요시토시宗義智), 중군 7,000(고니시 유키나가)으로 나누어 신립군을 공격했다. 조선군은 이 싸움에서도 참패했다(『선수』25·4·14).[18] 그 후 고니시 유키나가군은 4월 30일에 충주에서 여주로 진출, 양근(현 양평)을 거쳐, 5월 2일에는 용진도(현

---

17 柳成龍, 『懲毖錄』.
18 『西征日記』.

양서면)에서 북한강을 건너 한성(현 서울)으로 향하였다. 한편, 가토 기요마사군은 충주에서 음성, 죽산, 용인을 거쳐 5월 2일에는 한강변에 이른다. 그리하여 제1대는 5월 3일 흥인문(현 동대문), 제2대는 숭례문(현 남대문)을 통하여 한성에 무혈 입성했다(『선수』 25·5·1).¹⁹

이어서 제3대, 제4대(시마즈 요시히로島津義弘), 총대장인 우키타 히데이에宇喜多秀家가 이끄는 제8대도 한성에 들어와서, 고니시 유키나가와 가토 기요마사는 각 부대의 지휘관과 앞으로의 작전을 다듬는다. 여기서 5월 16일에 내려온 히데요시의 「조선지배방침高麗國八州之石納覺之事」에 따라, 제1대는 평양 방면, 제2대는 함경도 방면, 제4대는 강원도 방면으로 나아갔고, 제3대는 제1대를 후방에서 지원하는 형태를 취했다. 위 문서에는 경상도 2,887,790석은 제7대 모리 데루모토毛利輝元, 전라도 2,269,379석은 제6대 고바야카와 다카카게小早川隆景, 충청도 987,514석은 제6대 시코쿠슈四國衆, 강원도 402,289석은 제4대 모리 요시나리森吉成, 경기도 775,133석은 제8대 우키타 히데이에, 황해도 728,867석은 제3대 구로다 나가마사, 함경도 2,074,128석은 가토 기요마사, 평안도 1,794,186석은 고니시 유키나가에게 주고, 그들의 희망에 따라 지배하게 한다고 하고 있다(조선 석고 총계는 9,116,289석).

조선은 임진강에서 일본군을 막기 위해, 일정 지역의 병권을 쥐고 있는 도원수 김명원金命元 이하 장수들에게 명하여 군사 1만3천여를 모아 대탄(현 연천)과 임진강 북안에 배치했지만, 일본군을 막아내지는 못하였다(『선수』 25·5·1).²⁰ 일본군은 강원도와 함경도로 가는 진격로를 확보했다.

히데요시는 한성 함락 소식을 접하고 한껏 고무되었다. 이에 히데요시는 5월 16일 히데쓰구에게 보내는 주인장에서 ① 명나라까지 침공할

---

19 『西征日記』.
20 『西征日記』.

것이고 히데쓰구를 대당관백大唐關白직에 임명할 예정이다, ② 히데쓰구는 3만 병력을 준비하라, ③ 천황을 1593년에 북경으로 이주시켜 북경 부근 10여 지역國을 기진하고, 뒤따르는 공가公家들에게는 (당시 보유하고 있는 석고의) 10배를 안도할 예정이다, ④ 대당관백이 된 히데쓰구에게는 북경 주변 100여 지역을 안도하고, 일본관백에는 도요토미 히데야스豊臣秀保(히데나가의 양자)나 우키타 히데이에(정실은 마에다 도시이에의 딸로 도요토미 히데요시의 양녀가 된 고히메豪姬)를 임명한다, ⑤ 일본 천황은 와카미야若宮(가타히토신노良仁親王)나 하치조토노八條殿(도시히토신노智仁親王)로 한다, ⑥ 조선은 도요토미 히데카쓰나 우키타 히데이에에게 안도하고, 호소카와 다다오키細川忠興에게는 규슈를 안도한다, ⑦ (명 공략 후) 천황의 인도 행차를 예정하고 있다고 했다. 이어 18일 우히쓰右筆 야마나카 나가토시山中長俊(山中橘內)에게도 서장을 보내 위의 내용과 더불어 ① 북경에 고요제이 천황後陽成天皇과 관백 히데쓰구를 두고, 자신은 영파寧波로 이주한다, ② (명 공략 후) 인도를 공략할 예정이라고 했다. 소위 3국분할계획三國割計畵이다. 물론 위 문서들은 일본의 조선 지배와 히데요시의 조선 도해를 전제로 한 것이다.

히데요시는 1592년 6월 3일 가토 기요마사와 나베시마 나오시게에게 보내는 주인장에서 자신은 오백 기, 일천 기의 소병으로 대병을 격파하여 일본 전체를 복속시켰고 … 용맹하고 훌륭한 병사와 장군을 거느린 자가 … "처녀와 같은 명"을 주벌하는 일은 산으로 계란을 누르는 것과 같고, 인도, 남만도 마찬가지라고 했다. 또 6월 3일 조선침략군을 중심으로 한 13만을 명침략의 선봉으로 명하면서, 자신은 '무력弓箭이 강한 일본'도 오백, 일천 군사로 통일하였으니, 수많은 군사를 거느린 너희들이 '장삼長衫의 명'을 공략하는 것은 일도 아니라고 했다.

히데요시는 위와 같이 일본=무력이 강한 나라, 명=문약하고 처녀 같은 나라로 표현하면서 전장의 장수들을 격려했다. 「선교사추방령」

에서는 일본을 '신국神國'이라고 표현했는데, 이를 종합하면 일본은 신국으로서 무력이 강한 나라이며, 명은 문약한 장삼의 나라로 처녀와 같이 약한 나라가 된다. 그리고 조선은 일본과의 교섭 과정에서 보았듯이, 일본에 마땅히 복속해야 할 나라=일본이 지배해야 할 나라에 위치시켰다.

이러한 조선침략전쟁의 배후에는 전국기 이래의 '천하관天下觀'이 존재한다. 이 천하관은 천도天道사상에 의거하는데, 당시의 천도사상은 계속된 전투에서의 승패는 하늘의 뜻으로 받아들이는 운명관에 기초하고 있다. 이는 하늘=천天을 하나의 인격체로 바라보는 태도다. 이러한 관념을 바탕으로 오다 노부나가는 자신의 능력으로 지배하거나, 지배해야 할 지역을 '천하'라고 불렀다. 그리고 중세 천황의 천하를 노부나가 자신의 천하로 바꾸고, 자신의 권력은 천황과 관련 없는 '천하인' 권력天下人權力이라고 주장하였다. 이러한 천하사상은 지배영역의 확대와 더불어 그 자체 확장의 논리를 포함하고 있다. 노부나가의 후계자 히데요시 역시 '천하인' 권력으로 확장의 논리를 체내에 흡수하였을 것이고, 이 확장의 논리는 조선·명에 대한 침략과 명침략 종료 후의 삼국분할계획, 나아가 인도침략에 대한 언급으로 표현된다고 하겠다.

이것은 일본 고대 이래의 세계관인 삼국관三國觀의 변용이기도 한데, 이 같은 인식의 변화 배경에는 서양의 동양 진출이 있었다. '삼국관'이란 불교의 본지수적설本地垂迹說에 입각하여 인도·중국·일본을 세계의 중심에 위치시킨 세계관이다. 이러한 세계관은 서양의 동양 진출에 의해 변용된다. 즉 기독교 세계와 접촉하면서 새로운 세계를 발견하게 된다. 그리하여 불교적 세계와 기독교적 세계가 대치하는 형국이 되는데, 위에서 보았듯이 자신들의 천하 개념을 인도로까지 확대한 것은 불교적 세계를 통합하려는 인식의 무의식적 표현이라 하겠다.

위와 같은 불교적 세계의 확대는 기본적으로 중국에 대한 인식 변화

를 수반한다. 히데요시는 명을 장삼의 나라[大明之長袖國], 처녀와 같은 대명국[如處女大明國]이라 표현했다. 장삼의 나라란 장삼을 입고 있는 문관 중심의 나라를 일컫는 말로 일본에서는 유약하고 통치 능력이 없는 공가公家, 승려, 유자儒者를 비하하여 사용하는 말이다. 처녀라는 말 역시 힘없고 유약하며, 복종적인 이미지를 띤다. 반면 일본은 무력이 강한 나라[弓箭きびしき國]로 표현하고, 따라서 조선·명의 정복은 산으로 계란을 누르듯 간단한 일이라고 한 것이다. 이상에서 알 수 있듯이 중국을 중심으로 한 중화사상은 붕괴되어 가고 있었다. 단, 이 같은 히데요시의 대외 인식·사상은 정합화되거나 체계성을 확보하지 못한 국내용 선전에 불과하다는 한계를 안고 있다. 즉, 이러한 인식 변화가 조선침략의 사상 기반이 되었다고는 단정할 수 없다.

이즈음 제1·2대 병력도 한성에 주둔하고 있었고(사망자를 고려하지 않은 병사 합계 : 41,500), 제8대 우키타 히데이에군 10,000, 이시다 미쓰나리石田三成군 3,000, 마시타 나가모리增田長繼군 3,000, 마에노 나가야스前野長康군 2,000, 오타니 요시쓰구大谷吉繼군 1,200, 가토 미쓰야스加藤光泰군 2,000, 아카시 사콘明石左近군 800 등 합계 약 2만 군사도 주둔하고 있었다. 위 이시다 미쓰나리 이하의 12,000은 일본에서 새로 증파한 군사들이다. 이렇게 보면 당시 한성에 주둔하고 있던 일본군 총수는 63,500이었다. 5월 중순 즈음에는 죽산에 후쿠시마 마사노리福島正則군 4,800, 충주에 하치스카 이에마사蜂須賀家政군 7,200, 문경에 조소카베 모토지카長曾我部元親군 3,000, 선산에 고바야카와 다카카게小早川隆景군 1만, 금산 부근에 4,200, 성주에 모리 데루모토毛利輝元군 3만(제7대), 부산 부근에 하시바 히데카쓰羽紫秀勝군 8,000(제9대) 등이 주둔하고 있었다. 수군에 배치된 와키자카 야스하루脇坂安治군 1,500도 용인 부근에 주둔하였다. 이 가운데 모리군은 6월 12일 개령으로 이동하고, 현풍에 주둔하고 있던 시마즈 요시히로島津義弘군(제4대) 12,000도 5월 9일 북상하여 한성

3장 동아시아 속의 임진왜란　123

으로 들어왔다(한성 주둔군 75,500).

한성에 주둔하고 있던 제1대의 고니시 유키나가 등은 5월 29일 임진강을 건너 개성에 무혈입성하고, 6월 7일 황해도 안성역安城驛에 이르렀다. 여기서 제2대의 가토 기요마사·나베시마 나오시게鍋島直茂 등은 함경도로, 고니시 유키나가의 제1대와 구로다 나가마사의 제3대는 평양으로 향한다. 제1대는 6월 10일 대동강변의 대동원 부근에 진을 쳤다(『선수』 25·6·1, 『선조』 25·6·8).[21] 이처럼 급박한 움직임 속에서 선조는 10일 평양을 떠나 영변으로 향한다(『선조』 25·6·11). 이때 조선은 좌의정 윤두수, 도원수 김명원, 순찰사 이원익, 그리고 유성룡 등 군·민 약 4천여 군사로 평양성을 지키고 있었다(『선수』 25·6·1). 조선군은 11일 동대원에 진을 친 일본군을 급습하나 실패로 끝났다(『선수』 25·6·1). 일본군은 15일 왕성탄王城灘을 건너 평양에 무혈입성했다(『선수』 35·6·1).[22]

한편, 명은 조선국왕이 일본의 침략으로 한성을 떠나 평양으로 들어갔다는 소식을 접하고, 요동순안어사遼東巡按御使 학걸郝杰이 그 진위를 파악하기 위하여 6월 8일 요동진무遼東鎭撫 임세록林世祿과 최세신崔世臣을 조선에 파견했다. 임세록은 대동관에서 선조를 만나 일본군의 근황을 확인하였다(『선조』 25·6·5). 당시 명에는 조선이 가왕을 세워 일본군을 앞서서 인도한다는 소문이 나돌았기 때문에 선조와 한 번 만난 적이 있던 임세록을 조선에 파견하여 진위를 확인하려 했던 것이다(『선조』 25·6·29). 6월 10일 정주에 이른 선조는 아직 명군의 내원이 없는 점을 염려하여 대사헌 이덕형을 요동에 급파하였다. 이덕형이 서장을 통해 요동지역을 순행하는 순안어사 학걸郝杰에게 내원 군사를 간청하자, 학걸은 조선의 원군 요청과 선조가 명明에 들어가려 하고 있다[內附]는 내용의 상주를 신종에게 올렸다. 이에 명 병부상서 석성石星이 명군의

---

21 『西征日記』.
22 『西征日記』.

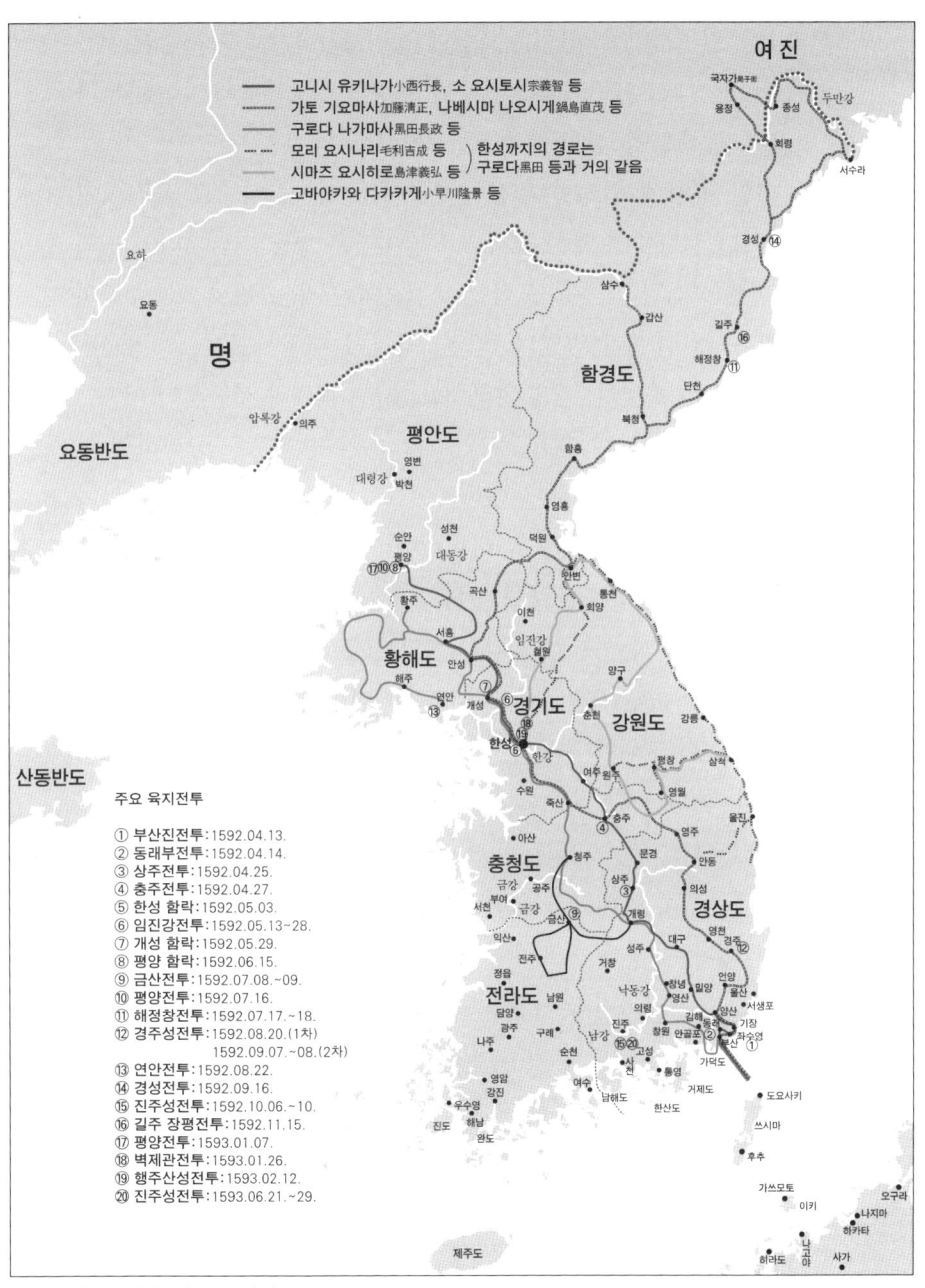

임진왜란기 일본군 침략도

조선파병을 건의하였고, 신종은 조선에 정병 2지대二枝隊를 파견할 것을 승인했다(『선수』 25·6·1).²³ 그리하여 7월 부총병 조승훈祖承訓이 3천 병사를 이끌고 압록강을 건너 조선으로 들어온다(『선조』 25·7·7).

6월 15일 평양에 입성한 일본군 제1대는 7월이 되어도 움직이지 않았다. 이는 지나치게 빠른 진격으로 말미암은 평양 이남지역의 병력 배치와 전선의 점검, 의병을 포함한 조선군의 반격, 그리고 조선수군의 움직임과 크게 관련이 있었다. 한편, 명군이 내원하면서 조·명군은 평양성 공격을 기도한다. 김명원이 이끄는 3천 병력과 조승훈이 이끄는 기병을 중심으로 한 약 4천 군사가 7월 17일 평양성을 공격하였다. 고니시 유키나가는 기마전에 대비하여 조·명군을 성내로 유인하여 시가전으로 맞섰고, 조·명군은 대패했다(『선수』 25·7월조). 이 패배 뒤 조선은 순안에서 평안도관찰사 이원익이 이끄는 5천, 대동강 동쪽의 순변사 이일이 이끄는 5천, 대동강 서쪽의 김응서가 이끄는 1만, 방위사 김억추가 이끄는 수군 약간, 합하여 약 2만 병력을 평양 주변에 배치했다. 그 후 1593년 정월에 전투가 전개되기 전까지 약 5개월 동안 고니시 유키나가의 제1대는 한 발짝도 움직이지 않았다. 이에 대해서는 1592년 9월 초부터 시작되는 명의 심유경沈惟敬과 맺은 50일 휴전협정(『선수』 25·9월조) 때문으로 이해하기 쉽지만, 실은 당시의 전선 상황과 상당한 관련성이 있다.

한편, 6월 초순 제4대의 시마즈 요시히로島津義弘 등은 병력을 나누어 강원도를 지키라는 명령을 받고, 모리 요시나리毛利吉成(森吉成)·아키즈키 다네나가秋月種長·다카하시 모토타네高橋元種가 약 4천 병력을 이끌고 한성에서 강원도로 향하였다. 이렇게 하여 시마즈 요시히로가 이끄는 제4대의 주력은 원주에 주둔하게 되었다. 모리 요시나리 등이 이끄는 한

---

23 『明神宗實錄』 萬曆 20년 5월 庚寅條.

부대는 6월 12일 함경남도 철령을 지키고 있던 남병사 이혼李渾이 이끄는 1천 병력을 무혈로 해산시키고, 강원도 통천에 이르렀다(『선조』 25·7·2, 『선수』 25·6월조). 임진강에서의 전투 후 함경도로 향했던 가토 기요마사는 황해도 금천군 우봉에서 평산, 그리고 강원도 이천伊川을 거쳐 함경남도의 노리령을 넘었다. 위의 철령전투에서의 승리로 가토 기요마사는 저항을 받지 않고 함경도로 들어가, 7월 18일 마천령을 넘어 계속 북상하였다(『선수』 25·6월조).

제1차 평양성전투 후인 8월 즈음 고니시 유키나가 등은 평양에서 조·명군과 대치하였다. 제1대를 후방에서 지원하는 형태로 제3대의 오토모 요시무네大友義統·구로다 나가마사黑田長政군이 봉산·해주에 주둔하고, 한성에는 제8대 우키타 히데이에宇喜多秀家가, 개성에는 제5대에 소속된 도다 가쓰타카戶田勝隆(나중에 상주로 옮겼다. 대신 선산에 주둔해 있던 제6대 고바야카와 다카카게小早川隆景가 개성으로 옮겼다)가, 죽산에는 제5대 후쿠시마 마사노리福島正則, 충주에는 제5대 하치스카 이에마사蜂須賀家政, 청주에는 제5대 이코마 지카노리生駒近規(親正)군이 배치되었다. 이러한 배치는 한성 방위를 염두에 둔 광역 군사 배치로 보인다. 강원도 북부에는 제4대 시마즈 요시히로·다다토요忠豊(豊久)가 주둔하였고, 경상북도 김천의 개령에는 6월 12일 성주에서 옮겨온 제7대 모리 데루모토毛利輝元, 부산에는 제9대 하시바 히데카쓰羽柴秀勝가 주둔하였다.[24]

| 조·명군의 반격 | 일본군의 조선지배는 영역지배에는 이르지 못했고, 병력은 위에서 보듯이 주요 거점들을 선(병참로)과 점(주둔지)으로 연결하여 분산 배치되어 있었다. 이 병력 배치의 특징은 제7대와 제9대를 제외한 모든 부대가 충청도 이북에 배치된 것인데, 이 때문에

---

24 일본군의 배치에 대해서는 池內宏, 北島万次, 中野等 등의 연구업적에 따른다.

경상도·전라도 지역의 일본 병력은 충분하지 않았다. 특히 충청도와 전라도의 대부분 지역에는 병력을 배치할 수가 없었다. 이 시기의 전선이 임진왜란을 통틀어 가장 길었다. 이 길어진 전선이 일본군의 진격에 문제를 일으키게 된 것은 한성 함락 직전부터지만, 평양·함경도·강원도 방면으로의 진격은 경기도를 포함한 그 이남지역에서 전투력을 더욱 약화시켰다. 게다가 병참선·연락로가 길어지고 끊기면서 부대들은 고립무원 상태에 빠질 가능성이 커졌다. 상황이 이렇게 된 근본 원인은 조선군이 격렬히 저항하지 않고 계속 뒤로 후퇴했기 때문이기도 하지만(정황상 이것을 조선의 군사전략으로 보기는 어렵다), 승리에 취한 일본군이 조선군을 오로지 계속 추격만 했기 때문이기도 하다. 이러한 상황이 조선군에게 반격의 기회를 주었다.

더구나 일본군으로서는 우려스러워할 만한 사태가 벌어졌다. 우선 일본군의 북진 때문에 남해안지역에 대한 대비가 약해져서 일본수군이 육지로부터 지원과 협력을 얻기 어렵게 되었다. 고니시 유키나가·가토 기요마사 등이 한성에 무혈입성했을 무렵, 조·일 수군의 전투가 시작되었다. 1592년 5월 7일부터 8일까지 옥포, 합포, 적진포에서 조·일 해전이 벌어졌다.[25] 이 해전으로 일본군과 규슈를 연결하는 해역은 가덕도에서 부산포까지로 좁아졌다. 그리고 이 해전이 전개될 무렵, 곽재우를 비롯한 의병활동이 시작되었다(『선수』 25·6월조).

일본군이 임진강을 건너 개성으로 향할 무렵, 일본수군은 부산·가덕도에서 서쪽으로 전라도 해안에 진출하고자 했다. 그러나 5월 29일부터 6월 7일까지 전라좌수사 이순신이 거느리는 조선수군의 공격을 받아 사천·당포·당항포·율포 해전에서 대패했다. 이 패배에도 불구하고, 일본수군은 또다시 남해안으로의 진출을 기도하여 부산·가덕도를 중

---

[25] 『壬辰狀草』. 이하 이순신의 해전에 관한 내용은 『壬辰狀草』에 따른다.

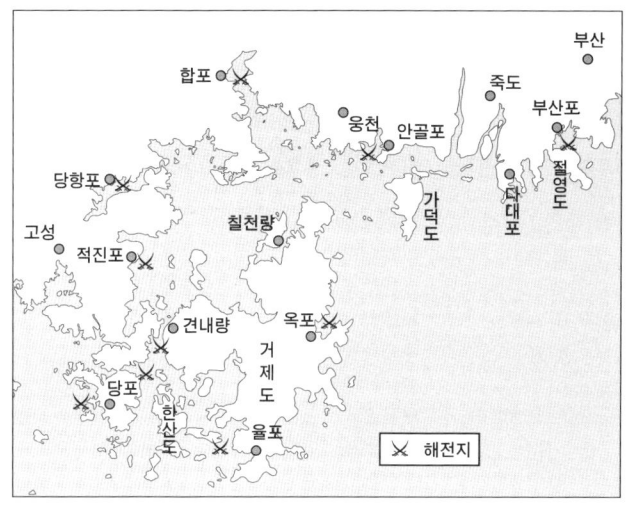

이순신 장군 해전지

심으로 세력을 결집했지만, 이순신이 이끄는 수군에게 견내량·안골포에서 다시 패배한다. 이 두 전투의 결과 가덕도 이서의 제해권은 조선수군이 장악하였고, 해로를 이용해 전라도·서해안으로 나아가려 했던 일본군의 진격은 불가능해지게 되었다.

이 무렵 육전은 어떠했을까? 일본군이 한성에 주둔할 즈음인 1592년 6월부터 의병활동이 시작되는데, 특히 7월부터는 경상도를 중심으로 활발한 움직임을 보였다. 임진강전투 이후 1593년 1월의 평양성전투 직전까지의 육전 상황을 보면, 일본군은 진격하면서는 승리를 거두었지만, 후방 각지에서는 지리의 이점을 살린 조선의 관군·의병의 공격에 패하는 일이 잦아졌다.

이 시기에 주목되는 전투는 우선 5월 28일부터 6월 6일까지 전개된 용인 부근 전투다.[26] 이 전투에서 조선군은 와키자카 야스하루의 기습

---

26 이하 전투에 대해서는 따로 언급하지 않는 한 李炯錫, 『壬辰戰亂史』上·中·下(壬辰戰亂史刊行委員會, 1974)를 참조할 것.

〈조·일군의 주요 전투〉

지역	일시	조선군	일본군	승전군
江原淮陽城	6·5	淮陽府使金鍊光	毛利吉成	日本
慶北茂溪	6·6	義兵將金沔等	村上景親	朝鮮
京畿道龍仁	5·28~6·6	全羅南道李洸等	脇坂安治	日本
京畿道龜尾浦	6·10	麗州牧使元豪	毛利吉成	朝鮮
京畿道馬灘	6월 중순	麗州牧使元豪	毛利吉成	朝鮮
平南道東大院	6·11	平安監司宋言愼	小西行長	日本
江原道鐵嶺	6·12	南兵使李渾	毛利吉成	日本
平南王城灘	6·14	寧遠郡守高彦伯	宋義智	日本
慶北醴泉	6·15	龍宮縣監禹伏龍	吉川廣家	朝鮮
江原道金化	6·19	麗州牧使元豪	島津忠豊	日本
全北雲巖	6·25	義兵長梁大樸	小早川隆景	朝鮮
慶南馬津	6월末	義兵長孫仁甲	毛利輝元	朝鮮
全北熊峙	7·7~31	金堤郡守鄭湛	安國寺惠瓊	日本
全北梨峙	7·8	全羅道都節制使權慄	小早川隆景	朝鮮
第一次錦山城	7·9~10	義兵長高敬命	小早川隆景	日本
全北牛脊峴	7·10	義兵長金沔	小早川隆景	朝鮮
第一次平壤城	7·17	祖承訓(明), 都元帥金命元	小西行長	日本
咸北海汀倉	7·18~19	北兵使韓克諴	加藤淸正	日本
慶北永川城	7·26~27	義兵將權應銖	福島正則	朝鮮
慶南宣寧	7월말	義兵將郭再祐	安國寺惠瓊	朝鮮
慶南玄風	7월말	義兵將郭再祐	羽柴秀勝	朝鮮
慶南靈山	7월	義兵將郭再祐	羽柴秀勝	朝鮮
京畿安城附近	7월말	助防使洪季南	福島正則	朝鮮
第二次平壤城	8·1	巡察使李元翼	小西行長	勝敗無
忠北淸州城	8·1	義兵將趙憲	蜂須賀家政	朝鮮
慶北奴谷	8·2	義兵將金虎	谷衛友	朝鮮
慶南居昌附近	8·3	義兵將金沔	小早川隆景	朝鮮
第二次錦山城	8·17~18	義兵將趙憲	小早川隆景	日本
第二次慶州城	8·20	慶尙左兵使朴晉	福島正則	日本
第一次星州城	8·21	慶尙右監司金誠一	毛利輝元	日本
慶北小川	8·22	義兵將柳宗介	毛利吉成	日本
江原鴒原山城	8·24~25	原州牧使金悌甲	毛利吉成	日本
黃海道延安城	8·28~9·2	招討使李廷馣	黑田長政	朝鮮
釜山浦海戰	9·1	全羅左水使李舜臣	藤堂高虎	朝鮮
第三次慶州城	9·8	慶尙左兵使朴晉	福島正則	朝鮮
第二次星州城	9·9~11	義兵將金沔	毛利輝元	日本
咸北鏡城	9·16	義兵將鄭文孚	加藤右馬允	朝鮮
露峴·昌原	9·24~27	慶尙右兵使柳崇仁	長岡忠興	日本

第一次 晉州城	10·5~10	晉州牧使金時敏	長岡忠興	朝鮮
京畿道朔嶺	10·18	京畿監司沈岱	伊東祐兵	日本
咸北吉州長坪	10·30	義兵將鄭文孚	加藤右馬允	朝鮮
咸南咸興	10·9~11·10	南兵使成允文	鍋島直茂	朝鮮
咸北利原	11·12	前巡察使李聖任	小代下總守	朝鮮
慶南龍華洞	11月말	尙州假判官鄭起龍	戶田勝隆	朝鮮
咸北吉州雙浦	12·10	義兵將鄭文孚	加藤右馬允	朝鮮
第三次星州城	12·7~14	義兵將金沔	桂元綱	朝鮮優勢
京畿禿城山城	12월말	全羅道巡察使權慄	宇喜田秀家	朝鮮
慶北咸昌	미상	尙州判官鄭起龍	長曾我部元親	朝鮮
第三次 平壤城	1593·1·6~9	李如松(明)金命元等等	小西行長	明·朝鮮
碧蹄館	1593·1·27	李如松·查大受(明)	立花宗茂	日本
幸州山城	1593·2·12	權慄	小西行長等等	朝鮮
第二次 晉州城	1593·6·19~29	黃進·金千鎰	加藤淸正	日本

* 李烱錫, 『壬辰戰亂史』 上·中(壬辰戰亂史刊行委員會, 1974)을 참고하여 작성.

　공격으로 패배하기는 했지만, 5만이나 되는 대병력이 모였다는 사실에 주목해야 한다. 전투에 동원된 조선군은 전라도 4만에 충청도 8,000 병력이었다. 이는 일본군이 충청남도와 전라도에 침입하려고 해도 이 지역에 분산배치된 일본군만으로는 불가능하고, 설사 이들 지역에 침입한다고 해도 후방이 열려 있어서 위험에 처할 가능성이 커졌다는 것을 의미한다. 그렇다면 이제 일본군이 쓸 수 있는 방법은 수비 중심의 전략뿐이었다.

　그렇지만, 일본군은 충청도와 전라도로 들어가지 않으면 전선이 언제나 공격·습격 당할 위험성이 있었고, 거꾸로 조선은 충청·전라도로 들어오려는 일본군을 전력을 다해 격퇴할 필요가 있었다. 그래서 조선군은 충청도 남부와 전라도 북부의 거점인 금산에 주둔해 있던 일본군을 공격하였다. 이것이 1592년 7월 9~10일 벌어진 관군·의병 합동의 제1차 금산성전투다. 이 금산성전투에서 최후까지 싸웠던 의병장 고경명을 비롯한 약 7천 의병은 괴멸적 타격을 입었다. 일본군은 이 전투에서 승리를 거둬 충청·전라도로 진격하는 거점을 지켰다.

그 진격을 막고 있던 것이 경상도지역에서 활발하게 전개된 곽재우를 중심으로 한 의병활동이었다. 이 움직임에 편승하여 의병장 조헌이 또다시 금산성 탈환을 기도하였다. 이것이 8월 17일의 제2차 금산성전투다. 이 전투에서도 일본군은 승리하여 현상을 유지할 수 있었다.

다음으로 성주성을 둘러싼 세 차례 전투가 주목된다. 8월 21일에 시작된 제1차 전투는 관군과 의병을 합쳐 약 2만이 동원된 대규모 공격전이었다. 이에 대항하는 일본군은 모리가毛利家의 가신 가쓰라 모토쓰나桂元綱가 이끄는 병사 1만가량이었다. 조선군은 이 전투에서 비록 성을 탈환하지는 못했지만, 동원 능력을 일본군에게 충분히 보여 줄 수 있었다. 또한 제2차, 제3차로 이어지는 조선군의 공격에 일본군은 겨우 겨우 방어전으로 맞설 수밖에 없었다. 9월 8일에는 경상도의 또 하나의 거점인 경주성을 경상좌병사 박진과 의병장 정세아가 합동작전으로 탈환하였다. 이들 전투가 주목되는 것은 조선군이 펼치는 공격전이었다는 점이다. 이는 전국戰局이 이미 일본군에게 불리하게 돌아가고 있었음을 의미한다. 그런 가운데, 9월 1일 부산포해전에서 일본수군이 패배하는 바람에, 일본군과 규슈를 연결하는 연락로가 끊길 위험성이 더욱 커졌다.

이렇게 되자, 일본군으로서는 전라도로 침공하지 않고는 전국戰局을 뒤집을 수 없다고 판단하여, 가능한 모든 병력을 동원하여 진주성 공격을 꾀했다. 당시 진주성에는 진주목사 김시민 등 관병 약 3,800이 주둔해 있었고, 외곽에는 곽재우 등이 이끄는 의병 약 2,000이 주둔하여 일본군 공격에 대비하고 있었다. 제9대 호소카와 다다오키細川忠興·기무라 시게코레木村重玆(야마시로 요도의 18만 석 영유)군 3,500·하세가와 히데카즈長谷川秀一(에치젠 15만 석 영유)군 5,000 등이 약 2만 병력을 3대로 나누어 10월 6일 일제히 진주성 공격에 나섰지만 대패하였다(제1차 진주성전투).

대군을 동원하여 전력을 다한 공격에도 실패한 진주성전투는 경상남도에 주둔하는 일본군의 한계를, 또 9월 1일의 부산포해전에서의 일본군의 패배도 일본수군의 한계를 보여주었다. 함경도로 향하던 가토 기요마사군도 의병장 정문부 등의 활약에 고전을 면치 못했다(『선수』 25·10월조). 이 또한 조선 동북지역에 대한 침공의 한계라 할 수 있을 것이다. 이리하여 좌로와 우로의 보급로를 잃은 일본에게는 오직 중로를 잇는 루트밖에 남지 않게 되었다. 이 루트조차 동서 양쪽에서 조여들고 있어서 경상·충청도에 주둔하는 일본군 지대는 고립무원 상태에 빠질 가능성도 있었다.

한편, 일본군은 조·명군의 평양성 탈환전에서 승리했지만, 조선 부교 奉行로 파견된 이시다 미쓰나리는 8월 14일 장수들을 한성으로 소집하여 지휘관회의를 열고 명군의 개입에 어떻게 대처할지를 의논했다. 이때 구로다 요시타카黑田孝高(如水)는 명의 조선 내원과 일본군의 병참로와 병량 확보를 고려하여 군사를 한성까지 후퇴시켜 한성 수비에 만전을 다해야 한다고 주장했지만, 고니시 유키나가는 평양 주둔을 주장했다.[27] 결국 고니시 유키나가의 의견이 받아들여졌는데, 고니시의 주장 배경에는 평양성에서 획득한 10만 석의 군량(『징비록』)과 연전연승에서 얻은 자신감이 있었다고 보인다. 그러나 고니시의 의견은 명의 동아시아 전략과 남쪽지역에서 보이는 의병을 포함한 조선군의 움직임을 전혀 고려하지 않은 결정적 결함을 안고 있었다.

평양성전투 패배는 명에게도 큰 충격을 주었다. 이 전투는 고니시 유키나가군의 방어전이기는 했지만, 명은 이 전투를 통해 일본이 명을 침공하려 하고 있다고 생각하게 되었다. 이에 명은 7월 26일 일본군을 괴멸시킬 수 있는 병력 약 7만을 조선에 파견하기로 결정했다(실제로

---

27 『黑田家譜 第1卷』, 文獻出版, 1983, 218~219쪽.

파견된 숫자는 약 48,585명이었다.(『선조』25·11·10, 10·26, 『선수』25·12월조). 또 명 병부상서 석성은 일본군의 형편을 탐지하는 한편, 강화를 통해 조선에서 일본군을 퇴각시키기 위해 유격 심유경沈惟敬을 조선에 파견하였다(『선조』25·6·29).

　명 조정은 10월 16일 일본의 조선·명 침략을 막을 최고책임자인 경략經略 송응창宋應昌에게 조선으로의 진군을 서두르게 하고, 제독 이여송李如松을 조선에 파견했다. 이들은 12월 말경 조선에 도착했다(『선수』25·12·12월조). 이여송은 이듬해(1593년) 1월 6일 조선군 약 1만과 명군 약 4만 5천여 명을 지휘하여 평양성을 공격했다. 명의 압도적 병력과 대포의 위력에 일본군은 많은 사상자를 냈지만, 명군 역시 사상자가 많았다. 이에 1월 8일 이여송은 통역 장대선張大膳을 고니시 유키나가에게 보내 철퇴를 권유했다. 고니시 유키나가는 이 권고를 받아들여 평양성에서 나와 명군이 열어준 퇴로를 이용하여 한성까지 퇴각하였다(『선조』26·1·11).

　조선에 파견된 명군은 요동·계·산동·산서·하북 등지의 군사를 중심으로 절강 병력까지 포함하고 있다. 그리고 육병(보병)보다는 마병이 월등히 많았다(『선조』26·1·11). 이것이 1592년 제1차 평양성전투 패배의 충격으로 긴급히 조선에 파병할 필요에 따른 것인지, 아니면 군사전략에 따른 것인지는 알 수 없다. 또한 명의 조선파병군에 산동지역(계) 군사를 차출한 것은 "평양 없이 요동 없고, 요동 없이 북경 없다"는 명의 동아시아 전략(=순망치한론, 문정론)을 상징적으로 보여준다고 하겠다.

　평양성전투에서 패한 후, 총대장으로 한성에 주둔해 있던 우키타 히데이에는 전군을 한성까지 퇴각시켜 한성 방위를 굳히려 했다. 한성에는 제1대, 제3대, 제6대, 제8대를 중심으로 한 약 5만 병력이 집결해 있었다. 평양성에서 승리를 거둔 조·명군의 한 부대는 1월 25일 임진강을 건너 한성에서 남쪽으로 약 30km 거리에 있는 오산烏山에까지 이르렀다. 이에 대항하는 일본군은 다치바나 무네시게立花宗茂(統虎)·다카하시 무네마스高橋統增 등이 이끄는 약 3천 선봉대를 비롯하여 6대로 편성된 약 4만 병력으로 임진강으로 향했다. 27일 양군의 선봉대가 벽제관碧蹄館 근처에서 맞붙었는데, 일본군의 유인작전에 말려든 명의 선봉대는 대패했다(『선조』 26·2·6). 일본군은 이 승리를 통해 한성 방위에 유리한 위치를 확보하게 되었지만, 그렇다고 북진할 정도의 여력은 없었다.

한편, 가토 기요마사군을 뒤따르며 진군하고 있던 나베시마 나오시게도 6월 18일 안변에 이르렀고, 그 후 함흥에 본진을 두고 덕원에서 홍원에 이르는 여러 지역에 병력을 배치했다(『선조』 25·9·15).[28] 가토 기요마사도 북청에서 길주까지 병력을 분산 배치해 가면서(『선수』 25·7월조), 군대를 이끌고 7월 23일 회령에 이르렀고, 조선 민중[叛民]에게 붙잡혀 있던 왕자 임해군·순화군의 신병을 인수했다(『선조』 25·9·4, 25).[29] 그 후 여진 오랑캐 지역으로 들어간 뒤, 종성에 이르러 두만강을 따라 온성, 경원, 경흥으로 나아갔다가, 보호하고 있던 조선왕자들과 함께 종성에서 남하하여, 9월 상순 북청-함흥을 거쳐 11일에는 본진이 있는 안변으로 후퇴하였다.[30] 가토 기요마사는 길주, 성진, 단천, 이원, 북청 등지에 1,500에서 500의 군사를 분산 배치하여 현지 지배를 굳건히 하려고 했다.[31] 이 각 부대는 정문부 등 의병의 공격대상이 되어 9월 중순 이후 경성, 길주, 함흥 등지에서 조선의 관군과 의병들에게 시달렸다. 1593년 1월 중순 이후 가토 기요마사군은 길주, 단천에서 싸웠지만, 28일 백탑교전투에서 패하자 어쩔 수 없이 한성으로 퇴각하였다.

평양성전투가 전개된 무렵 남부지역 의병을 포함한 조선군의 상황은

---

28 『高麗日記』 9월 25일조(『朝鮮日日記·高麗日記』, ソシエテ, 1982), 381쪽.
29 『高麗日記』 9월 11일조.
30 『高麗日記』 9월 11일조.
31 中野等, 『文祿·慶長의 役』, 吉川弘文館, 2008, 69쪽.

〈조선군 주둔지와 병력수〉

지역	주둔지	지휘관	병력수
咸鏡北道	鏡城	義兵將(評事)鄭文孚	5,000
咸鏡北道	鏡城	義兵將(別將)金友皐	100
咸鏡南道	咸興	咸鏡道節度使成允文	5,000
咸鏡南道	安邊	助防將金信元	100
江原道	麟蹄	江原道巡察使姜紳	2,000
平安南道	順安	平安都巡察使	4,400
平安南道	法興寺	平安道左防禦使鄭希雲	2,000
平安南道	法興寺	義兵將李柱	300
平安南道	法興寺	招募官曺好益	300
平安南道	龍崗	右防禦使金應瑞	7,000
平安南道	龍崗	助防將李思命	1,000
黃海道	黃州	黃海道左防禦使李時言	1,800
黃海道	載寧	黃海道右防禦使金敬老	3,000
黃海道	延安	黃海道巡察使李廷馣	4,000
京畿道	江華島	全羅道節度使崔遠	4,000
京畿道	江華島	京畿道巡察使權徵	400
京畿道	江華島	義兵將金千鎰	3,000
京畿道	江華島	義兵將禹性傳	2,000
京畿道	水原	全羅道巡察使權慄	4,000
京畿道	楊州	防禦使高彦伯	2,000
京畿道	陽根	義兵將李軼	600
京畿道	麗州	京畿巡察使成泳	3,000
京畿道	安城	助防將洪季男	300
忠淸南道	稷山	忠淸道節度使李沃	2,800
慶尙北道	安東	慶尙左道巡察使韓孝純	10,000
慶尙北道	蔚山	慶尙左道節度使朴晉	25,000
慶尙南道	昌寧	義兵將成安義	1,000
慶尙南道	靈山	義兵將申砷	1,000
慶尙南道	晉州	慶尙右道巡察使金誠一	15,000
慶尙南道	昌原	慶尙右道節度使金時敏	15,000
慶尙北道	陜川	義兵將鄭仁弘	3,000
慶尙南道	宣寧	義兵將郭再祐	2,000
慶尙南道	居昌	義兵將金沔	5,000
平安南道	大同江下流	水軍金億秋	300
全羅南道	順天	全羅左水使李舜臣	5,000
全羅南道	順天	全羅右水使	10,000
합계			150,700

어떠하였을까. 당시 제2대 및 제4대와 대치하고 있던 조선군 병력이 12,200, 평양을 방위하는 병력이 17,000, 황해도·경기도를 중심으로 한성을 포위하는 형세를 취하고 있던 병력이 약 35,000이었다. 안동·울산에는 35,000, 진주·창원을 중심으로 42,000 병력이, 그리고 순천에는 15,000 수군이 배치되어 있었고, 그 밖의 병력까지 합하면 172,000여 병력이 각지에 배치되어 있었다(『선조』 26·1·11).

이러한 병력 배치는 일본군 제2·4대를 고립시킴과 동시에 한성 탈환을 목표로 한 것이었다고 생각된다. 특히 경상남·북도의 병력 배치는 대구·부산 지역의 일본군을 공격하고 아울러 충청북도에 배치된 일본군의 견제·고립을 노렸다고 할 수 있다. 앞에서 지적하였듯이, 1592년 10월 무렵에는 일본군 보급로가 중로만 남아 있었다. 더욱이 겨울이 되면서 일본군은 겪어보지 못한 추위를 힘들어했고, 오랜 싸움으로 피로가 누적되어 염전厭戰 분위기가 팽배해져 지리의 이점을 살려 싸우는 조선군을 이길 가망은 희미해졌다.

이런 상황 속에서 일본군은 철수를 고려하면서도 후방에서 추격해오는 조선군에게 일격을 가해두고자 했다. 먼저 임진강 전선을 지키고, 일본군의 활동범위를 넓히기 위해 행주산성 공격을 계획했다. 행주산성에는 전라도순찰사 권율이 한성을 탈환하기 위해 2,300 병력으로 진을 치고 있었고, 산성 주변지역에는 의병장 김천일, 승병 처영 등을 포함하여 약 8천 병력이 배치되어 있었다. 일본군은 행주산성을 공략하기 위해 약 3만 병력을 고니시 유키나가 부대를 비롯한 7대로 편성하여 공격했다. 처영과 권율의 지휘 아래 조선 병력은 2월 12일 새벽부터 저녁때까지 교대로 7개 부대가 쉼없이 공격해오는 일본군에 맞서 대승을 거두었다(『선수』 26·2월조). 1593년 2월 무렵이 되자, 모든 전선에서 패색이 짙어진 일본군은 부산까지 철수할 수밖에 없었다.

한편, 1593년 2월 27일 일본군 장수들은 한성에 모여 지휘관회의를

⟨한성 주둔 일본군⟩

군	대명	한성 주군군	참고
제1대	고니시 유키나가	6,626	374명 감소
제2대	가토 기요마사	5,492	4,508명 감소
제3대	구로다 나가마사	5,269	269명 증가
	오토모 요시무네	2,052	3,948명 감소
제4대	시마즈 도요히사	293	도요히사 이하 3명
	이토 스케타카	597	570명 감소
	다카하시 모토타네	288	
	아키즈키 다네나가	252	
제6대	다치바나 무네시게	1,132	1,368명 감소
	지쿠시 히로카도	327	573명 감소
	깃카와 히로이에	9,552	오키 등 140,000석
	고바야카와 다카카게		448명 감소
제8대	우키타 히데이에	5,352	4,648명 감소
	오타니 요시쓰구	1,505	에치젠 5만 석
	이시다 미쓰나리	1,546	오미 5만 석
수군	마시타 나가모리	1,629	오미 6만 석
	가토 미쓰야스	1,400	가이 24만 석
	마에노 나가야스	717	다지마 5만3천 석
계		53,100	

* 석고량은 개략적임.
** 참고에 표시한 병사의 감소 수는 각 장수가 동원한 군사 수를 기준으로 하였으나, 제대의 총 군사 수를 기준으로 할 경우 그 수는 더욱 증가한다. 군사 수 감소를 전사자 수로 확정할 수는 없으나, 1593년 3월 10일, 5월 20일부 히데요시 주인장과 비교해 보면, 당시 일본군 전사자는 전체 병력의 약 30~35% 정도 되었을 것이다.

열어 히데요시의 조선 도해 연기를 건의하기로 하고, 한성을 포기하고 부산까지 철군해서 히데요시에게 철퇴 사정을 설명하자고 논의했다.[32] 한편 2월 28일 나베시마 나오시게, 29일 가토 기요마사 군사가 한성으로 들어왔다. 한성으로 들어온 일본군은 3월 20일 시점에서 위의 표와 같다.

한편 히데요시는 평양성전투 패배 소식을 듣고서 공격 일변도의 전략을 변경하여 개성·한성 중심의 방위전략을 냈다. 그리하여 우키타

---
[32] 中野 等, 앞의 책, 189쪽.

히데이에에게 전군의 지휘권을 주고, 제6대 고바야카와 다카카게, 제9대 우키타 히데이에군에 편입되어 있던 마에노 나가야스前野長康(다지마 5만3천 석)와 가토 미쓰야스加藤光泰(가이 24만 석)가 우키타를 지탱하는 형태로 군사를 재편하고, 모리 데루모토를 부산 방면으로 남하하게 하여 보급로를 확보하려고 했다(『淺野家文書』262). 그러나 이 같은 히데요시의 명령이 조선에 주둔해 있던 장수들에게 닿기 전에 행주산성에서 패배하였기 때문에, 개성은커녕 임진강 전선 방어까지 무너지고, 한성 방어마저 위험해지게 되었다. 이에 3월 10일 히데요시는 전군을 진주·상주까지 후퇴시켜 병력을 재배치할 계획을 세웠다(『淺野家文書』263).

한편, 벽제관전투 이후 후술할 심유경과 고니시 유키나가의 교섭이 시작되었는데, 3월 10일 히데요시의 퇴각 명령이 한성의 일본군에게 전해졌다. 이런 가운데 명군은 일본군이 퇴각하는 동안 공격하지 않는다는 조건으로, 일본군은 1593년 4월 한성에서 철수하기 시작하였다. 명군은 퇴각하는 일본군을 공격하지 말라고 엄명을 내렸고, 조선군은 어쩔 수 없이 이를 준수했다.

1592년 5월에 제기된 히데요시의 조선 도해는 도쿠가와 이에야스德川家康 등 히젠 나고야에 재진하는 대명들이 강력히 만류하였고, 고요제이 천황도 나서서 반대하였다(6월 2일 히데요시의 조선 도해 연기 결정). 이러한 상황 속에서 평양성전투, 행주산성전투 등에서의 패배 소식을 들은 히데요시는 명과의 강화를 추진하면서, 1593년 5월 20일 우에스기 가게카쓰上杉影勝, 다테 마사무네伊達正宗 등 동국지역 대명들을 포함한 군사를 조선에 파견하고, 동시에 조선재진군 약 10만을 동원하여 진주성 공격을 계획하였다. 그리고 나머지 조선재진군과 추가로 파병할 약 26,000 병력을 부산포, 김해, 기장, 거제도, 가덕도 등에 배치하고자 했다.

히데요시는 되풀이해서 진주성 공격을 명했고(『小早川家文書』301), 제1차 진주성전투의 대참패를 설욕하기 위해 일본군은 6월 19일 진주성

공격을 개시했다. 진주성에는 의병장 김천일, 경상우병사 최경회, 충청병사 황진 등이 이끄는 3,400 병력(민중을 포함하면 약 1만)이 방어에 나섰다. 일본군은 가토 기요마사를 비롯하여 9만 3천 병력을 6대로 편성하여 진주성을 공격했다(『島津家文書』955). 조선군은 29일까지 11일 동안 선전했지만, 병사는 말할 것도 없고 민중 전원이 일본군에게 살해되었다. 이처럼 격렬한 전투가 있었음에도, 명군은 당시 일본군이 후퇴함에 따라 대구(유정劉綎·오유충吳惟忠), 상주(왕필적王必迪), 남원(낙상지駱尙志·송대빈宋大斌)에 주둔해 있으면서도 조선군을 전혀 지원하지 않았다. 히데요시는 진주지역을 유린한 후, 조선에 있는 장수들에게 조선 남해안에 성곽을 건설하도록 명령하고, 이들 지역에 여러 부대를 장기 주둔시키는 '구류지계久留之計'를 세운다.[33]

강화 없는 '강화교섭'

고니시 유키나가는 통사 경응순을 보내 1592년 4월 상주·충주에서 조선과 접촉을 시도하였다(『선조』25·4·17, 『선수』25·4·14). 그러나, 이덕형이 용인에 이르렀을 때, 일본군이 이미 조령을 넘어 충주성을 함락하였기 때문에 회담은 이루어지지 않았다(『선조』25·4·17, 『선수』25·4·14). 이 시기 조선이 교섭에 응하려 했던 것은 파죽지세로 북상하는 일본군의 진격을 다소나마 늦추고, 일본 정세를 살피기 위함이었다고 보인다. 그리고, 5월 16일 한성을 점령하고 있던 고니시 유키나가는 조선에 조선국왕의 한성 귀환=조선의 일본 입조入朝와 명·일 강화교섭의 알선을 요구했다. 당시 야나가와 시게노부柳川調信의

---

33 『小早川家文書』326, 505, 510 ; 『島津家文書』402, 403.

서간에는 히데요시의 명령을 거역할 수 없어 조선을 침략했지만, 입명入明할 의사는 없고 조선과 화친을 희망하며, 조선의 주선으로 명과 강화할 수 있다면 삼국은 평화스러워질 것이라고 적혀 있다(「西征日記」).

명군이 조선에 원군을 보내기도 전인 이 시기에 고니시 유키나가가 조선의 일본입조와 명·일 강화교섭을 조선에 제안한 것은 일본군의 진격이 너무 빨라서 후방지역의 병력 배치와 병참선 확보가 필요하였고, 전략상 그 이상 북으로 바로 진격하는 것이 곤란했던 실정을 반영한 것으로 생각된다. 그리고 일본은 조선침략과 함께 명이 이 전쟁에 개입하리라는 것도 알고 있었다. 이렇게 보면, 일본은 조선의 일본입조를 전쟁의 제1차 목표로 설정하고, 명과의 전쟁은 될 수 있으면 피하려 했음을 알 수 있다.

그렇지만 고니시 유키나가는 여전히 입명한다는 입장이었다. 개성에 무혈입성한 고니시 유키나가는 6월 1일 또다시 소 요시토시를 조선 조정에 보내 교섭을 요구하였다. 그는 이 전란의 발발 책임을 조선에 전가하면서 조선은 일본과 싸울 것인지, 아니면 일본과 협력해서 명을 칠 것인지 선택하라고 다그쳤다(『선조』 25·6·9, 25·7·1, 『선수』 25·6·1). 명의 개입이 촉박한 시점에서 조선의 결단을 촉구한 것으로 이해된다. 더욱이 고니시 유키나가는 평양성 공략을 앞두고 있던 6월 8일, 대동강 배 위에서 회담하자고 요구했다. 이에 조선은 이덕형을 파견하였고, 6월 9일 대동강에서 겐소와 이덕형이 회담하였다. 이 자리에서 겐소는 일본이 동래·상주·용인 등지에서 서계를 보내 조선에 회답을 요구했는데, 조선이 여기에 응하지 않아 전쟁이 계속되고 있다면서, 조선국왕에게는 평안도를 떠나 몸을 숨기고, 요동으로 가는 길을 일본군에게 열어달라고 요구했다. 이덕형은 일본이 명을 침략할 생각이었다면 절강浙江으로 향했을 터인데, 조선으로 침략한 것은 조선을 멸망시키려는 것이며, 조·명은 부자관계이니 일본군에게 요동 진격의 길을 열어줄 수 없다고 회답했다.³⁴ 당연히 회담은 결렬되었다. 6월 11일 고니시 유키나가와 소 요시토시는 이덕형에게 서계를 보내 다시 회담할 것을 압박했다. 내용은 6월 1일 서계와 비슷하나, 강화조건에 조선 왕족과 고관의 인질 요구를 덧붙였다(『선조』 25·7·1). 이는 6월 9일의 회담 결렬 후, 일본군이 조선 남부를 전면 장악한 것을 강조하여, 조선의 일본입조를 전제로 강화에 임하게 하려 한 것이었다.

여기서 알 수 있듯이, 전란 초기부터 명 원군이 파견되기까지 고니시 유키나가의 대조선 교섭은 조선의 일본입조를 전제로 한 '입명가도'론에 입각해 있다. 이 시기 조·일 강화교섭은 평양성 공격을 앞둔 일본이 조선의 일본입조를 실현하여 조·명연합을 저지하겠다는 의도를 드러낸 것이었다. 따라서 5월 강화교섭에서 보인 명·일 강화에서의 조선 중재 요구는 없고, 대신 입명을 전면에 내세운 가도假道와 조선의 일본입조를 조건으로 내걸었다. 명과의 일전을 각오한 것을 알 수 있다.

명 원군의 조선파견은 명 본토를 지키기 위해 조선에서 일본군을 방어한다는 전략, 소위 순망치한론脣亡齒寒論, 문정론門庭論에 따른 것이다. 따라서 명은 조선에 원군을 파견하기 전에 동북지역 방비를 강화한다는 계획을 세웠다(『선조』 25·6·9).³⁵ 조선 원병은 그 연장선상에 자리하였다(『선조』 25·6·27).³⁶ 이는 조선에서 일본군을 완전히 격퇴하지 못할 경우 조선지역에서 일본군과 대치하면서 명의 안전을 확보한다는 계획으로, 이 때문에 명은 원군을 조선에 파견하면서도 일본군과의 강화를 적극 모색하고 전투에는 소극적이었다(『선조』 26·4·1). 벽제관전투 후 명군이 보여준 움직임이 이를 잘 보여준다. 이런 인식은 조선에게도

---

34 『懲毖錄』.
35 『明神宗實錄』 萬曆 20년 5월 庚辰條. 명의 원군에 관한 대표적인 연구는 崔韶子, 「壬辰亂時 明의 파병에 대한 논고」, 『東洋史學硏究』 11, 1977 ; 한명기, 『임진왜란과 한중관계』, 역사비평사, 1988 등을 들 수 있다.
36 「經略復國要編」, 『壬辰之役史料匯輯(上)』, 新華書店, 1990, 67쪽.

있었다(『선조』 25·5·28, 26·1·6). 따라서 명의 조선 원군은 조선의 군사지휘와 조선의 대명·일 외교를 크게 제약하게 된다(『선조』 25·6·18, 『선수』 25·6월조).

제1차 평양성 전투 후인 1592년 9월 1일, 심유경·고니시 유키나가 회담에서 겐소는 이 전란이 일본의 '입공가도入貢假道'를 조선이 방해했기 때문에 일어났다고 주장했다(『선조』 25·9·8). 당시 일본군은 명군을 평양성에서 격퇴하기는 했지만, 그 이상의 전투·진군은 불가능한 상태였다. 그래서 고니시 유키나가는 전란의 발발책임을 조선에 떠넘기면서, 입명入明(명침략)을 입공入貢(조공)으로 바꾸어 명과의 교섭에 임하였고,[37] 명은 앞서 언급한 조선전략에 입각하여 시간을 벌기 위해 교섭을 진행했을 것이다. 일본이 명에 제시한 강화조건은 대동강 이남은 일본이 영유한다, 대동강 이북은 명에게 양보한다, 일본의 명 입공을 허락한다 등이다(『선조』 25·12·3). 심유경이 일본에 제시한 강화조건은 조선의 두 왕자와 포로의 송환, 조선영토의 회복(일본군 철퇴) 등이었다(『선조』 25·12·3). 심유경은 일본의 명 입공은 명조정의 허락이 필요하다고 하면서, 50일간의 휴전을 요구했고 고니시 유키나가가 이를 받아들였다(『선수』 25·9월조). 하지만 이는 고니시 유키나가와 심유경의 합의에 지나지 않았으므로, 다른 전선에서는 전투가 계속되었다.

이 어울리지 않는 강화조건에도 심유경과 고니시 유키나가가 50일간의 휴전에 동의한 이유는 무엇일까? 당연히 명군과 일본군이 처한 상황 때문이었다. 즉, 심유경은 명 측이 전력을 기울여 일본군을 공격한 것은 아니었지만, 일단 일본군에게 패한 이상 군사전략상 명군이 증파될 때까지 시간을 벌 필요가 있었고, 명의 동아시아 전략상 조선을

---

[37] 당시 고니시 유키나가는 심유경에게 보낸 서장에서 "일본의 조공로가 아직 이루기 어려운 일이 아니니, 매우 기쁘다"(日本朝貢之路, 亦未爲難事, 祝祝)라고 하였다(『宣祖實錄』 권30, 선조 25년 9월 8일).

전장으로 만들어 일본군의 명 침입을 제어하고, 강화를 통해 일본군을 철수시키려 했다. 그리고 아마도 조·일 강화는 책봉·조공을 통해 명·일 관계를 정상화한 후 해결할 수 있다고 판단했을 것이다. 고니시 유키나가의 경우, 일단 명군을 방어하는 데는 성공했으나 장차 있을 조·명군의 본격 공격을 감당하기 어려워, 강화를 통해 조선의 일본입조와 조선4도 할양을 인정받고 명과의 강화=입공을 실현할 수 있다면, 일본의 조선침략 목표를 실현할 수 있다고 판단했을 것이다. 한편, 이 합의에 불만을 가진 조선도 50일간의 휴전을 인정할 수밖에 없었던 것은 최정예 고니시 유키나가군을 격파할 자신이 없었고, 명 병부상서 석성의 지원을 받는 심유경의 의견을 거역할 수 없었기 때문이다. 이런 측면에서 이 합의는 명·조선·일본의 이해·전략적 판단을 반영한 것이라 보면 될 것이다.

그 후 명·일 간의 50일 휴전이 끝나고 1593년 1월 평양성전투에서 패한 일본은 한성으로 후퇴했다. 심유경·고니시 유키나가의 교섭이 본격화된 것은 명군이 1593년 1월 벽제관전투(1593·1·27)에서 패하고 일본군이 행주산성전투(1593·2·12)에서 대패하고 나서 3개월여 지난 1593년 5월부터다. 일본군은 행주산성에서 패배하여 전군을 한성까지 철수해야 했다. 그런데 명군은 1593년 2월 15일 안변으로 후퇴해 있던 가토 기요마사에게 명 장수 풍중영馮仲纓을 파견하여 교섭을 하였다(『선조』26·2·20). 이때 가토는 강화조건으로 조선영토의 할양을 요구하고, 풍중영이 요구한 조선왕자 2인의 소환은 이미 히데요시에게 보고되어 불가능하므로 한성에서 다시 교섭하자고 했다(『선조』26·3·4).

한편, 송응창宋應昌이 일본군과 강화할 의향이 있다는 정보가 조선에 전해졌다(송응창이 직접 조선에 이 사실을 통보한 것은 아니다). 그리고 일본군이 한성에서 두 왕자를 석방한다는 소식도 조선조정에 전해졌다. 조선은 일본군에 의한 왕릉(성종의 선릉과 중종의 정릉) 도굴사건도 있었던 터라 이 강화에 강력히 반대했지만, 명·일 강화가 실패하리라 예측하면서 송응창이 조선에 강화를 강요하였기 때문에, 명·일 강화교섭에 방관하는 태도를 보였다(『선조』 26·3·2).

이런 가운데, 고니시 유키나가는 겐소에게 명하여 명·조선에 강화를 요청하고 조선에 서장을 보냈다(『선조』 26·3·15). 송응창은 강화를 성공시키기 위해 심유경을 한성으로 파견하고, 3월 15일 용산에서 회담이 이루어졌다. 심유경은 ① 조선 전 영토를 반환할 것(조선에서 일본군의 완전 퇴각), ② 조선의 두 왕자와 신하 등을 송환할 것, ③ 히데요시는 명에 사죄문을 보낼 것, ④ 이를 전제로 히데요시를 일본국왕에 책봉하도록 명조정에 진언한다는 조건을 제시했다. 이에 대하여 고니시 유키나가는 ① 명이 먼저 일본에 강화사를 파견할 것, ② 명군은 요동으로 퇴각할 것, ③ 두 왕자와 신하들을 조선에 송환함, ④ 일본군은 4월 8일 한성에서 퇴각할 것이라는 조건을 제시했다(『선조』 26·3·10 ; 『선수』 26·4·1).

이 교섭에서는 조선영토의 할양이나 조선의 일본입조 같은 조건은 보이지 않는다. 교섭의 군사전략상의 현실적 목적이 명군을 요동으로 퇴각시키고, 일본군을 한성에서 퇴각시키는 것이었기 때문이다. 일본군의 한성 철퇴는 이미 피할 수 없는 일이었기 때문에, 송응창은 일본군이 한성에서 퇴각한다면 책봉문제는 명·일 간의 교섭을 통해 틀림없이 해결할 수 있다고 판단했을 것이다. 이런 면에서 명·일의 군사전략상 이해관계는 일치했다고 보인다. 그러나 일본은 입명을 입공으로 바꾸어 명과 교섭하여 임진왜란의 발발 책임을 조선에 전가하려는 의도를 숨기고 있었다.

3월 8일 송응창은 명 조정에 일본군이 조선에서 완전히 퇴각함과 동시에 두 왕자를 송환하고, 히데요시가 명에 사죄문을 보내는 것을 전제로 히데요시를 일본국왕에 책봉하자고 진언한다.[38] 심유경은 송응창에게 일본군을 한성에서 퇴각시키려면 히데요시를 일본국왕으로 책봉할 필요가 있으니, 명에서 일본으로 강화사를 파견할 필요가 있다고 역설했다. 이에 송응창은 3월 25일 사용재謝用梓와 서일관徐一貫을 강화사로 꾸며서 일본에 파견하여 히데요시의 항복서를 받아오라고 했다(『선조』 26·4·1, 2 ; 『선수』 26·4·1).

일본군이 한성에서 퇴각하기로 한 날이었던 4월 8일, 심유경과 고니시 유키나가가 또다시 한성에서 회담하였다. 심유경이 퇴각을 요구하자, 고니시 유키나가는 명군의 요동 철퇴와 강화사 파견이 이루어지지 않았다는 이유를 들어 거부했다. 4월 17일 사용재와 서일관 등 위사僞使가 한성에 도착하자, 일본군은 20일 조선 왕자와 조선인 포로를 인질로 잡고 한성에서 퇴각하였다.

이 퇴각 교섭에는 또 하나의 조건이 있었다. 평양성전투 후 조선은 명 장수들에게 일본군을 추격하여 섬멸할 것을 요구했지만, 명군은 응하지 않은 것은 물론, 조선이 단독으로 일본군을 추격하면 강화에 방해가 된다고 하면서 일본군 추격을 저지했다(『선조』 26·4·6). 퇴각하는 일본군을 공격하지 않겠다는 약속이 있었기 때문이다. 위에서 본 6월의 제2차 진주성전투에서 명군이 대구, 성주, 남원 등지에 주둔해 있으면서도 어떤 군사조치도 취하지 않은 것은 이를 상징적으로 보여준다.

사용재·서일관 등이 1593년 5월 15일 히젠 나고야에 도착했고, 23일 히데요시를 접견하였다. 나고야에서 사·서와의 절충을 맡은 겐소는 일본군이 조선 남부에 주둔하고 있는 것은 조선군이 진주성 등을 거점으로 일본군을 추격하려 하기 때문이라 하면서, 명이 이를 억제해준다면 일본은 명의 속국이 되어 여진을 정벌하여 명에 귀속시키겠다고 제안했다. 이에 대하여 사·서는 조선군의 움직임은 확인해볼 것이고,

---

38 『經略復國要編』, 602쪽(萬曆 21년 3월 8일, 宣諭平行長).

여진은 이미 10년 전 정벌이 끝났으니 조선에서 일본군을 퇴각시키라고 요구했다. 또 겐소는 일본의 명 입공을 조선이 알선한다고 하면서도 회답이 없었기 때문에 일본이 어쩔 수 없이 조선에 출병했다고 주장했다. 이에 대하여 사·서는 히데요시의 통호通好 의향을 명에 전하겠다고 대응했다.[39] 전자는 히데요시의 진주성 공격계획을 염두에 둔 발언이고, 후자는 이전 주장(=조선의 임진왜란 발발 책임)의 되풀이다. 여진 정벌 언급은 이전의 대동강 이남의 일본 점령·소속, 혹은 조선 하4도 할양을 전제로 한 명·일 관계(=일본의 명 입공) 설정을 염두에 둔 발언이다. 더욱이 이 마당에 난젠지南禪寺의 겐포 레이산玄圃靈三(以心崇伝)이 명 황녀의 강가降嫁와 조선4도의 할양을 요구했다. 사·서는 명에서는 황녀가 강가한 예가 없고, 조선의 전 영토는 명에 속한다고 하며 그의 요구를 거절했다.[40] 겐포 레이산의 주장은 5월 1일 내려온 히데요시의 강화조건과 진주성 공략계획을 반영한 것이다.[41]

 1593년 6월 28일 일본 쪽에서 사·서에게 「화의조건 7개조和議條件七個條」를 건넸다. 내용은 ① 명의 황녀[姫]를 일본의 후비로 보낼 것(황녀 강가), ② 명·일간의 감합무역勘合貿易을 재개할 것, ③ 명·일의 대신들이 통호 보증의 서사誓詞를 교환할 것, ④ 조선4도를 일본에 할양할 것, ⑤ 조선 대신을 일본에 인질로 보낼 것, ⑥ 조선의 두 왕자를 송환할 것, ⑦ 조선 권신이 서사를 바칠 것 등이다. 이 「화의조건 7개조」는 사·서가 나고야에 도착하기 전인 5월 1일 히데요시가 아사노 나가마사淺野長政·구로다 요시타카黑田孝高·마시타 나가모리增田長盛·이시다 미쓰나리石田三成·오타니 요시쓰구大谷吉繼 등에게 내려보낸 문서와 내용이 같은데, 거기에는 진주성 공략과 전라도 침공, 명과의 강화교섭에서

---

39 「中外經緯傳」, 『改定史籍集覽』, 臨川書店, 1884, 190~191쪽.
40 北島万次, 『豊臣秀吉の朝鮮侵略』, 吉川弘文館, 1995, 152~153쪽.
41 『黑田家譜 第1卷』, 246~248쪽.

속지 않도록 주의하라는 내용도 포함되어 있었다.⁴²

나아가 「대명 칙사에 대하여 보고해야 할 조목大明勅使に對して報告すべき條目」도 건네주었다. 전문에는 일본은 신국神國이며, 히데요시 자신은 '태양의 아들'이라 적고, 제1조에 명에서 횡행하던 왜구를 토벌해준 대해 명이 히데요시에게 사의를 표명하지 않았기 때문에 명 정벌을 계획하였고, 조선은 이 정벌에 협력하려 하였다, 제2조에 조선이 명·일 간의 회담을 알선한다고 하면서도 이를 깨뜨렸기 때문에 조선에 출병하였는데 조선이 저항하였다, 제3조에 명이 조선의 급난急難을 구하려고 하였지만 그 이익을 잃었으며, 그 책임도 조선에 있다고 하였다.⁴³

이 강화교섭은 전쟁이나 강화에 대한 히데요시의 태도와 처지를 명확하게 드러낸 점에서 주목된다. 평양성전투 이후 전 전선에서 일본이 불리한 상황에 처해 있음을 알면서도 히데요시는 명이 강화사를 파견하여 '사죄誅言'한다고 표현하고 '황녀 강가降嫁'라는 조건을 제시했다. 또 명을 침략한 명분으로 왜구 토벌에 대한 감사 표시가 없었다는 점을 들면서, 감합무역의 부활을 요구했다. 아마도 일본은 동아시아지역의 공식무역에 개입·참가하여 일본(=히데요시 권력)의 국제지위를 인정받으려 했을 것이다. 그런데 히데요시는 책봉에 대해서는 아무런 언급도 하지 않았다. 히데요시가 명을 중심으로 한 동아시아 국제질서=책봉체제冊封體制에 엮여 들어가고 싶어하지 않았기 때문으로 보이지만, 명과의 전쟁에서 승리했다는 명분 하에 공식적인 책봉을 요구하지 않았다고도 보인다. 이렇게 보면, 히데요시가 명에 요구한 것은 동아시아에서 일본을 '전승국'으로 자리매김하는 것이었다고 할 수 있다. '황녀 강가'도 인질의 성격을 띤다고 보아야 할 것이다. 이를 통하여 히데요시는 전쟁에 대한 민중의 불만을 잠재우고, 자신의 권위를 높여

42　위의 책.
43　北島万次, 앞의 책, 155쪽.

권력의 안태安泰를 도모하려 했을 것이다. 권력의 안태화를 위해 일본 국내를 향해 어떻게든 전쟁에서 승리한 것으로 보여야만 했던 것이다.

일본의 이러한 태도는 동아시아의 국제질서에서 조선의 자리매김과도 관련된다. 히데요시는 명과 강화를 맺는 것으로써 조선침략을 정당화하고, 명·조선과의 전쟁을 '승리'로 장식하여 명에 조선4도의 할양을 요구하였다. 인질과 대신의 서사誓詞 요구는 조선을 일본에 입조하는 나라로 자리매김하기 위한 일환이었다. 즉, 히데요시는 일본을 명나라보다 하위, 조선보다는 상위에 위치시키려 한 것이다. 이것이 자신의 정권에 권위를 부여하고 권력을 안정화시키기 위해서였음은 말할 나위도 없다. 거꾸로 말하면, 이러한 주장들은 전쟁을 반드시 승리로 장식해야 했던 히데요시 권력의 위기감과 권력구조상의 모순을 드러낸 것이라고 하겠다.

사·서의 강화교섭은 송응창의 대일전략(일본군의 한성 퇴각)에 따라 이루어진 것이어서 명 조정에는 보고되지 않았다. 이 내용이 명 조정에 전해진 것은 명의 책봉사冊封使 이종성李宗城이 부산 일본진영을 탈주하기 직전인 1596년 3월 무렵이었다.

강화교섭이 교착상태에 빠지고, 진주성전투가 있던 6월 말쯤 고니시 유키나가와 심유경은 또다시 강화교섭을 시작하였다. 교섭 결과는 ① 고니시 유키나가 휘하인 나이토 조안內藤如安을 '항복사절'로 삼아 '납관표納款表'를 지참시켜 명에 파견한다, ② 일본의 요구는 조선영토의 분할(4도 할양), ③ 조선의 일본입조를 전제로 한 조선과 일본의 화친, ④ 일본의 명에 대한 조공을 허가한다, ⑤ 책봉 형식을 나타내는 인장과 망룡의蟒龍衣 및 충천관衝天冠을 하사한다였다(『선조』 26·윤11·16, 27·1·17).

이에 대하여 송응창은 '관백항표關白降表'(항복서)가 필요하다면서 나이토 조안 등을 요동에 머물게 하면서 고니시 유키나가에게 '관백항표'를 요구했다. 그 내용은 ① 일본은 명의 신민이 되려는 뜻을 조선을 통해

전하려 하였지만, 조선이 이행하지 않아 병란을 일으켰다, ② 평양에서 심유경과 고니시 유키나가가 정전협정을 맺었음에도 조선이 전쟁을 걸어왔다(제2차 진주성전투 발생 책임을 조선으로 돌림), ③ 심유경과의 약속에 따라 일본은 성곽·병량·조선영토를 조선에 반환하였다, ④ 명에 파견한 나이토 조안은 일본 사정을 있는 그대로 전할 것이고, 히데요시는 명에게 책봉받기를 원하며, 책봉을 받게 되면 이후 명의 '번리지신藩籬之臣'으로서 조공을 바칠 것이라고 하였다(『선조』 27·2·11).

위의 내용은 명에게 책봉을 받아 감합무역을 하고 싶다는 히데요시의 의도를 반영한 것이라고 해도 좋을 것이다. 이는 히데요시의 주장을 충분히 파악하고 있었을 고니시 유키나가가 이 강화를 추진한 데서도 미루어 알 수 있다. 그런데, 위의 내용을 통하여 히데요시는 명·일 강화와 조·일 강화를 나누어서 처리하려 했음을 알 수 있다.

즉, 일본의 조선침략과 평양에서의 휴전회담 후 일어난 전투는 조선에 책임이 있다는 점을 강조하여 조·명 간의 밀접한 관계를 끊고, 명·일 관계를 강화하여 조선을 고립시키고 동시에 조·일 관계에서 일본이 우위를 확보한다는 전략을 쓰고 있다. 특히, 평양회담에 대한 강조는 조선4도의 할양과 관련 있다. 또한 이는 '입명가도'를 '입공가도'로 바꿔치기하는 논리의 연장선상에서 '책봉' '조공'을 자리매김하고 있음을 보여준다. 이렇게 하여 일본은 조선에 전쟁발발 책임을 물어 강화교섭에서 유리한 입장을 유지하며 조선4도 할양을 주장하고자 했다. 동시에 조선을 일본에 입공하는 국가로 간주하여 동아시아에서 일본을 조선보다 상위에 위치시키려 했다.

한편, 히데요시는 1593년 11월 소유구小琉球(필리핀)와 고산국高山國(타이완)에 국서를 보냈다. 그 내용은 히데요시 자신은 태양의 아들로(感生說話) 일본을 통일하였고, 입조 약속을 어긴 조선을 '정벌'하였으며, 조선을 구원하기 위해 파병된 명군을 격파하였고, 명이 화친을 요구해

와서 명과 교섭하는 중이다, 만약 자신이 제시한 교섭조건이 받아들여지지 않는다면 명을 칠 예정이다, 그러니 귀국은 입조해서 안전을 지키라는 것이었다(입조하지 않으면 정벌하겠다). 일본의 패색이 짙어지는 상황에서 행해진 이러한 히데요시 외교행위는 남만무역을 강화하려기보다는 자신의 무공을 널리 선전하면서 이들 지역이 명과 연합하거나 협력하는 것을 경계하는 의도가 드러난다. 사실 명의 원군(절강군)에는 동남아시아 국가들의 군사가 포함되어 있었다.

한편, 1594년 1월 14일 조선은 명나라 장수들에게서 지난해 10월 3일 명이 조선에서 철병한다는 소식을 들었고(『선조』 27·1·14), 1월 17일에는 심유경의 일본과의 강화조건에 조선4도의 할양이 포함되어 있다는 것도 알았다(『선조』 27·1·27). 송응창 대신 조선에 부임한 경략 고양겸顧養謙은 4월 23일 조선에 명이 일본의 봉공封貢을 허락한다는 내용의 주문을 명 조정에 올리도록 강요한다(『선조』 27·4·23). 명 참장 호택胡澤도 5월 11일 선조를 만나 똑같이 명 조정에 일본의 명 봉공 허락을 요구하는 상주를 올릴 것을 강요하면서, 그렇게 하지 않으면 명군은 압록강까지 퇴각하겠다고 위협했다(『선조』 27·5·11).

이런 상황에서 조선조정에서도 일본의 명에 대한 봉공을 찬동하는 움직임이 나타난다. 6월에 접어들 무렵, 선조는 일본이 명에 봉공하는 것을 인정한다(『선조』 27·6·18). 그리고 9월 12일 허욱許頊을 주청사로 명에 파견하여 일본의 명에 대한 봉공을 허락할 것을 요청했다(『선수』 27·8월조). 단, 이는 일본군의 완전퇴각을 전제로 한 것이었다.

고니시 유키나가는 명과 강화교섭을 진행해나가면서, 1594년 10월 16일 경상우병사 김응서金應瑞에게 서간을 보내 강화에 대해 의논할 것을 제안했다(『선조』 27·11·8). 또 소 요시토시도 조선에다 일본이 명에 봉공할 용의가 있음을 명에 주청해줄 것을 요구하면서, 요구에 따른다면 일본군은 퇴각할 것이고, 그렇지 않으면 내년(1595)에 출병하여 명을 침략하겠다고 위협했다(『선조』 27·11·1). 11월 3일 야나가와 시게노부는 김응서에게 서간을 보내 회담을 요구하고(『선조』 27·11·18), 22일 양자는 창원에서 회견하였다(『선조』 27·12·7). 고니시 유키나가는 일본이 명에 봉공하기를 원하니, 이것을 명에 주청해주기 바란다고 했다. 김응서는 명이 일본의 봉공을 정지시킨 것은 일본이 조선을 공격하여 주둔해 있기 때문이지, 조선이 일본의 명에 대한 봉공을 방해하기 때문이 아니라고 답했다(『선수』 27·11월조). 이 조·일 교섭은 조선에 대한 명·일 간의 강화교섭 조건=영토할양과 조선의 일본입조를 조선이 받아들이게 하려는 책략으로 보인다. 그리고 조선이 명에 일본의 명 입공을 주청하는 것은 임진왜란 발발책임이 조선에 있다는 것을 명시적으로 인정하는 의미이기도 했다.

명 조정은 일본군이 조선에서 완전 퇴각한다는 것을 전제로 명의 책봉을 받고자 하는 히데요시의 성의를 인정하고, 신종에게 히데요시의 봉호封號 수여를 상주하여 신종의 허락을 받았다.[44] 그리하여, 1595년 12월 30일 신종은 이종성李宗城을 책봉일본정사冊封日本正使로, 양방형楊方亨을 부사로 임명하였다.[45]

그런데 1596년 4월 3일 이종성이 부산의 일본군 군영에서 탈주한 사건이 일어나 조선과 명에 커다란 파문을 일으켰다(『선조』 29·4·9). 그러면서도 석성의 명·일 강화교섭을 전관하여 성공시키겠다는 명 병부의 상소에 따라, 명 조정은 5월 7일 양방형을 정사로, 일본 체재중인 심유경을 부사로 임명하여 책봉사의 일본 파견을 결정하였다.[46] 한편, 심유경은 조선에 통신사의 파견을 재촉하였고, 야나가와 시게노부 역시 통사通使를 통하여 조선에 통신사의 일본 파견을 재촉했다(『선조』

---

44 『明神宗實錄』萬曆 22년 10월 丁卯條.
45 『明神宗實錄』萬曆 22년 12월 癸酉條.
46 『明神宗實錄』萬曆 24년 5월 己巳條.

29·6·12). 6월 26일 조선은 책봉사 수행을 명목으로 품계가 낮은 돈영도정 황신黃愼과 거창현감 권황權滉을 일본에 보내기로 결정하였다가(『선조』 29·6·4), 권황 대신 전 대구부사 박홍장朴弘長을 일본에 보내기로 했다. 명 사절의 수행을 명분으로 파견된 사신은 책봉사의 강력한 요구에 따라 국서國書와 예폐禮幣(예물) 등을 지참하고, 성격도 정식 통신사로 바뀌게 되었다(『선수』 29·6월조).

명의 책봉사가 7월 8일 부산에서 일본으로 출발했고, 조선통신사는 야나가와 시게노부와 함께 8월 14일에 부산을 떠났다. 조선통신사 일행은 8월 18일 사카이堺에서 먼저 도착해 있던 책봉사와 합류했다.[47] 히데요시는 조선이 왕자의 귀환에 대해 사례射禮가 없었고, 사신을 고관으로 파견하지 않았으며, 공물과 사신 파견[朝聘]이 없고, 명 책봉사를 도망치게 한 점 등을 들어 조선통신사를 질책하고 접견조차 하지 않았다(동 상서, 9월 1일).[48] 한편, 책봉사는 9월 2일 오사카성에서 히데요시를 접견하고 관복冠服과 금인金印, 칙유勅諭를 전수傳授하였고, 히데요시는 5배3고두五拜三叩頭로써 명 신종에 대한 망궐사은望闕謝恩 의례를 행하였다(『선조』 29·12·7). 이로써 히데요시는 명의 책봉을 받게 되었다. 그렇지만, 일본 강화교섭의 전제조건이었던 조선4도 할양과 조선의 일본입조를 전제로 한 왕자 또는 고관의 일본파견 등이 실현되지 않았다는 이유를 들어 또다시 조선침략을 기도하게 된다.

---

47 『日本往還日記』(『海行摠載(8)』, 民族文化推進會, 1977), 142쪽.
48 『島津家文書』 424.

허무한 전쟁-정유재란

고니시 유키나가는 1596년 10월 상순 명 사절과 함께 히젠 나고야에 도착하였고, 명 사절은 12월께 부산으로 돌아왔다. 한편, 고니시 유키나가는 또다시 조선과의 강화를 모색하였는데, 조선통신사를 통하여 왕자를 일본에 파견하여 히데요시에게 사례할 것을 요구했다(『선조』 29·12·21). 11월 상순 구마모토熊本를 떠나 나고야를 거쳐 조선으로 들어온 가토 기요마사는 1597년 1월 13일 다대포多大浦에 와서, 조선 유정에게 회담을 요구했다(『선조』 30·1·21). 유정과 가토 기요마사의 회담은 3월 9일에 이루어졌는데, 가토 역시 조선왕자 임해군의 내일을 요구했다(『선조』 30·3·30). 고니시 유키나가와 가토 기요마사가 명이 아닌 조선에 강화를 요구한 것은 그들의 논리에 따른다면 히데요시의 책봉으로 명·일 관계는 해결되었고, 조선의 경우는 명·일 강화의 전제조건인 조선의 일본입조, 조선4도의 할양, 조선왕자의 내일 등을 이행하지 않았기 때문이다.[49] 그럼에도 불구하고, 이들이 내놓은 강화조건에 조선4도의 할양이 보이지 않는 것은 일본군의 조선 재침략이 본격화되지 않은 시점에서 시간을 벌어 조선침략을 준비하기 위한 것으로, 그 사이 조선군의 공격을 늦추려 한 전략이었다고 할 수 있다.

한편, 일본에서 돌아온 황신黃愼은 1596년 11월 6일 일본과의 강화에 실패한 사실을 조선조정에 전하고(『선수』 29·11·6), 1596년 12월 21일에는 조정에 서신을 보내 이제까지의 상황을 보고하였다(『선조』 29·12·21). 황신의 보고를 접한 조선은 또다시 명에 원병을 요청하고(『선조』 29·12·29), 선조는 우부승지 허성許筬에게 지시하여 고니시 유키나가에게 강화 의향이 있는지를 타진하게 하였다(『선조』 30·1·2). 나아가, 일본에 사신

---
49 『薩藩舊記雜錄』 後編37.

을 파견한다는 의지도 분명히 했다. 이는 조선이 일본에 사신을 보낸다면 일본군이 바로 철수할 것이라고 한 명 신종의 칙유勅諭가 있었기 때문이기도 하지만(『선조』 30·1·23), 조선이 일본에 고관을 파견하지 않았다는 이유로 일본이 재침략할 수도 있었기 때문이다. 이 계획은 가토 기요마사의 조선 재침략으로 중단되었다.

조선은 좌의정 이원익을 경상도로 파견하여 현지 군비 상황을 확인하도록 했다(『선조』 29·11·9). 전라도 병마절도사 원균은 1597년 1월 22일 수륙 합동작전으로 일본군을 해상에서 격퇴하자고 제안하였고(『선조』 30·1·22), 권율·이원익·이순신도 이 전략에 동의했다(『선수』 30·1·1). 한편 고니시 유키나가는 부하 요시라要時羅를 김응서에게 보내 상륙하는 가토 기요마사군을 치도록 권고했다. 조선조정은 황신을 통하여 이 계략을 이순신에게 유시諭示했다. 그러나, 이순신은 해로가 곤란하며, 일본이 틀림없이 복병을 두었을 것이라 하면서 조정의 명령에 따르지 않았다(『선수』 30·2·1). 고니시 유키나가가 가토 기요마사를 치라고 권한 것은 전라도 침공에 앞서 조선수군을 격파하기 위해서였을 것이고, 이순신은 이를 꿰뚫어 본 것이다. 그러나, 이것을 기화로 이순신의 불상사不祥事를 표면화시켜, 그것을 구실 삼아 이순신을 면직하고, 원균을 3도수군통제사三道水軍統制使에 임명하였다(『선조』 30·1·28, 『선수』 30·1·1).

히데요시는 1597년 2월 21일 재침략의 군사 동원·배치령을 발령하였다. 선봉 가토 기요마사군 10,000, 제2대 고니시 유키나가 등 14,700, 제3대 구로다 나가마사 등 10,000, 제4대 나베시마 나오시게 12,000, 제5대 시마즈 요시히로 등 10,000, 제6대 조소카베 모토치카 등 13,300, 제7대 하치스카 이에마사 등 11,100, 제8대 모리 히데모토 30,000, 제9대 우키타 히데이에 10,000, 총원 121,100명의 군사동원령을 내린 것이다(『島津家文書』 402, 403). 여기에 조선남부에 주둔해 있던 20,000여 명을 더하여 총원 약 140,000여 명을 정유재란에 동원하였다.

〈정유재란시 일본군 군사 편성도〉

군	대명	병력수	참고
제1대(선봉대)	가토 기요마사	10,000	
제2대	고니시 유키나가	7,000	
	소 요시토시	1,000	4,000명 감소
	마쓰우라 시게노부	3,000	
	아리마 하루노부	2,000	
	오무라 요시아키	1,000	
	고토 하루마사	700	
소계		14,700	
제3대	구로다 나가마사	5,000	
	모리 요시나리	2,000	
	시마즈 도요히사	800	
	다카하시 모토타네	600	모토타네 이하 4명, 200명 증가
	아키즈키 다네나가	300	
	이토 스케타카	500	
	사가라 요리후사	800	
소계		10,000	
제4대	나베시마 나오시게	12,000	
	나베시마 기요시게		
제5대	시마즈 요시히로	10,000	
제6대	조소카베 모토치카	3,000	
	*도도 다카토라	2,800	이요 50,000석
	*이케다 히데카쓰	2,800	이요 52,000석
	*가토 요시아키	2,400	이요 60,000석
	구루시마 미치후사	600	100명 감소
	*나카가와 히데나리	1,500	분고 74,000석
	스가 미치나가	200	이요 10,000석(15,000석?)
소계		13,300	
제7대	하치스카 이에마사	7,200	
	이코마 가즈마사	2,700	지카마사아들, 2,800명감소
	*와키자카 야스하루	1,200	아와지 30,000석
소계		11,100	
제8대	모리 히데모토	30,000	
제9대	우키타 히데이에	10,000	
조선파견군 총계		121,100	
재진군			
부산포성	고바야카와 히데아키	10,000	
	*오타 가즈요시	390	감시역, 분고 65,000석
안골포성	다치바나 무네시게	5,000	2,500명 증가

가덕성	다카하시 나오쓰구	500	300명 감소
	지쿠시 히로카도	500	400명 감소
죽도성	고바야카와(모리) 히데카네	1,000	
서생포성	*아사노 나가요시(요시나가)	3,000	가이 160,000석
소계		20,390	
조선침략군 총계		141,490	

① * 표시는 정유재란 때 조선침략군으로 새로 편성된 대명.
② 임진왜란 때 출진했으나 정유재란 때 빠진 대명은 다음과 같다. 오토모 요시무네(임진왜란 때 평양성 구원에 나서지 않고 봉산성을 포기한 죄로 유폐), 후쿠시마 마사노리(1595년 7월 이요에서 오와리 24만 석으로 이봉), 도다 가쓰타카(1594년 12월 사망), 하시바 히데카쓰(1592년 10월 사망, 히데요시의 조카이자 양자), 호소카와 다다오키(1595년 히데쓰구 사건에 연루?). 그리고 임진왜란 때와 마찬가지로 위에서 기술되지 않은 대명들도 전투에 참여하고 있어 정유재란 때 참전한 대명과 군사의 수를 정확히 가늠하기는 어렵다. 아사노 나가요시는 나고야성에서 3천 군사를 이끌었는데, 가토 미쓰야스加藤光泰(가이 24만 석)가 1593년 9월 서생포에서 사망하자 가이(16만 석, 아사노가 전체는 22만5천 석)로 이봉했다. 동국 대명 출신으로 출진한 것은 의외의 사실로 보인다.
③ 이 시기 수군은 별도로 편성되지 않고 제6대와 제7대에 배치되었다.

이 군사 동원·배치령과 함께 작전명령도 내려졌다. 주된 내용은 ① 전라도지역을 집중 공략하되, 가능하면 충청도·경기도를 공략할 것, ② 수군 작전 시에는 도토 다카토라藤堂高虎와 가토 요시아키, 그리고 와키자카 야스하루 등 두세 명의 지시에 따라 시코쿠四國와 그 밖의 지역의 군선을 참가시킬 것, ③ 명의 대군이 한성에서 5~6일 거리까지 육박했을 때는 서로 연락하여 신속하게 히데요시에게 보고할 것, 사태가 여기까지 진행되면 히데요시가 직접 바다를 건너 명을 공략할 예정임, ④ 안골포에 다치바나 무네토라立花統虎, 가덕도에 다카하시 무네마스高橋統增·지쿠시 히로후미筑紫廣文, 김해[竹島]에 고바야카와 히데카네小早川秀包, 서생포에 아사노 나가요시淺野長慶(幸長)를 주둔시킬 것, ⑤ 작전이 끝나면, 각각 축성 구역에 따라 성주를 정하여 성 보수공사를 담당할 것 등이다.[50] 이처럼 히데요시는 조선 재침략의 현실적인 주목표를 조선 남부4도의 점령·지배에 두고, 명군과의 전투는 되도록 피하려 하였다.

---

50 『島津家文書』 402.

1597년 1월부터 일본군이 재상륙하기 시작했다(『선조』 30·1·21). 도원수 권율權慄은 2월 경상도우병사 김응서에게 정병을 이끌고 경주와 울산에 진주할 것을 명했다. 급박한 정세 속에서 조선은 2월 18일 정엽鄭曄을 급고사急告使로 명에 파견하여 원병을 요청했다(『선조』 30·2·18). 명은 일본침략에 대비하여 전략을 세우고, 그 연장선상에서 요동, 절강, 광동 등지의 병력을 추려 원군을 파견하기로 하고,[51] 마귀麻貴를 비왜총병관제독備倭總兵官提督에, 양호楊鎬를 경리조선군무經理朝鮮軍務, 형개邢玠를 경략어왜經略禦倭에 임명했다(『선수』 30·2월조).

일본군 주력이 조선에 들어온 것은 1597년 5월 중순부터 하순께고, 명군의 파병 소식이 조선에 전해진 것은 3월 2일이다(『선조』 30·3·2). 이 시기에 파견된 명 원군의 특징은 수군을 포함한 점인데(『선조』 30·3·19), 조선수군이 건재했던 사실을 생각하면, 이는 일본수군의 서해 진출을 염두에 둔 것으로 보인다. 명은 일본군의 조선 재침략을 명을 침략하는 전초전으로 받아들여 일본군이 해로를 통해 명에 침입하는 것을 서해에서 차단한다는 전략을 짰고, 수군을 포함한 조선의 전 군사권을 장악함과 동시에 명군의 장기 주둔을 위한 둔전책屯田策까지 실시하려고 했다(『선조』 30·4·13). 따라서 정유재란기에 대일본 전투는 모두 명군이 관여, 지휘하였다(단, 명의 수군이 조선에 파견되기 전에 벌어진 칠천량해전, 명량해전은 조선 단독으로 행해졌다).

부총병 양원楊元이 이끄는 명군 1진이 한성에 도착한 것은 5월 8일(『선조』 30·5·8)이고, 부총병 오유충吳惟忠이 이끄는 4천은 6월 14일, 부총병 이여매李如梅도 1,470명을 이끌고 7월 19일 한성으로 들어왔다. 7월 3일에는 제독 마귀, 9월 3일에는 경리 양호가 한성에 도착했다. 당시 원군의 규모는 여러 지역의 병력 21,000, 막료군幕僚軍 22,000, 경리

---

51 『明神宗實錄』萬曆 25년 2월 壬申·乙亥條, 3월 乙巳條.

정유재란기 일본군 침략도

양호의 본진 4,000으로 총 47,000이었다. 양원은 5월 21일에 병력 3,000을 이끌고 한성에서 출발하여 6월 18일 남원에 도착하였다. 그는 교룡산성蛟龍山城에서 일본군을 막자는 조선의 요구를 물리치고, 남원성에서 일본군을 막기로 했다(『선조』 30·8·6).

조·일군의 대격돌은 수군에서 먼저 시작되었다. 7월 14일부터 16일에 걸쳐 벌어진 칠천량해전漆川梁海戰이다. 이 전투는 일본수군의 완벽한 승리로 끝났다(『선조』 30·7·22, 『선수』 30·7월조). 3도수군통제사 원균이 사망하고, 조선수군은 회복 불능 상태에 빠져(남은 조선함선은 13척뿐), 조선 남부지역은 무방비 상태가 되었다. 상황이 이렇게 되고 나서야 조선조정은 7월 22일 이순신을 삼도수군통제사로 다시 임명했다(『선조』 30·7·22). 그리고 일본군의 수륙병진책에 대비하여 경상우병사 김응서를 합천, 도원수 권율을 성주·금산, 도체찰사 이원익을 선산의 금오산성, 구례현감 이원춘李元春을 남원성에 배치했다.

칠천량해전에서 대승을 거둔 일본군은 전군을 좌군·우군·수군으로 편성하여 대대적인 공세로 나왔다. 6만여 우군은 모리 히데모토毛利秀元의 지휘 아래 전주로 향하였다. 서생포에 주둔해 있던 가토 기요마사는 우군의 선봉이 되어 서생포-밀양-초계-거창을 거쳐 서북진하여 전주로 향했는데, 8월 16일 안음현감 곽준郭䞭과 함양군수였던 조종도趙宗道가 지키고 있던 황석산성을 고전 끝에 공략하고 나서 전주로 진군했다. 나베시마 나오시게는 8월 16일 의령에서 삼하三河를 거쳐 성주로 향하는 도중, 고령에서 상주목사 정기룡鄭起龍이 이끄는 조선군과 조우하여 패배했다. 한편 우키타 히데이에가 이끄는 5만여 좌군은 남원으로 향하였다. 고니시 유키나가를 선봉으로 하여 총 5만 6천여 명으로 편성된 좌군은 8월 15일 명 장수 양원이 지키던 남원성을 공략한 뒤 전주로 진격했다.

좌군의 선봉 고니시 유키나가가 전주로 진격하자, 전주를 지키고 있던 명 장수 진우충陳愚衷은 성을 버리고 도망쳤다. 고니시 유키나가는 8월 19일에 전주성에 무혈입성하였고, 이어 가토 기요마사도 8월 25일 전주에 입성했다. 일본군은 전주에서 작전회의를 열고, 모리 히데모토·가토 기요마사·구로다 나가마사 등 우군의 주력은 충청남도 공주로 북진하여 경기도를 공략하고, 좌군에서는 우키타 히데이에·고니시 유키나가군이 경상도로 남하하고, 시마즈 요시히로군은 전라도를 공략하기로 결정했다(전주회의).[52]

한편, 형개는 7월 중순 칠천량해전에서 조선이 패배하자, 여순 수군[舟師] 3천을 조선에 파견하여 한강과 대동강구를 방비하게 함으로써 천진·등주·내주來州로 통하는 해로를 확보하고자 하였고,[53] 조선은 강화도 방비책을 세웠다(『선조』 30·7·22). 그런데, 남원과 전주전투에서

---

52 北島万次, 앞의 책, 202쪽.
53 『明神宗實錄』萬曆 25년 8월 丁丑·戊申條.

명군은 패배하고 한성까지 퇴각하여 한강에서 일본군을 맞아 격퇴하고 자 했다(『선조』 30·8·7, 9). 더욱이, 마귀는 한성을 포기하고 압록강까지 후퇴하려고 했다(『선조』 30·6·10).⁵⁴ 그러나 양호가 마귀의 의견에 반대 하여 부총병 해생解生 등 네 장수를 직산으로 파견했다(『선수』 30·9월조).

일본 우군은 전주를 점령한 후 여산-은진-부여-공주-천안을 거쳐 북상하고, 9월 7일 구로다 나가마사가 이끄는 병사 약 5천이 직산 부근에 이르러 그곳에 주둔해 있던 1만의 명군과 교전하였으나 대패했다(직산전투). 우군은 어쩔 수 없이 천안으로 후퇴한 뒤 경상도로 남하했다. 가토 기요마사는 9월 20일 보은에서 정기룡과 명 참장 팽우 덕彭友德군에게 패하고(보은전투), 함창-상주-칠곡-인동을 거쳐 대구 공산성으로 들어갔고, 본대는 옥천을 거쳐 성주로 후퇴했다. 우키타 히데이에는 전주-익산-부여-임천-한산을 공략했지만, 구로다 나 가마사가 직산전투에 패했다는 소식을 듣고 용인-함열-익산을 거쳐 김제로 후퇴하였는데, 9월 14일 김제에서 전라도조방장 원신元愼과 김언공金彦恭의 공격을 받아 패하자, 태인을 거쳐 정읍으로 후퇴했다. 한편 좌군은 전주에서 임실-남원으로 남하하고, 고니시 유키나가는 구례에서 순천으로 남하하여 왜교에 성을 쌓았다. 시마즈 요시히로는 전주에서 정읍(9월 16일)-강진(10월 11일)에 이르렀고, 강진에서 남원(10 월 23일)을 거쳐 사천(10월 29일)에 주둔하였다. 시마즈 요시히로는 정읍 에서 작전회의를 열어 ① 전라도 각지에 군대 주둔과 그 지역을 지배하 기 위한 축성 공사, ② 고니시 유키나가의 순천 축성, ③ 모리 요시나리의 부산포 주둔과 수비 강화를 결정했다.

전주공략 뒤에 제6대와 제7대에 편성된 일본수군은 전라도를 점령하 기 위해 전라남도 해안길을 따라 서진했다. 이는 남쪽으로부터 전라도

---

54 北島万次, 앞의 책, 203쪽.

공략을 지원하기 위해서였을 것이다. 그리하여 8월 말부터 9월 초순께 일본수군은 회령포에서 전라남도 서단의 어란포於蘭浦까지 전진했다. 한편 이순신은 8월 17일 전라남도 구말, 24일 어란포에 도착하여 9월 7일부터 일본수군을 추격하기 시작했다. 16일에는 13척뿐인 함선을 지휘하여 명량에 진을 쳤다. 일본수군은 도토 다카토라·가토 요시아키·와키자카 야스하루 등이 이끄는 함선 330여 척을 동원했지만, 이순신에게 대패했다(명량해전). 이 해전의 승리로 조선수군은 남해안 제해권을 되찾았을 뿐만 아니라, 전라도 지배를 노리던 시마즈 요시히로군을 해안으로부터 지원한다는 기도를 차단하였고, 이에 10월 시마즈군은 후퇴하여 사천에 주둔하였다. 직산전투·보은전투와 명량해전을 겪고 수세에 몰린 일본군은 후퇴하여 사천(시마즈 요시히로·조소카베 모토치카 등), 순천(고니시 유키나가·우키타 히데이에 등), 김해(나베시마 나오시게 등) 등지에 주둔하게 된다. 10월 8일 가토 기요마사는 대구 공산성-경주를 거쳐 서생포·울산에, 모리 히데모토는 대구-밀양을 거쳐 양산성에, 구로다 나가마사는 동래성에 주둔하였다.

　이러한 일본군의 후퇴는 전투에서 패배해서만은 아니었다. 전선이 길어지면서 의병을 포함한 조·명군의 공격이 예상되었고, 임진왜란 때와 마찬가지 고충을 겪지 않으리라 할 수 없었기 때문일 것이다. 마침 계절까지 겨울로 접어들어 임진왜란 때의 쓰라린 기억이 되살아났겠지만, 그 이상으로 일본군 내부에 염전 분위기가 팽배해 있었던 탓도 클 것이다(일본군에게서 적극성이 보이지 않음).

　일본군이 주로 경상남도 해안지역에 왜성을 쌓고 장기주둔을 계획하고 있을 무렵, 명은 대대적인 공세계획을 세웠다. 형개는 1597년 11월 양호에게 반격계획을 가다듬을 것을 명했다. 명군을 좌·우·중협군으로 편성하여, 좌협군 12,600은 부총병 이여매, 우협군 11,630은 부총병 이방춘李芳春, 중협군 11,690은 부총병 고책高策에게 지휘를 맡기고, 양호

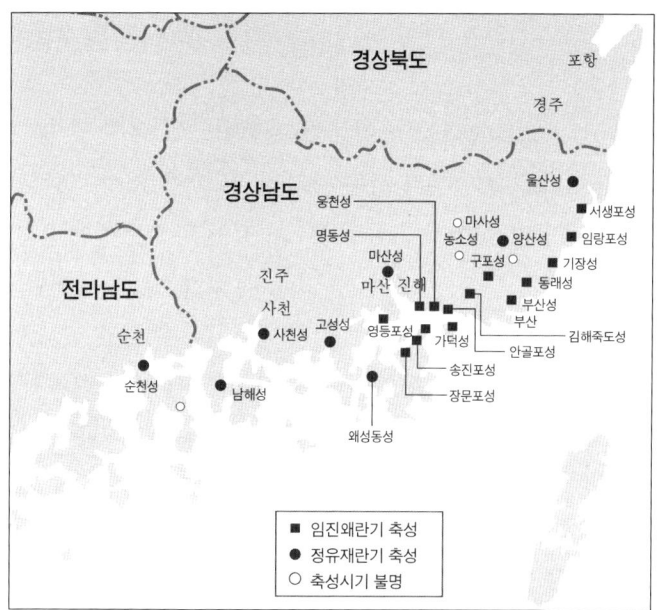

일본왜성의 위치

는 마귀와 함께 좌·우협군을 이끌고 충주-안동-경주를 거쳐 가토 기요마사가 웅크리고 있던 울산성을 공격하고, 중협군은 천안-전주-남원을 거쳐 고니시 유키나가가 지키고 있던 순천성을 공격하여 가토 기요마사에 대한 지원을 끊으려고 했다.55 이 공세에서 충청병사 이시언李時彦이 좌협군, 경상좌병사 성윤문成允文과 경상좌병조방사 권응수權應銖가 중협군, 경상우병사 정기룡·경상우병조방사 고언백高彦伯이 우협군에 협력하도록 했다(『선조』 30·11·10). 나아가, 12월 초순 천진순무天津巡撫 만세덕萬世德이 수병 10,000과 마·보병 6,000을 여순·등주·내주에 배치하고, 유격장 계금季金에게 수군 3,000을 주어 조선에 파견하고, 이순신에게 협력하도록 했다(『선조』 30·11·4).

---

55 『明神宗實錄』 萬曆 25년 12월 丁亥條.

3장 동아시아 속의 임진왜란 163

명군은 12월 초순께 한성에서 출발하여, 12월 21일 조령을 넘어 경주에 이르렀다. 여기서 군을 3대로 나누어 22일 울산으로 진격했다. 고니시 유키나가를 공격할 예정이었던 중협군도 울산공격에 가담했다. 이리하여, 12월 23일부터 다음 해 1월 4일까지 4만여 명군과 1만여 조선군, 도합 5만여 군사가 울산성을 지키고 있던 1만여 가토 기요마사군에 대대적인 공격을 퍼부었다. 이 전투로 쌍방은 다대한 피해를 입고 결말을 내지 못했다. 전투 후 명군은 성주, 남원, 안동 등지에 군사를 나누어 배치했다. 한편, 명군이 울산을 향하여 진격하고 있던 무렵인 12월 18일, 전라병사 이광악李光岳, 구례현감 김응서가 고니시 유키나가를 공격했다. 고니시 유키나가가 가토 기요마사를 구원하는 것을 막기 위한 유격전 성격의 전투였다.

　이후의 전국은 조·명군의 공세와 일본군의 퇴각 교섭으로 이어진다. 가토 기요마사는 1598년 1월 1일과 3일 양호의 제의에 답하여 울산 남산에서 직접 만나 강화회담을 갖자고 제안하였으나, 양호가 거절하였다.[56] 양호와 가토 기요마사의 이 강화교섭은 2월 11일 조선에 전해졌다(『선조』31·2·11). 2월 22일 가토 기요마사는 다시 강화교섭을 요구하면서, 자신의 강화 요구를 고니시 유키나가의 요구와는 구별하였는데, 자신은 여러 해에 걸친 조선 주둔으로 생긴 군병의 피로 때문에 강화를 요구한 것이므로 자신과 강화하면 삼국의 평화를 가져올 것이라는 서신을 양호에게 보냈다. 또, 조선인이 강화차 자신의 진중에 들어오면 신변안전을 보증할 것이며, 명 장수가 이 교섭에 응한다면 명 장수가 지정하는 장소로 자신이 나갈 용의도 있음을 나타냈다. 나아가 포로를 사자로 파견하여 식수난을 흘리면서 자신의 강화 요구가 진심임을 전하였다(『선조』31·2·23). 당시 가토 기요마사가 명 장수와의 강화에

---

[56] 李啓煌, 『文禄·慶長の役と東アジア』, 臨川書店, 1997, 8~10쪽.

애를 썼던 것은 후에 보듯이 당시 강화교섭의 담당자로 가토 기요마사가 지정되어 있었고, 히데요시가 병상에 있어서 일본군의 철퇴가 머지 않았다는 판단에 따른 것이었다고 생각된다. 여기에 강해지는 조·명군의 공세도 다른 이유가 되었다.

고니시 유키나가도 1598년 2월 무렵부터 명의 부총병 오종도·이대간을 대상으로 강화교섭을 시작한다. 교섭에는 나가사키부교長崎奉行 데라사와 마사나리寺澤正成도 관여했다(『선조』 31·2·11). 5월 무렵까지 교섭이 구체화되어 고니시 유키나가와 데라사와 마사나리는 양호에게, 야나가와 시게노부는 조선 예조에 서계를 보낸다. 그 내용은 ① 명 장수가 강화를 요구해 왔고, ② 이 강화에 대해서는 아직 히데요시의 허락이 떨어지지 않았으며, ③ 일본은 명에 조공할 의사가 있으며, ④ 임진왜란·정유재란의 발발책임은 조선에 있다는 것 등이다. 이들이 내세운 강화의 전제조건은 조선이 전쟁 발발책임을 인정하고 일본에 중신을 파견하여 사죄하고, 명으로 가는 조공로를 제공하는 것이었다. 또 명 장수가 퇴각을 요구하면 일본군은 퇴각할 것이며, 조선과 일본의 직접 강화가 불가능하다면, 명의 개입도 인정한다고 하였다(『선조』 31·5·7). 강화교섭을 가장한 사실상의 퇴각교섭이었다. 그런데, 이 시기 고니시 유키나가·가토 기요마사의 강화교섭은 데라사와 마사나리가 관여한 데서도 알 수 있듯이 단순히 조선에 주둔중인 일본 장수들이 자의로 행한 것이라고는 보기 어렵다. 이는 1597년 9월 5일 내려진 4대로의 퇴각명령서에 가토 기요마사가 이미 철군 교섭자로 지정되어 있었다는 점, 뒤에 볼 1598년 3월 히데요시의 철군계획 등을 통해서도 알 수 있다.

한편, 히데요시는 울산성전투 후 1598년 3월께 6만4천여 병사를 조선에 주둔시키고 왜성에 의지하여 조·명군을 방어하게 하고, 나머지 7만여 병사를 일본으로 귀환시키고 1599년에 다시 대규모 침략군을 조선에 보낸다는 계획을 세웠다고 한다.[57] 이때 군 최고지휘자로 이시다 미쓰나리와 후쿠시마 마사노리를 지명했다. 그러나, 이 계획은 히데요시의 사망으로 실행에 옮겨지지 않았다. 한편, 1598년 2월의 가토 기요마사, 고니시 유키나가의 퇴각교섭을 고려하면, 이 시기에 이미 일본군의 전군 퇴각이 정해졌을 가능성이 있다. 그리고 이 일본군의 퇴각은 1599년 조선 재침을 위한 준비라고는 하나, 울산성전투에서 조·명군의 공세를 겨우 막아내기는 했지만 이미 전세가 조·명군 쪽으로 기울어진 참이었다. 결국 히데요시로서는 퇴각을 결심해야 했을 것이고, 1599년 조선 재침계획도 이 같은 패배를 인정할 수 없었기 때문으로 보인다. 특히 데라사와 마사나리의 퇴각교섭 간여는 히데요시의 철병 의도를 반영한 것으로 보인다.

이러한 상황 속에서 1598년 6월 4일 '정응태무주사건丁應泰誣奏事件'이 일어난다. 명의 정응태는 명 조정의 장위張位·심일관沈一貫과 조선에 파견된 명군의 양호·마귀·이여매, 그리고 조선의 국왕과 조정신하들까지 결당하고 있다며 양호와 가토 기요마사 간의 강화교섭을 '사통'이라고 규정하였다. 더욱이 김응서는 군사기밀을 흘리고, 이원익과 권율 등은 일본군과 싸우려 하지 않고, 조선왕자는 가토 기요마사와 내통하며, 유성룡·이원익은 가토 기요마사와 통교하고 있다며 '조·일 음결(결탁)'을 주장했다. 이 사건은 명 조정에서 대일 강화파 조지고趙志皐가 세력을 얻어 주전파 장위와 대립하는 가운데 발생하였다. 정응태 사건은 명의 강화파를 돕고 동시에 조선의 강화반대 움직임을 억제하여, 명·일, 조·일 강화를 실현시키기 위한 것이었다. 따라서 정응태의 무주에는 명이 조선의 외교·군사권을 완전히 통제하려는 의도가 숨어 있었다. 이에 조선은 세 차례에 걸쳐 명으로 진주사陳奏使를 파견하고 '조·일 음결'을 강력하게 부정·변명했다.[58]

---

57 『立花家文書』, 『鍋島家文書』, 『島津家文書』.
58 李啓煌, 「慶長の役の最末期の'丁應泰誣奏事件'と日·明將らの講和交涉」, 『日本史研

이런 상황에서, 가토 기요마사가 7월 5일 오유충에게 강화요구서를 보냈다. 내용을 보면, 일본은 내년에 대군을 동원하여 조선을 공격할 계획이며(히데요시의 재침계획을 반영), 올해는 퇴각해서 병사들을 잠시 쉬게 하겠지만, 만약 내년에 대군을 움직여 조선을 또다시 공격하게 되면 조선·요동 인민은 죽음을 면하지 못할 것이다, 나는 이를 가련하게 여겨 삼국의 평화를 제안한다는 것이었다(『선조』 31·7·14). 여기에는 직접 언급되지 않았지만, 가토 기요마사가 내건 조선과의 강화조건에는 일본에 대한 조선의 조공이 포함되어 있었다(『선조』 31·8·9). 이 강화교섭의 목적이 퇴각이었으므로 조선의 일본입공은 쓰지 않았을 것이다. 선조는 이 같은 명·일 장수 사이의 강화교섭에 대하여 일본 장수들이 명·일 강화교섭을 통하여 조선을 곤궁한 처지로 밀어넣고, 또다시 조선을 침략하려 한다고 생각했다(『선조』 31·8·9).

고니시 유키나가와 가토 기요마사의 강화에 대한 견해에는 차이가 있다. 가토 기요마사는 이전의 강화를 무효라고 본 반면, 고니시 유키나가는 강화가 여전히 유효하며, 명·일 관계 역시 책봉으로 이미 해결되었다고 보았다. 따라서 고니시 유키나가의 강화교섭은 그 중심이 조·일 간의 전쟁 종결과 그 후의 양국관계에 놓여 있었다. 양자에 공통된 점이라면 강화조건에서 조선4도 할양이 빠진 것이다. 그러나 조선의 일본입공 주장은 여전하였다. 따라서 선조는 이 교섭에 경계심을 드러냈고, 양호 역시 상황이 변했다고 보고 조건부 강화에는 응하지 않겠다는 입장을 취했다(『선조』 31·5·2).

한편, 8월 말에서 9월 초 히데요시의 사망 소식이 일본군에 전해졌다.[59] 소식을 들은 가토 기요마사는 명 장수에게 일본은 조·명과 강화하려 하는데, 조선에서 아직 답이 없다고 불만을 드러내면서 강화를

究』 389, 1995 참조.
59 李啓煌, 앞의 글, 1995, 23쪽.

재촉하였다(『선조』 31·9·8). 고니시 유키나가는 유정劉綎과의 강화교섭도 시작하였다. 유정은 고니시 유키나가가 주둔해 있는 순천성을 공격하기 위해 남원으로 진군하던 도중, 고니시 유키나가에게 서장을 보내 강화를 요구했다(『선조』 31·9·4, 7, 26). 이 강화교섭에서도 일본은 전제조건으로 조선의 일본입공을 제시했다.[60] 그들은 20일에 만나기로 약속했지만, 사실 이는 유정이 고니시 유키나가를 생포할 의도로 계획한 것이어서(『선조』 31·9·26) 강화교섭이라 할 수는 없다.

    그런데, 1598년 8월 5일 히데요시의 사망 소문이 조선에 전해지고, 일본에서 내전이 일어났다든가, 남만南蠻이 일본에 쳐들어와 대명 등이 퇴각하려 한다는 등의 소문이 퍼진다(『선조』 31·8·5). 한편 형개는 신종의 명에 따라 한성으로 와서 명군의 지휘를 맡았다(『선조』 31·8·17). 그의 지휘 아래 명군이 8월 18일 남하하였고(『선조』 31·8·18), 조·명군은 가토 기요마사군에 총공세를 펼쳤다. 1598년 9월 동로군 마귀가 지휘하는 29,500(조선군 5,514인 포함)(『선조』 31·10·12)이 가토 기요마사가 지키고 있던 울산성(10,000명)을 열흘간 공격하였다. 그러나 승리하지 못하고 마귀는 일단 군대를 경주로 후퇴시켰다.

    한편, 1598년 10월 1일 중로군 동일원(26,800)은 조선군 2,215인을 포함한 약 3만 병사로 사천성 공략을 시도했다(『선조』 31·10·12). 사천성은 시마즈 요시히로의 군사 7,000이 지키고 있었다. 이 전투에서도 조·명군은 승리하지 못했고, 동일원은 성주로 후퇴했다. 순천성에는 고니시 유키나가가 13,700 병사로 농성하고 있었다. 서로군 유정은 1598년 9월 19일 명군 21,900명과 조선의 권율 휘하 5,928명과 함께 순천성 공략을 시도하였다. 그리고 이 시기 명 수군 19,400을 이끄는 진린, 이순신이 이끄는 수군 7,328도 전투에 참여하였다(동로군). 그러

---

[60] 跡部信, 「史料紹介『宇都宮高麗歸陣軍物語』」, 『倭城の研究』 2, 1998, 170~171쪽.

나 이 전투도 승리하지 못했다.

  1598년 9월 신종의 명을 받고 다시 조선에 온 정응태는 명 조정에 상주하여 '조·일 음결'의 증거를 제시하였다. 소위 정응태의 제2차 무주인데, 조선에게는 최악의 사건이었다. 정응태 일파의 강화구상은 조선의 외교·군사권을 명이 장악하여 조·일 사이에 문제가 생길 여지를 차단하고, 명·일이 강화를 맺어 전쟁을 끝내는 것이었다. 선조는 양위, 정치중단, 진주사 파견 등 할 수 있는 모든 수단을 동원하여 조선의 독립을 지키고, 명·일의 강화교섭을 막으려고 하였다.[61]

  한편, 히데요시 사후에 정권을 잡은 도쿠가와 이에야스德川家康는 1598년 9월 조선에 주둔해 있던 장수들에게 ① 철병 교섭자로 가토 기요마사를 지명하고, 그것이 불가능하다면 누구든 철병 교섭을 성공시킬 것, ② 조선왕자를 인질로 일본에 데려올 것, ③ 그것이 가능하지 않으면 조공물을 많이 받아낼 것, ④ 조선이 강화교섭에 전혀 응하지 않을 경우 부산의 성 몇몇을 점령해 둘 것 등을 지시하였다.[62] 이 소식은 1598년 10월 1일 부산에 있는 일본군 장수 모두에게 전해진다. 이를 접한 시마즈 요시히로는 15일 명 제독 동일원董一元과 철병 교섭을 시작하였는데, 동일원은 조선인 포로를 석방한다면 강화에 응하겠다고 대답했다. 그 뒤에도 시마즈 요시히로와 명 장수 모국기茅國器, 팽우덕彭友德과의 교섭이 이어졌다. 이때의 철병 조건은 주로 포로 송환과 인질 제공이었다.

  유정과 고니시 유키나가 사이에서도 철병 교섭이 시작되었다. 일전을 벌이고 나서, 10월 16일 고니시 유키나가는 사천의 시마즈 요시히로에게 전황의 불리함을 알림과 동시에, 유정에게 사자를 보내 철병 교섭에 응할 것을 요구했다. 철병 조건은 명이 일본 쪽에 인질을 보내는

---

61 이계황, 앞의 글, 1995, 23쪽.
62 『淺野家文書』 91.

것이었는데, 유정이 여기에 응하여 고니시 유키나가에게 인질을 보냈다. 나아가 고니시 유키나가는 명의 수군 장군 진린陳璘에게도 철병 교섭을 요구하여 양해를 얻었다. 이리하여 진린은 11월 13일 병장기 수리를 구실 삼아 진陣을 풀었고, 유정은 11월 14일 일본군을 유인한다는 구실을 붙여 순천과 왜교(성)에서 철수하였다. 교섭에 따른 일본군의 철퇴는 11월 19일 이순신과 진린의 일본군 공격으로 꺾이지만, 노량해전에서 이순신이 전사하여 일본군은 무사히 철병하였다.

한편, 위 전투 후 울산·서생포·양산·김해 등지에 주둔해 있던 일본군은 1598년 11월 15일 즈음부터 철수하여 부산으로 집결했다. 그리하여 가토 기요마사 등은 11월 23일, 모리 요시나리 등은 24일, 고니시 유키나가·시마즈 요시히로 등은 25일 부산을 떠나 일본으로 퇴각했다. 이로써 임진왜란 발발 이래 7년여에 이르는 전투는 막을 내렸다.

맺음말

전쟁 경험이 풍부한 일본군은 파죽지세로 평양까지 진격하지만, 한성을 점령할 무렵부터 벽에 부딪혔다. 너무나도 빨랐던 북상으로 조선 남부지역에서 전투력이 약화되고, 길어진 병참로 때문에 조선 관군과 의병으로부터 위협을 받았다. 특히 조선수군의 연전연승과 의병들의 활동이 일본군의 전라도 침공을 불가능하게 만들었을 뿐만 아니라, 일본과 일본군 사이의 연계까지 위협하였다. 여기에다 명의 원군이 일본군의 움직임을 크게 제약했다.

명은 동아시아 전략=일본의 명 침입을 조선에서 막는다는 '순망치한론', '문정론'에 입각하여 조선에 원군을 보냈다. 명군이 일본군과의 전투에 소극적으로 임하고, 일본군에 승리하지 못할지라도 조선에서 일본군과 대치하면 그만이라는 소극적 태도는 여기에서 나왔다. 사실 임진왜란 시 명군(조·명 연합군)이 수행한 전투라야 두 차례의 평양성전투와 벽제관전투뿐이다. 나아가 조선의 처지는 고려하지도 않고 일찌감치 일본과 강화교섭을 추진하려고 했다. 결국 이러한 명의 내원으로 조선은 명·일과 관련하여 군사권과 외교권을 크게 규제·제약 받아야 했다. 일본 입장에서 명의 조선원군은 패색이 짙어진 전국을 전환시켜, 명을 상대로 강화교섭을 할 수 있는 계기가 되었다.

명·일군의 '강화' 교섭은 그것이 어떤 교섭이건 조선을 둘러싼 명·일 양국의 전략적 성격을 강하게 띠고 있다. 명은 조선에서 일본군이 철수하는 것에만, 일본은 조선의 일본'입공'과 조선4도 할양에만 관심이 있었다. 일본은 강화 논리를 '입명가도'에서 '입공가도'로 바꾸어가면서 조선에 전쟁발발 책임을 지워 조선의 일본입공과 조선4도 할양을 요구했으며, 명에게는 책봉과 감합무역을 요구했다. 이처럼 조선을 빼놓고 이루어진 강화교섭은 조·명·일 삼국의 평화를 이루겠다는 것은 아니었다.

일본의 조선 재침략=정유재란은 직접적으로는 강화교섭의 파탄에 따른 것이었지만, 근본적으로는 임진왜란과 마찬가지로 히데요시 정권의 모순=제 대명을 압도할 수 있는 군사력의 불비, 일본 전국을 지배할 수 있는 국제國制의 미확립, 대명들의 상대적으로 높은 자립성 등으로 인한 '전국 규모의 전국대명영국戰國大名領國' 구조를 해결할 수 없었기 때문이다. 그 때문에 히데요시 정권에게 임진왜란(정유재란을 포함하여)은 전쟁의 승리를 통해 조선에서 영토를 확보하고, 적어도 조선의 일본'입공'을 실현하지 못하면, 오히려 히데요시 정권의 목을 조이는 성격을 띠고 있었다.

4장

정응태무주사건丁應泰誣奏事件과 강화교섭

> 2회에 걸친 정응태의 무주는 조선과 일본의 '음결'을 핑계
> 삼아 명군의 진주로 이미 크게 제한받고 있던 조선의 군사·
> 외교권을 아예 부정하려는 것이었다.

머리말

정응태무주사건은 단순히 울산성전투 보고에 대한 무주誣奏, 조선에 파견된 명 군사지휘관들의 불화로만 발생한 사건이라 단정할 수 없다. 이 사건은 명 조정 내에서 벌어진 일본을 둘러싼 주전파와 강화파 간의 대립을 포함하고 있고, 나아가 직·간접으로 조·명·일 3국의 움직임과도 깊이 관련되어 있다.

명과 일본 장수들 간의 강화교섭은 울산성전투가 끝난 1598년 2월경부터 시작된다. 이 강화교섭이 조·명·일 각국의 군사전략·상황·국가이익과 관련되어 있음은 두말할 나위도 없다. 그리고, 전쟁을 어떻게 처리할 것인가를 둘러싼 조·명·일 3국의 갈등도 당연하게 예상된다. 나아가, 임진왜란 발발책임, 종전 후 동아시아 지역에서의 각국의 자리매김과도 관련되어 있다.

정응태무주사건과 명·일 강화교섭은 동시에 발생·진행되었다. 당연히 이 두 가지 사안은 깊이 연관하면서 전개된다. 따라서, 두 사안은 당시 임진왜란(정유재란을 포함하여)에 대한 명·일의 태도와 입장을 살피기에 더없이 좋은 소재다. 그럼에도 이 사안들에 관한 본격적인 연구는

패전 전·후를 통틀어 거의 없는 상태다.[1]

정응태무주사건과 그에 대한 조선의 대응 과정을 보면, 몇 가지 의문점이 생긴다. 우선, 어째서 울산성전투에 대해 양호가 보고를 올리고 3개월여나 지나 무주사건이 발생하였는가 하는 점이다. 둘째, 어째서 조선은 두 차례에 걸쳐 좌의정 이원익까지 명으로 파견하여 정응태무주사건에 적극 대응했는가 하는 점이다. 셋째, 어째서 정응태는 다시 상주하여(제2차 무주) 주로 조선을 비난하였는가 하는 점이다. 넷째, 어째서 선조는 퇴위-무정사無政事까지 언급하고, 영의정 유성룡까지 파면하려는 공전절후의 강경대책을 취하려 했는가 하는 점 등이다.

본 글에서는 위 사항들에 유의하면서 우선 정응태무주사건의 발생과 그에 대한 조선의 대응, 그리고 정응태무주사건과 명·일 장수들이 벌인 강화교섭 및 그에 대한 조선의 대응 등을 살피고 더불어, 조·명, 조·일 외교교섭에서 정응태무주사건이 가지는 역사 의미를 명확히 하고자 한다.

정응태무주사건의 발생과 강화교섭

| 명·일 장수들의 강화교섭 | 명 조정은 1598년 겨울 정응태丁應泰를 동정찬획주사東征贊畫主事로 임명하여 조선에 파견하였다. 그는

---

[1] 정응태무주사건에 관한 연구는 丸龜金作,「朝鮮宣祖期における明丁應泰誣奏事 件」1·2,『歷史學研究』8-9, 8-10, 1938 ; 허지은,「丁應泰의 조선 무고사건을 통해 본 조·명 관계」,『사학연구』76, 2004 ; 차혜원,「言官 徐觀瀾의 임진전쟁」,『明淸史研究』53, 2020 등이 있으나, 이 글을 집필할 당시(1993년)에는 마루가메 긴사쿠(丸龜金作)의 연구밖에 없었다. 이후 중국학계와 한국학계에서 정응태무주사건에 관한 연구가 꽤 진척되었음을 확인하였으나, 여기에서는 참고하지 않았다. 위 차혜원의 논문은 정응태무주사건을 언관활동의 관점에서 연구하면서, 당시의 정치대립과 공론화 과정을 구조적으로 분석한 글로, 참조를 권한다.

1598년 정월 울산성전투가 끝난 후 경리 양호의 울산성전투에 대한 보고에 불만을 품고, 양호의 보고가 사실에 입각한 것이 아니라고 명 조정에 상주했다. 이 정응태 무주를 살필 때 고려해야 할 점은 당시 명·일 장수들이 진행하고 있던 강화교섭이다.

우선, 당시의 명·일 장수들의 강화교섭을 보자. 정유재란 때의 강화교섭은 1598년 2월 22일 울산성전투에서 명군을 막아낸 가토 기요마사加藤清正의 강화 요구로부터 시작된다.[2] 가토 기요마사는 자신이 요구하는 강화는 고니시 유키나가小西行長의 그것과 달리 "오랜 전투로 인해 군병이 피곤해진" 때문이며, 자신과 강화하면 "3국이 태평해질 것"이라는 내용의 서찰을 경리 양호楊鎬에게 보냈다(『선조』 31·2·23). 그리고 조선인이 강화교섭을 위해 자신의 진중에 들어올 일이 있다면, 신상의 안전을 보장할 것이며, 아울러 명 장수가 강화교섭에 응한다면 그가 지정하는 장소까지 갈 의향이 있다고 하였다(『선조』 31·2·23).

그런데, 이 시기에 조선에는 도요토미 히데요시가 사망하고 일본군이 철수할 것이라는 소문이 나돌았다. 이 소문은 양산군수의 급보, 권응주의 서장, 중국인의 보고 등으로 시작되었다(『선조』 31·2·24, 25). 히데요시의 사망 소문은 나름대로 이유가 있었다. 오래 계속된 전투 때문에 군병이 피곤해져 강화를 요청한다는 말에서 당시 일본군의 어려운 사정과 염전 분위기를 볼 수 있다. 이러한 상황에서 가토 기요마사는 포로를 명군에 사자로 파견하여 일본군의 식수난苦境과 자신의 강화 요구가 진심이라고 전했다(『선조』 31·2·23). 가토 기요마사가 히데요시

---

[2] 그러나 『再造藩邦志』에 따르면, 가토 기요마사는 1598년 정월 초하루 경리 양호의 초유서에 회답하는 서장을 보내고, 2일 울산 남산에서 만나 강화에 관해 의논하자고 했으나 양호가 응하지 않았다고 한다. 가토 기요마사는 정월 3일 다시 양호에게 소식을 띄워 만남을 요구하였으나 이번에도 역시 응하지 않았다. 또 『宣祖實錄』 권97, 선조 31년 3월 丙寅條에는 "清正乞書"라는 문구가 보인다. 이러한 기사들을 보면 가토 기요마사의 강화교섭 요구는 2월 이전에 있었다고 판단된다.

의 사망에 대비하여 철병을 준비했다는 것은 "고려(조선)인 이명 등이 울산에서 도망쳐 나와 말하기를 히데요시가 3월에 발병하였고, 가토 기요마사는 히데요시의 사망을 노려 철병하여 왕이 되려 한다"(『선조』 31·4·15)고 한 정보에서 추측할 수 있다. 염전의 분위기 속에서 히데요시 유병설이 증폭되어 히데요시가 사망했다는 소문이 났고, 실제로 가토 기요마사는 히데요시가 병으로 앓아눕자 철병하기 위해 명 장수에게 강화를 제안한 것으로 보인다. 만약 히데요시의 사망 소문을 일본 쪽에서 흘린 것이라면, 철병교섭에 나서면서 일본 정세를 조선과 명 장수에게 흘려 일본군의 철병이 진심임을 넌지시 드러내 보임으로써, 조선과 명을 강화교섭에 나서게 하려 한 것으로 보아도 무방할 것이다.

한편, 조선은 조선 혹은 명이 가토 기요마사의 강화 요구에 응하지 않는다면 일본이 다시 총공격을 할 것이고, 교섭에 응한다면 부산에 한 부대만 남기고 나머지는 모두 철수한다는 정보도 항왜를 통해 얻었다(『선조』 31·4·9). 이 정보는 후에 보듯이 1598년 3월 히데요시의 철병 명령을 일정하게 반영한 것으로 보인다. 양호를 통해 히데요시의 사망 소문을 들은 이덕형은 이를 선조에게 보고하고 그 진위를 확인해볼 것을 건의했다. 그러나 선조는 이를 헛소문으로 단정하고(『선조』 31·2·24), 일본사자를 붙잡아 명으로 송치할 것을 요구했다(『선조』 31·2·26). 이것으로 보건대 선조는 당시의 강화교섭에 반대하였음을 알 수 있다.

고니시 유키나가도 2월경부터 명 장수 오종도·이대간 등과 강화교섭을 시작하였는데, 이 교섭에는 데라사와 마사나리寺澤正成도 관여하였다(『선조』 31·2·11). 교섭은 5월경까지는 대단히 구체화되었다. 여기에 더하여, 야나가와 시게노부柳川調信도 5월 조선 예조에 강화서를 보냈다(『선조』 31·5·7).

한편, 히데요시는 울산성전투 후인 1598년 3월 6만4천여 병사는 조선 남부에 재진시키고 7만여 병사는 귀환시켜, 1599년에 조선을 다시 침범할 계획을 세웠다고 한다. 그리고 5부교五奉行인 이시다 미쓰나리·마시타 나가모리와 후쿠시마 마사노리(오와리 24만 석)를 조선에 파견하여 일본군의 지휘를 맡기려 했다고 한다.[3] 이 계획이 실제 실행에 옮기려 한 것인지, 아니면 조선에서 일본군을 철수하기 위한 명분이었는지는 불분명하다. 당시의 전국戰局을 고려하면, 일본군의 철병계획은 일본군 철수의 명분으로 보인다. 그리고 1598년 9월 일본군의 완전 철수를 명한 4대로의 명령서에 "최근 기요마사에게 강화교섭을 명했다"는 언급이 보이고, 위 데라사와 마사나리가 강화교섭에 관여하고 있었던 점을 고려하면, 이 시기의 강화교섭=철군교섭은 히데요시의 명에 따른 것으로 보아도 좋을 것이다.

두 강화서(고니시 유키나가·데라사와 마사나리 서계)(『선조』 31·5·2)와 야나가와 시게노부의 서계(『선조』 31·5·7)에서 일본이 주장한 내용을 추려보면 다음과 같다. ① 명 장수로부터 강화 요구가 있었다, ② 히데요시는 이 강화교섭을 승인하지 않았다, ③ 일본은 명에 조공할 의사가 있다, ④ 임진왜란 발발책임은 조선에 있다 등이다.

이 내용에다 명 장수와 일본사자 사이에 오간 대화 등을 덧붙여 일본 주장을 종합해 보면, 전쟁의 발발책임이 조선에 있다는 것을 전제로, 명 측이 강화를 요구하여 일본은 강화에 응하였으나, 아직 히데요시의 승낙은 받지 못했으며, 그러나 조선이 전쟁발발 책임을 인정하여 중신을 일본에 파견하여 사죄하고 명으로 가는 조공로를 일본에 내준다면 조선과 강화할 의향이 있으며, 혹 조·일 직접 강화교섭이 어렵다면 명의 중재를 통해도 괜찮다는 것이다(『선조』 31·6·2, 3).

그런데, 일본 측에서는 강화교섭을 둘러싸고 가토 기요마사와 고니시 유키나가가 대립하고 있었다. 가토 기요마사는 "왕년에 조선이

---

[3] 『島津家文書(2)』, 978.

고니시 유키나가平行長와 강화할 때, 고니시 유키나가가 관백關白(도요토미 히데요시)을 속이기를 '명과 조선이 강화를 요구해 왔다'라고 하였기 때문에, 끝내 일이 이루어지지 않았다"(『선조』 31·2·23)고 하였다. 명 측에서도 "고니시 유키나가가 (오)종도 등의 유첩諭帖과 양 도야楊都爺(양호)가 발송해온 가토 기요마사의 강화를 애걸하는 서장乞哀書을 갖추어 자세히 본다면 반드시 크게 노할 것이다. (고니시 유키나가가 가토 기요마사를) 주륙誅戮하지야 못하겠지만, 반드시 그(가토 기요마사)의 권한을 삭탈한 다음 우리(명 장수)에게 원래대로의 우호友好를 기구祈求할 것이다"(『선조』 31·2·11)라고 하였다. 이 대립의 초점은 임진왜란 때 맺어진 명의 일본책봉과 관련되어 있다. 가토 기요마사의 경우는 조·명·일 강화를 전제로 하였기 때문에 임진왜란 시기의 강화교섭(명의 일본책봉)을 무효라고 보았다. 따라서 그는 자신과 강화하면 3국이 태평할 것이라며 조·일, 명·일 강화교섭을 자신과 다시 해야 한다는 입장이었다. 이에 비해 고니시 유키나가는 임진왜란 때 명과 일본이 맺은 강화는 유효하며 따라서 명·일관계는 이미 해결되었다고 보고, 조선과 일본의 전쟁종결과 이후 조·일 관계를 그 중심에 두었다.

일본의 강화요구에 선조는 일본과의 강화는 조선의 존망, 명군의 성패, 천하의 안위와 관련되어 있다면서 강화교섭을 경계했다(『선조』 31·6·2). 경리 양호도 임진왜란 때와는 상황이 다르다면서 오직 일전一戰만이 있다(『선조』 31·5·2)라고 했다. 즉 조선과 경리 양호는 앞에서 살펴보았던 전쟁발발 책임이 조선에 있음을 전제로 한 조건부 강화교섭에는 응하지 않겠다는 결의를 분명히 했다.

| 제1차 정응태무주와 조선의 대응 | 　　강화교섭이 지지부진하던 1598년 6월 4일, 제1차 정응태무주사건이 발생하였다. 정응태가 명 조정에 보낸 상소의 내용을 보면, 요동지역의 군사·민정·형옥 최고

책임자(순무)이며 조선에 파견된 명군의 최고 지휘관인 경리 양호, 명군 지휘관 총병 마귀와 그의 부장 이여매 등이 결당하여 울산성전투의 패배를 있는 그대로 명 조정에 보고하지 않았고, 명의 천자를 보좌하는 장위 및 3보 심일관과도 밀서로 내통하고 있다는 것이었다. 그리고 양호의 울산성전투에 대한 허위보고와 장위 등과의 밀통은 "결당해서 임금을 속이는"結黨欺君 죄에 해당하며, 울산성전투의 패배는 "나라를 욕보인"辱國 죄에 해당한다고 하면서, 양호는 "죄지은 것이 28사이며, 수치스러운 일이 10사"고, 이여매는 "참해야 할 일이 6이고, 죄는 10"이라고 주장했다. 특히, 정응태는 양호·이여매와 가토 기요마사와 간의 강화교섭을 '사통'으로 규정했다.[4]

정응태의 무주 사실은 1598년 6월 14일 부총병 팽우덕을 통해 경리 접반사 이덕형에게 전해졌다(『선조』31·6·14). 이때 전해진 조선관계 사항을 보면, ① 이원익이 한산閑山을 지키지 못했고 김응서金應瑞는 병사를 많이 잃었는데도, 양호가 국왕에게 말해서 다시 벼슬을 하게 했다, ② 울산島山전투에서 죽은 조선병사가 1천여 명을 넘었으니, 거사를 경솔히 하여 일을 그르쳤다, ③ 대신을 시켜 국왕에게 제본題本을 올려 자신의 공로를 진달하게 했다, ④ 조선의 창부娼婦를 끼고 있다, ⑤ (이덕형이) 잃어버려 기술하지 못한다는 등이다(『선조』31·6·14). ⑤는 문장 그대로는 이해하기 어렵다.[5] 그것을 차마 말하기 어렵다고

---

4 『明神宗實錄』萬曆 26년 6월 丁巳條. 한편 마루가메 긴사쿠(丸龜金作)는 「朝鮮宣祖期における明丁應泰誣奏事件」(1·2)에서 『宣祖實錄』 및 『宣祖修正實錄』은 "어느것도 참할 죄 10건, 수치스러워해야 할 일 10건으로 20죄라고 기록하고 있을 뿐"이라 했으나, 『宣祖實錄』 권101, 선조 31년 6월 병자조에 "참할 일 29조, 수치스러워해야 할 일 10여 조"로 기록하였다. 마루가메 긴사쿠는 위 논문에서 '사통'을 '화통'이라고 썼는데, 이는 잘못 인용한 것이다.

5 마루가메 긴사쿠는 위 논문에서 원문대로 인용하지 않고, ⑤를 양호는 공을 내릴 때 자신 휘하 사람을 후대했다고 했으나, 이는 기타 부분에 해당한다. 따라서 위의 ⑤에는 들어가지 않는다.

보는 편이 좋을 듯하다. 아마도 조선과 일본의 음결을 지칭한 듯하다.

위 정응태상주문과 이덕형이 전달받은 팽우덕의 조선관계 내용을 종합해 보면, 차보 장위·삼보 심일관-경리 양호, 총병 마귀, 부장 이여매-조선국왕과 그 신하들이 결당했다는 것이다. 이에 더하여 양호와 가토 기요마사의 강화교섭은 사실은 사통이고, 차보 장위·삼보 심일관-요동순무 양호, 총병 마귀, 부장 이여매-조선국왕과 그 신하, 양호-기요마사가 결당한 구조가 된다.

그러나 위의 논리구조만으로는 조선과 일본의 '음결'(밀약)은 성립되지 않는다. 이 논리를 보완할 내용을 『조선왕조실록』에서 찾아보자. 1598년 6월 24일 양호와 이덕형의 대화에 이런 이야기가 나온다. 정응태가 김응서는 군사기밀을 흘리고, 이원익·권율 등은 일본군과 싸우려 하지 않았고, 조선 세자는 가토 기요마사와 상통하고 있으며, 영의정 유성룡은 좌의정 이원익을 시켜 가토 기요마사와 왕래 교통했다(『선조』 31·6·20). 그리고 양호가 위 조선 신료들을 비호하여 선조를 움직여 관직에 붙어 있게 했다(『선조』 31·6·20)는 내용도 나온다. 이런 것들이 정응태가 주장한 '조·일 음결'의 증거다.

그리하여 조선국왕과 양호가 음결하고, 조선과 일본이 음결·결당하여 조선과 일본이 명을 공격하려 한다는 의심이 성립한다. 이 의심을 전제로, 정응태는 양호가 조선에게 축성하게 한 것은 후일 조·일이 이 성들을 거점 삼아 명에 대항하게 할 우려가 있다고 했다(『선조』 31·6·23).

한편, 경리 양호와 그의 측근들은 정응태무주 정보를 접하고서는, 명 조정 내부의 주전·강화론의 대립이 정응태무주의 원인이라고 조선에 알렸다. 이 사건으로 양호의 후임으로 다른 사람이 부임하게 될 경우, 조선파견 명군은 머지않은 시기에 감축될 것이라면서, 조선은 빨리 명 신종에게 상주할 것을 권했다(『선조』 31·6·14, 18, 20, 22, 25).

경리 양호 측에서 조선에 흘린 명 조정의 사정을 보자. 정응태무주사건이 막 전해진 1598년 6월 14일, 경리 양호는 이덕형에게 명 조정에는 강화파 조지고와 주전파 장위가 대립하고 있는데, 정응태는 조지고 휘하로 임진왜란 때 강화교섭에 깊이 관여한 심유경과 한패라고 말했다(『선조』 31·6·2). 이러한 상황은 황응양黃應暘을 통해 조선에 더욱 자세히 전해졌다.

이 정보들에 따르면, 강화파는 조선에 원군을 파견하는 일은 명을 근본부터 피폐케 하고, 증가하는 병량의 부담으로 내부까지 소동이 일고 있다, 일본에게 명을 침략할 의사가 없는데도 조선은 일본의 군세를 과다히 (명에) 보고하여 자신의 안전만 도모하려 한다고 주장하였다. 이에 비해 주전파는 일본이 명을 침략할 의도를 갖고 있으며 조선은 명의 방위에 요긴한 속방[要緊屬邦]이니 출병하여 조선을 지켜야 후환을 조금이라도 줄일 수 있다고 주장하였다(『선조』 31·6·18). 경리 양호는 이덕형에게 조지고가 일본 책봉문제로 탄핵을 받아 정치 일선에서 물러나 있지만, 조지고 일파가 조지고를 복귀시키기 위해 장위를 모함하고, 일본 대책으로는 '기미羈縻상책론'을 펴고 있는데, 그 때문에 명 조정이 크게 동요하고 있다고 말했다(『선조』 31·6·26).

양파는 황태자 관혼례를 둘러싸고도 대립하였는데, 여기에 양호가 휘말렸고 이런 상황에서 경리 양호는 제독 마귀와 대립하고 있었다(『선조』 31·6·22). 이뿐만 아니었다. 울산성전투를 둘러싼 이여매와 진인陳寅의 대립은 물론, 양호와 유정劉綎 사이의 대립도 심각하였다.[6] 유정은 조선민중이 양호의 유임을 청원했다는 소식에 격노하며, 양호가 상중임에도 경리로서 조선에 부임한 것이나, 울산성전투에 대해 명 신종에게 허위보고를 올린 것은 죄라고 말하면서 양호 대신 다른 사람이 경리로 부임하는 게 낫다고 했다(『선조』 31·6·2, 『선조』 31·7·5).

---

[6] 丸龜金作, 앞의 논문, 85~87쪽.

이상을 통해 보면, 명 조정에서 조선문제를 둘러싸고 강화파와 주전파의 정치대립이 심각하였고, 정응태무주사건은 이 같은 정치대립을 배경으로 일어났음을 알 수 있다. 조선에 파견된 명 장수들 간의 불화·대립은 이 주전·강화파와 연관하여 일본과의 강화에도 당연히 영향을 미쳤다. 이러한 움직임은 조선의 주전 주장과 결부되면서 '조·일 음결'이라는 구조·의심이 만들어졌다고 볼 수 있다.

그런데, 여기서 확인해 볼 것이 명 조정의 강화 논리다. 위에서 보았듯이, 이 논리의 기본 전제는 명의 조선파병이 명의 근본을 피폐케 하고, 일본에게는 명을 침략할 의도가 없다는 것이다(『선조』 31·6·18). 종전도 명·일 강화를 기본방침으로 하였다. 그러나 강화론자들도 일본이 조선을 점령해도 괜찮다고 한 것은 아니었다. 조선이 일본에 점령되면, 명이 전쟁에서 패배했음을 스스로 인정하는 꼴이 되기 때문이다. 사실 강화론이든 주전론이든 모두 명의 대외방위정책과 관련하여 발생한 것으로, 명의 동쪽지역 방위에 조선이 일익을 담당하게 할 것인지의 여부와 상관없이, 조선이 일본에 점령되어 일본군이 주둔하게 되는 것은 바람직하지 않다고 생각했을 것이다.

조선 측에서 보면, 강화조건이 문제였다. 위에서 보았듯이 고니시 유키나가의 강화조건에는 일본에 조선 왕자와 조선 신하를 파견할 것, 일본에게 명으로의 조공로를 제공할 것 등이 포함되어 있다. 이는 조선에게 전쟁 패배를 인정하게 함과 동시에 전쟁발발 책임이 조선에 있음을 인정하라는 말이 된다.[7] 또 강화조건에서 추측할 수 있듯이 명의 일본책봉, 그에 수반한 일본의 명에 대한 조공이 포함되어 있다. 따라서, 명 강화론자들이 조선에서 일본군을 철병시킬 목적으로 고니시 유키나가를 강화교섭자로 인정하는 한, 그들은 위에서 지적한 강화

---

[7] 임진왜란 때 강화조건으로 일본의 명에 대한 조공을 인정하지 않은 것은 임진왜란 발발 원인을 일본 측에 지우려 했음을 의미한다.

조건을 받아들여야 한다. 그럴 경우 당연히 일본군 철병 후 일본은 조선에게 전쟁발발 책임을 물어 조선에 사자 파견을 요구할 것이고, 조선사자(통신사)를 조공사로 간주할 것이다(일본입조). 이에 더해 일본은 조선에게 명에 조공하러 가는 길을 빌리자고 할 것이다(가도입공). 이는 동아시아 '국제질서'에서 조선이 차지하는 위치와도 관련된다. 조선이 명 조정의 강화론에 극력 반대한 것은 이 때문이다.

상황이 이러하자, 선조는 서둘러 신종에게 올릴 주문과 경략 형개, 어사 진효에게 보낼 서장을 준비하도록 명했다. 이에 비변사는 우선 경략 형개와 어사 진효에게 서장을 보내 정응태의 상주가 무주임을 명 조정에 보고하게 하고, 명 조정의 신료를 통해 신종에게 정응태의 무주를 상신하게 하자고 선조에게 제안했고, 선조는 비변사의 제안을 승낙했다(『선조』 31·6·19). 조선은 1598년 6월 23일, 명 진주사로 최천건崔天健을 지명하고, 7월 1일 제1차 진주사 일행을 서둘러 명에 파견하였다(『선조』 31·6·19, 23). 정응태의 무주 사실이 전해진 지 1개월도 지나지 않은 시기로 매우 신속한 대응인데, 그만큼 조선이 정응태무주사건을 심각하게 받아들였던 것이다.

조선이 명 조정에 상주한 내용은 다음과 같았다. ① 정응태무주에 관한 정보 : 양호의 울산성전투에 관한 보고로 양호와 마귀가 피참被參되었다느니 양호의 논공행상이 불공평하다느니, 양호가 가토 기요마사와 강화하였다느니, 조선에 축성하게 한 일은 잘못이라느니, 일본군 규모가 작은데도 (조선이) 장황하게 (명에) 거짓보고를 하였으니 군량을 감해야 한다고 했다, ② 양호에 대한 변론 : 양호는 직산전투의 승리로 한성을 보전하고, 청산(현재의 옥천군 청산면, 소위 보은전투)에서 적을 궁지로 몰아넣었으며, 울산성전투에서도 일본군에 큰 타격을 주어 조선민중의 큰 신임을 받고 있다, ③ 양호와 가토 기요마사·고니시 유키나가와의 강화교섭에 관한 부인 : 양호는 일본과의 강화교섭에 반대하고 있으며, 일본과 명 장수들의 강화교섭은 목전의 싸움을 패배로 이끌 뿐 아니라 천하가 우려할 만한 사항이다, ④ 축성은 명 초기부터 인정한 것 : 양호의 축성 지시와 군사 주둔은 일본군을 격퇴하기 위한 경리의 직분이다. 그런데도 조선이 훗날 명에 걱정을 끼칠 것이라고 의심하는 것은 명 태조의 뜻과 다르다, ⑤ 일본군의 형세 : 일본이 울산에서 순천 왜교에 이르는 지역에 큰 병영 20곳을 설치하여 성을 쌓고, 해자를 파고, 둔전을 실시하고 있음에도 일본군 규모가 작으니 감량해야 한다고 하니, 그 의도를 모르겠다, ⑥ 일본의 명 침략정보와 그 대책 : 일본이 요좌遼左지역으로 침범할 것이라는 정보가 있고, 이에 대응하여 먼저 여순의 명 수군을 진군시켜 공세를 취해 병참로를 차단한다면 일본군은 위축될 것이고, 이미 일본군 공격계획을 실행에 옮기고 있다, ⑦ 그런 상황 속에서 양호의 피참은 조선의 존망·성패가 걸린 사안이니, ⑧ 일본과의 강화에 반대하는 양호를 유임시켜 줄 것을 청원하였다(『선조』 31·7·1).

위 내용은 경리 양호의 변호·유임에 중점이 두어져 있다. 왜 그랬을까? 명에게 보내는 진주문 중 축성 이하, 특히 "명년 히데요시는 대병을 거느리고 요좌遼左지역을 침범하려"(『선조』 31·7·1) 한다고 한 부분은 이 전쟁을 조선과 일본 간의 전쟁으로만 규정하는 강화론에 대한 반론이다. 그리고 정응태 상주문에서는 언급되지 않은 고니시 유키나가의 강화교섭에 대해서도 언급하고 있다. 정응태 상주문에서는 가토 기요마사와 양호의 강화교섭을 '사통'으로 규정하였는데, 조선의 상주문에는 가토 기요마사·고니시 유키나가의 강화교섭을 병렬해서 서술하고, 이들의 강화교섭은 경계할 사항이며, 생각할 가치도 없다고 하고 있다. 그리고 강화교섭에 대한 의견 역시 양호도 조선과 같아서 강화교섭을 거부했다고 하고 있다. 이상은 '조·일 음결'에 대한 반론이기도 하지만, 동시에 이 전쟁에 대한 강화교섭은 있을 수 없음을 명에게 강력히 주장한 것이라 보인다. 즉 선조가 명에 진문하여 피력하려 한 것은 강화론에 대한 강력한 반론이었다.

이러한 강화 반대론을 전개하며 양호의 유임을 명에 청원한 것은 주전론자인 양호의 파면을 강화파의 정국 장악 시도로 보고, 후임 경리에 강화론자가 임명될 것을 염려했기 때문이다. 선조는 1598년 6월 23일 어전회의에서 양호에 미치지 못한 경리가 부임해 온다면, 적을 멸함에 기약이 없을 것(『선조』 31·6·23)이라며 크게 걱정하였다.

| 제2차 진주사 파견 | 정응태의 상주를 받아본 신종은 정응태무주사건에 관한 제1차 조선 진주사가 명에 도착하기 전인 1598년 6월 1일 울산성전투의 패배와 허위보고 책임을 물어 양호를 파면하고, 일본 방위 최고 책임자인 형개를 조선으로 파견하여 잠시 경리직을 겸임케 하고, 조선파견 명군을 지휘하도록 했다. 그리고 마귀·이여매 등을 철저히 조사하여 처분하고, 또 언관인 과신 한 명과 정응태를 조선에 파견하여 조선 사정을 조사하게 하였다.[8]

조선 조정은 제1차 진주사가 명으로 출발한 다음 날 신종의 조치 소식을 접하였다(『선조』 31·7·3). 홍경신은 신종의 조치에 대해 국가의 존망이 달려 있다면서, 다시 명으로 대신을 파견할 것을 요구하여 선조의 허가를 받았다(『선조』 31·7·3).

한편, 양호의 측근 유격 허국위는 이덕형에게 다른 사람이 경리직을 맡게 되면 일본에 보복할 수 없게 될 것이라 말했다. 그리고 정응태무주사건의 배후에 강화파가 있으므로, 양호가 파면되어 명으로 돌아가면 조선에서 전쟁을 주관할 사람이 없어질 것이라고 하면서도 명에 상주하여 양호를 옹호할 필요는 없다고 했다(『선조』 31·7·3). 이 내용은 오히

---

[8] 『明神宗實錄』 萬曆 26년 6월 丁巳條.

려 빨리 명에 진주사를 파견하여 양호의 파면을 막아야 한다는 것으로 읽힌다. 1598년 7월 16일 이덕형이 양호에게 정응태 상주문을 보여달라고 요구했을 때, 양호는 정응태 상주문뿐 아니라 정응태가 그 일파에게 보낸 비밀서찰까지 보여주었다(『선조』 31·7·6). 양호가 자신의 결백을 증명하는 데 조선에 크게 의지하였음을 간접으로 보여주는 대목이다.

조선이 이렇게 대비책을 마련하고 있던 7월 6일 감찰어사 진효가 조선국왕 앞으로 보낸 서찰이 도착하였다. 이 서찰은 제1차 진주사를 파견하기 전에 조선에서 감찰어사에게 보낸 서찰의 답서였는데, 조선에는 명군의 철수 소문이 나돌고 있지만 일본군을 완전히 몰아내기 전까지는 철군도 감량도 없다는 내용이었다(『선조』 31·7·6). 이 소식을 접한 예조판서 심희수는 진주사로 대신을 파견하는 것은 불필요하다고 건의하였으나, 이미 진주사로 좌의정 이원익의 파견이 결정되었다는 이유를 들어 심희수의 의견을 받아들이지 않았다(『선조』 31·7·15).

제2차 진주사 이원익이 언제 명으로 출발했는지는 정확히 알 수 없으나, 마루가메 긴사쿠는 8월 초순으로 보고 있다.[9] 제2차 진주사의 진주문 내용은 ① 양호의 파직으로 조선 정세가 동요하고 있으며 조선 정세를 좌우할 인물이 없어 강화·감군 소문이 퍼지고 있다, ② 양호가 조선 백성의 신임을 얻은 것은 정유재란 초기에 북진하는 일본군을 토벌하고 울산성전투에서 거의 승리를 거두어 조선에서 경리 임무를 훌륭히 수행하였기 때문이다, ③ 일본의 형세와 허실은 자세한 정보와 경험을 통해 알 수 있으나, 혹 양호에게 죄가 있다 해도 조선에서 전쟁이 끝난 후 공과를 따지기 바란다 등이었다(『선수』 31·8·1).

---

9 丸龜金作, 앞의 논문, 16쪽. 이 같은 주장은 제2차 진주사의 진문이 『宣祖修正實錄』 1598년 8월조에 실려 있는 사실을 근거로 한 것으로 보인다. 한편 李烱錫의 『壬辰戰亂史』(東洋圖書出版株式會社, 1977)는 제2차 진주사의 파견일을 8월 27일로 보았는데, 『明神宗實錄』 萬曆 26년 8월 27일 庚申條의 조선진주사의 明京 도착을 파견일로 착각한 것이다.

그런데, 조선은 양호의 파면 사실을 알았고, 감량·감병을 하지 않는 다는 자문을 받았음에도 불구하고, 왜 굳이 제2차 진주사를 파견하고 진주문을 명 조정에 보냈을까? 단지 양호의 유임을 청원하기 위해서였을까? 양호는 제2차 진주사가 출발하기 전에 이미 파면당하여 귀국길에 오른 상황이었다. 양호가 한성을 떠난 것이 7월 11일, 의주에 도착하여 조선을 완전히 벗어난 것이 8월 12일로(『선조』 31·7·11, 31·8·12. 24), 아주 여유롭고 느릿느릿한 여정이었다. 이 시기 조선에는 전쟁을 지휘할 이도 강화교섭을 주관할 이도 없는 상태였다. 그리고 전쟁은 최종단계로 접어들고 있었다. 정말 조선이 양호의 유임을 원했다면, 양호가 조선을 떠나기 전에 진주사를 파견해야 했다. 그렇다면 조선의 제2차 진주사 파견의 노림수는 다른 데에 있었다고 하겠다.

앞서 본 홍경신의 보고는 한 마디로 "대사大事를 그르치지 않으려면 몇 번이든 대신을 파견하여 명의 신뢰를 회복할 필요가 있다"(『선조』 31·7·3)로 요약할 수 있다. 대사란 '국가의 존망'과 관련된 것으로, 분명 양호의 파면 이유와도 관련 있다. 그렇다면, 대사는 일본과의 전쟁, 그것과 관련된 것을 가리킨다고 보인다. 위에서 본 예조판서 심희수는 진주사로 대신을 파견할 필요가 없는 이유로 진효의 철병·군량 감량이 없다는 자문을 들고 양호의 유임에 중점을 둔 진주사의 파견에 반대하였는데, 이 의견을 물리치고 제2차 진주사를 파견한 것은 파견 목적을 상징적으로 보여준다. 즉 정응태의 무주로 말미암아 명 조정에서 강화파가 적극성을 띠게 되고, 그 때문에 '조·일 음결'에 대한 의심이 확대되어 감군·감량을 하게 되지 않을까 우려한 것이다. 명·일 강화와 명의 감군, 이것들과 관련된 정응태 '무주=조·일 음결'이 조선에게 최대 관심사였던 것이다.

이것을 당시의 강화교섭과 관련시켜 살펴보자. 1598년 7월 5일 가토 기요마사는 명 유격 오유충에게 강화서를 보냈다. 그 내용은 ① 일본은 명년(1599) 대군을 동원하여 조선을 공격할 계획이 있고, 올해는 병사들을 잠시 쉬게 하고 있다, ② 일본이 대군을 동원하여 조선을 다시 공격하게 되면, 조선과 요동 인민이 살해될 것이다, ③ 가토 기요마사가 이를 가련히 여겨 3국 간의 평화를 제안한다(『선조』 31·7·14)는 것이다. 이는 강화 요구라기보다 협박에 더 가깝다. 그러나 이것을 뒤집어보면 서둘러 강화하여 철병하고 싶다는 표현이기도 하다. 이 강화 요구의 상세한 조건은 알 수 없으나, "근일 가토 기요마사가 사람을 보내 화(和)를 요구하나, 그 요구하는 바는 조선이 일본에 세폐(조공)하는 것이다"(『선조』 31·8·9)라고 한 데서 알 수 있듯이, 조선의 일본에의 조공을 포함하고 있었다. 이러한 강화 요구에 대해 선조는 일본 장수들이 명·일 강화교섭을 통해 조선을 최악의 곤란한 입장으로 몰아넣어, 다시 조선에 군사행동을 취하기 위한 것이 아닐까 하는 견해를 견지하고 있었다(『선조』 31·8·9).

이상을 종합하면, 조선이 제2차 진주사를 파견한 목적은 명 조정의 강화파 움직임을 견제하고 아울러 당시 명·일 장수들이 벌이고 있던 강화교섭을 뿌리치기 위한 것이었다고 할 수 있다. 그 때문에 조선은 양호가 이미 파면되었음에도 일본과의 강화에 반대한 양호를 전쟁이 끝날 때까지 유임해주기를 청원했던 것이다. 이것은 또한 조선이 일본과의 강화에 강력히 반대하고 있다는 점을 명 조정에 표명하여 '조·일 음결'은 있을 수 없음을 보여준 것이기도 했다.

제2차 정응태무주사건

이 시기에 다시 도요토미 히데요시의 사망 소문이 조선에 전해졌다. 이 정보가 처음 전해진 것은 1598년 8월

5일이고(『선조』 31·8·5, 『선수』 31·8·1), 그 후에도 계속 사망 소문이 전해진다(『선조』 31·8·20, 23, 27).[10] 이와 더불어 일본에 내전이 발생했다라든가(『선조』 31·8·5), 남만이 일본을 침입해서 대명들이 철군할 것이라는 소문도 나돌았다(『선조』 31·8·27). 또 일본에서 도망쳐온 사람들을 통해서 히데요시 사망 후의 일본 정세가 전해졌다. 예컨대 히데요시는 이미 사망하고 히데요리秀賴가 그의 뒤를 이었으나, 대명들이 탈위지계奪位之計를 심중에 품고 있어서 조선에서 철군하려 한다, 특히 시마즈 요시히로가 히데요리의 권력을 찬탈하기 위해 10월 15일에 군사를 철수하기로 이미 결정되었다 같은 것들이다(『선조』 31·9·15).

실제로 히데요시는 1598년 5월부터 병상에 눕더니 병세가 나날이 악화되었다. 이에 히데요시는 5대로五大老·5부교五奉行를 마련하여 후계자 히데요리 권력의 안태安泰를 도모하였다. 그리고 7월 4일 거성 후시미성에 대명들을 불러모아 도쿠가와 이에야스에게 히데요리의 후견을 맡기고 8월 18일 사망하였다. 히데요시의 사망 소식은 비밀로 하고 있었으나, 이미 일본 민중에게 파다하게 퍼져 있었다. 그리고 후에 보듯이 4대로가 9월 5일 철군명령서를 내렸다.[11] 이에 앞서 8월 25일 5부교도 조선과의 강화교섭 조건을 명시한 명령서를 내렸다.[12] 이 명령서들이 조선에 주둔해 있던 일본 장수들에게 언제 전해졌는지는 정확하지 않지만, 대략 8월 말 9월 초일 것이다.[13] 이러한 일본 정세에 대한 정보는 아마 류큐와 상인들을 통해 명 조정에도 전해졌을 것이다.

---

[10] 도요토미 히데요시가 사망한 날짜는 8월 18일이므로 이때 소문으로 나돈 히데요시 사망설은 히데요시의 유병이 와전된 것이다. 그러나 7월 5일에 이런 소문이 퍼졌다는 것은 당시 사람들이 7월경부터 이미 히데요시가 회생할 수 없다고 느끼고 있었음을 나타낸다.

[11] 『朝野家文書』 91.

[12] 『島津家文書』 2, 1088.

[13] 『征韓偉略』.

이상을 고려하면, 소문으로 나돌던 히데요시의 와병과 사망, 일본군 철수는 비교적 사실에 입각한 것이었다.

한편, 신종의 명으로 형개가 조선파병 명군의 지휘를 맡았다. 그의 지휘에 따라 8월 17일 명군이 남하하기 시작했다(『선조』 31·8·17, 18, 25). 그러나 조·명군의 공세에 일본군의 저항은 완강하여 조·명군은 좀처럼 승리를 거두지 못했다. 그리고 위 5부교와 4대로의 철군명령서를 받은 가토 기요마사는 조선·명과 강화하기 위해 사람을 파견하였으나, 아직 조선에서 소식이 없다면서(『선조』 31·9·28) 명 장수에게 회보하여 강화를 독촉했다.

고니시 유키나가와 명 제독 유정 사이에서도 철병교섭이 시작되었다. 당시 유정은 순천에 있는 고니시 유키나가를 공격하기 위해 남원으로 진군하고 있었는데, 고니시 유키나가에게 서찰을 보내 강화를 요구하였다(『선조』 31·9·4, 7, 26). 9월 7일 남원에 도착한 유정은 고니시 유키나가로부터 강화서를 받았다. 내용은 조선이 히데요시에게 수신하는 증인을 파견하고, 이후 말대末代까지 후계자(히데요리)에게 칙사를 보내 조공한다면 철수하겠다는 것이었다.[14]

그러나 사실 유정은 애초부터 고니시 유키나가와 교섭할 의사가 없었던 것으로 보인다. 이덕형의 보고에 따르면, 유정과 고니시 유키나가가 만나 강화하려 한다고 하지만, 강화를 둘러싼 명 조정의 의견이 통일되지 않았고, 군문 형개 역시 강화와 공격 중 어느 쪽을 택할지 결정하지 못하고 있으며, 제독(유정)의 말(고니시 유키나가의 포획계획)이 좋기는 하나 그 마음이 의심스럽다고 했는데(『선조』 31·9·4), 유정은 강화를 빙자하여 고니시 유키나가를 만나 그를 포획하려 했다고 한다(『선조』 31·9·7). 포획계획은 9월 20일 시행하기로 했으나(『선조』 31·9·26), 정보가

---

14 『宇都宮高麗歸陣物語』.

새나가는 바람에 실패하였다. 위의 과정에서 주목되는 점은 조선이 강화문제를 명 장수들의 권한이 아니라고 판단하였다는 점이다. 그래서, 이덕형은 강화가 아닌, 일본군의 철병이라는 측면에서 위의 교섭에 호의를 가지면서도 의구심을 품고 있었다.

한편, 조선은 일본의 강화교섭 요구를 '우리를 방심시켜 속이려는 계획'怠我之計이라고 보았다(『선조』 31·9·2). 조선의 강력한 대일 주전 태도를 접한 형개는 히데요시의 사망과 관계없이 전쟁에 임해야 할 것이라 말했다. 그러나, 1598년 5월 고니시 유키나가가 조선과의 강화교섭을 위해 파견한 요시라要時羅의 요동 송환을 거절한다는 의사를 표했다(『선조』 31·9·2). 조선이 요시라의 요동 송환을 군문 형개에게 요구한 것은 조선이 명과 일본 장수들 사이에 진행되는 강화교섭에 결사 반대한다는 태도를 나타내기 위해서였다.

조선은 1598년 8월 명 조정이 병과급사중 서관란徐觀瀾을 조선에 파견하여 조사할 예정이니, 정응태의 상주 내용에 대해 다시 변해辯解할 필요가 없다는 제1차 진주사에 대한 명 조정의 공식 답변을 군문 도감에게서 받았다(『선조』 31·8·28). 이 시기 신종의 명을 받은 정응태가 조선에 다시 와, 1598년 9월 4일 모화관에서 선조를 만났다(『선조』 31·9·4).

조선에 도착한 정응태는 자신의 가복家丁을 보내 유격 허국위許國威의 첩을 체포하고(『선조』 31·9·5), 허국위가 소지한 문서들을 압수했다(『선조』 31·9·6). 그리고 가복을 각 군영에 파견하여 '사자인寫子人' 20명을 체포했다(『선조』 31·9·7). 이는 말할 것도 없이 자신의 상주문 증거를 모으기 위한 것이었다. 그러나, 정응태는 선조와 만난 자리에서 명의 철군과 감량, 그리고 명이 일본과 강화하려 한다는 점은 부인했다(『선조』 31·9·6). 선조는 정응태의 진문 중에 철군과 감량에 관한 사항이 있다는 사실을 아무도 알지 못하는데, 어찌 그에 관해 말하는가라며 의문을 표하였고, 우부승지 최관은 정응태의 말을 믿을 수 없다고 했다(『선조』 31·9·6).

1598년 9월 언관 병과급사중 서관란도 정응태 진문의 진위를 조사하기 위해 한성에 들어왔다(『선조』 31·9·12). 선조는 서관란과 만나 일본은 결코 강화를 통해 화근을 종식시킬 리 없다는 의견을 피력하면서, 일본과 전쟁을 지속해야 한다고 주장했다. 서관란은 고니시 유키나가의 강화 구걸을 명이 모두 신용하는데, 어찌하여 그리 말하는가라 하며 선조 말에 의문을 표했다(『선조』 31·9·12, 13, 14). 특히, 조선 최대의 관심사인 철병과 감량에 관해 서관란은 반년치 군량[糧餉]이면 충분할 것이라면서, 조선파견 병력 역시 당시 파견한 수로도 일본군을 충분히 방어·토벌할 수 있으니, 증병[增兵]은 있을 수 없다고 했다(『선조』 31·9·14). 즉, 서관란은 감군·감량을 주장하지는 않았으나, 그렇다고 그것을 부정하지도 않았고, 일본과의 강화에 대해서도 결코 부정적이지 않았다.

　따라서 선조는 서관란을 천하의 시비를 정하기엔 부족한 인물로 평하고, 명 관계 당국에 서장을 보낼 준비를 하라고 비변사에 명했다(『선조』 31·9·13). 이러한 가운데, 제2차 정응태무주에 관한 정보와 더불어 정응태의 진문 내용도 조선에 전해졌다(『선조』 31·9·21, 『선수』 31·9·1).

　그 내용은 다음과 같았다. ① 조선이 왜노(일본)를 끌어들여 병란을 일으켜 함께 명을 침략해서 요하(遼河) 이동을 탈취하여 고구려 구토를 회복하고자 했다, ② 조선과 왜노의 교호(交好)는 사실이다. 일본의 사쓰마와 여러 지역, 그리고 쓰시마 등이 도서를 받고 해마다 왜선을 통해 무역(호시)을 하며, 일본사자에게 부탁하여 류큐와도 통했다, ③ 히데요시를 대단치 않은 추장으로 여겨 불러들여서 구토를 회복하고자 하였으나, (히데요시가) 그러한 허점을 이용하여 일거에 조선을 습격·격파하였으니, 이는 조선이 자초한 것이다. 조선은 명의 정삭(正朔)을 받들고 있으나, 일본 연호를 크게 쓰고 명 연호는 작은 글씨로 적으니, 이는 명보다 일본을 높이 받드는 것이다, ④ 조선이 조(祖)·종(宗)을 참칭하고 있다, ⑤ 조선국왕은 포악하고 주색에 빠져 있고 왜적을 꾀어 명을 침범하게 하여 우롱하였으며, 양호와 결당하여 명을 속이고 양호를 칭송하였다, ⑥ 도독 형개와 감찰어사 진효는 제독 마귀와 사도·장령 등 관원과 함께 아직 조사가 끝나지도 않았는데, 오늘은 계책을 상의해서 소를 올려 속이고, 내일은 계획을 보류하게 하여 '사통'을 따라 감싸주고 있다, ⑦ (위 결당의 책임을 물어) 허국위·팽우덕·이원익 등을 율법에 따라 국문해야 마땅하다(동상).

정응태가 이상의 내용을 언제 상주했는지는 불분명하다. 정응태의 제2차 무주의 직접적 계기가 된 것은 분명 이원익을 명에 파견한 일일 것이다(『선조』 31·9·24). 그렇다면, 정응태의 제2차 무주의 목적은 무엇일까? 우선 정응태의 제2차 상주문을 분석해 보자. 상주 내용에서 ② 이하는 ① '조·일 음결'을 통한 구토 회복을 전제로 전개하고 있다. 즉 ②와 ③, 그리고 ④는 제1차 진주에서 말한 조·일 음결의 구체적인 증거를 제시한 것이고, ⑤와 ⑥은 조선과 명 장수들의 결당에 해당한다. ⑦은 위의 결당한 사람들에 대한 조사·조치를 건의한 것이다. 이에 축성 문제를 고려하면, 양호의 축성은 '다른 날의 걱정거리'異日之患가 되며, 양호와 가토 기요마사의 강화교섭은 '사통'이 된다.

이 내용을 제1차 정응태 상주문과 함께 종합해서 보면, ① 임진왜란은 '조·일이 음결'하여 고구려 구토를 회복하기 위해 일어난 것으로, 그 원인은 명이 조선에게 대일 외교권을 인정한 데서 기인한다. 따라서 명은 조선의 대일 외교권을 인정하면 안 된다, ② 양호가 가토 기요마사 등과 '사통'하게 된 것은 조선과 양호가 결탁한 때문으로, 이는 명 조정이 명·일 강화 교섭자를 명확히 하지 않아서다. 따라서 대일 강화 교섭은 명 조정이 인정한 사람이 맡아야 한다, ③ 양호가 조선에서 축성하는 것은 명에게 '다른 날의 걱정거리'가 될 것이니, 조선의 군사권을 명의 지배 아래 두어야 한다, ④ 이 사건에 관련된 사람들은 처벌받아 마땅하다 등이다. 결국 조선의 군사·외교권을 명의 통제 아래 두어야 한다는 내용이다.

　이렇게 보면, 정응태가 2회에 걸쳐 조선을 무주한 목적은 조선의 군사권과 외교권을 영구히 명 직할하에 두려는 데 있었던 것 같다. 사실 조선의 군사·외교권은 명군이 조선에 진주한 이래 크게 제한받고 있었는데, '조·일 음결'을 이유로 들어 임진왜란 발발 원인을 조선에게 뒤집어씌워 아예 조선의 군사·외교권을 부정하려 한 것은 차원이 다른 이야기다. 이것을 당시 명·일 강화교섭과 관련하여 보면, 정응태 일파의 강화구상은 조선의 군사·외교권을 명이 장악하여 일본과 조선 사이에 발생할 수 있는 모든 문제를 차단하고, 명·일 강화를 통해 전쟁을 끝내려 했다고 생각된다. 이를 조선 측에서 보면, 1598년 8~9월경 그동안 명이 인정해온 조선의 군사·외교권이 근본에서 부정당할 위기에 빠진 것이니, 그야말로 '국가 존망'의 위기에 놓인 셈이다. 따라서, 정응태 무주사건의 결과 여하에 따라서는 모처럼 잡은 승리의 기회도 날릴 판이고, 종전 후의 대일전략에서도 큰 부담을 안게 될 상황이었다.

조선의 대응

　　　　　　　　　　이 같은 상황 속에서, 선조는 최후의 방책을 썼다. 선조는 1598년 9월 21일 정응태 상주 소식이 전해진 당일 "지금 천자의 성지가 내리지 않아 죄('조·일 음결'의 죄)를 기다리는 중인데, 어찌 감히 번왕藩王으로 자처하여 뻔뻔스럽게 평소와 다름없이 지내겠는가, … 지금부터 일체의 기무機務는 세자가 처결하도록 하라. 명 장수도 앞으로 무슨 면목으로 접대하겠는가, 역시 세자에게 대행하도록 대신에게 말하라 …"(『선조』 31·9·21)라고 하면서 양위 의사를 표명했다. 선조가 양위 의사를 표명한 것은 두 가지 목적을 관철하기 위해서였다.

첫째는 제3차 진주사의 파견, 둘째는 '조·일 음결'에 대한 해명을 통해 명 신종의 신뢰를 얻기 위해서였을 것이다. 이는 당연히 일본과의 전쟁·강화와 관련되어 있다.

선조의 선양 의사 표명에 조선 조정은 망연자실했다. 우선 영의정 유성룡이 백관을 이끌고 퇴위 의사를 철회해 달라고 상신했다. 그러한 가운데, 비변사는 정응태 무주에 대한 방책으로서 서둘러 급사아문(서관란) 및 군문어사(진효)에게 사람을 보내 정응태 무주에 관한 조선의 입장을 강력히 변호·해명하고, 명 조정에 진주사를 파견하는 안을 제안했다(『선조』 31·9·22). 이에 선조는 진주사는 대신大臣이 맡게 해야 하고, 그 적임자로 이덕형을 지목했다(『선조』 31·9·23).[15] 선조는 불친정 중에도 진주문에 대해 여러 가지를 지시했다(『선조』 31·9·23, 24, 26).

선조가 명 장수들을 접견하지는 않았지만, 양위 의사 표명 소식은 조선 신하들을 통해 명 장수들에게 전해졌고, 소식을 접한 급사중 서관란 등도 크게 동요했다. 영의정 유성룡 등 백관이 서관란에게 정응태 상주는 무고라고 하자, 서관란은 정응태의 언동은 신종의 지지를 받지 못할 것이라고 하면서, 조선에는 형개, 진효, 그리고 자신도 있으니, 조선국왕은 정응태의 무주에 동요하지 말고 안심하고 국사에 최선을 다하라고 했다(『선조』 31·9·24). 또 서관란은 조선 조정에 보낸 서장에서 자신은 선조의 오명을 씻도록 명 조정에 극력 주장할 예정이라고 했다(『선조』 31·9·25). 형개 역시 사람을 보내 서관란도 정응태 무주에 대해 상주할 예정이며, 울산 방면(가토 기요마사), 사천 방면(고니시 유키나가), 거제 방면(시마즈 요시히로)의 3로 군사가 진군하는 시기를 맞아 군무가 급하니, 정응태 한 사람의 무주에 구애받지 말고 정무에 정진하라고 했다(『선조』 31·9·28). 1598년 9월 28일 형개·서관란·진효

---

[15] 마루가메 긴사쿠(丸龜金作)는 앞의 논문에서 선조가 처음부터 영의정 유성룡을 진주사로 지정한 것처럼 이해하였으나, 이는 착오다.

등이 다시 사람을 보내 위와 같은 의견을 조선에 전했다(동상). 이 소식을 접한 선조는 양위 의사를 철회하고, 그날 서관란은 정응태 무주에 대한 조선의 의견에 호의를 표했다(『선조』 31·9·28). 이렇게 보면, 선조는 양위를 언급하여 충분한 정치·외교 효과를 얻었다고 하겠다.

조선 조정은 서관란에게 보낸 회답서신에서 명 장수들과 고니시 유키나가 사이의 강화교섭 움직임에 우려를 표하고, 명 장수들이 고니시 유키나가와의 강화에 호의적이어서 일본군에 대한 공격을 늦추게 된다면, 대사를 그르칠 것이라고 주장했다. 선조는 서관란에게 정응태 상주는 무주임을 신종에게 상주할 것, 명 장수들에게 빠른 시일 내에 일본군 공격에 최선을 다하여 전쟁을 매듭짓도록 격려할 것을 요구했다(『선조』 31·9·28).

이상을 통해 알 수 있듯이, 선조가 양위 의사까지 표명하면서 해결하려 한 것은 명의 '조·일 음결'에 대한 의심을 풀고, 당시 명 장수와 일본 장수들 사이에 벌어지는 강화교섭에 쐐기를 박으려 한 것이었음을 알 수 있다.

다음으로 제3차 진주문 분석을 통해 선조의 노림수를 보자. 조선의 진주문은 ① 조선과 일본의 외교 문제, ② 일본 연호 사용 문제, ③ 조祖·종宗 사용 문제, ④ 구토 회복에 대한 반박, ⑤ '조·일 음결' 문제와 조선의 당면 문제, ⑥ 정응태 무주로 말미암은 영향 등으로 구성되어 있다(『선조』 31·10·21, 『선수』 31·9·1). 이를 구체적으로 살펴보자.

먼저 ①은 조선의 대일 외교와 관련된 것으로, 조선은 일본을 짐승[禽獸], 살모사[蛇虺]처럼 간주하고, 조선의 대일 외교는 '기미지계羈縻之計'라고 하면서, "명이 여진[猚子]에게 관시關市를 열어 무역을 허가한 것과 같다"(『선조』 31·9·23)고 했다. ② 조선은 대대로 중국의 정삭과 연호를 사용해 왔으며, 『해동제국기海東諸國記』에 일본 연호를 크게 쓰고 중국 연호를 작은 글씨로 나누어 쓴 것은 일본이 쓴 연호에 중국 연호로 주석을 붙인 것이다. ③ 선왕 묘호에 조·종을 붙이는 것은 신라시대부터 이어져 온 전통이다. ④ 조선과 명의 경계문제는 이미 가정嘉靖 연간(1522~1566)에 정해졌고, 농민들이 농사를 짓지 못하도록 경계지역을 황무지로 만들고, 비석도 세웠다. 이는 고구려 구토를 회복하려는 의도가 조선 초기부터 없었음을 표명한 것이다. ⑤ 조선과 일본이 음결했다는 것은 1591년 히데요시의 정명가도 요구를 조선이 거절하고, 그 전말을 명에 보고하였으니 변명할 필요도 없으며, 그래서 명도 조선에 군사를 파견하지 않았는가? 정응태가 조선을 다시 무주한 것은 조선이 명에 경리 양호의 귀국을 보류해달라는 주문을 올려 청하는 과정에서 의견이 맞지 않아 빚어진 일이다. 양호의 귀국 보류를 요청한 것은 양호가 일본군 토벌에 힘썼고, 조선도 그에 의지하여 일본군을 퇴치하였는데, 양호가 하루아침에 모함을 받아 일을 그르치게 되지 않을까 염려하였기 때문이라고 했다. 이는 정응태 상주를 의견 조율 과정에서 생긴 문제로 축소시킨 것으로, 조선의 일본군 퇴치 의도와 결의를 명확히 하여, 선조와 양호의 결당을 부정하려는 의도를 나타내고 있다. ⑥ 정응태의 무주로 일전一戰을 주장하는 명 장수들이 탄핵을 받고, 그로 말미암아 장병들 사기가 떨어졌다. 이로 인해 조선의 멸망은 말할 것도 없고, 천하의 대사까지 망치게 될까 염려된다고 했다. 이는 이 전쟁이 조선과 일본만의 전쟁이 아니라 명과 일본과의 전쟁이기도 하다는 것이며, 선조가 명의 강화·철병론 득세를 매우 경계하고 있음을 보여준다. 이는 이원익이 귀국한 직후 만난 자리에서 선조가 정응태 무주 때문에 아마 명 조정에서 철병 논의가 있었을 것이라고 언급한 대목에서도 엿볼 수 있다(『선조』 32·1·10).

이상에서 알 수 있듯이, 선조가 양위까지 결심하면서 해결하려 한 것은 조선이 명을 사대하여 섬기기는 하나, 묘호에 조·종을 쓰고, 일본과 자주외교를 전개하며, 나아가 자주적 군사권을 유지해온 나라임을 명에 인식시키고, 일본과 명 장수들의 강화교섭에 쐐기를 박는 것이었음을 알 수 있다.

　그런데, 진주사의 인선을 둘러싸고 문제가 생겼다. 위에서 보았듯이, 선조는 진주사로서 이덕형을 지명하였는데, 유정은 접반사를 맡고 있는 이덕형이 진주사로 나가는 것을 불쾌하게 여겼다(『선조』 31·9·23). 이에 선조는 이덕형 대신 영의정 유성룡을 지명했으나(『선수』 31·9월조), 유성룡도 현임의 다른 대신들이 모두 자리를 비워 혼자 조정을 지키고 있다는 이유로 윤두수, 이항복, 이호민 등을 추천했다(『선조』 31·9·25). 그런데 당시 이항복은 병조판서, 이호민은 감군 접반사였기 때문에, 진주사로 임명하기 어려웠다. 이러한 상황에서도 선조는 대신을 진주사로 파견하겠다는 의견을 견지하여 유성룡을 지명한 것인데, 유성룡이 자신 대신 이덕형을 추천한 것이다(『선조』 31·9·25). 하지만 선조는 이덕형이 아닌 유성룡을 진주사로 보내려는 마음이 강했다(『선수』 31·9월조).

　이에 지평 이이첨李爾瞻이 유성룡을 간접 비판하면서 서둘러 진주사를 파견할 것을 요구했다(『선조』 31·9·24). 이를 계기로 유성룡에 대한 탄핵이 시작되어 결국 유성룡은 실각하였다(유성룡이 실각한 것은 11월 19일). 그리하여 1598년 10월 8일 영의정에 이원익, 좌의정에 이덕형, 우의정에 이항복을 임명하고, 이항복을 진주사로 내정하였다(『선조』 31·10·8). 이항복은 두 차례에 걸쳐 우의정 자리를 고사하면서 다른 대신을 진주사로 임명할 것을 상신하였으나, 모두 기각되었다(『선조』 31·10·10, 12). 그 후 진주사 일행의 인선작업이 마무리되어, 10월 21일 위 내용을 담은 진주문을 지참한 진주사가 명으로 출발했다(『선조』 31·10·21).

　진주사의 임명 과정을 보면, 조선 대신들이 진주사 임명을 대단히 기피하였음을 알 수 있다. 그도 그럴 것이 진주사는 명 조정의 대반을 장악하고 있던 강화파를 설득해야 하고, 만약 설득에 실패하면 조선은

'조·일 음결', 양호와의 결탁, 전쟁 발발책임 등을 떠안게 되고 진주사는 그 책임을 물어 처벌받게 될 것이다. 선조도 진주사의 이 같은 막중한 임무를 고려하여 진주사로 대신을 파견할 것을 강력히 주장했던 것이다.

여기서 주목할 것은 어째서 제2차 정응태무주사건이 일어나고 나서 1개월 이상이나 지난 시점에서 진주사를 파견하였는가 하는 점이다. 이것을 살펴보려 할 때 염두에 두어야 할 것이 진문 작성 후 조선 조정의 움직임이다. 진주문이 거의 완성된 것이 10월 2일이다(『선조』 31·10·2). 이날 조선은 서관란과 진효 등에게 진주문의 내용을 알리고(동상), 10월 6일 서관란과 진효로부터 진문 내용에 이의가 없다는 답변을 받았다(『선조』 31·10·5). 조선에서 이런 과정을 거친 것은 명 장수들을 포함하여 급사중 서관란, 어사 진효 등에게 조선의 입장을 충분히 이해시켜 정응태에게 동조하지 못하게 하고, 그들이 진문을 통해 문제를 일으킬 소지를 미리 차단하기 위해서였다고 보인다.

그리하여, 선조는 10월 7일 다른 의정議政을 차출하여 신속히 출발할 것을 명했다(『선조』 31·10·7). 10월 8일 이루어진 조각은 이항복을 진주사로 파견하기 위한 것이었다고 보아도 될 것이다. 이러한 점을 고려하면, 명으로의 진주사 파견이 늦어진 것은 결코 조선 내부에 분열이 있어서만은 아니었다는 것을 알 수 있다.[16]

제3차 진주사는 일본군이 조선에서 완전히 퇴각한 후인 1599년 정월 23일 명에 도착하여 약 3개월을 체류하고, 3월 18일 귀도歸途에 올라 윤4월 1일 귀국하여 윤4월 13일 복명하였다(『선조』 32·윤4·13, 『선수』 32·윤4·1). 진주사는 정응태의 상소가 무주임을 최선을 다해 해명했으나, 선조의 또 하나의 요구였던 명 신종의 칙서를 받아내지는 못했다. 대신 명 병부가 신종에게 올린 주본을 받아 돌아왔다(『선조』 32·2·19, 『선수』

---

[16] 마루가메 긴사쿠는 앞의 논문에서 진주사의 파견이 늦어진 것은 조선조정에 분열이 일어났기 때문이라고 했다.

32·윤4·1).

　주본의 내용은 다음과 같았다. ① 선조가 제3차 진주사를 보내 '조·일 음결'에 관한 원통함을 씻어주길 간절히 바란다는 안건에 관해, 신종의 명에 따라 9경·과도관이 1598년 2월 5일 상의하여 초본을 제출하게 하였다, ② 조선과 일본의 음결은 무고다, ③ 정응태의 조선 무고는 서관란의 보고를 통해서도 명확하다 등이다.

　이는 조선의 주장을 대체로 인정한 것이나, 조선과 일본에 관한 기본방침을 명기한 것은 아니었다. 당시 명은 히데요시 사망으로 전쟁이 막바지로 치닫는 시점에서 강화파의 입지가 좁아진 상황이었고, 더욱이 제3차 진주사가 명에 도착한 것은 일본군이 조선에서 완전히 퇴각한 후인 1599년 정월이어서, 일본과의 강화 논의가 필요 없어진 상황이었다. 따라서, 명 조정은 조선을 강하게 압박할 필요가 없다고 판단했을 것이다. 조선은 진주사 파견을 통해 '조·일 음결'에 대한 의구심을 일단 덜어냈으나, 명은 조선이 전단으로 대일외교를 행할 수 있음을 명확히 하지는 않았다. 이 같은 조치는 당면한 조·명 관계를 미봉하여 양국 사이의 갈등을 제거하려 한 것으로, 조선의 대일본 군사 및 외교 관계에 명이 영향력을 강화할 여지를 여전히 남겨두었다고 할 수 있다.

　이제 조선의 당면 과제는 이 상황을 어떻게 해결할 것인가였는데, 이는 전쟁 종결 후 어떻게 갈등 없이 명군을 철수시키고, 어떻게 자주적으로 조·일 강화 및 화호를 맺을 것인가에 달려 있었다. 이 두 가지 사안의 해결은 조선의 당면과제이자 군사권과 외교권을 회복하는 지레였다고 할 수 있다.

맺음말

                          이상에서 보았듯이, 정응태무주사건은 주로 명 조정의 주전파와 강화파 간의 정치적 대립을 배경으로 하고 있고, 명·일 장수들의 강화교섭이 지지부진해진 시점에서 발생했다. 강화파에 속한 정응태는 경리 양호와 조선의 주전 태도에 불만을 품고, 명 조정에 허위보고와 울산성전투의 패배 책임을 묻는 상주문을 올렸다. 그의 제1차 무주는 주로 양호의 추방을 목적으로 한 것이었으나, '조·일 음결' 내용도 포함하고 있었다. 이것은 전쟁발발 책임이 조선에 있다는 의미가 담겨 있다. 그리고 당시 명·일 장수들이 추진하던 강화교섭의 조건에서도 일본 장수들은 일본에 대한 조선의 사죄(=조선의 일본 입공)를 포함시켰다. 정응태의 무주로 명 조정이 강화파에게 장악당할 것을 염려한 조선은 진주사를 파견하여 명 조정 내의 강화 움직임을 견제하려 했다.

  정응태의 상주를 받은 명 신종은 경리 양호를 파면하고 조선 상황을 조사하라고 명했다. 이는 명 조정과 신종이 '조·일 음결'을 제외하더라도 강화 쪽으로 기울어져 있었음을 나타낸다. 실제로 정응태 상주 후 명 조정에서는 감군·감량의 움직임이 대두하였고, 명·일 장수들 간에 강화교섭도 진행되고 있었다. 이러한 정보를 접한 조선은 제1차 진주사로 최천건, 제2차 진주사로 좌의정 이원익을 명에 파견하여 '조·일 음결'에 대한 의심을 해명함과 동시에 일본과의 강화교섭과 명 조정의 감군·감량 움직임을 견제하려 하였고, 양호의 유임을 청원하였다.

  명 신종은 이 상반된 정응태와 조선의 상주 내용을 처리하기 위해 정응태와 서관란을 조선에 파견하여 조선 사정을 조사하게 했다. 이에 조선이 제2차 진주사를 파견하려 하자, 정응태는 주로 '조·일 음결'의 근거들을 모아 작성한 제2차 상주문을 명 신종에게 올렸다. 이 소식을 접한 선조는 양위 의사를 표하고 정사를 멈추었다. 일이 여기에 이르자, 정응태에 동조하던 명 장수들 및 명의 관리들은 정응태 상주가 무주임을 인정하였다. 이에 선조는 양위 의사를 철회하고, 제3차 진주사로 이항복을 파견하여 다시 '조·일 음결'에 대한 의심을 적극 해명하고 아울러 강화 반대 의지를 명에 호소했다. 이 과정에서 진주사로 가길 주저한 유성룡은 파직되었다. 선조가 유성룡을 파직하면서까지 제3차 진주사를 파견하려 한 것은 '조·일 음결'에 대한 의심이 조선 초기 이래의 자주적 군사권과 외교권을 근본에서 제약할 수 있다고 판단했기 때문이다. 그리고 현실에서 벌어지고 있던 명·일 사이의 철병·강화 교섭을 막기 위해서였다. 이것은 '조·일 음결'을 부정함과 동시에 전쟁 발발 책임을 덜어내기 위해서였고, 일본군을 격퇴하여 최종 승리를 얻기 위한 것이었다.

두 차례에 걸친 정응태무주사건이 명 조정에서 주화파·강화파가 대립하고 명·일 강화교섭이 진행되는 가운데 발생했다는 것, 그리고 사건의 최종 결과도 미봉으로 마무리되었다는 것은 명 조정의 정치대립 혹은 정세변화 여하에 따라 '조·일 음결'에 대한 의구심이 재발할 가능성을 내포하고 있었음을 시사한다. 그리고 이 사건의 여파가 대단히 컸다는 점에도 주목해야 하는데, 실제로 이 사건은 후에 조·명, 조·일 외교를 크게 규제하게 된다. 조선이 독자적으로 일본과 강화·화호 교섭을 전개할 경우, 다시 명에게 '조·일 음결'에 대한 의심을 살 가능성이 농후했다. 조선이 일본과의 단교를 결정할 경우, 일본의 조선 침략을 막기 위해 실상 그 피해가 일본군 침략으로 인한 것보다 더 크다는 명군의 조선 주둔이 필요하게 된다. 이러한 문제들을 해결하기 위해 조선은 지극히 험난한 길을 걷게 된다.

5장

명군 유철留撤을 둘러싼 조·명 교섭

> 당시 조선은 일본의 재침략 대비, 전쟁으로 인한 국내의 불안한
> 정국의 극복 같은 현실문제와 정응태무주사건의 그림자에 쫓겨
> 명군 유병에 대한 운신의 폭이 대단히 좁았다.

머리말

명과 조선이 조선에 주둔하는 명군의 유철留撤(유병과 철병)을 논의하기 시작한 것은 일본군이 조선에서 퇴각하기 직전부터다. 명군의 유철 문제는 조선 원군과 논리상 맥락을 함께하고 있어서, 임진왜란 후 명의 동아시아 군사전략과도 당연히 밀접하게 관련되어 있다. 즉 일본군 퇴각 후의 명군 유철 논의는 조선을 포함한 명의 일본에 대한 군사전략과 국내 사정, 조선의 군비 상황과 조선의 대명·일 태도, 조선·명의 일본 인식 등등에 좌우될 것이었다.

당시 조선은 일본의 재침략 대비, 전쟁으로 인한 국내의 불안한 정국의 극복 같은 현실문제에 쫓겨 명군 유병에 대한 운신의 폭이 대단히 좁았다. 게다가 '정응태무주사건'이 조선과 명의 군사·외교 관계에 영향을 미치고 있어서,[1] 조·명 유철교섭을 근저에서 규제하고 있었다. 한편, 명은 7년여의 조선 원군으로 말미암아 재정이 허약해지고, 각지에서 일어난 반란에 시달리고 있어서 일본에 대해 강경책을

---

1 李啓煌, 「慶長の役の最末期における'丁應泰誣奏事件'と日·明將らの講和交涉」, 『日本史研究』 389, 1995 참조.

구사할 수 없었다.² 당시 일본도 조·명군에 의한 일본침략을 경계하고 있었고, 도요토미 히데요시豊臣秀吉의 사망으로 정국은 혼란의 도가니 속에 있었다.

　이러한 상황에서 전개된 명군 유철 논의는 임진왜란 후 조선·명·일본의 전후처리 과정과 이들 삼국간의 외교관계를 살펴보는 데 대단히 중요한 연구과제인데, 이를 연구하기 위해서는 조선·명·일본 3국의 사정과 그에 따른 움직임을 면밀히 검토해야 한다. 이 연구과제를 명확히 하지 않으면, 3국 간의 외교교섭 연구는 그 역사 의의를 명확히 할 수 없다. 그럼에도 이 문제에 관한 연구는 아직 빈약하기 이를 데 없다.³

　5장에서는 이 같은 연구 실정을 고려하여 조선과 명 사이에 벌어진 유철 교섭 과정을 가능한 한 명확히 하고, 동시에 유철에 관한 조선과 명의 입장 및 태도, 그리고 그 역사적 의미 등을 살펴보고자 한다. 이는 조선과 일본의 강화·화호·통호의 전제 및 과정, 그리고 그 교섭의 역사 의의를 명확히 하는 데 크게 도움이 될 것이다.

2　이와 관련하여 조선파견 명 장수들이 제기한 '쓰시마 정벌론'이 명 조정에서 검토되지 않은 점은 대단히 시사적이다. '쓰시마 정벌론'에 대해서는 李啓煌, 「慶長の役後の國際關係-講和交渉における日本·朝鮮·明の動向-」, 『史林』76-6, 1993 참조.

3　柳承宙, 「倭亂後의 明軍의 留兵論과 撤兵論」, 『千寬宇先生還曆紀念韓國史學論叢』, 정음문화사, 1985. 이 논문은 『선조실록』만 사용한 탓인지 조선·명 측의 유철 논리와 태도 등에 추측을 포함시키고 있다. 그럼에도 위의 논문은 명군 유철에 대한 조선의 논의 과정을 실증적으로 다룬 최초의 연구로, 연구사상 중요한 의미를 갖는다.

제1차 철병-명의 '3만 유병안'과 조선의 '1만5천 유병안'

　　　　　　　　　　명은 일본군의 퇴각 전후 시기에 조선에 어떠한 조치를 취하려 했던 것일까? 정유재란 말기인 1598년 11월, 호과급사중戶科給事中 학경郝敬은 조선 군신으로 하여금 자존지책自存之策을 도모하여 성과 해자[城池]를 증수하고, 요새[寨堡]를 건설하게 하고, 금 수만 냥을 써서 그 수축을 돕고, 문무 장리將吏 각 한 명씩을 조선에 주류하게 하고, 명은 수만 병력을 나누어 조선에 주둔시켜 조선과 협조하여 굳게 지키게 하고, 나머지 병마는 모두 요동으로 귀환시켜 농사일과 군사훈련[屯種操鍊]에 종사케 하여 문정門庭을 굳게 지키게 하자고 하였다. 대학사 조지고도 역시 병사는 피로하고 병량이 고갈되니, 형개를 본진으로 귀환시켜 계(북경 서남지역)와 요동[薊遼]의 무신撫臣과 함께 오랑캐[虜] 제어에 전념케 하고, 동방지사(조선의 일)는 모두 무신 만세덕에게 맡겨 (조선에) 머물러 병장兵將을 나누어 포진시켜 요해를 굳게 지키게 하자는 의견을 명 조정에 상신하였다.[4] 여기에서 명 조정은 조선을 여전히 군사전략상 명의 문정門庭으로 위치시키면서도, 일본군이 퇴각하기 이전인 1598년 말경 이미 조선주둔 명군의 일부 철병-일부 유병의 움직임이 있었음을 알 수 있다.

　이러한 움직임은 일본군 퇴각 후 더욱 강화된다. '정응태무주사건'과도 관계가 있었던 병과급사중 서관란徐觀瀾은 1598년 12월 명군을 철병시키지 않으면, 명에서도 조선에서도 우란優亂이 일어날 수 있으므로, 명의 수륙 양병 2만을 부산·한산 등지에 주둔시키고, 나머지 병력은 철병시킬 것을 주장하면서, 조선에 주둔할 2만 병력의 '본절이향本折二餉=양향糧餉(군량. 당시 명의 양향은 본색本色과 절색折色으로 구성되었는데, 절색

4　『明神宗實錄』 萬曆 26년 11월 壬辰條.

은 월급과 같이 은으로 지급하고, 본색은 일용군량으로서 쌀, 채소 등의 현물로 지급하였다)은 조선에서 부담하게 해야 한다고 상신했다.[5] 병과급사중 계유근桂有根도 서관란과 같은 의견을 상신했다.[6] 이러한 분위기 속에서 신종神宗은 1599년 2월 명 조정에 조선주둔 명군의 유철 문제, 유병이 필요하다면 그 규모와 그에 수반하는 군량 등에 관해 군문 형개와 경리 만세덕이 의논하여 진문陳聞하도록 하라고 명했다.[7]

조선도 일본군 퇴각 직후인 1598년 12월 전후대책의 일환으로 명군 유병에 관해 논의했다. 비변사는 일본군이 모두 퇴각했기 때문에 명군을 조선에 남겨 쓸데없이 군량을 소비할 필요가 없고, 명 장수 중에서 용기와 지력을 갖춰 공이 있는[勇略功效] 장수 몇 명에게 정예 수만 병력의 지휘를 맡겨 조선변경을 지키게 하고, 명군의 일부가 조선에 주둔해 있는 사이 조선 자체의 군사력 강화에 힘써야 한다고 건의했다. 또 유철 문제는 조선이 독자로 판단해서 결정할 수 없으니, 유병할 수·륙·마병의 규모, 그 지휘관 등에 관해 접반사 이덕형이 맡아 명 장수들과 교섭하도록 건의했다. 선조는 이 건의를 받아들였다(『선조』 31·12·2).

이 교섭에서 조선은 군문 형개에게 도독 진린陳璘, 부총병 오유충吳惟忠, 유격 진인陳寅·진잠陳蠶 등의 주류를 요구했지만, 형개는 오유충의 경우 "이곳(조선)에 온 지 이미 오래되어 그는 필시 싫어할 것"이라는 이유를 들어 다시 한번 논의하라고 말했다. 또한 조선은 형개로부터 유병 수는 육병 2만, 수병 5천('2만5천 유병안')이 적당하지만, 조선이 명군의 군량을 대기 어렵다면 육병은 1만으로 해도 좋을 것이라는 답변을 얻었다(『선조』 31·12·2).

조선은 이 '2만5천 유병안'을 어떻게 받아들였을까? 선조는 "명군이

---

5 『明神宗實錄』 萬曆 26년 12월 庚午條.
6 『明神宗實錄』 萬曆 26년 11월 丁丑條.
7 『明神宗實錄』 萬曆 27년 2월 辛酉條.

철수하여 요양遼陽에 주둔해 있다가, 왜적이 다시 침입할 경우, 급히 달려와 구원하는 일에 대해 일찍이 생각하고 있었으나, 그것은 너무 우리 편한 대로만 하는 것 같아 말하기 어려웠다"(『선조』 32·1·16)라고 한 데서 알 수 있듯이, 완전 철병을 바라고 있었다. 그러나, 조선은 명의 대왜對倭 군사전략상 '문정門庭'으로 자리하고 있었다. 명군의 조선 주류는 일본의 명침략을 조선에서 방어한다는 명의 동아시아 군사전략과 관련되어 있었다. 따라서 명군의 유철은 선조의 의중대로 관철될 수 있는 성격의 것이 아니었다.

한편, 조선은 일본의 재침략에 대한 독자 대책을 마련하지 못하고 있었기 때문에, 1만(육병 7천+수병 3천) 유병과 화기·화약 등 무기류를 조선에 공여할 것을 명에게 제안했다('1만 유병안').[8] 조선이 이러한 제안을 내놓은 대내 요인으로는 다음과 같은 점을 들 수 있겠다.

첫째, 군사력의 약화와 국내치안의 혼란이다. 당시 조선의 당면 과제는 국내의 정치·경제 등 여러 문제에 대한 혁신, 그리고 일본의 재침략에 대처하기 위한 군사력 강화였다. 조선은 7년간의 긴 전쟁으로 경지는 황폐해지고, 많은 사람이 병사로 징발당하여 사망하거나 행방불명되고 일본에 피랍되어 노동력이 부족하였다. 그로 말미암아 민중의 생활기반은 완전히 파괴되어 대단히 불안정했고, 다음에서 보듯이 민중봉기의 기운이 감돌았다. 이러한 상황에서 조선의 군사력 강화는 사실상 불가능하였다. 그래서 조선 측은 일본의 재침략에 대처하는 것은 물론이고 민심을 안정시키기 위해서도 "명군에게 기대는 것은 부득이한 일"(『선조』 32·2·2)이라고 인식하고 있었다.

둘째, 명군 유병에 따른 피해다. 이헌국이 "왜적이 물러간 것이 오로지 명군 덕이기는 하지만, 이렇게 탕패蕩敗한 이유도 역시 명군 때문"(『선

---

[8] 『事大文軌』 권30, 萬曆 26년 12월일조.

조』33·3·11)이라고 한 것은 그것을 상징으로 보여준다. 그리고 "오종도吳宗道가 와서 보고 말하기를, 군사를 주둔시키는 일에 귀국의 존망이 달려 있다. 왜적이 다시 올지는 예정할 수 없으며, 또다시 오더라도 양남兩南만 해를 당하겠지만, 만약 명군 3만이 (조선에) 주둔하여 나쁜 짓을 한다면, 내륙이 모두 해를 입게 되어 그 피해가 왜적보다 더 심할 것이니, 이 점이 매우 염려스럽다"(『선조』33·3·11)라고 한 데서 알 수 있듯이, 명군 유병에 따른 피해가 얼마나 가혹한지는 명 장수 오종도조차 인정하고 있다. 그래서, 조선은 다수의 명군이 조선에 주둔하는 일을 극력 피하고자 했다. 그러함에도 조선이 1만 유병을 제안한 것은 위에서 지적했듯이 조선이 어려운 상황에 처해 있었기 때문이다.

한편, 조선이 보기에 명 장수들이 다수의 명군을 유병시키려 한 것은 자신들의 사욕을 채우기 위해서였다. 곧 조선은 "대개 중국 장수는 항상 집에 있는 날은 적은데, 이 나라(조선)에 나오면 소득이 매우 많은데다 군졸 반찬값으로 나오는 월은月銀도 많이 착복하니, 그들이 머물고자 하는 것은 이 때문이다"(『선조』32·2.2)라고 인식하고 있다. 이러한 인식은 "유정이 신(이덕형)에게 이르기를 만경리萬經理는 이곳(조선)에 오래 머물면, 돈과 양곡을 얻는 것이 필시 많을 것이고, 또 외방(조선)에 오래 있어서 높은 관직을 얻을 터이니, 그가 바라는 것은 이와 같을 뿐이다"(『선조』32·4·21)라고 한 것을 보면 명 장수들에게도 해당되었음을 알 수 있다.

세 번째 요인은 군량 문제다. "조선은 군량을 대는 것이 심히 어려워, 많은 명군을 유병시키기 어렵다"(『선조』32·1·20)라고 한 데서 알 수 있듯이, 명 장수 모국기의 눈에도 당시 조선의 재정 상태로는 다수 유병이 무리로 보였다. 한편, 명의 재정도 조선에 병량을 원조하기 어려울 정도로 악화되어 있었다. 1598년 7월 3일 명 병부에서 조선국왕 앞으로 보낸 서장에 "조선이 경작하고 있는 성숙한 땅을 제외한 조선땅은 황폐지[曠土]·유휴지[閑田]와 같아 조선 백성이 살아가는 데 관계없으니, 정병사征兵士(명군)에게 이를 개간해서 곡식을 경작하게 하고, 조선유민들에게 (농사법을) 가르치면, 내지(명 지역)를 경작하는 것과 같다"[9]라고 한 내용이 있다. 소위 둔전책屯田策이다. 명군의 둔전책은 임진왜란 당시 무수히 논의된 바 있었는데, 명군의 장기 주류를 전제한 대책이었으나, 폐해가 커서 대대적으로 실시된 적은 없었다. 명이 조선에 둔전책을 쓰려 한 것은 조선이 군량을 제대로 조달하지 못한 때문이기는 하지만, 명의 군량 부담을 덜기 위한 것으로서 임진왜란 초기 이래 명의 재정이 충분하지 못했음을 의미한다.

위의 명군 둔전책은 정유재란이 끝나기 이전에 명의 조선에 대한 군량 원조의 한계를 잘 나타내고 있다. 그렇다면 명이 조선에 군량 부담을 요구해 올 것은 뻔한 일이었다. 게다가 명 병사 1인에게 지급되는 병량미는 조선 병사의 3배나 되었다.[10] 조선이 명의 동아시아 군사전략에도, 그리고 조선의 대일전략에도 명군의 조선유병을 피할 수 없는 것으로 인식하고 있었다면, 유병 인원을 가능한 한 적게 잡고, 그에 수반하는 군량 교섭을 유리하게 끌고 나가려 했을 것을 쉽게 짐작할 수 있다. 또한 명군에게 지급할 병량미로 조선군 전력을 강화하려 했던 것도 추측 가능하다 하겠다.

한편, 1598년 12월 18일 위에서 본 호과급사중 학경郝敬과 태학사 조지고가 명 조정에 상신한 내용이 조선에 전해졌다(『선조』 31·12·18). 내용은 다음과 같았다. 학경은 우선 조선원군에 대한 양전糧錢 부담으로 중국 내지가 허약해졌고, 당시 북로(여진)의 발흥으로 중국의 북방 방위가 위태로워졌다고 보았다. 이에 주전론자의 입장에서 일본의 재침략으로부터 조선을 방위함과 동시에 북로에 대처하기 위해 군병 수만을

---

9 『事大文軌』 권28, 萬曆 26년 7월 초3일조.
10 『漢陰文稿』(韓國文集叢刊65), 財團法人民族文化推進會, 1991, 407쪽.

조선에 주둔시키고, 남은 병력은 철병해야 한다고 하였다. 이는 명의 동아시아 군사전략에 조선을 적극적으로 자리매김하고, 북로남왜를 방어하기 위해 조선에 명군을 다수 주둔시켜야 한다는 주장이었다.

태학사 조지고는 조선에서 명군의 패배는 치욕이고, 명을 방위하기 위해 조선에 원군을 보내는 것은 원래부터 의미가 없으며, 명의 대일본 방위를 위해 조선에 명군을 파병해서 일본군과 싸우는 것은 전략적으로 불리하여 애초부터 일본에 이길 가망이 없다고 전제하고 있다. 그러니, 도독 형개邢玠는 본진으로 귀환시키고, 경리 만세덕萬世德에게 동정東征의 일을 모두 위임하고, 대장 한 명을 추려 그와 함께 협력하게 하고, 건장한 정예병을 뽑아 약간의 명사만 (조선에) 머물게 하고, 나머지 병력은 모두 철병시키는 것이 좋을 듯하며, (명) 군사는 전라도·경상도 요해처에 나누어 배치하고, 그곳의 비옥한 토지를 골라 널리 개간하게 하여 … (그렇게 하면) 양식을 자급자족하여 군량을 운반하지 않아도 된다고 하였다. 이 의견의 취지는 주화론자의 입장에서 당분간 명군의 일부를 조선에 남기되, 단계적으로 조선에서 완전히 철병해야 하며, 일시 명이 조선에 원군을 파견했지만, 일본의 조선침략과 조선의 대일본 방위는 기본에서 조선과 일본 두 나라의 문제라는 인식을 바탕으로 하고 있다. 즉, 조지고는 명의 동아시아 군사전략에서 조선을 소극적으로 자리매김하여 소수 유병을 주장했다.

그러나 학경이나 조지고 모두 당분간 명군의 일부를 조선에 남겨야 한다는 점에서는 일치하였다. 이는 명의 주화와 주전, 명군의 유철 논리가 기본적으로 일본의 명침략에 대한 방위정책과 관련하여 전개되었다는 것을 보여준다.

조선이 명군의 유철에 대해 본격 논의를 시작한 것은 1599년 정월부터다. 선조는 1599년 정월 형개·만세덕의 거처를 방문하여 명군 유철에 관한 사정을 살폈다. 이때 형개는 완전 철병－당분간 일부 철병－을 전제로, 유철에 관한 선조의 의중을 물었다. 선조는 당분간 일부 유병을 전제로 어떠한 명군 철병계획이 있는가를 물었다. 이에 대해 형개는 남하해 있는 장관의 한성 입성을 기다려, 그들과 상담한 후 결정하겠다고 대답했다. 또한 선조가 당분간의 유병을 전제로 만세덕에게 명군 유철에 관한 사정을 물었을 때, 만세덕은 향후 7~8년간 일본이 재침략할 위험은 없을 것이라면서, 유병 규모는 자신과 선조가 대면해서 결정해야 한다고 대답했다(『선조』 32·1·1).

1599년 정월 말경 명 장수들이 상경했다. 선조는 이들을 위무하면서 일본방위와 정응태무주 문제에 관해 의견을 교환하고, 유철에 관한 의견을 물어 듣는 등 가능한 한 유철에 대한 많은 정보를 얻으려 노력하였다. 그들의 의견은 "(명군) 다수가 유병하면 군량이 부족하고, 소수가 유병하면 무익함" → 남변 방위 강화(수군 강화)(부총병 동양정佟養正.『선조』 32·1·4), 혹은 "명군이 돌아가고자 하여 오랜 기간 머물 수 없음" → 남변 방위 강화(수군 강화)(유격 허국위.『선조』 32·1·5)라는 의견, "일본은 명군을 크게 두려워하니, 10년 동안은 조선을 침범하지 않을 것을 보장한다"(『선조』 32·1·6, 21), 혹은 "일본이 10년 후에 다시 침범할 우려가 있다(→ 명군이 오랜 기간 머물 수 없음)" → 군비 강화(부총병 이방춘.『선조』 32·1·7) 등 다양했다. 위의 장수들은 말하자면 중간 간부급으로 유철 문제를 결정할 지위에 있지는 않았으나, 대체로 장기 유병에 반대의견을 표명하였다. 이들은 하나같이 조선 남부의 방위, 특히 수군의 강화를 조선에 건의했다. 그리고 제독 마귀를 통해 유철의 유무와 규모 등은 군문 형개가 단독으로 주관할 수 있는 것이 아니고, 군문과 관계 아문이 협의해서 결정할 사항이라는 정보를 얻었다(『선조』 32·1·9).

한편, 조선의 '1만 유병안'에 대해 군문 형개는 처음 제안했던 '2만5천 유병안'보다 많은 '3만 유병안'을 주장했다(『선조』 32·2·1). '3만 유병안'의 근거가 무엇이고 왜 '2만5천'에서 '3만'으로 바꾸었는지 이유는 명확히 알 수 없다. 다만, 뒤에서 보듯이 만세덕의 의견이 강하게 작용한 것은 확인할 수 있다. '3만 유병안'이 명의 동아시아 군사전략의 일환이었다는 것은 총병 이승훈의 "조선과 요동은 입술과 이[脣齒]의 관계여서 평양 없이는 요동도 없다"(『선조』 32·2·2)라고 한 말에서 잘 알 수 있다. 그리고 "군문이 말하기를 … 만약 3만이 아니면, 일본을 막기 어려워 군병이 겁을 먹고 스스로 지키려 하지 않을 것이다"(『선조』 32·2·2)는 대목에서 알 수 있듯이, 형개는 일본의 재침을 막으려면 최소한 3만 유병은 필요하다고 인식하고 있었음을 알 수 있다. 게다가, 형개는 조선에 병량미 30만 석과 '절색은折色銀' 30만 량의 부담을 요구했다(『선조』 32·2·2).

이 '3만 유병안'에 대해 명 장수들 사이에서도 반대의견이 나왔다(『선조』 32·2·4).[11] 오종도는 명군 3만이 조선에 머물게 되면, 그 피해가 조선 전국에 미치고, 이는 일본군의 침략으로 인한 피해보다 더 가혹할 것이라는 견해를 내놨다. 그리고 육병 2만과 수군 1만의 '3만 유병안'은 만세덕의 의견을 기초로 한 것이라고 조선에 알렸다. 한편, 그는 조선이 조선에 주둔할 명군의 군량을 대기 어려워 감군안을 제시한 것을 명 장수들은 조선이 명군의 주둔을 싫어해서라고 인식하고 있다고 했다. 그러니, 조선이 유병 수를 4만 또는 5만으로 하고, 군량(본색)과 절색은折色銀을 명에 요구하면 명이 감군을 할 것이라는 의견을 조선 측에 피력했다(『선조』 32·2·4, 7). 이러한 축소 유병안은 명 장수들의 지배적인 의견은 아니었고, 명군 측에서 검토도 되지 않았다.

한편, '3만 유병안'에 대해 조선은 다수의 유병을 바라지만, 7년간의 전쟁으로 토지는 황폐해지고 민중은 흩어진 상태라 3만3천 병사의 군량을 조달하기는 불가능하다고 반박했다(『선조』 32·2·1). 이는 "명군의 주둔은

---

11 『宣祖實錄』 권109, 선조 32년 2월 4일 甲寅條. 그리고 副總兵 吳廣은 "前議三萬則固過矣, 若留陸兵五千, 水兵一萬, 水兵遮截海路, 陸兵與鄕兵, 協力屯守可矣"라고 했다 (『宣祖實錄』 권109, 선조 32년 2월 7일 丁巳條).

유명무실"이라는 입장을 취한 병조판서 홍여순洪汝諄과 선조의 의견이었다(『선조』 32·2·1). 이에 대해 명 장수들은 조선은 명군의 주둔을 원하지 않는가, 혹은 명군의 주둔이 필요 없는가라고 반문했다(『선조』 32·2·1).

명 장수들의 반응이 이러하자, 조선은 중신회의를 열고 대책을 강구했다. 이 회의에서 이덕형은 명군 유병은 최대 1만5천이라는 의견을 개진했으나, 결론은 유보되었다(『선조』 32·2·2). 4일 후인 6일 비변사는 ① (일본군의 재침을 전제로) 명 장수들이 (유병에 관해) 완벽한 계책을 세우지 않으면, 필시 명이 동쪽(조선)을 다시 걱정해야 할 것이고, ② 명군이 다수 주둔해 있으면 왜적이 감히 움직이지 못할 것이니, 조선 사정상 소망은 3만도 역시 적은 것 같고, 여기에 1만~2만을 보태어 부산釜山·가덕加德·거제巨濟 등 요충지에 배치하여 보루로 삼을 수 있다면야 실로 조선에 큰 다행일 터나, ③ 조선은 백성이 농사를 짓지 못한 지 7년째인데다 … 이제 (조선은) 명군에게 군량을 댈 여력이 없다, ④ 또 조선에서는 은銀이 나지 않아 명군에게 절색은을 제공할 수가 없다는 내용을 담아 경리 만세덕, 군문 형개, 어사들에게 이자移咨하도록 건의했고, 선조는 이를 허락했다(『선조』 32·2·6).

비변사의 이 건의는 명의 '3만 유병안'에 대한 조선 측 입장을 보여준 점에서 주목된다. 이 자문의 취지는 조선은 유병 수를 늘리고 싶지만, 병량미(=본색)와 '절색'은 제공할 수 없다는 것이다. 그렇지만, 이 자문의 목적은 명군의 완전 철병도, '본색'에 대한 완전 거부도 아니었다. 가능한 한 유병 규모를 축소하고, '본색' 부담을 최대한 줄임과 동시에 절색은의 부담에서 벗어나는 것이 목적이었다. 따라서, 위의 취지의 문장 끝에 수륙 양병을 합해 1만5천 명군을 주류시키면, 병량미(본색)만큼은 힘을 다해 공여하겠다는 내용('1만5천 유병안')을 적은 서장을 군문·경리·어사에게 보냈다(『선조』 32·2·9).[12]

이러한 조선의 대응은 그다지 효과가 없었던 듯하다. 조선은 1599년

2월 형개에게서 '수병 1만, 육병 1만6천'(=2만6천)을 유병시키고,[13] 그 외의 병력은 1599년 4월부터 철병하겠다는 내용의 정보를 얻었다(『선조』 32·2·22). 그리고 1599년 3월 3일 만세덕에게서 조선에 머물 장수는 총병 이승훈, 유격 모국기·해생·진잠·남방위 등이고, 1599년 겨울에 일부, 1600년에 또 일부를 철병하여 3년 후에는 완전히 철병한다는 내용의 보고에 접했다(『선조』 32·3·3). 이것은 명군이 영구히 조선에 주둔하는 것이 아니라 향후 3년에 걸쳐 완전히 철병한다는 원칙을 보여준 점에서 주목된다.

한편, 조선은 1만5천 병사의 병량미를 제외한 모든 부담은 피하려 했고, 명은 병량미나 절색은 중 하나를 조선에 부담시키려 했다(『선조』 32·2·24). 조선이 절색은의 부담에 강하게 저항했기 때문에, 형개는 명 조정에 절색은을 명이 부담하도록 상신하고, 조선에 "두 개(본색과 절색은)를 모두 얻기는 불가하다"二者不可得兼며 병량미의 변출을 요구했다(『선조』 32·2·24). 그 후의 교섭 과정은 명확하지 않지만, 조선의 군량 제공 거부 움직임은 강했다. 사헌부까지도 선조에게 상신서를 올려 강경한 대처를 요구하였다(『선조』 32·3·12). 명 장수들은 군량 조달을 위해 이덕형의 현지 부임을 요구했지만, 이덕형은 좌의정 자리를 고사하며 그것을 강하게 거부했다(『선조』 32·4·21). 이는 실제로 군량 조달이 어려웠기 때문이기도 하지만, "하루를 늦춰도 감병 요청에 장애가 있고, 내려간 뒤에 돌아오는 것 역시 자유롭기 어렵다"(『선조』 32·4·21)라고

---

12 위의 비변사 참와 經理·軍門·御史에의 자문 논리가 吳宗道·吳廣에 따른 것처럼 보이지만, 선조가 2월 1일 "多留天兵, 小邦之願"이라고 하였고, '1만5천 유병안'도 2월 2일 이덕형이 내놓은 것이었다. 그리고 折色銀 요구에 대해서는 이전부터 위와 같이 답변해 왔다. 다만 군량 부담을 가을 이후로 할 구실은 吳宗道의 의견을 참고한 것으로 보인다.

13 그러나 이것은 馬兵 5천, 標下選兵 3천, 巡捕雜流 千百 등이 누락된 것으로, 소위 '3만 유병안'이다.

한 것을 보면, 감병 교섭(=소수 유병 교섭)을 유리하게 이끌기 위해서였음을 알 수 있다.

명 장수들은 이러한 조선의 입장을 완전히 부정할 수는 없었다. 군문 형개의「동정선후사의10사東征善後事宜十事」중 명군 유병과 관련한 내용을 보면, ① 부총병 모국기는 1만5천, 유격 계금은 수병 1만, 부총병 해생은 마병 5천에 무신撫臣 표하 선병 3천과 순포 잡류를 포함한 34,108명을 유병하게 하고, 말 3천 필을 조선에 나누어 배치하여 지키게 한다, ② 월향(=절색)은 매년 은 928,960여, ③ 본색은 쌀과 콩을 합해 요동·천진·산동 등지에 분파分派하여 운송하거나 저장한 것[起運及見貯]을 제외한 나머지를 모두 서둘러 발송하며, 별도로 쌀과 콩 13만 석을 분파하고, 조선이 수확한 후를 기다려 서서히 (쌀과 콩을) 운반해오는 일의 정지를 논의한다 등이다.[14]

이것은 앞서 언급한 2월 신종이 내린 명령에 대해 군문 형개가 명 조정에 제출한 상신서다. 내용은 유병 규모는 34,100으로 할 것, 절색은 명 측이 부담할 것, 병량미 13만 석을 명이 부담할 것 등이다. 군량 약 93만 량의 산출 근거는 "순병·잡류 1명당 월 염채 1량 8전, 매년 총량 23,700여 량, 수병·보병·표병 1명당 염채 2량 4전, 매년 총량 806,400여 량, 병선 400여 척 매월 은 2,400여 량, 매년 총량 28,100여 량, 그리고 각 장령 등 관세官歲 염채 은 6,000여 량, 계 928,960여 량이다.[15] 병량미 13만 석은 "요동으로 4만~5만을 운송하고, 천진·산동으로 각각 3만~4만을 운송하기 바란다"[16]고 한 데서 알 수 있듯이,

---

14 『明神宗實錄』萬曆 27년 5월 壬戌條.
15 『事大文軌』권32, 萬曆 27년 6월 18일조. 이것들을 逆算하면, 巡兵·雜流는 1,834명, 수병·보병·마병·표병은 32,942명이 된다.
16 同上條. 同上條의 다른 곳에서 "議遼東接濟米四萬石豆一萬石, 天津山東米三萬石豆一萬"으로 되어 있어 13만 석은 쌀 10만 석과 콩 3만 석을 합친 것임을 알 수 있다.

요동·천진·산동에서 보내게 된다.[17] 여기에서 13만 석의 산출 근거는 1.5되升×30일日×12월月×34,000명名÷100=183,600석石이 되니,[18] 조선에 주둔하는 명 병사의 일용 병량은 전부 조선 측이 부담하고, 그 밖의 필요 병량 13만 석을 명 측이 부담한다는 뜻은 아니었을까?

군문 형개는 원래 3만3천 유병을 주장하고 병량미 30만 석과 절색은 30만 량을 조선에 요구했었다. 그런데 위에서 알 수 있듯이 유병 규모는 같지만, 병량미는 18만여 석만을 부담시키고 있다. 즉, 절색은 30만 량의 요구도 사라지고, 병량미 30만 석 중 13만 석마저 명이 부담한다는 것이다. 이는 조선의 주장이 상당한 정도로 군문 형개에게 받아들여졌음을 나타낸다.

그런데, 명 장수들은 3만4천의 명군을 어디에 어떻게 배치하려 했을까? 다음 표는 『사대문궤事大文軌』 권32, 만력萬曆 27년(1599) 윤4월 22일조에 의거하여 명군의 주둔지와 병사 수, 지휘관을 정리한 것이다. 표에서 보면 현지에 배치된 병력은 30,700이다. 여기에 표병 3,000과 순포잡류 1,100을 합하면 유병 수는 34,800이 된다. 그러나 위에서 보았듯이 순포잡류는 1,833이었다. 따라서 실제의 유병 수는 35,500이었다.

명군의 병력 배치에서 보이는 특징은 경상남도에 모든 군병을 주둔시키려 했다는 점이다. 이러한 병력 배치의 군사전략상 특징은 거제도보다 김해가 강조된 점에 있다. 일본이 경상남도 남부로 침략할 경우, 부산의 고립을 염려했기 때문일 것이다. 이에 비해 조선 측은 거제도를

---

17 "除起運及見貯者, 盡數催發"은 "酒山東天津等處起運在道者及旅順義州等處見貯之粮, 盡數催到, 亦足暫濟目前以需, 該國之輸將同上條"(同上條)에서 산동·천진·여순·의주에 있는 저장미의 수송을 조선에게 맡기고 이를 당분간 병량미로 충당한다는 긴급 임시조치였음을 알 수 있다. 이렇게 보면 "定本色, 合用米豆, 分派遼東天津山東等處"라는 것은 일본의 재침과 당시 불온한 움직임을 보이던 대여진 대책으로 보인다.

18 同上條에 "每日支米一升五合"이라 기록되어 있다.

경상·전라도로 침략하는 거점으로 보았다. 그래서 조선은 김해 병력을 거제도에 배치할 것을 요구했다. 명 장수들은 이 의견을 수용하여, 거제도에 육병(장방張榜) 4,600, 수병(백사청白斯淸·장량상張良相) 3,000, 김해에 육병(남방위藍芳威) 3,000, 수병(이응창李應昌) 1,000을 주둔시키게 되었다.[19] 마병의 배치는 기동성을 살린 상황에 따른 신속한 이동을 고려했던 것으로 생각된다. 수군 비율이 높은 것은 일본군의 접안을 미리 방지하고 동시에 일본군 병참로를 차단하기 위해서였을 것이다.

〈명군 배치 계획표〉

지역	陸兵		水兵		馬兵		계
부산	茅國器 陳蠶	4,100 4,000	季金·李天常	4,000			12,100
죽도(김해)	張榜	4,600	白斯淸·張良相	3,000			7,600
거제	藍芳威	3,000	李應昌	1,000			4,000
한산			?	1,000			1,000
남해			?	1,000			1,000
竹島之南釜山之北					解生	3,000	3,000
巨濟之東竹島之西					俞尙德	2,000	2,000
계		15,700		10,000		5,000	30,700

이상에서 알 수 있듯이, 명 측은 일본의 명침략을 조선 땅에서 방어한다는 동아시아 군사전략에 따라, 조선에 '3만 유병안'을 주장하면서, 약 3만6천 병력을 조선에 주둔시켰으나, 군량 문제에서 알 수 있듯이 명의 재정 악화가 심각했다. 조선 측은 본심으로는 완전 철병을 바라면서도, 일본의 재침략에 대한 독자의 대책을 마련하지 못한 점, 명군의 조선유병이 명의 동아시아 군사전략의 일부인 점, 그리고 '정응태무주사건'도 아직 미해결된 상태였기 때문에 완전 철병을 입에 올릴 수 없었다. 따라서 군량 조달의 어려움을 이유로-실제로 어려웠다-될 수 있는 한 유병 규모를 축소시키려고 노력했다. 유철 교섭 과정에서

[19] 『事大文軌』 권32, 萬曆 27년 5월 15일조.

조선은 유병 규모와 관련해서는 의견을 관철시키지 못했지만, '절색'은 전부와 '본색' 일부를 명에게 부담시키는 데에는 성공했다.

제2차 철병-명의 '1만5천 유병안'과 조선의 '8천 유병안'

위와 같은 유병에 대해서 이후 조선 측은 어떻게 대처했을까? 군문 형개·경리 만세덕의 의견에 대하여, 호과좌급사중 이응책李應策, 급사중 요문울姚文蔚 등은 1599년 5월 형개·만세덕의 유병안에 반대하는 상주를 올렸다.[20]

그들이 형개·만세덕의 '3만 유병안'에 반대한 이유로 든 것은 명 재정의 악화와 조선이 다수 유병을 바라지 않는다는 점이었다. 그렇다고 그들이 유병 그 자체에 반대한 것은 아니었다. 명이 조선에 주둔해 있는 명군의 군량을 원조할 수 없는 상태이기 때문에, 조선의 군량 부담 능력에 맞추어 명군을 조선에 주둔시키고, "한 병사가 늘면 한 (사람) 비용이 많아지고, 한 병사를 줄이면 한 (사람) 비용이 줄어든다"[21] 라고 한 데서 알 수 있듯이, 명군의 조선 소수 유병에 따른 비용을 절감할 수 있을 것이라 했다.

신종은 그들의 의견에 일리가 있음을 인정하고, 군문 형개·경리 만세덕과 조선국왕 선조가 상의하여 유병 규모를 축소하고, 그에 따른 비용 절감과 이 문제들에 관해 조선국왕에게 내주內奏할 것을 명했다('절성안節省案').[22] 이렇게 하여 형개·만세덕의 '3만 유병안'은 명 조정의 축소 유병 의견에 따라 조정되었다.

---

20 『明神宗實錄』 萬曆 27년 5월 丙子條.
21 『事大文軌』 권32, 萬曆 27년 6월 18일조.
22 『明神宗實錄』 萬曆 27년 5월 丙子條.

앞의 이덕형이 감군을 언급한 시기는 명군의 본대가 철병하기 시작한 직후인 1599년 4월의 일이다. 그 후 명과 조선은 여러 차례 유병에 수반되는 군량 문제를 둘러싸고 대립했다.²³ 조선은 이덕형을 통해 다시 명 장수들에게 감군을 제안했다. 즉 경상·전라·충청도가 일본군의 피해를 받아 병량미 공급이 어려우니, 명의 미두米豆 1만8천여 석을 유민에게 진대賑貸하여 그들을 경상남도에 안착시키고, 안착한 민중 중에서 토병을 모집하여 훈련시켜 이 기회에 명군을 감군하고 싶다는 뜻을 전했다.²⁴ 그리고 "유격 모국기(부산 주류 4,100)의 절병浙兵을 안동으로 보내 주류시키고, 유격 남방위(거제 주류 3,000)의 절병을 전주로 보내 주류케 함이 마땅하다"²⁵고 한 것으로 보아, 유병 규모는 일단 육병 약 7천으로 잡았다고 판단된다.

한편, 1599년 6월 18일 안찰부사 두잠이 명 호·병부의 유병에 대한 회의 결과를 선조에게 알렸다.²⁶ 그 후, 1599년 6월 20일 명 장수들은 병량미의 부족을 이유로 완전 철병안 즉, '진철안盡撤案'을 조선에 내놓았다. 그 내용은 ① 조선은 양초糧草(병량과 말 먹이)가 없어 명군이 오래 머무르는 것이 무익하니, 모두 철수해 돌아가는 것이 옳다, ② 선조는 명의 수병 4천~5천이 주류해 주기를 바라나, 이 유병에 부수하는 많은 인원이 주류하게 되어 그 폐해가 크다, ③ 조선에 양식이 없는 형편에 명이 은자를 보내준다 한들, 무슨 수로 양곡으로 바꿀 수 있겠는가, ④ 하루 철수하면 하루 식량을 덜고, 하루 유병하면 하루 식량을 소비한다, ⑤ 명 조정에서는 철병에 관한 일을 조선국왕과 상의하라 하였으니,

---

23 『事大文軌』 권32, 해당조.
24 『事大文軌』 권32, 萬曆 27년 5월 16일조. 그 밖에 23일조의 조선국왕 회답, 萬曆 27년 5월 27일조와 그에 대한 조선의 6월 7일조 회답 등.
25 『事大文軌』 권32, 萬曆 27년 5월 16일조.
26 『事大文軌』 권32, 萬曆 27년 6월 18일조. 그 가운데에는 給事中 姚文蔚·兵科給事中 張輔之 등의 절성 의견이 기록되어 있다.

조선에서 처치할 수 있다, ⑥ 철수한 명군은 요양에 머물면서 후일 왜변倭變이 있으면, 다시 정왜征倭할 것이니, ⑦ 조선은 양초糧草를 저축하면서 변란에 대비하라, ⑧ 두잠의 의견도 동일하다 등이다(『선조』 32·6·20).

위의 "수병 4천~5천이 주류하기 바란다"는 말은 조선이 제시한 감병안에서 최종적으로 유병시키려 한 군사 수로 보인다. 여기서 주목되는 점은, 한초명韓初命이 명 조정의 '절성안節省案'을 조선에 전할 때, "조선은 양초가 없어 명군이 오래 머무르는 것은 무익하니, 모두 철수해 돌아가는 것이 옳다"라고 한 데서 알 수 있듯이, '진철안'으로 슬쩍 바꿔치기했다는 사실이다. 이 점을 염두에 두고 "철병에 관한 일을 조선국왕과 상의하라 하였으니, 조선에서 처치할 수 있다"라고 한 부분을 보자. 이는 조선국왕의 내주를 요구한 신종의 명령에 근거한 것이기도 하지만, 조선주류 명 장수들이 유철에 관한 교섭에서 조선이 명군의 유병을 요구하는 형태를 취하여 그에 따른 부담을 조선에 지우려 한 언급이었던 것으로 보인다. "철수한 명군은 요양에 머물면서" 이하의 문장은 일본의 재침략을 전제로 일부를 유병시키려 한 조선의 의견에 대한 대처임과 동시에, 명의 동아시아 군사전략을 보여준 것이다. 즉, 명은 조선에서 완전히 철병한다 하더라도, 일본이 조선에 침략해올 경우를 대비하여(명을 방위하기 위해) 조선에서 철병시킨 군사를 요동에 배치한다는 것이다. 이는 조선을 명의 대일본 방위의 제1차 방어선으로 자리매김한 것이다.

이러한 조선주류 명 장수들의 '진철안'이 조선에 공식으로 통보되자 조선에서는 대신회의를 열고 의견을 모았다. 이때 나온 의견들은 7천~8천 유병안에서부터 완전 철병안까지 다양했다(『선조』 32·6·20). 이에 비변사가 '5천 유병안'을 논정하였고, 선조가 그것을 받아들였다(동상조). 그로부터 4일 후 조선은 두잠에게 회답서장을 보내 '5천 유병안'

을 명 장수들에게 제안하였다. 이를 통해 조선은 "호랑이와 표범이 산중에 있는 형세"虎豹在山之勢라는 대일 군사전략을 취함과 동시에 군량 부담을 피하려 하였다.27

표면상 이러한 움직임이 전개되는 사이, 명 장수들은 자신들이 조선에 제안한 '진철안'을 논의했던 것으로 보인다. 그러나, 그것이 현실성을 결여한 탓이었는지 포기하고, 1599년 2만5천을 유병시키고, 다음 해(1600) 봄에 방위임무가 끝나면 5천을 철병시키고, 다다음 해(1601) 봄 이후 5천, 가을 이후 다시 5천(다다음 해 겨울에는 1만 유병), 그리고 1602년에 완전히 철병시킨다는 복안을 세웠던 듯하다.28 이 계획에 따라, 형개는 1599년 7월 20일 명 조정에 처음에는 3만6천 유병을 제안했으나, 유병 규모가 너무 커 후에 모두 철수할 것을 논의했다. 그러나 철병 시기가 너무 빠르다고 생각하여 2만 유병을 고려하고, 다음 해에 육병을 점차 철수하는 안을 병부에 건의했다('점진적 철수안').29

곧, 명 장수의 '진철안'-명 조정의 '절성안'에 대해 조선은 명 장수들에게 '5천 유병안'을 제안했지만, 형개는 '2만 유병안'을 명 병부에 제시했다. 이는 명 조정의 '절성안'에 답하기 위해 명 병부에 제안한 것이다. 이 안에 대해 병부는 의논 끝에 2만 병력에서 다시 철병하고 다음 해(1600) 봄 이후를 기점으로 완전히 철병한다는 안을 상신했다. 한편, 호부는 유병 규모에 대해 조선국왕에게 상주를 명했으나 조선이 아직 상주를 하지 않고 있는데, 이는 조선이 명군의 유병을 꺼리고, 명군의 주류(유병)를 불필요하다고 여기는 것이라는 내용의 주를 올렸다.30 이에 신종이 조선과 상의하여 유병 여부를 결정할 것을 요구했다.31

27 『事大文軌』 권32, 萬曆 27년 6월 24일조.
28 『事大文軌』 권33, 萬曆 27년 8월 15일조.
29 『明神宗實錄』 萬曆 27년 8월 己未條.
30 『明神宗實錄』 萬曆 27년 7월 辛酉條.
31 『事大文軌』 권33, 萬曆 27년 8월 15일조.

위와 같은 내용은 8월에 조선에 전해졌는데,³² 결국 조선이 유병 규모를 결정해서 명 조정에 상주하라는 것이었다. 절색에 대해서는 "우선 절색은 군사 수를 헤아려 3분의 1을 돕는다"³³라고 한 것에서 알 수 있듯이 명이 3분의 1을 부담하겠다고 했다. 이에 대해 조선은 수병 8천의 유병을 명에 제안하고('수병 8천 유병안'), 본색은 조선이 부담하고 절색은 명이 전부 부담해줄 것을 요구했다.³⁴ 조선은 이 같은 내용을 명의 예부·병부,³⁵ 그리고 두잠에게 서장을 보내 통보하고,³⁶ 공조참판 윤동재尹洞齎를 명으로 파견했다.³⁷ 윤동재가 들고 간 조선 상주문은 10월 12일 신종에게 전해졌다.³⁸

한편, 명 장수들은 조선의 '수병 8천 유병안'에 어떻게 대처했을까? 조선의 조치는 신종의 명에 따른 것이었으므로 명 장수들도 조선에 직접 간섭할 수 없었고, 조선 측의 의견을 존중할 수밖에 없었다. 이에 경리 만세덕은 10월 9일 조선의 '8천 유병안'을 형식적으로 인정하여, 이 해(1599년)에 장방張榜 휘하 4,000여, 이승훈李承勳 표하 3,600여 명을 추가로 철병시키고, 다음 해(1600년) 봄 이후 철병에 대해 다시 논의할 것을 건의했다.³⁹ 이 같은 교섭 과정을 거쳐 형개의 '2만 유병안'은 병부의 추가 철병 요구를 받아들여 잠정적으로 조선에 1만5천 병력을 주류시키는 것으로 결정되었다('1만5천 유병안'). 그런데 만세덕의 8천 유병안은 수병 8천이 아닌, 술병戍兵 8천(육병 4천+수병 4천)이었다는

---

32 『事大文軌』 권33, 萬曆 27년 8월 초1일조.
33 同上條.
34 『事大文軌』 권33, 萬曆 27년 8월 13일조.
35 『事大文軌』 권33, 萬曆 27년 8월 22일조.
36 『事大文軌』 권33, 萬曆 27년 8월 25일조.
37 同上條.
38 『明神宗實錄』 萬曆 27년 10월 12일 戊子條.
39 『明神宗實錄』 萬曆 27년 10월 9일 己卯條.

점을 간과할 수 없다.

군량 문제는 어떻게 되었을까? 우선 본색은 "조선이 힘을 다해 조달[繼辦]"⁴⁰한다고 한 것으로 보아 원칙적으로 조선이 부담하게 되었음을 알 수 있다. 절색은은 명이 3분의 2를 조선에 부담시키려 하였으나, 유병 규모가 1만5천으로 결정되고, 조선이 그 전량을 명 측에서 부담할 것을 강력히 요청하였기 때문에, 명 측이 부담하기로 결정되었다.⁴¹ 그 밖에도 명은 은 10만 량을 내어 절색으로 공급했다.⁴² 이러한 결정은 "명년 봄[春汛]이 완전히 끝나고 여름철로 접어들 때 모두 철수시켜야 한다"(『선조』 32·10·17)라고 한 대목에서 알 수 있듯이, 다음 해(1600)에 완전히 철병하는 것을 전제로 하고 있다. 조선 측에서 보면, 절색은을 모두 명 측에게 전가한 것이니 커다란 외교적 수확이었다.

그런데 철병은 '1만5천 유병안'이 결정된 후 시행된 것은 아니다. 이미 1599년 9월 단계에서 조선에는 진잠 휘하의 4,000여, 장량상張良相·백사청白斯淸·가상賈詳 휘하의 4,600, 이승훈李承勳 표하의 3,600여, 경리 표병 및 잡류 2,000여 등 합쳐서 총 19,000여 명밖에 주류해 있지 않았다.⁴³ 명군의 철병 시기와 규모를 보면 7월까지 2,800여,⁴⁴ 8월 3,450여, 9월 4,100명 등 합계 10,260여 명이었다.⁴⁵ 이 같은 철병 시기·규모로 보면 9월까지의 철병은 형개의 '2만 유병안'에 따라 이미 추진되

---

40 『事大文軌』 권33, 萬曆 27년 8월 13일조.
41 『明神宗實錄』 萬曆 27년 10월 12일 戊子條.
42 『事大文軌』 권35, 萬曆 27년 10월 15일조에 "再別發折銀, 十萬兩"이라는 기사가 있다.
43 同上條. 同條에 "共該一萬七千有奇, 暫留駐防"이라고 되어 있으나, 同條에 "張榜步兵四千余, 提督標兵三千余"라고 기록되어 있다. 이 기록을 고려하면, 張良相·白斯淸·賈詳이 지휘하는 4,800도 4,000여로 계산했을 것이다. 따라서 2천의 차이가 나는 것은 이상한 것이 아니다.
44 그 이전에 이미 마병 5천은 철병했다.
45 同上條.

었던 것으로 보인다.

  그 후 조선이 '8천 유병안'을 신종에게 상주하자, 경리 만세덕은 앞의 '1만5천 유병안'을 명 조정에 상신하고, 조선에 8,800 유병을 제안했다. 이 유병안은 현재의 주류 병력 1만5천에서 10월에 장방張榜 휘하 4,600여 명, 그 후 바로 이승훈 휘하 3,600여 명을 철병시킨다는 내용이었다.[46] 따라서 위의 유병수와 철병수를 계산해 보면, 10월 말의 유병수는 12,400이 되고, 연말까지는 8,800이 된다.[47] 그렇지만 이승훈 표하 3,600여 명이 철병했다는 흔적이 없다. 그리고, 이는 조선의 '8천 유병안'과 같은 것은 아니다. 실제로 1599년 9월 현재 조선주류 수병은 4,800이었고, 그 밖의 4,000병은 진잠 지휘하의 육병이었다.[48] 따라서 위의 '8천8백 유병안'은 조선의 '8천 유병안'을 근간으로 한 것이었다고는 할 수 없다.

  이상에서 알 수 있듯이, 형개의 '3만 유병안'은 명 조정의 반대 의견과 조선의 반대로 조정되어야 했다. 조선주류 명 장수들은 명 조정과 조선의 감군안에 따르지 않을 수 없게 되었지만, 이때 명 장수들이 조선에 내놓은 것은 '진철안'이었다. 그러나 실제로 완전히 철병할 생각은 없었고, 단지 조선의 수병 '4천~5천 유병안'을 철회시키기 위한 제안으로 보인다. 그들이 제안한 것은 '1만5천 유병안'이었고, 조선 측은 수병 '8천 유병안'을 제안했으나 사실상 명 장수들에게 거부당했다. 그래도 이 감군 교섭을 통해 조선은 절색折色 군량의 부담은 피할 수 있었다.

---

46 同上條.
47 이 수치에는 經理標兵 및 잡류 2천이 누락되어 있다.
48 同上條.

제3차 철병-명의 '1만 유병안'과 조선의 '3천 유병안'

위의 '1만5천 유병안'에는 1600년 봄에 다시 명군의 유철에 대해 논의하기로 되어 있었기 때문에, 이해 봄이 되면서 유철 논의가 다시 활성화되었다. 우선 명 조정부터 살펴보자. 명 병부는 1600년 여름까지 조선에서 모든 군사를 철수시킨다는 원칙을 확인하고, 신종에게 상소하여 허가를 받았다.[49] 그 후 병부가 철병에 따른 문제들과 관련하여 회의를 했으나,[50] 조정의 의견이 잘 모아지지 않아 형개·만세덕에게 유철 문제에 관해 조선군신과 협의하라고 명했다.[51]

형개는 유철에 대한 당면문제로 '3난사三難事'를 들어 명 조정의 의견을 구했다. '3난사'란 ① 일본이 조선을 재침략할 경우, 조선의 군사력으로는 방어할 수 없다, ② 충분한 군량을 병사에게 지급하지 않을 경우, 병사들이 귀향하려 할 테니 장기간의 유병이 어렵다, ③ 재정이 빈약하여 진지를 만들어 유병할 수 없다는 것이다.[52] 형개·만세덕은 1600년 3월 일본 정세를 판단할 수 없어서 명 장수 등과 조선군신이 협의하여 유병 규모를 정하고, 일본의 재침략 위험이 없어지고 조선이 일본에 대해 충분한 방어능력을 갖추게 되었을 때, 완전 철병하는 것이 좋겠다는 '철병신중론撤兵愼重論'을 병부에 개진했다.[53] 이를 보면, 형개·만세덕은 명군을 조선에 계속 주류시키려 했음을 알 수 있다.

이처럼 유철을 둘러싼 의견이 대립하는 가운데, 명 조정에서 1600년 5월 9경회의九卿會議가 열렸으나, 결론이 나지 않았다.[54] 일이 이렇게까

---

49 『明神宗實錄』萬曆 28년 2월 11일 乙酉條.
50 『明神宗實錄』萬曆 28년 2월 2일 丙申條.
51 同上條 ;『事大文軌』권35, 萬曆 28년 4월일조.
52 『事大文軌』권36, 萬曆 28년 5월 17일조.
53 『明神宗實錄』萬曆 28년 3월 24일 丁卯條.
54 『明神宗實錄』萬曆 28년 5월 2일 申辰條.

지 되자, 신종은 병부에 경략·경리 등과 협의하여 유철·군량 문제 등에 만전을 기하라는 엄명을 내렸다.[55] 그리하여 유철·군량 문제는 주로 경리 만세덕과 조선의 협의 결과에 맡겨지게 되었다.

그러면, 명 조정의 대신들은 유철에 대해 어떠한 의견을 가지고 있었을까? 그리고 왜 의견이 통합되지 않았을까? 위 9경회의 결과를 보면, 이부상서 이대李戴는 1만5천 유병으로 잠시 (조선) 방수를 돕고, 군량은 조선이 부담하게 하자는 의견을 내고, 이 의견에 상서 진거陳蕖·여계증余繼登·숙대형蕭大亨·양일괴楊一魁 등이 동의하였다. 좌도어사 온순溫純은 유병하여 연병練兵함이 마땅하다 하고, 대리사경 정계지鄭繼之도 유병하여 주류함이 마땅하고 군량에 관한 이견은 논의하라고 했다. 급사중 허자위許子偉·요문울姚文蔚·후선추侯先春·양응문楊應文·어사 주반周盤은 모두(완전) 철병을 논의하였다. 급사 이응책李應策·양천민楊天民은 병사의 유철은 조선주재 명 장수들의 의견을 듣고, 장문달張問達은 병사의 철수가 불가하다고 했다.[56]

신종에게 보고된 9경회의의 결과 내용을 정리하면 다음과 같다.[57] ① 15,000명을 유병하고 군량은 조선에 부담시키자(이대 이하 5명), ② 유병하되, 군량 문제는 좀더 상의하자(온순 이하 2명), ③ 완전 철군하자(허자위 이하 4인), ④ 관계자 의견을 들어 유병을 결정하자(이응책 이하 1인), ⑤ 철수해서는 안 된다(장문달).

이를 보면, 명 조정 9경들은 병량 부담을 명이 질 것인지 조선이 질 것인지에 대해 의견 차이는 있었으나, 유병을 주장하는 의견과 어쨌든 철병시키자는 의견으로 분열·대립하였음을 알 수 있다. 그리고

---

55 『明神宗實錄』萬曆 28년 5월 4일 丙午條.
56 『明神宗實錄』萬曆 28년 5월 2일 甲辰條.
57 九卿會議의 내용은 『事大文軌』권36, 萬曆 28년 5월 17일조에 상세하게 기록되어 있다.

유철 문제를 경략·경리 등의 판단에 맡기자는 의견도 있었다. 또 유병론자 가운데는 조선 측이 군량 제공을 거부할 경우, 철병론으로 태도를 바꿀 가능성도 있었을 것이다.

그러면 그들은 당시 상황을 어떻게 인식하고, 어떠한 논리로 자신들의 의견을 주장했을까? 병과급사중 계유근桂有根은 형개가 병부로 보낸 상신서를 받고 나서 당시 상황을 열거하며 자신의 의견을 개진하였는데, 그 내용을 보면, 유병 논의는 세 가지로 집약된다. 첫째는 일본의 조선침략 가능성 여하, 둘째는 일본이 재침략을 할 경우, 조선이 의지할 것은 명의 군사력밖에 없다는 것―조선군비의 허약성, 셋째로 만일 명군이 철병한 후 일본이 조선을 재침략하여 점령할 경우, 명은 일본의 명침략에 대처하기 어렵다는 것 등이다.[58]

이는 명 병력의 조선주둔이 일본침략으로부터 조선을 지킬 뿐만 아니라, 일본의 명침략을 조선에서 막으면서 북로에 대처한다는 명의 동아시아 군사전략을 극명하게 보여준다. 즉 각지의 반란(절강과 직예의 요도창란浙直妖徒倡亂)[59] 혹은 일본의 재침 가능성이 없어지면, 명 각지의 군비를 증강하여 일본과 북로에 대처하는 것이 '만전의 장책萬全之長策'이라는 것이다.[60] 이 같은 인식은 철병론자들도 공유하고 있었다. 공부상서 양일괴가 "부산을 지키는 까닭은 조선을 지키기 위함이고, 조선을 지키는 까닭은 명의 국경을 지키기 위함이다. 훗날 일본이 조선에 근거하여 북로를 규합해 중국을 침범할 것을 걱정하지 않으면, 왜의 교활함과 북로의 강함을 어찌 능히 막을 수 있겠는가"[61]라고 한 것은 그것을 잘 나타낸다. 즉, 이 시기 조선에 명군을 주둔시키는 문제는

---

58 위의 자료.
59 "浙直妖徒倡亂"이란 『事大文軌』 권36, 萬曆 28년 5월 17일조에 의하면 趙古元·唐雲峯의 난을 가리킨다.
60 『明神宗實錄』 萬曆 28년 4월 17일 庚寅條.
61 『事大文軌』 권36, 萬曆 28년 5월 17일조.

단순히 명의 대일전략이라는 차원에서만이 아니라, 날로 세력을 키워 가고 있던 여진女眞에 대한 대책과도 연계되어 있었다.

한편, 철병론자들은 유철에 대해 어떻게 인식하고 있었을까? 철병론자들이 든 철병의 정당성 근거를 정리하면, ① 명 각지에서 병란이 일어난다, ② 병량 조달이 어렵다, ③ 일본은 조선을 재침략하지 않을 것이다, ④ 병사들이 귀향을 원한다, ⑤ 1만5천 유병은 명의 대일전략·전술상 무의미하다, ⑥ 조선이 유병을 원하지 않는다 등이다.[62]

여기서 간과할 수 없는 것은 대조선 인식의 차이다. 즉, 이과 허자위 등은 명의 동아시아 군사전략상 조선이 갖는 위치를 유병론자와 마찬가지로 보았다. 그러나 호과 우급사중 요문울 등과 형과 도급사중 양일귀 등은 조선이 중국의 속국·번리藩籬이기는 하나, 명의 동아시아 군사전략상 기본으로 조선을 반드시 지킬 필요는 없다고 인식하였다. 즉, 사정에 따라서는 조선이 일본에 점령되어도 어쩔 수 없다는 논법이다.[63]

이러한 유철안에 대한 조선의 대응은 어떠했는지를 살펴보자. 제3차 유철 문제가 『조선왕조실록』에 처음 등장한 것은 1600년 3월 11일조로, 명 측의 2월 철병안이 모종의 통로를 통해 조선에 전해지고 조선이 이에 대응하기 위해 대신회의를 열었을 때다. 이 회의에서는 일본과의 강화문제도 함께 논의되었는데, 선조와 신하들의 의견이 심하게 대립하였다. 선조는 3월 11일 이전에 3천 유병을 결심하고 있었으나, 조정 신하들은 가능하면 명군의 완전 철병을 원하였다. 명 장수들이 유병을 원하여 할 수없이 받아들이고는 있지만, 가능한 한 유병 규모를 최소화하고 동시에 본색本色을 제외한 모든 경비는 명 측에 부담케 하고 유병 기간도 가을까지로 하고자 했다. 또한 "이국헌이 말하기를 근래 명군의

---

62 同上條. 단, 같은 내용은 생략한다. 따라서 아래 인용한 사람들 외에도 유철론자는 있다.
63 同上條.

행동을 보면 다음 달 출발을 기약할 수 없다, 국헌 생각에는 철군 여부를 살펴보며 주청함이 온당할 듯하다, 3천 명을 청하면 반드시 3천 명에만 그치지 않을 것이다"(『선조』 33·3·11)라고 한 데서 알 수 있듯이, 조정 신하들은 명 장수들이 조선의 '3천 유병안'을 순순히 받아들이지는 않겠지만, 이 기회를 이용해서 3천 이외의 병력은 모두 철병시키고자 했다(동상조).

대신회의의 내용을 좀 더 들여다보면, 문제의 초점은 향은 조달인데, 조선은 본색과 염채(부식료)라면 조달할 수 있으나, 향은은 불가능하다는 것이었다(이산해). 향은이 병사 1인당 1개월에 3냥, 염채를 1인당 9전으로 잡고, 향은은 명군 3,000명이라면 10개월에 9만 량, 염채료는 27,000량의 재정이 필요하니(신잡), 1년이라면 어떻게든 가능하나 후폐後弊가 매우 염려된다고 했다(이산해). 그리고 "왜적이 물러간 것은 오로지 명군 덕이기는 하나, (조선이) 이렇게 탕패한 것 역시 명군 때문"(이국헌)이라고 하였다.

조선이 명군에게 향은을 제공할 수 없다면, 어떤 방식·규모로 유병을 명에 제시할 것인가가 문제였다. 유병 규모는 3천을 전제로 한 상태라 문제는 유병에 따른 경비였다. 명군에게 향은을 제공할 수 없다는 것은 명확한 사실이니, 문제가 되는 것은 염채료 27,000량이었다. 이에 대해 신잡은 명이 향은과 염채를 전부 부담하고 군대를 주둔시킨다면 어쩔 수 없다고 하였고, 심희수는 염채료를 비단으로 지급한다면 1개월에 3,000필인데 이는 (조선이) 감당하기 어렵다고 하면서, 향은과 염채를 명에 아울러 청할 수는 없다고 했다. 이에 대해 선조가 향은과 염채를 함께 청할 수 있다고 강변하자, 신하들(이산해, 신잡)이 선조의 의견에 강하게 반대했다. 이러한 대립을 거쳐 중론에 따라 3,000유병과 그에 따른 절색과 향은을 명에 요청하고, 염채료는 조선이 부담하는 쪽으로 결정을 한 듯하다.

5장 명군 유철留撤을 둘러싼 조·명 교섭   233

조선은 이 '3천 유병안'을 즉시 경리 만세덕에게 알렸다.[64] 3월 22일 3천 유병의 주문과 명 예부·병부에 「적정자賊情咨」, 신종에게 「적정주문賊情奏文」[65]을 올리기 위해 형조참판 남이신南以信을 명에 급파하였다.[66] 이에 앞서 3월 16일에 3천 유병을 바라는 주문을 신종에게 올렸다(『선조』 33·3·22).

명 신종에게 올린 주문의 내용은 다음과 같았다. ① 각 영各營의 관병官兵이 오는 4월중에 모두 철수한다고 하는데, 조선의 수륙水陸 군병이 1만도 안 되어 방비가 허술하다, ② 쓰시마對馬島가 명군이 모두 철수한 것을 알고 조선을 침범하면 이는 조선의 존망에 관계된다, ③ 현재 군량이 고갈되어 중병重兵(대규모 군대)을 주둔하게 해달라고 할 수 없으나, ④ 일본이 감히 조선을 다시 침략하지 못하는 것은 명군이 아직 조선에 주둔해 있기 때문이다, ⑤ 일본이 조선에 화친을 요구하면서 포로를 송환하고는 있으나, 이는 조선의 허실을 탐지하려는 것이다, ⑥ 명군의 주둔을 청하는 것은 실로 조선의 존망에 관계되는 것으로서 결코 그만둘 수 없다, ⑦ 조선이 고갈된 상태이긴 해도 3천 병력의 본색 군량이라면 힘을 다해 댈 수 있으니, 수병 3천을 주둔시켜 적정賊情에게 두려움을 주기를 청한다, ⑧ 지난해 유병을 청하였을 때, 조선이 요청한 명군 8천에 다시 7천여 명을 증원하였기에 군량을 댈 수가 없었다, ⑨ 지금 유병군이 3천을 넘으면 본색도 지탱하기 어렵고, 절(색)은(折(色)銀) 월향月餉은 더욱 그렇다, 이에 관해서는 명에서 지급해 주느냐의 여부에 달려 있으며, 조선의 물력物力으로는 불가하다, ⑩

---

64 『事大文軌』 권35에 年月日 불명의 만세덕 게에 "三千太少, 恐不足以禦敵"이라는 기사가 나온다. 이에 대해 조선 측은 3월 22일에 回啓했다. 이러한 사실들을 고려하면, 조선 측이 경리 만세덕에게 '3천 유병안'을 알린 것은 위의 대신회의가 끝난 직후였을 것이다.
65 『事大文軌』 권35, 萬曆 28년 3월 22일조.
66 『事大文軌』 권35, 萬曆 28년 3월 22일조.

그러니 수병水兵 3천을 제청題請하며 아울러 절색과 군량도 모두 지급해 주기를 청한다, ⑪ 도요토미 히데요시의 아들 히데요리가 히데요시를 계승하고, 도쿠가와 이에야스는 다시 조선침략을 도모하고 있다, ⑫ 요청한 단 3천이라는 숫자를 적다고 염려하지 않는 것은 3천 군병으로 사나운 흉봉凶鋒을 막을 수 있다고 여겨서가 아니고, 명의 권위로 일본의 간모奸謀를 꺾을 수 있고 군정軍情을 진정시킬 수 있기 때문이다 등이다.

위 상주문 내용의 특징은 절색·월향의 원조와 유병 수가 3천을 초과하지 않도록 반복해서 강조한 점, 일본의 재침략 가능성을 강조한 점 등이다. 그리고 앞의 조선조정에서 열린 대신회의의 내용과 다른 점은 유병 시기가 '수년'으로 되어 있다는 것이다. 유병 수와 군량 문제는 지난번 8천 유병 교섭에서 명이 1만5천을 유병시킨 적이 있어서 이번에도 증병하여 유병시키게 될까 경계함과 동시에 조선은 완전 철병의 의지가 있음을 표명한 것으로 생각된다. 그리고 조선이 제안한 명군 3천 유병과 관련해서는, 명군의 유병 그 자체만으로도 일본의 재침략을 억지할 힘이 있다는 인식을 보여주고 있다. 즉, 3천 유병 그 자체가 대일 전투력으로 기능할 수 있다고는 생각하지 않으나, 조선은 3천 유병을 "호랑이와 표범이 산중에 있는 형세"虎豹在山之勢로 비유하고 있다.

여기서 주목해야 할 점은 조선이 '3천 유병안'을 명 신종에게 상주한 것이 경리 만세덕과 협의를 거친 후의 일이 아니라는 점이다(『선조』 33·3·22). 그리고 조선이 직접 명 조정에 「적정자賊情咨」 혹은 「적정주문賊情奏文」 등의 보고를 하게 된 것이 이 시기부터였다는 점에도 주목할 필요가 있다.

한편, 경리 만세덕은 3천 유병이 일본침략을 방어하기에는 턱없이 부족한 숫자고, 병사들이 귀향을 원하여 장기간 유병할 수 없으니, 병력을 압록강 유역으로 이동시켜 시세에 대처하고 싶다는 내용을 조선에 전했다.⁶⁷ 이 전문은 조선의 '3천 유병안'을 전해받고 자신의 의견을 개진한 것인데, 조선이 명군의 유병을 원하는지 타진한 것으로 볼 수 있다. 이에 조선은 명이 3천 병력을 조선에 유병시키고, 약간의 병력을 요동[遼]·산동[薊] 지역에 배치해서 조선을 도와준다면, 그야말로 조선이 바라는 바라고 답변했다.⁶⁸

그 후, 4월 5일 명 조정으로부터 만세덕에게 1600년 3월 24일자로 내려진 신종의 명령이 전해졌다. 그는 선조에게 서장을 보내 다시 한번 유철 문제를 논의하여 결정할 것을 요청했는데,⁶⁹ 조선은 3천 유병 주장을 굽히지 않았다.⁷⁰ 이러한 상황에서 만세덕이 4월 16일경 조선에 수병 5천을 유병시키고 싶다고 통고해 왔다. 이에 대해 조선은 명이 군량만 부담해준다면 개의치 않겠다고 답변했다(『선조』33·4·16). 그러나 만세덕이 제안한 '수병 5천 유병안'에 대한 교섭은 보이지 않는다. 아마도 이 안도 만세덕 개인의 의견이었고 명 장수들의 반대로 철회되었을 것이다.

이후에도 조선과 만세덕의 유병 규모와 군량을 둘러싼 대립은 계속되었으나, 교섭은 교착 상태에 빠졌다. 그러던 중 5월 15일 1600년 5월 4일자 신종의 엄명이 만세덕에게 전해졌다. 이에 만세덕이 다시 한번 유철 문제의 논의와 결정을 조선 측에 요청했으나, 이때도 조선은 '3천 유병안'을 주장했고,⁷¹ 나아가 이 기회를 이용하여 다시 명에 사자를 파견하여 '3천 유병안'을 상주하자는 논의까지 했다.⁷² 그 후에도

---

67 『事大文軌』 권35, 年月日 미상의 萬經理揭.
68 『事大文軌』 권35, 年月日 미상의 萬經理揭에 대한 조선 측 回揭.
69 『事大文軌』 권35, 萬曆 28년 4월일조. 이 문서는 4월 몇일인지 나타나 있지 않으나, 명이 보낸 문서가 경리 만세덕에게 전해진 것이 4월 5일이고, 조선측 回참에는 경리 만세덕이 선조에게 참한 것이 4월 7일로 기록되어 있으므로 4월 5~6일로 추정할 수 있다.
70 『事大文軌』 권35, 萬曆 28년 4월 12일조.
71 『事大文軌』 권35, 萬曆 28년 5월 15일조, 5월 21일조.

조선은 9경회의, 두잠, 만세덕 서장 등에 대한 회답을 통해 기회 있을 적마다 '3천 유병안'을 거듭 주장했다.[73]

그런데 만세덕은 왜 수차례에 걸쳐 조선에 '3천 유병안'을 재고시키려 한 것일까? 그리고 명 장수들은 조선의 '3천 유병안'에 대해 어떻게 인식하고 있었던 것일까?『사대문궤事大文軌』권36에 년월일 미상의「두잠군게杜監軍揭」라는 문서가 있다. 이 문서는 조선의 3천 유병 상주와 관련하여 조선과 논의해야 할 15조를 기록한 것이다.[74] 내용을 보면, 제1조에 3천 유병은 불가하다는 전제 하에 논의를 전개하고, 그 이하는 제13조와 제15조를 제외하면 조선 측의 '3천 유병안'이 불가한 이유들을 나열하였다. 이것을 내용별로 분류해 보면, ① 유병 규모(제1조), ② 병량에 관한 것(제2, 3, 9조), ③ 군사훈련·군비 혹은 군사전략에 관한 것(제4, 5, 6, 7, 8, 11, 12, 14조), ④ 유병에 따른 인사·행정에 관한 것(제13, 15조), ⑤ 기타 치안에 관한 것(제10조) 등이다. 이 가운데 ③이 명 장수들의 '3천 태소太少'를 주장하는 명분이라고 생각된다.

그렇다면, 명 장수들이 조선의 '3천 유병안'을 재고시키려 한 진정한 이유는 무엇일까? 그것은 조선주류 명 장수들이 위에서 본 9경회의를 받아들이는 입장과 신종의 엄한 명령과 관련되어 있다. 이승동이 조선

---

[72] 『宣祖實錄』권125, 宣祖 35년 5월 辛酉條에 "…上曰, 南以信嘗去 奏本, 請留水兵三千, 外無他言乎, 天朝議論不一, 其一曰, 思歸之兵, 不可久處於朝鮮, 當移置遼東, 一以爲東援, 一以禦虜患, 天朝未能廷決, 使經理與, 朝鮮君臣議處云, 因此機會, 陳請如何, 憲國曰, 此不可失之機也, 廷龜曰, 上敎至當, 上曰, 大軍在鴨綠則甚爲便好於我國爲今之計, 無過於此"라는 기사가 보인다. 그러나 사자를 파견한 흔적은『조선왕조실록』에도『明神宗實錄』에도 보이지 않는다. 따라서 사자 파견 건은 논의만 있었던 것으로 생각된다.

[73] 『事大文軌』권35~37의 해당조.

[74] 이 문서는 그 내용 중에 "而廷議亦有謂餉誠足, 卽仍留萬五千人, 不爲多者, 又有謂於中減四之一者, 有謂撤還五千者, 有謂挑留一萬" 등 九卿會議 내용이 포함되어 있으므로 5월 17일 이후 것으로 보인다. 그러나 그 하한을 확정할 단서는 보이지 않는다.

에 명의 9경회의를 보고하는 서장에서 "유병을 논의하는 자는 10 중 2~3이고, 철수를 논하는 자는 10중 6~7"[75]이라 하였는데, 이는 역으로 그들이 조선에 주류하고자 한 의향을 보여준다. 그 후 5월 4일 신종의 명령[76]과 9경회의 결과가 명 장수들에게 전해졌다.[77] 신종의 명령은 유철 문제의 전권을 만세덕 등에게 위임한 것이나, 그에 따르는 모든 책임 역시 그들에게 지우는 것이었다. 즉, 일본이 재침략하면 철병 책임을 추궁받을 것이고, 재침략이 없으면 헛된 유병의 책임을 추궁받게 된다. 따라서, 그들은 위 신종의 명령을 "신 등은 유병해도 죄를 짓고, 철병 역시 죄를 지으니, 과신이 한마음으로 유병을 책하고, 한마음으로 철병을 책한다"[78]라고 하여 진퇴양난의 것으로 받아들였다.

　이러한 사면초가 상황에서 명 장수들은 조선의 '3천 유병안'을 재고시키려 했으나, 조선 측이 심하게 반발하여 타협할 수 없었다. 이에 만세덕은 위 9경회의 유병론자의 의견을 받아들여 1만 혹은 1만5천 유병('1만 유병안')을 주장하였다.[79] 한편, 그들은 조선의 '3천 유병안'을 일본이 조선을 다시 침략할 가능성이 없다는 판단 아래 주청한 것이나 사실상 조선이 명군을 모두 철수시키고자 제안한 것으로 인식하였다.[80] 조선의 의도를 명확히 파악하고 있었던 것이다. 또한, 그들은 위에서 보았듯이 조선의 군비부족 상황에 대해 익히 알고 있었다. 그래서 조선의 군비부족과 일본의 재침략을 전제로, 유병한다면 1만 혹은 1만5천으로 하고, 그렇지 않으면 모두 철수하겠다는 위협을 가했던 것이다. 그들로서는 완전 철수를 내세울 경우 조선도 '3천 유병안'을

---

75 『事大文軌』 권36, 萬曆 28년 5월 17일조.
76 『明神宗實錄』 萬曆 28년 5월 丙午條.
77 『事大文軌』 권36, 萬曆 28년 5월 17일조.
78 『事大文軌』 권37, 萬曆 28년 8월 13일조.
79 同上條.
80 同上條.

철회할 것이라고 생각했던 것 같다.

한편, 형조참판 남이신이 명에 가지고 간 3천 유병 상주문과 일본 정세에 관한 상주문(적정주문), 명의 예부와 병부에게 보내는 일본 정세에 대한 보고(적정자)는 5월 6일 명 조정에 전해졌다.[81] 남이신은 당시의 명 조정 상황을 급보로 조선조정에 보고하였는데, 내용은 다음과 같았다. ① 진 상서陳尙書는 수병水兵 3천은 많은 수가 아니며, 군병은 많이 줄 수 있지만, 왜적들이 압록강에 이르렀다고 해도 다시 은자를 줄 수는 없다. ② 병부상서 전악田樂은 3천 명의 유치는 고단孤單하지 않겠는가 … 철수하려면 아예 다 철수하고, 유치하려면 1만 명은 되어야 한다. ③ 조선은 지금 명군을 기피하는 기색이 있다, 군병은 많이 유치시킬 수 있으나 군량은 내줄 수 없다. 3천 명을 유치시키려는 (조선) 주장은 우리를 희롱하는 것이다 등이다(『선조』 33·6·30).

위에서 알 수 있듯이, 명 병부도 "철수하면 모두 철수, 유병이면 1만"을 원칙으로 하여 조선의 '3천 유병안'에 강하게 반발하였다. 즉, 명군이 철병한 후 일본군이 다시 조선을 침략하게 되면 조선 백성이 일본에 따르게 된다는 것이었다. 군량도 조선에 부담시키려 하였다. 그러나 "명이 (조선에) 유병을 강요하면, 모기가 생겨 후회한다"는 말에서 알 수 있듯이, 조선에게 유병을 강요할 경우 조선은 명의 지배하에 놓이게 되는 게 아닌가 하는 의심을 할 것이라고 했다. 명 조정은 유병문제를 둘러싸고 외교마찰이 생길 경우 조선과 명의 관계에 악영향을 미치지 않을까 염려하고 있었다.

그리고 명은 조선의 3천 유병 주장이 명군을 철병시키기 위한 것으로, 그 배경에 명군의 조선유병이 조선을 지배하기 위한 것이 아닌가 하는 의심이 있다고 인식하였다. 조선이 유병교섭 때마다 규모를 축소

---

[81] 『明神宗實錄』 萬曆 28년 5월 6일 戊申條.

하려 한 것도 이 때문이라고 보았다.⁸² 이러한 상황 속에서 명 수군이 7월 7일 철병을 위해 강화도로 출발했다(『선조』 33·7·18).

　이상에서 알 수 있듯이, 당시 명 조정에는 '진철안盡撤案'과 '1만 유병안'이 대립하고 있었고, 경리 만세덕은 '1만 유병안'을 받아들였다. 그러나 조선은 '3천 유병안'을 제안하고 한 치도 양보하지 않았다. 명 장수들이 조선의 '3천 유병안'을 재고시키려 무척 노력했으나 모두 실패로 돌아갔는데, 명 장수들이 조선을 설득하려 한 배경에는 조선과는 다른 일본에 대한 정세판단 및 조선의 군비부족이 있었다. 그러나 가장 근본적인 이유는 명의 동아시아 군사전략이 갖는 모호함이었다. 당시 명 조정에서는 일본에 대한 주전·주화 논의를 대일정책으로서 심각하게 검토한 적이 없었다. 그저 상황에 따른 현실 미봉책이 전부였다. 그렇게밖에 대응할 수 없었던 배경에는 유병에 대한 조선의 거부 움직임과 명의 재정악화가 있었다. 거기에다 명은 조선의 '3천 유병안'을 명군을 완전히 철수시키기 위한 것으로 받아들이고 있었다.

명군의 완전 철병과 조선의 '1천 유병안'

　　　　　　　　　　그 후 명군이 완전 철병하기까지 어떠한 과정을 거쳤을까? 우선 명 측부터 살펴보자. 명 조정이 조선의 3천 유병 상소에 대해 다시 한번 조선주류 명 장수들과 조선의 교섭을 요청하였던 사실은 앞에서 보았다. 조선의 '3천 유병안'을 둘러싸고 조선과 명 장수들이 한 치의 양보도 없이 대립하였다는 것도 앞에서 본 대로다. 이 같은 상황에서 조선은 1600년 7월 '1천 유병'을 논의하였고, 명

---

82 『事大文軌』 권37, 萬曆 28년 8월 13일조.

조정에서는 유병에 대한 조선의 소극적인 자세 때문에 완전 철병 분위기가 강해졌다. 병과급사중 후광춘侯光春은 완전 철병의 이유로 다음 5개조를 들었다. ① 일본이 재침략할 기미가 안 보이니 유병할 필요가 없다, ② 조선은 끝까지 완전 철병을 언급하지 않을 것이다, ③ 병사를 주둔시키면서 군량을 지급하지 않을 경우 병사들의 불온한 움직임이 우려되며, 그에 따라 조·명 관계도 악화될 것이다, ④ 명은 국내 군량도 부족한 실정이다, ⑤ 조선에 주둔해 있는 병사들의 군량 역시 지급하기 어려운 상황이다 등이다. 이 가운데 ①~③이 조선 사정이고, ④·⑤는 명의 사정이다.[83]

그런데, ③ 이하가 모두 군량과 관련되어 있다는 점에 주목하고 싶다. 즉, 유병의 규모와 관계없이 조선이 군량을 모두 부담하지 않는 한, 조선 유병은 있을 수 없고, 마침내 명군의 완전 철병으로 결정될 성격을 띠고 있다. 이는 명이 이미 동아시아지역의 경찰이라는 지위를 잃어가고 있음을 상징한다 하겠다.

그렇다면 당시 조선은 어떠했을까? 1600년 8월이 되자 명이 마침내 완전 철병을 결정하고, 조선에게 대일본 방위를 위한 무비 강화를 지시하였다.[84] 명군의 완전 철병 정보가 비공식 루트를 통해 조선에 전해진 것은 7월 상순경이었다. 선조는 이 철병에 대비해 선후책을 비변사에 논의하도록 명했다(『선조』 33·8·25).

한편, 남이신이 명에서 귀국하여 김득시 일당이 조선 국경지대에서 세력을 확대해가고 있다고 보고하자, 그에 대한 대책 마련이 강구되었다. 선조는 김득시 일당이 세력을 확대해감에 따라 명으로부터 협격挾擊 요청이 있을 수 있다는 것, 김득시와 당시 활발한 움직임을 보이기

---

83 『明神宗實錄』 萬曆 28년 7월 戊午條. 인용문 가운데 "而當撤者四" 등의 부분인 四·五·六은 三·四·五의 오기로 보인다.
84 『明神宗實錄』 萬曆 28년 8월 丙子條.

시작한 여진의 누루하치가 연합해서 조선을 공격해올지도 모른다는 것, 명의 군사행동에 따라 그들이 조선영내로 들어올지도 모른다는 것 등을 걱정하였다. 이에 사람을 보내 그 지역의 상황을 살피라는 지시를 내렸다(『선조』 33·7·20).

이 지시가 있은 지 9일 후 선조는 '1천 유병안'을 제기했다(『선조』 33·7·29). 그러나 "3천 군사가 해상에서 소요하여 민중의 마음[衆心]이 저절로 불안하였는데, 1천 군사만이 경중京中에 유진留鎭하자 그들의 마음에 꽤 싫지 않게 여긴다"(동상조)에서 알 수 있듯이, 선조는 명군의 철수 움직임을 걱정하면서 명군의 한성주둔이 민심안정에 도움이 된다고 생각하였다. 또한 위에서 알 수 있듯이, 선조가 생각한 '1천 유병안'의 특징은 병력을 한성에 주둔시키는 것이었다. 이 '1천 유병안'이 남이신의 보고를 받고 제기된 것이나, 선조의 북방에 대한 정세판단 등을 염두에 두면, 이 안은 일본에 대한 대책이 아니라 주로 명에 대한 대책이었다고 판단된다.

그 후에도 선조는 신하들에게 '1천 유병안'을 논정할 것을 재촉했다(『선조』 33·8·3, 22). 그러나 조정 신하들의 저항은 강했다. 이는 선조가 1천 유병에 대해 논의할 것을 명한 지 1개월 남짓 지난 후, 그것도 3회에 걸쳐 명령이 내려지고(『선조』 33·8·3, 22, 24), 게다가 모든 명의 육병이 철병하기 시작한 후에야(『선조』 33·8·24) 심의가 이루어진 것을 보아도 명확하다.

우선, 선조의 속마음을 살펴보자. 선조는 비망기를 통해, ① 명군의 철수로 인심이 의지할 데 없고, 일본은 두려워할 바가 없게 될 것이니, ② 1천 병력이 한성에 주둔한다면, 오히려 십만이라 일컬어 성세를 과시할 수도 있으며, ③ 향은(군량)을 대기 어렵다는 이유로 1천 병력까지 모두 철수해서 돌아가도록 내버려두는 건 좋은 계책이 아니니, 1천 병력을 머물도록 요청하지 않을 수 없다, ④ 자문 중에 명 조정에서 논의한 내용(조선이 명군 유병을 꺼린다=조선이 명군의 철수를 원하고 있다)은 매우 놀랍고도 민망하니, 이를 가려내 천자에게 알려서 이곳 형편을 알게 하여 후일의 대책을 강구해야 한다, ⑤ 1천 병력을 한성에 머물도록 청하면서 향은의 절반은 조선이 부담하고 절반은 명에서 대주도록 청하되, 오로지 명군의 힘밖에 믿을 수 없는 사정을 밝혀 조선이 명군(의 유병)을 싫어한다는 등의 오해를 풀어야 한다, ⑥ 조선이 청한 바대로 되면 나라의 복이고, 청한 바대로 되지 않더라도 충분히 우리 마음을 밝히고 우리의 억울함을 변명할 수 있게 된다, ⑦ 이 일과 이덕형의 차자箚子 내용을 오늘 중에 서둘러 의계議啓하게 하라고 했다(『선조』 33·8·24).

위에서 보는 한, 선조가 주장한 '1천 유병안'의 목적은 첫째, 대일본 전략을 확보하고[虎狼在山之勢], 둘째, 조선이 명군 유병을 싫어한다는 인식을 불식시키는 것이다. 이 중 선조가 겨냥한 것은 후자라고 볼 수 있는데, "충분히 우리 마음을 밝히고 우리의 억울함을 변명할 수 있게 된다"라는 대목에서 알 수 있다. 즉, 선조는 1천 유병안이 대의명분 없이 조선이 명군의 주류를 싫어한다는 명의 의혹도 풀 수 있고, 조선이 군량을 전부 부담하면서 명군을 유병시킨다는 건 명에게 조선의 궁상을 호소해서 이해시키기에 상황이 좋지 않다고 생각했을 것이다. 그래서 군량의 절반을 명에게 부담시키려고 했다. 이것은 조선의 '3천 유병안'을 정당화하기 위해서도 필요했을 것이다.

한편, 명의 의혹을 푸는 일은 외부로부터 침략을 받을 경우 방어하기 어려웠을 조선에게는 외교상 중요한 난제였다. 의혹은 외교상의 문제만이 아니라 군사적으로도 고립의 위험성까지 내포하고 있었다. 특히, 일본 재침략은 일단 제쳐두고라도 북방 여진족이 발흥하던 당시 상황을 생각하면, 이 문제의 해결은 조선에게 필수였다. 따라서 '1천 유병안'은 여진족의 발흥에 따른 명의 군사행동에 조선은 말려들고 싶지 않다는 대명전략으로, 여진족 발흥에 대한 군사대책이자, 조선의 '3천 유병안'에 대한 명의 위의 인식에 관한 대책으로 강구된 것이라고 할 수 있다.

'1천 유병안'에 대한 신하들의 의견이 좁혀지지 않자 윤두수, 이덕형, 김명원 등은 선조에게 재가 신하들의 의견을 들은 후 직접 판단해서 결정할 것을 건의했다. 이에 선조는 다음 날까지 각자 헌책하라는 명을 내렸다(『선조』 33·8·24). 그러나, 선조는 이미 마음속으로 1천 유병을 청원하는 주자奏咨를 명에 파견하겠다고 결정한 상태였다. 선조는 비변사와 승문원에 서장을 내어 철병은 명 신종의 의지가 아니며, '3천 유병안' 거부 역시 명 신종의 의지가 아니므로, 신경진辛慶晉을 명에 파견하여 '1천 유병안'을 상주해야 한다는 의견을 피력했다(『선조』 33·8·25). 이 서장은 대신회의 이전에 제출된 것으로 보인다.[85] 선조가 대신회의가 있음에도 불구하고 「비망기備忘記」를 통해 자신의 의견을 피력한 것은 대신회의에서 '1천 유병'에 반대하는 사람들의 의견을 견제하기 위해서였던 것으로 판단된다.

조신들의 건의 내용은 '3천 유병론'에서 '유병 무용론'까지 다양했다(『선조』 33·8·25). 이 가운데 이항복·황신 등의 '3천 유병론'은 명군을 유병시키기 위해서가 아니라, '1천 유병안'보다는 '3천 유병안'을 상주하는 게 낫다는 쪽이었다.[86] 3천 유병론자들은 군량의 절반을 명에게 요청하되, 유병 수를 줄이는 데 대해서는 일관성이 없었다.[87] 그런

---

85 전날의 尹斗壽·李德馨·金命元의 揭에는, "千兵之由, 提督前已爲回帖, 經理亦必知之, 今更爲奏請, 事勢未安, 且千兵所供糧餉一半, 煩請 天朝, 尤爲未安, 諸臣論議, 頗有異同"(『宣祖實錄』 권126, 선조 33년 8월 甲午條)이라는 부분이 나온다. 이것은 1천 유병안에 반대하는 조신들의 의견으로 보인다.

86 同上條에 "千兵之請, 只益中朝之哂, 事終難成, 不如仍前請留三千"이라 기록하고 있다.

87 同上條에 "千兵猶不能自養, 更計月餉一半於 天朝, 則尤怪請兵益少, 而請餉未已也, 今計莫若盡自辰之策…"이라고 기록하고 있다.

의미에서 '3천 유병론'은 '유병 무용론'과 상통하였다.

선조가 참석한 대신회의에서도 이항복·박홍로·이원익 등은 '3천 유병론' 혹은 '유병 무용론'을 펼쳤다. 그러나 이미 1천 유병을 결심하고 있던 선조는 두 논의를 모두 물리치고(『선조』 33·8·24) 신경진을 명에 주자로 파견하기로 하고 그에 따른 제반 사항을 지시했다(『선조』 33·8·24). 한편 명 장수들과의 1천 유병 교섭에는 이덕형이 나섰으나 실패로 끝났다. 그 후, 조선은 1천 유병안을 3천 혹은 4천, 4천 혹은 5천 유병안으로 고쳐서 교섭하였으나 역시 실패했다(『선조』 33·8·29, 30).

명 장수들과의 1천 유병 교섭이 실패로 끝나자 선조는 이덕형과 상담해서 1천 유병을 3천 유병으로 변경하여 진주사 신경진을 명에 파견했다.[88] 그러나 당시 명 조정은 위에서 보았듯이 이미 '진철'을 결정한 상태였고, 1600년 8월 6일자의 진철 명령도 9월 5일에 조선에 전해졌다.[89] 그럼에도 선조는 9월 21일에 이승동 등의 거관으로 가서 1천 유병을 요청하였다(『선조』 33·9·21). 한편, 명 장수들은 명 조정의 진철 명령에 따라 조선에서 철병하기 시작하여(『선조』 33·9·20, 15, 21, 27), 1600년 11월까지 조선에서 완전히 철병하게 된다.

---

[88] 『宣祖實錄』 권128, 선조 33년 8월 庚子條에 "無已, 則依前請, 三千可乎, 德馨曰, 請三千兵可矣"라고 기록하고 있다. 辛慶晉들이 언제 조선을 출발했고 어떠한 상주문을 가지고 명으로 향했는지 등은 분명하지 않다. 『宣祖實錄』 권128, 선조 33년 8월 乙未條에 "辛慶晉所率譯官…", 『明神宗實錄』 萬曆 28년 10월 己丑條에는 "朝鮮國陪臣辛慶晉等十五名入京奏事"라는 기사가 나온다. 그리고 『宣祖實錄』 권134, 선조 34년 2월 丙子條에 陣奏使辛慶晉의 狀啓 내용에 당시 조선이 1천 유병이 아닌 3천 유병을 상주하였음을 확인할 수 있다.

[89] 『事大文軌』 권37, 萬曆 28년 9월 9일조.

맺음말

　　　　　　　　　　이상에서 알 수 있듯이, 명 측은 정유재란이 끝난 직후 단계에서는 일본의 명침략을 조선에서 막는다는 동아시아 군사전략에 따라 조선에 3만 유병을 주장하고 이를 관철시켰다. 조선 측은 속으로 완전 철병을 바라고 있었으나, 일본의 재침략에 대한 독자 대책이 없고, 명군의 조선유병이 명의 동아시아 군사전략에 따른 것이며, 아직 '정응태무주사건'도 미해결 상태였다는 점 등 때문에 완전 철병을 주장할 수 없었다. 그래서 조선은 군량 조달의 어려움을 이유로 들어 1만5천 유병을 명 측에 제안하고 될 수 있는 한 유병 규모를 축소시키려 했다.

　위의 '3만 유병'에 대해서는 명 조정에서도 반대의견이 나오고, 조선에서도 강하게 반발했다. 따라서 조선에 주둔하고 있던 명 장수들도 명 조정의 절성안과 조선의 감군안에 따르지 않을 수 없었으나, 명 조정의 '절성안'을 '진철안'으로 바꾸어 조선에 내놓았다. 그것은 조선 수병 4천~5천 유병안을 철회시키기 위해 제안한 것이었다. 따라서, 그들은 다시 조선에 1만5천 유병을 제안하였다. 이에 조선 측은 수병 8천 유병안을 내놓았는데, 비록 명 장수들에 의해 거부되기는 했지만, 이 감군교섭을 통해 조선은 군량 부담을 피할 수 있게 되었다.

　그 후 명 조정에서는 '진철안'과 '1만 유병안'이 대립하였는데, 경리 만세덕은 '1만 유병안'을 받아들였다. 이에 대해 조선은 '3천 유병안'을 제안했고, 명 장수들은 이 안을 조선이 명군을 완전 철병시키기 위해 제안한 것으로 받아들였다. 이에 강제로 조선의 '3천 유병안'을 재고시키려 하였으나 조선이 한 발자국도 양보하지 않아 이 노력은 수포로 돌아갔다.

　한편, 조선은 명군 유병을 조선이 싫어한다는 명의 의심을 해소시키고, 당시 발흥하기 시작한 여진족에 대한 대책, 그리고 명군의 철병으로 혹시 일어날지 모르는 일본의 재침략에 대한 대책—명군 철병으로 군사적으로 고립되는 것이 아닌가 하는 현실적인 군사·외교상의 여러 문제를 고려하여 '1천 유병안'을 명에게 제안했다. 그러나 명 측은 군량을 조선 측이 부담하지 않는 한 철병하겠다는 원칙을 세워 놓고 있어서 조선 측의 '1천 유병안'이건 '3천 유병안'이건 재고조차 하지 않았다.

 이 같은 조·명의 유철 교섭 과정에서 보이는 특징은, 조선은 명 장수들이 제안한 유병 수에서 약 절반 정도 되는 병력을 항상 역제안했다는 점, 조·명 모두 상대방에게 군량을 부담시키려 했다는 점이다. 명 장수들이 항상 다수 유병을 주장한 것은 명군의 조선유병을 일본의 재침략을 조선에서 방어한다는 동아시아 군사전략에 의한 실질적·현실적 전투력으로 자리매김하려 했기 때문이다. 반면, 조선은 '8천 유병안'까지는 조선주류 명군을 일본 방어를 위한 실질적·현실적 전투력으로 삼으면서, '3천 유병안'에서는 명군의 조선유병을 "호랑이와 표범이 산중에 있는 형세"虎豹在山之勢의 상징으로 규정하였다.

 조선이 항상 명 장수들이 제안한 유병 수의 절반 정도를 역제안하는 방식을 취한 것은 명군의 유병으로 인한 피해 때문이었는데, 명군 1명당 지급되는 병량미만 해도 조선병사의 3배나 되었다. 또 조선은 명 장수들의 다수 유병 주장을 그들의 개인적 욕망을 충족시키기 위한 것이라고 인식하고 있었기 때문이기도 하다. 이러한 조선의 입장이 자국 군사력을 강화하고 명의 군사·외교상 간섭을 배제하려는 의도를 갖고 있었음은 두말할 나위 없다. 군량을 상대국에게 떠넘기려는 조·명 양국의 입장은 양국의 경제궁핍을 배경으로 하고 있다. 조선의 경제궁핍은 항상 소수 유병을 주장하는 이유가 되었고, 결국 명군이 철병하게 된 직접 요인도 조선의 군량 부담 거부였다.

그런데 조선이 '3천 유병안'을 제안한 후에도 군량을 계속 명에 부담시키려 한 것은 조선의 경제궁핍만으로는 설명이 되지 않는다. 조선이 속으로는 명군의 완전 철병을 바라면서도 명군의 조선유병을 어쩔 수 없는 사실로 받아들인 것은 명군의 유철 문제가 당시 3국 간의 군사·외교 환경과 각국의 국내 사정에 규제되고 있었음을 보여준다. 그리고 명군의 유철 문제는 후에 보듯이 정유재란 말기 명·일 간의 철병교섭에 얽힌 일본의 국교재개 움직임과도 밀접히 관련되어 있다는 사실을 간과해서는 안 된다.

조선주류 명군이 철수한 후 조선이 일본과의 국교재개 교섭에 적극 나섰던 것은 조선에 대한 명의 군사·외교상 간섭을 배제하고 일본의 재침략을 외교정책을 통해 봉쇄하려는 의도를 나타내고 있다 하겠다. 한편, 명 장수들이 항상 다수 유병을 주장한 배경에는 임진왜란(정유재란 포함) 당시 행해졌던 강화교섭 조건이 가로놓여 있었고, 조선이 항상 소수 유병을 줄기차게 주장하면서 구차스러울 정도로 명군의 소수 유병을 주장한 데에는 조선의 군사·외교권을 규제하는 정응태무주사건의 그림자가 길게 드리워져 있었기 때문이다.

6장

정유재란 종결 전후의 강화교섭과 조·명·일 3국의 동향

> 조선이 일본과 화호교섭으로 전환한 것은 명의 군사·외교적
> 간섭을 배제하고, 조선 나름의 화이질서를 바탕으로 쓰시마에
> 대한 기미와 일본과의 교린관계를 추구한 것이었다.

머리말

정유재란 종기의 강화교섭은 그 주체가 조선 주류 명·일 장수들이다. 정유재란 종결 직후의 교섭도 이 정유재란 종기의 강화교섭 연장선에서 전개되었다. 일본 측에서 보면, 정유재란 종기의 강화교섭은 철병을 주목적으로 하였으나, 이 때의 강화조건은 정유재란 종결 이후의 강화교섭을 크게 규제한다. 그리고 정유재란 종결 직후의 강화교섭은 조·명·일 3국의 전후처리와 함께 동아시아 국제질서 속에서 3국이 차지하는 위치와도 관련되어 있다.

전후처리에 대한 조·명·일의 입장을 살펴볼 경우, 정유재란 종결 전후의 강화교섭은 빼놓을 수 없는 연구대상이며, 조·일 화호·통호 교섭의 전제를 명확히 하는 것이기도 하다. 그러한 중요성에도 불구하고 이 주제에 관한 연구가 충분하다고는 할 수 없다. 현재까지 이루어진 연구 가운데 나카무라 히데타카中村榮孝,[1] 다나카 다케오田中健夫,[2] 미야케

---

1 中村榮孝,「江戶時代の日朝關係」,『日鮮關係史の硏究(下)』, 吉川弘文館, 1969.
2 田中健夫,「鎖國成立期における朝鮮との關係」,『中世對外關係史』, 東京大學出版會, 1975.

히데토시三宅英利,³ 아라노 야스노리荒野泰典,⁴ 로날드 토비,⁵ 민덕기⁶ 등의 연구가 주목할 만한데, 모두 비교적 높은 수준의 실증연구지만 당시의 각국 사정과 국제관계를 간과하는 결정적 결함을 안고 있다.

6장에서는 명군이 조선에 주둔하고 있던 1600년 후반기까지를 대상으로, 조·명·일 3국의 동향에 주목하여 각국이 어떠한 관계를 유지하면서 강화교섭에서 자신들의 입장을 관철하려 했는가를 살피고, 그 추이를 추적하여 이 시기 강화교섭의 역사 의의를 명확히 하고자 한다.

정유재란 종기의 강화교섭과 조선

| 명 · 일 장수들의 철병 교섭 | 정유재란 종기의 강화교섭은 일본 측에서 보면 어떻게 퇴각로를 확보할 것인가, 전후 일본을 어떻게 동아시아질서 속에 자리잡게 할 것인가, 그리고 임진왜란 종전이 일본 국내정치와 어떤 관련을 갖는가 하는 문제들과 얽혀 있다. 특히, 히데요시 사후 5대로의 필두 도쿠가와 이에야스德川家康에게 임진왜란 전후처리는 대내외 문제들을 헤쳐나갈 능력이 있는지를 선보이는 시험대였고, 이 문제의 해결은 정국 주도권을 장악하는 데 필수적이고도 긴급한 요건이었다.

우선, 1598년 9월 5일 모리 요시나리毛利吉成, 다카하시 모토타네高橋元

---

3   三宅英利, 「德川幕藩体制と朝鮮通信史」, 『近世日朝關係史の研究』, 文獻出版, 1987.
4   荒野泰典, 「大君外交体制の確立」, 『講座日本近世史』, 有斐閣, 1989.
5   Ronald Toby, 「初期德川外交政策における『鎖國』の位置づけ」, 『新しい江戸像を求めて』, 有斐閣, 東洋経濟新報社, 1987.
6   閔德基, 「壬辰倭亂直後の朝·日講話交涉と對馬島-交隣·羈縻秩序の再編を中心にして-」(1)·(2), 『史學研究』39, 1987 / 40, 1988) ; 「조선후기의 조·일강화와 조·명관계」, 『국사관논총』 12, 1990.

種, 사가라 나가쓰네相良長每(賴房), 이토 스케토요伊東祐豊, 시마즈 다다토요 島津忠豊(豊久), 아키즈키 다네나가秋月種長 등에게 발급된 4대로(모리 데루모 토毛利輝元, 우키타 히데이에宇喜田秀家, 마에다 도시이에前田利家, 도쿠가와 이에야 스)의 철병 관련 명령서7를 보면, ① 일본의 철군을 위해 조금 전[最前] 가토 기요마사에게 강화교섭을 명했는데, 이 교섭이 여의치 않으면 누구든 나서서 일본군이 무사히 철수할 수 있도록 강화교섭에 노력할 것, ② 강화조건으로 조선왕자를 (인질로) 데려오면 가장 좋으나, 그렇지 못하면 조공물[調物]이라도 받아올 수 있도록 노력할 것, 조선이 일본에 보내는 조공물은 일본의 체면과 관련 있으므로 조공물이 적으면 받아 들이지 말고 서로서로 상의할 것, ③ 철병을 위해 300척의 배를 파견할 것(히데요시의 명으로 건조한 100척과 그 외 여러 포구의 배 200척) 등이다. 그리고 5부교五奉行(나가쓰카 마사이에長束正家, 이시다 미쓰나리石田三成, 마시타 나가모리增田長盛, 아사노 나가마사淺野長政, 마에다 겐이前田玄以)가 도쿠나가 나 가마사德永壽昌, 미야모토 나가쓰구宮本永次에게 보낸 명령서의 내용은 아래와 같다. ① 조선왕자를 인질로 일본에 보내면 모든 군사를 철수시 킬 것, ② 조선이 조공물을 보내고 조선관인이 강화에 임한다면, 그를 쓰시마로 도해시키고 일본군을 모두 철수할 것, ③ 위 두 가지 조건이 충족되지 않는다면, 부산포에 군사 일대를 주둔시킬 것 등이다.[8]

  5부교 명령서는 히데요시가 죽고(8월 18일 사망) 7일이 지난 1600년 8월 25일 발급되었고, 4대로 명령서는 5부교 명령서가 발급된 날로부터 17일이 지난 9월 5일 발급되었다. 위의 두 명령서에서 알 수 있듯이, 일본은 조선왕자를 인질로 일본에 보낼 경우, 조선이 조공물을 일본에 보내고 조선관인을 파견하여 강화교섭에 응할 경우, 조선이 강화교섭 을 거부할 경우 등을 상정하고, 그에 상응한 조치를 취할 것을 명했다.

---

7 『淺野家文書』91.
8 『島津家文書』2, 1088.

당시 일본 측이 요구할 공물목록을 보면 쌀, 호피, 표피, 약종藥種, 청잠靑蠶 등이다.[9]

위에서 보듯이, 4대로의 철군 명령이 내려지기 전에 이미 가토 기요마사에게 강화교섭 명령이 내려졌음을 알 수 있다. 그 시기가 언제였는지는 불분명한데, 이를 짐작케 해주는 것이 울산성전투가 끝나고 상호 대치중이던 1598년 2월에 양호와 가토 기요마사, 데라사와 마사나리寺澤正成가 관여한 명 오종도·이대간과 고니시 유키나가 사이에 이루어진 강화교섭이다. 그리고 이 시기 교섭에 강화교섭에 소극적이던 가토 기요마사가 직접 전면에 나서서 명군의 총지휘자인 경리 양호에게 강화교섭을 요구한 점이 주목된다. 한편 히데요시는 울산성전투가 끝난 직후인 1598년 3월 6만4천여 군사를 조선에 재진시키고, 1599년 대규모 군사를 조선에 파병한다는 계획 하에 나머지 7만여 군사를 일본으로 퇴각시켰다고 한다. 1599년 대조선 군사 파병에는 일본군의 총지휘자로 이시다 미쓰나리와 후쿠시마 마사노리福島正則를 임명할 예정이었다고 한다.

히데요시의 조선 재침략 계획과 명·일 장수들의 강화교섭이 어떤 관련이 있었는지는 정확히 알 수 없다. 다만, 위 강화교섭에 1592년 이래 규슈대명과 조선파병 일본 장수들을 중재하고取次 나가사키부교長崎奉行 임무를 맡고 있던 데라마사 마사나리가 등장하고, 고니시 유키나가가 히데요시를 언급한 것으로 보아, 이 시기의 강화교섭은 히데요시의 지시에 따랐던 것으로 보인다. 즉, 히데요시는 조·명군의 공세로 패색이 짙어가던 전국戰局에서 명과의 강화교섭을 통해 시간을 벌고, 대내로는 1593년의 조선 공세를 예기하여 군사적 긴장감을 높이려 한 것으로 보인다. 이런 상황—특히 가토 기요마사가 양호에게 강화를

---

[9] 동상.

요구한 것－을 고려하면, 위에서 본 가토 기요마사에게 강화교섭 명령이 내려진 시기는 1598년 2월경으로 보아도 될 것이다.

한편, 1598년 5월경 강화교섭에서 제시된 조건을 보면, 가토 기요마사는 조건을 제시하지 않았으나, 고니시 유키나가는 일본의 명에 대한 입공 의향을 타진하고, 임진왜란의 발발 책임을 조선에 전가하고 있다. 조선에게 전쟁발발 책임을 전가하는 것은 조선의 일본 입조·입공을 전제로 한 것이었다. 이러한 강화조건은 4대로 및 5부교의 퇴각명령서에서도 기본으로 유지된다. 다만, 불리한 형세를 고려하여 조공물을 충분히 받아올 것, 히데요시의 1599년 조선출병계획을 염두에 둔 5부교의 퇴각명령서에는 강화조건이 이행되지 않을 경우, 부산에 군사 일대를 주둔시킬 것을 명했다고 보인다. 이렇게 보면, 1598년 2~8월에 명·일 장수 사이에 전개된 강화교섭은 히데요시의 와병 때문이었고, 1598년 10월부터 이루어진 교섭은 히데요시의 사망 때문이라고 할 수 있다. 그러나 앞의 4대로와 5부교의 일본군 퇴각명령은 1598년 2월 이전에 추진된 강화교섭의 연장선상에 위치한다고 하겠다.

앞의 5부교 명령서는 1598년 10월 초하루에 부산에 도착했고,[10] 4대로 명령서가 언제 일본군 장수들에게 전달되었는지는 불분명하나, 아마도 두 명령서는 거의 같은 시기에 전달되었을 것이다.

시마즈 요시히로는 10월 8일 위의 명령서를 받았고, 이 소식을 접한 일본 장수들이 15일 부산에 모여 철병에 대해 상의했다.[11] 그런데 시마즈 요시히로가 철병교섭을 시작한 것은 10월 4일 이전이다. 시마즈 요시히로는 제독 동일원과 일전을 치러 전과를 올렸으나, 명군에 포위당해 어려움을 겪게 되자, 10월 3일 (사천)성 밖에 서장을 내어 꽂아

---

10 北島万次,『朝鮮日日記·高麗日記』(日記·記錄による日本歷史叢書 近世4), 株式會社 そしえて, 1982, 343쪽.
11 『征韓偉略』.

명 장수에게 강화를 청했다. 이에 동일원은 조선포로들을 석방하면 강화에 임하겠다고 답했다.[12] 그 후 10월 중순경 동일원과 요시히로 사이에 철병교섭이 본격화되었다.

이즈음 명 장수들과 일본 장수 사이에 일본군 철수 교섭이 활발해진다. 10월 7일 모국기가 10월 4일 요시히로의 강화교섭 요구에 답하여 요시히로에게 서찰을 보냈고, 요시히로는 10일 모국기에게 서찰을 보냈다. 이 요시히로의 서찰에 답하여 모국기가 14일 사세용의 서찰을 지참시켜 요시히로에게 파견하였다. 그리고 유격 팽우덕은 시마즈 요시히로에게 보내는 요시라要時羅[13]의 서찰을 항왜 김귀순에게 들려 요시히로 진영으로 파견하였다. 이 시기의 교섭 내용은 명군이 철병로를 내주는 대신 포로로 잡혀있는 명군을 송환하는 것이었다(『선조』 31·10·23). 요시히로는 철병로를 확보하기 위한 인질을 요구했고, 이 요구에 응해 모국기는 가복 19인을 파견하였다(『선조』 31·12·11).[14] 이렇게 해서 모국기와 요시히로의 철병교섭이 성립하여 요시히로는 11월 18일 70여 척의 배에 병사들을 태워 사천[東洋倉]에서 철병했다(『선조』 31·11·26). 그리고 고니시 유키나가를 돕기 위해 순천으로 향했다. 이 교섭 과정에서 알 수 있듯이, 일본군의 철병교섭은 5부교와 4대로의 명령서가 전달되기 전부터 시작되었고, 퇴각명령서를 접하고는 퇴각교섭이 활성화되었음을 알 수 있다.

한편, 고니시 유키나가도 유정과 일전을 치른 후 1598년 10월 중순 다시 철병교섭을 시작하였다. 고니시 유키나가는 10월 16일 전세의 불리함을 사천의 시마즈 요시히로에게 알리고 동시에 유정에게는 사자

---

12 『宣祖實錄』 권105, 선조 31년 10월 4일 丙辰條.
13 1598년 3월 고니시 유키나가와 명 장수 사이의 강화교섭 때 조선에 파견된 인물로, 이후 명 장수에게 인도되었다.
14 이 인질들에 茅國器의 동생 茅國科도 포함되어 있다.

를 보내 철병교섭에 임할 것을 요구했다.[15] 이 교섭에서도 고니시 유키나가는 유정에게 철병로를 확보하기 위한 인질을 요구했고, 유정은 이 요구에 응해 가복 40인을 파견하였다.[16] 그러나 진린은 유정과 의견이 달라[17] 유키나가와 진린의 교섭은 순조롭게 진행되지 못했을 뿐 아니라, 오히려 유키나가군을 공격했다.[18] 이에 유키나가는 유정의 인질 40명을 구속하고, 다시 진린에게 사자를 보내 교섭을 요구했다. 이때 유정은 유키나가에게 진린과 직접 교섭하라고 충고했고, 이 충고에 따라 유키나가는 진린과 직접 교섭하여 그의 양해를 얻었다.[19] 이 교섭으로 진린은 11월 13일 전구 수리를 구실로 진을 풀고, 11월 13일 유정도 일본군을 유인한다는 구실로 순천 및 왜교에서 철수했다(『선조』 31·11·13. 14). 이 시기의 교섭조건은 상세하게는 알 수 없고, 명은 철병로를 열어주는 대신 수급을 요구했다. 고니시 유키나가는 유정에게 은 100량, 보검 50점을(동상) 보내고, 유정과 진린이 유정에게 수급 2,000, 진린에게 수급 1,000을 보낼 것을 상의하였는데, 진린은 수급 2,000을 요구하였다고 한다(『선조』 31·12·4). 이 기사를 통해 유정과 진린은 유키나가에게 수급을 받아 자신들의 군공을 드러내려 했음을 알 수 있다.

위의 철병교섭에서 보이는 공통점은 일본 장수들이 명 장수들에게 철병로의 확보를 보증받기 위해 인질을 요구했다는 점이다. 아마도 철병 명령을 받고 10월 15일 부산에서 열린 일본 장수들의 대책회의에서 나온 결정이었을 것이다. 그러나 고니시 유키나가와 유정·진린의 교섭에 의한 철병은 실행되지 않았다. 고니시 유키나가군은 전군 철수

---

15 『亂中雜錄』 3, 선조 31년 10월 16일조.
16 동상서.
17 동상서.
18 동상서.
19 동상서.

하려 했으나, 진린의 일본군 무혈철병 허용 의지를 어긴 이순신에게 11월 19일 공격을 받고(노량해전), 많은 사상자를 내고 절체절명의 순간 시마즈 요시히로군의 도움을 받고서야 겨우 철병할 수 있었다. 한편, 진린은 마지못해 뒤늦게 싸움에 가담했으나, 전투에는 소극적이었다. 이 싸움에서 이순신은 사망하였고, 그 틈을 타 유키나가와 시마즈 요시히로군은 부산으로 철수하였다.

한편 가토 기요마사는 11월 15일경 울산성 밖의 명 장수 마귀에게 보내는 짧은 글[子書]을 남기고 울산성에서 철수한다(『선조』 31·11·28). 이 글의 내용은 ① 유키나가와 명 장수(유정·진린)가 조·명·일 화친(강화·철병)을 약속하고, 명 장수들이 인질을 보내려 했다, ② 그러나, 명 장수들이 약속을 어기고 유키나가를 포위·공격하였다, ③ 약속을 어그러뜨린 것이 당신들(명 장수들) 책임인지, 유키나가의 책임인지는 모르겠다, ④ 자신(가토 기요마사)은 울산성을 지킬 수 있으나, 순천(유키나가)이 위험하니 순천으로 가고자 한다, ⑤ 자웅을 겨루고 싶으면 순천으로 오라, ⑥ 조·명·일 3국은 형제국으로 화평하고자 한다면 귀국해서도 통신하는 것을 방해하지 않겠다, ⑦ 히데요시가 8월 병으로 사망하였으나, 이에야스가 히데요리秀頼를 보좌하고 있어서 사직은 안녕하다, ⑧ 따라서 일본이 조선을 침공할 것이 명백하니, (3국은) 화친함이 좋을 것이라는 등이다(동상).

위에서 언급한 인질은 유정이 보낸 가복, 유키나가 포위는 11월 12일 진린의 유키나가 공격을 가리킨다. 기요마사가 부산으로 향하면서 순천으로 간다고 한 것은 자신의 부산행을 숨기면서 조·명군의 순천(유키나가) 공격을 흔들어 보려 한 의도로 보인다. 위 조·명·일 화평약속[三國和平之約], 3국 친형제지국[三國是親兄弟之國]이라 한 것에서 보면, 기요마사는 당시의 책봉체제에 대해 무지했거나, 이전에 맺은 명·일 책봉관계를 부정한 것이거나, 이후 맺어질 동아시아 국제관계에서 일본의 위치를 명의 책봉체제에 자리매김하고 싶어하지 않은 의도를 나타낸다고 하겠다.[20] 기요마사가 히데요시의 사망을 알리면서 이후 통신을 방해하지 않겠다고 한 것은 화평·통신의 전제인 긴급 철병을 간접으로, 그리고 자신의 철병이 진심임을 보이면서 철군 후 강화·화호 교섭을 원하였음을 나타낸다. 또한 일본의 안녕과 조선재침 언급은 혹시 있을지도 모를 조·명의 일본침략을 경계하고, 동시에 화평·화호를 압박하기 위한 것이라 생각된다.

그런데, 가토 기요마사는 4대로와 5부교의 철군명령서를 접한 10월 중순 이후 11월 말까지 철병·강화 교섭의 주관자로 지정되었음에도 교섭에 나선 흔적이 보이지 않는다. 이는 그가 다른 일본 장수들과는 달리 철병·강화에 응할 만큼 궁색하지 않았기 때문으로 보인다. 그리고 3국 화평 약속을 깬 것이 유키나가 책임인가 명 장수 책임인가라고 한 부분을 보건대, 기요마사는 당시 유키나가의 화평·강화 교섭에 의문을 품었던 것으로 추측할 수 있다. 이 때문에 기요마사는 당시의 강화교섭에 소극적이었을 것이다.

반면, 당시 일본 장수들은 전후의 강화교섭에 주의를 기울였다. 조선에서 완전 철병하면서 유키나가와 시마즈 요시히로는 유정과 동일원이 보낸 인질들을 대동하고, 유키나가는 유정에게, 요시히로는 모국기에게 서찰을 보냈다(『선조』 31·12·11). 이덕형의 보고에 따르면, 서찰의 내용은 조선 왕자·대신을 일본으로 보내라는 것이었다. 또 요시히로는 조선에 조공물을 요구하였는데(『선조』 32·2·2), 이에 대해 모국기는 요구

---

20 친형제를 친=명, 형제=일본과 조선으로 해석하면, 가토 기요마사는 명 책봉체제 안에 일본을 자리잡게 하려 한 것으로도 보인다. 이 경우, 일본을 조선 위에 자리매김하기 위해 조선에 조공물과 왕자·대신의 일본파견을 요구했을 것이다. 또 친형제를 의형제의 대칭어로 보면 형=명, 제=일본과 조선의 서열을 생각한 것으로도 보인다. 물론 이 경우에도 일본을 조선보다 위에 놓으려 했음은 말할 나위 없다.

한 조공물은 단지 쌀이며, 그것은 이전의 세사歲賜 요구와 같은 것이라고 했다(『선조』32·1·20. 32·2·26). 위의 요구가 철병조건에 포함되었는지는 알 수 없으나, 적어도 일본 측은 철병·강화 교섭의 전제로서 일본에 대한 조선의 조공을 잠복시켜 두었음을 짐작할 수 있다. 이러한 요구는 철병 후 서둘러 강화하려는 의도-조·명군의 일본침략에 대한 경계를 포함하여-를 나타낼 뿐 아니라, 전쟁을 일본 측의 승리로 장식하려는 의도를 나타낸다고 하겠다. 그리고 명 장수들의 태도는 정유재란 종기에 일본 측과 교섭하면서 보였던 저자세를 숨기기 위한 것으로 보인다.

조선은 이러한 명·일 장수들의 교섭에 의문을 품고 있었다. 즉 일본군의 퇴거·철수는 명군을 두려워해서가 아니라, 일본 장수들이 명 장수들에게 감언이설로 화평을 구걸하여 이루어졌고, 그 때문에 나중에 문제가 생길 것이라고 보았다(『선조』31·11·29). 그런 까닭에 조선은 명·일 장수들의 강화교섭 소식을 듣고는 군문 및 명의 각 아문에 이 사실을 알리기로 했다(『선조』31·12·11). 이에 대해 군문 형개는 전선에서 행해진 명·일 장수들의 강화·철병 교섭에 대해 알고 있으면서도, 그것은 어디까지나 비공식이고, 그에 따른 책임도 교섭 당사자에게 묻겠다고 했다(『선조』31·12·4).

이상에서 알 수 있듯이, 정유재란 종기의 강화·철군 교섭에는 일본군 측에서 고니시 유키나가·시마즈 요시히로·가토 기요마사·데라사와 마사나리, 명군 측에서 모국기·유정·진린 등이 관여하고 있었다. 교섭에 기요마사와 진린 등은 소극적이었던 반면 유정은 적극적인 모습을 보였다. 특히 요시히로가 이 시기의 교섭에 적극 임한 것이 주목된다. 당시 요시히로도 주안점을 둔 것은 무혈 철병이었지만, 4대로·5부교의 명령대로 조선 왕자·대신, 그리고 일본에 대한 조공물을 강화조건으로 요구했다. 그러나, 당시 상황에서 일본 장수들은 4대로·5부교의 명령을 그대로 따를 만한 여력이 없었고, 겨우 명 장수들에게 얻은 인질로 안전을 확보하여 퇴각할 수밖에 없었다. 한편, 명 장수들은 강화·철병에 대해 어떤 뚜렷한 원칙이나 의견이 없었다. 관심은 오로지 일본군의 철병과 자신들의 군공에 집중되었고, 일본군과의 강화·철병 교섭 역시 일종의 전략·전투 행위로 여겼다. 따라서, 이들이 수행한 강화·철병 교섭은 교섭 당사자만의 것으로, 다른 사람들에게는 아무런 규제·구속·효력이 없었다. 조선이 이러한 교섭에 일관되게 반대한 것은 말할 나위도 없다. 그러나, 당시 명 장수들이 약속했던 이 강화·철군 조건들은 이후 전개된 조·일 교섭에 어둡고 긴 그림자를 드리우게 된다.

| 쓰시마 정벌론 | 위에서 언급한 상황에서 등장한 쓰시마對馬島 정벌론은 조선과 명 장수들과의 관계, 그리고 조선과 명의 대일태도를 살피는 데 대단히 흥미로운 점을 시사한다. 쓰시마 정벌론은 정유재란이 한참이고 제2차 정응태무주사건이 발생하기 직전에 새로 부임한 군문 형개에 의해 1598년 8월 4일에 제기되었는데, 정유재란이 끝나갈 무렵 조선 위정자들 사이에 다시 논의되기 시작했다.

형개는 조선에서 선조를 만나 복건의 군사·민정·형옥 최고 책임자인 순무가 사람들을 일본으로 보내 일본 사정을 정탐하고 있으며, 이들이 돌아오면 일본을 공격할 예정이라고 말했다. 이에 선조가 그게 무슨 말인지를 묻자, 형개는 복건순무가 자신에게 전한 바로는 명 남방(복건)에서 수천 명을 일본으로 보내, 이들을 내응하게 하여 수군을 동원해서 일본을 직격直擊할 계획이라고 했다는 것이다(『선조』 31·8·4).

이 이야기를 증명해줄 사료는 찾을 수 없으나, 이런 정보·논의가 조선파견 명군의 최고 군사지휘관에게서 제기되었다는 점은 중요하다. 특히, 무역 면에서 일본과 관계 깊은 복건지역에서 수천 명을 일본으로 보냈다는 말로 미루어, 사적 무역은 허락되지 않았지만 당시 활성화된 상인들의 활동을 묵인하며 이 상인들을 통해 일본에 대한

정보를 얻고 있었음을 알 수 있다. 위에서 말한 수천 명은 무역에 종사한 상인들을 가리킬 것이다.[21]

한편, 이 시기(1598년 8월)에 히데요시 사망 소문이 나돌고, 정응태의 무주로 경리 양호가 파면되었고, 조선은 정응태의 무주를 반박·해명[辯解]하기 위해 제2차 진주사 이원익을 명에 파견하였다. 조선은 '조·일 음결'을 고리로 조선의 외교·군사권을 원천봉쇄하려 한 정응태무주를 양호의 변호·유임 요구를 통해 혁파함과 동시에 명·일 장수들의 강화교섭에 제동을 걸고자 했다. 이러한 상황에서 새로 부임한 군문 형개는 자신은 주전主戰을 주장한다며 쓰시마 정벌론을 내비친 것으로 보인다.

그 후 일본군이 완전히 철수할 때까지 일본공격 논의는 공식적으로는 언급되지 않았으나, 조선조정에는 일본공격을 주장하는 일파가 있었다. 비변사는 일본군이 모두 철수한 1598년 12월 계를 올려 ① 일본군이 물러갔으나 일본 장수의 목은 하나도 베지 못했으니, 10년 무사를 기약할 수 없다, ② 이 기회에 새로 온 명 수병과 조선군이 힘을 합쳐 쓰시마를 쳐부숴 대단히 큰 노여움[赫然之怒]을 보여야 후일의 걱정거리[後日之患]를 없앨 수 있다고 주장하는 사람이 있다, ③ 그러나 원나라의 일본침략도 실패한 바 있고, 조선 초기의 쓰시마 정벌도 반은 성공, 반은 실패였다, ④ 쓰시마 정벌에 명군이 동의하지 않을 것이다, ⑤ 따라서 당면과제는 장수를 선발하여 군사를 조련하고, 군사를 요해에 배치하여 방비하는 대응책을 마련함이 상책이라고 주장했다(『선조』 31·12·19). 이는 조선 조정이 쓰시마 정벌에 반대하였음을 보여준다.

---

21 『錦溪日記』萬曆 27년(1599) 4월 9일조에 "林震虩 차관은 원래 유생으로, 縣官에 죄를 지어 4년간 투옥되어 있었다. 군부 도어사도 억울하게 죄를 뒤집어씌웠을 수도 있다[冤罪]고 의심했으나, 그냥 방면할 수도 없었기 때문에 임 차관의 아들을 군문 종사관 거소로 인질로 보내기로 하고, 백금 800량을 주어 일본으로 보내, 島津 본거지로 잠입시켜 간첩으로 삼으려 하였다"는 기사가 있고, 그가 타고 간 배에는 248명이 승선하였다고 한다.

여기서 주목할 것은 당시의 쓰시마 정벌론이 명 수군의 원병에 의지하고 있다는 점, 일본공격이라고 해도 이는 국지적인 쓰시마 공격이라는 점, 그리고 쓰시마의 점령·지배가 아닌 무력시위에 불과하다는 점 등이다.

위 비변사 상계 2일 후(21일) 전라도관찰사로 1596년 6월 일본에 통신사로 갔던 황신黃愼이 일본공격을 요구하는 상주문을 올렸다. 상주문은 ① 명군이 철병하면 일본이 다시 침략할 것인데, 그때 다시 원병을 요청하는 것은 '비계非計'다, ② 임진왜란 발발에 쓰시마의 책임이 크다, ③ 쓰시마의 지리·군사 형세, 쓰시마 공격 방법, ④ 쓰시마 정벌 반대론자에 대한 반론, ⑤ 쓰시마 정벌의 의미 등을 담고 있다(『선조』 31·12·21).

여기에서 주목되는 점은 쓰시마가 오래 전부터 조선의 도움을 받았음에도 불구하고 일본본토 병력을 끌어들여 임진왜란이 발생했다고 본 점이다(②). 쓰시마 정벌의 정당성을 조선을 배반한 데서 찾은 것이다. 그리고 쓰시마 후추府中 등 8부의 군사 형세를 보건대 많아야 군사 1,000을 동원하기 어려우니, 조선 군사와 명의 절강 군사 7천~8천을 동원하여 쓰시마를 공격하면 쓰시마는 무너질 것(③)이라고 했다. 또한, 일본 내지의 원병이라야 이키섬壹岐島이 500리, 규슈 히라토平戶는 130리나 떨어져 있어서 불가능하다면서 쓰시마 정벌 반대론자들의 주장을 반박했다(④). 마지막으로 이 쓰시마 정벌로 (조선은) 10년 동안은 무사할 것이고, 쓰시마를 정벌하지 않으면 (쓰시마는 조선에) 1년도 못 가 통상과 급미를 요청할 것이라고 했다(⑤).

선조는 비변사에 다음 날까지 쓰시마 정벌에 대해 논의하여 보고할 것을 명했다. 이에 비변사는 ① 쓰시마 정벌에서 승리를 할 수 있다는 확증이 없다, ② 다른 지역의 군사가 쓰시마에 원군을 보낼 가능성이 있다, ③ 일시 쓰시마 정벌에 성공한다 해도 그것은 후일 환난의 씨앗이 될 것이다, ④ 조선의 단독 군사행동은 현 상황에서는 불가하며, 명군

역시 독단으로 쓰시마 정벌을 결행하기 어렵다, ⑤ 따라서 명 조정의 품의를 기다려야 하는데, 그때까지는 많은 시간을 필요로 하니, 조선은 군사훈련과 군비에 힘써야 한다고 보고하였다(『선조』 31·12·22).

위 비변사의 결론은 쓰시마 정벌이 현실적으로 불가하다는 점과 무비 강화를 주장하였는데, 쓰시마 정벌의 명분만은 부정하지 못하였다. 이에 자신들의 의견을 "썩어빠진 유자로 겁쟁이의 말"腐儒㤼㤼之說이라고 표현했다. 그리고 조선 독자의 군사력이 취약하고 조선은 명군이 내원한 이래 군사 지휘·작전권을 명군에게 내준 상태라 조선에 주둔중인 명 장수와 명 조정의 승낙이 필요하다고 했다. 이는 반대로 보면, 조선은 현재 상황에서 군사력 강화와 조선군의 지휘·작전권 확보가 당면과제였음을 나타낸다. 특히, 이 시기가 정응태무주사건을 해결할 실마리를 가까스로 얻은 시점이어서, 조선의 쓰시마 정벌 논의는 신중에 신중을 기해야 할 문제였을 것이다.

또한 당시 조선은 명군의 유철을 둘러싸고 명과 대립하는 상황이었다. 1598년 12월 형개가 '2만5천 유병안'(육병 2만+수병 5천)을 조선에 제시하고, 조선은 '1만 유병안'(육병 7천+수병 3천)을 주장하였다. 속으로는 명군의 완전 철병을 원하던 조선은 가능한 한 유병 규모를 줄이고자 노력하고 있었다. 이러한 상황에서 나온 쓰시마 정벌론은 오히려 명군 유병의 수를 늘리게 될 것이었다. 다수의 명군 유병이 재정을 막대하게 소모시키고, 민중에게 심각한 폐해를 끼칠 것은 말할 것도 없었다. 이러한 사정들 때문에 조선 조정(비변사)은 쓰시마 정벌론에 소극적이었을 것이다. 그래도 명분상 쓰시마 정벌론을 완전히 부정하기도 어려웠다. 자칫, 쓰시마 정벌론에 반대했다가 아직 완전히 해결되지 않은 정응태무주사건의 '조·일 음결'에 대한 의구심을 불러일으킬 가능성도 잠재해 있었고, 자칫 조선주류 명 장수들과 명 조정에게 조선이 명군 유병을 싫어한다는 인상을 줄 수 있었기 때문이다. 따라서 조선은 쓰시마 정벌론에 신중을 기할 수밖에 없었다.

선조는 사안의 중요성을 고려하여 조정의 의견을 널리 수렴하자는 비변사의 주청을 받아들여 5품 이상 중신들에게 의견을 올리도록 명했다(동상). 이들의 상신 내용은 기록을 발견하지 못해 알 수 없다.

한편, 이 시기 명군에도 쓰시마 정벌론이 있었다. 우의정 이덕형의 보고에 의하면, 위 비변사 상신이 있던 날(22일) 형개가 이덕형을 불러 쓰시마 정벌에 대한 의견과 어느 정도의 군사동원이 필요한지, 그리고 언제가 좋은지 등을 물었다. 이덕형은 쓰시마 8부 각 군의 왜호는 100여 호, 후추府中도 겨우 300~400여 호에 지나지 않아, 조선군 수천 명과 명의 수군을 합쳐 1만이면 쓰시마 정벌이 가능할 것이며, 2월 이후에는 풍파가 잔잔하여 적선이 오가기 편하니 반드시 정월 안에 실행해야 한다고 했다. 다시 형개가 이덕형에게 쓰시마 정벌 후의 대책을 묻자, 이덕형은 정벌할 수는 있으나 주둔해서 지킬 수는 없으니, 명의 위력을 보여주고 싶다고 답했다. 또 이덕형은 쓰시마 정벌에 앞서 연해지역의 방어와 군사훈련 계획을 일일이 상의해야 할 것이라는 형개의 말에 동의했다. 보고의 뒷부분에서는 정탐의 중요성을 강조하며 쓰시마 정벌 주장에 반박하는 의견을 개진하였다(동상).

형개가 쓰시마 정벌 이야기를 꺼낸 것은 자신이 이미 언급했던 쓰시마 정벌론을 철회하기 위한 것으로 보이며, 조선 연해지역 방어와 군사훈련을 빌미로 위에서 본 명군의 다수 유병을 관철시키기 위한 것으로도 보인다.

비변사와 당시 일본대책에 큰 영향을 미치던 이덕형이 쓰시마 정벌에 반대하면서 조선 조정에서는 쓰시마 정벌론이 모습을 감추고, 일본 정탐 쪽으로 관심이 전환된다. 즉, 항왜 소기小棄·소운대小云大와 일본에서 도망쳐온 박선朴善을 파견하여 일본 정세를 탐색하고자 했다(『선조』 31·12·24, 27).

그러나 조선 조정에서는 이에 대해서도 딱히 적극성을 보이지 않았다. 왜 그랬을까? 선조는 정탐 목적이 "적을 제어하려면 반드시 적세敵勢 정탐이 앞서야 한다"(『선조』 31·12·24)고 전제하고, 당면과제는 "농사에 힘쓰고 무력을 강구講究할 뿐이다"라고 하여(동상), 일본 정탐에 소극적인 태도를 보였다. 비변사와 이덕형도 일본 정탐이 일본공격에 우선해야 한다고 했다. 이렇게 보면, 선조나 비변사, 이덕형 모두 일본공격에 대해 공공연히 반대하지는 못했지만, 마지못해 적정 탐색을 언급한 것이 아닌가 한다. 사실 조선은 쓰시마 공격을 전제로 한 적정 탐색에도 적극성을 보이지 않았다. 군문 형개 역시 이덕형에게 쓰시마 정벌에 대해 질의만 했을 뿐, 자신의 계획 등은 말하지 않은 것으로 보아 쓰시마를 정벌할 의도는 없었던 것 같다.

이렇듯 쓰시마 정벌 논의가 수면 아래로 가라앉는 가운데 명 장수들은 일본에 대한 새로운 대응으로서 시마즈島津씨 초유 계획을 조선에 제안했다(『선조』 31·12·29). 이 계획은 일본 정탐을 위해서이기도 하지만, 구체적인 계획이 없었던 것을 보면, 군문 형개 자신이 언급한 쓰시마 정벌론을 백지화할 의도였던 것으로 보인다.

형개의 시마즈씨 초유론에 대해 선조는 이덕형에게 형개의 의중을 알아보라고 명했다(동상). 비변사는 사쓰마薩摩의 시마즈 요시히로가 히데요시 일파를 배반할 가능성이 있으니, 몰래 사세용과 맹통사를 파견하여 시마즈씨를 초유하는 안도 괜찮을 것이라는 의견을 제시했다(동상). 조선이 시마즈씨 초유론에 나름 적극성을 보인 것은 이 초유론이 쓰시마 정벌론자들을 잠재우는 데 유효하다는 판단이 깔려 있었다. 조선으로서는 명군 철수-일부 유병 교섭을 앞두고 가능한 한 유병의 수를 줄이기 위해서도 명군의 일본침략론을 잠재울 필요가 있었다. 이에 형개의 시마즈씨 초유론에 나름 적극성을 보인 것이 아닐까 한다.

이러한 조선의 소수 유병과 시마즈씨 초유 연계안은 다수 유병을 염두에 두고 있던 형개를 곤란하게 만들었을 것이다. 한편, 형개의 시마즈씨 초유론에는 시마즈 요시히로가 철병할 때 인질로 데려간 모국과(茅國科) 등 '가복'을 송환받을 의도도 있었을 것이다. 그럼에도 형개는 위에서 본 조선의 의도 – 소수 유병론을 제어하기 위해 시마즈씨 초유책을 멈추어야 했다. 그 결과 조선의 소수 유병 의도도 일단 좌절된다.

그런데, 조선에서 다시 쓰시마 정벌론이 떠올랐다. 경상좌병사 김응서는 김경립 등 10명이 일본에서 도망쳐온 사실을 조정에 보고함과 동시에 그들로부터 얻은 일본 정세에 기초하여 쓰시마 정벌을 주장했다. 그 내용을 보면, ① 쓰시마는 병력이 500~600이고, 기근에 시달리고 있으며, 명군의 침략에 대비하여 축성하고 있다, ② 그러나 히데요시의 사망으로 대명들이 교토로 상경하여 찬탈 기회를 엿보고 있어서 일본의 정치정세는 불안하다, ③ 따라서 쓰시마를 공격해도 다른 지역에서의 원군은 불가하다, ④ 그러하니 쓰시마를 공격하는 것이 좋을 것이라는 등이다(『선조』 32·4·17). 이는 일본 정탐을 일본공격의 전제로 삼아 사정에 따라 쓰시마를 공격해야 한다는 생각을 잘 보여준다.

이 의견은 앞서 본 일본공격 유보론, 즉, 조·명군이 쓰시마를 공격할 경우 일본 여러 지역에서 원군할 것이라는 비변사의 의견과 쓰시마 여러 섬에 군사가 주둔해 있을 것이라는 이덕형의 의견을 정면에서 부정한 것이었다. 이를 보면, 당시 지방 위정자들 사이에서는 일본공격론이 활발했던 것으로 추측할 수 있다. 그러나 이 같은 보고에 대해 조선 조정은 어떤 조치도 취하지 않았는데, 일본공격에 반대하고 있었음을 보여준다.

그렇다면, 조선 조정이 일본공격에 반대한 진짜 이유는 무엇일까? 이 문제를 생각할 때 중요한 것이 일본군 철수 후 명군 유병에 대해 조선이 어떤 방침을 취했는가 하는 점이다. 앞서 보았듯이, 명군 철병에 관한 최초 기사는 1598년 11월 18일 「비망기」에 나오는데, 이날 조정은 명 장수로부터 명군이 단계적으로 철병할 것이라는 정보를 들었다(『선조』 31·12·18). 당시 조선은 명군의 주둔을 가능한 한 소수 인원으로 제한하려는 입장을 취했다. 따라서 만약 일본공격이 이루어진다면 다수의 명군이 주둔해야 하고, 기간도 장기화하고, 명에 대한 군사예속화 역시 심화될 것이 뻔했다. 이뿐 아니라 병량의 제공 때문에 경제적 타격이 증대하고, 명 장수들의 간섭으로 군사·외교권 역시 제약당할 수밖에 없게 되며, 정응태무주사건 같은 명 조정과의 외교마찰도 일어나지 않으리란 보장이 없었다.

조선 국내의 불온한 분위기도 빼놓을 수 없다. 병조판서 홍여순은 명군이 철병한 후 국내에 변란이 일어날까 걱정이다, 배설裵楔이 나주에서 도망쳐 충청도에 있는데, 현몽玄夢과 합세하여 무뢰배를 모으고 있다는 소문이 있다는 비밀보고를 올렸다(『선조』 31·12·23). 선조가 대신들에게 내린 비망기에 따르면, "명군이 철병한 후 국내가 공허하다.…왜적은 물론이고, 만에 하나 국내에 변란이 일어날까 염려된다"면서 이러한 사태에 대비해 한양에 군사를 집중하는 '강간약기強幹弱技'의 군사배치를 지시했다(『선조』 31·12·18). 이러한 국내 정세도 일본공격을 반대하는 원인의 하나였다고 보인다.

이상에서 알 수 있듯이 일본공격론은 군문 형개가 제기하여 조선 조야에 많은 논의를 불러일으켰으나, 조선 조정이 일관되게 반대 입장을 취했다. 조선의 불안정한 국내정세와 명군의 장기에 걸친 다수 유병, 그에 따른 군사·외교·경제상의 피해와 염려 때문이었다. 한편, 명 장수들 역시 일본공격에는 소극적이어서 형개가 제기한 쓰시마 공격론을 덮기 위해 시마즈 초유론으로 전환하였다. 명 장수들에게는 일본공격론 자체가 명 조정의 일본전략이 아니었고, 명의 조선원군은 일본의 명침략을 조선에서 방어한다는 데 주안점을 두었으며, 당시 명에는 일본공격을 감행할 만한 여력도 없었던 점에 기인한다.

정유재란 종결 직후의 강화교섭

조선과 명군은 명군의 유병을 둘러싸고 1599년 정월부터 본격적인 교섭을 시작하였다. 이때 명군은 소위 '3만 유병안'을 주장하고 조선은 '1만5천 유병안'을 제시했다. 유병안을 둘러싼 교섭의 초점은 군량 문제와 점진적인 철병계획에 있었다.

이 와중에 쓰시마 번주 소 요시토시宗義智가 1599년 3월 명 장수 유정에게 서계를 보냈다. 1599년 3월 7일 통판 여민화는 선조와 만난 자리에서 왜인들이 말하기를, 고니시 유키나가와 가토 기요마사는 이미 본진으로 철수하였고, 소 요시토시는 쓰시마에 있으면서 재침을 계획하고 있다, 소 요시토시는 유정에게 서찰을 보내 조선의 왕자·대신을 일본으로 보내기로 했는데 어찌하여 보내지 않는가, 그래서 다시 침범하겠다고 한 내용을 전했다(『선조』 32·3·7). 소 요시토시가 유정에게 보낸 쓰시마 사자는 광령으로 호송되었던 것으로 보인다(『선조』 32·4·21).

쓰시마 번주 소 요시토시의 강화 요청에 유정은 어떤 반응을 보였을까? 1599년 3월 15일 유정은 접반사 김수金睟를 만난 자리에서 다음과 같이 전했다. 경리 만세덕은 근일 간 쓰시마에 사람을 보내려 하고 있다, 진린은 일본에서 온 10명 중 3명에게 호의를 베풀고 만세덕 역시 일본인들을 송환하려 하며, 모국기도 본국(명)으로 송환하려 하고 있다, 유정 자신은 모국기를 제2의 심유경으로 생각하며, 위 일본인들은 모두 죽여야 한다고 생각하니 조선 조정은 이 일을 군문과 함께 상의하는 것이 좋겠다(『선조』 32·3·15). 유정은 자신이 소 요시토시와 접촉한 일을 숨긴 채 만세덕-진린-모국기를 대일본 주화파로 몰아세우면서 스스로는 그 대척점에 있다고 강조한 것이다. 이는 당시 조선주류 명 장수들 간의 내부 대립이 일본과의 강화와 연계되어 있음을 나타낸다.

당시 조선은 유정에 대한 의심이 깊어 여기에 대응하지 않았다.

특히, 우승지 남이신은 유정의 대일교섭 태도와 조선에 주류하려 하는 사실과 관련하여 유정이 그의 측근 신하들[麾下親信之士] 다수를 철병교섭 때 인질로 일본에 보냈는데, 이 사실을 명 조정이 알게 될까 두려워하고 있다고 했다. 도승지 윤돈尹暾은 유정이 일본에 뇌물로 은 1만 량, 비단 2천 필을 보냈다는 소문이 있고, 이 사실을 군문 형개도 알고 있다고 하면서, 형개가 그 죄를 모국기에게 뒤집어씌우려 하고 있지만 그것은 모국기의 죄가 아니라고 말하였다(『선조』 32·2·26).

이상에서 보면, 유정이 명·일 장수들의 강화교섭을 조선에 흘린 배경에는 명 장수들 상호간의 대립이 있고, 유정이 조선에 주류하려 한 것은 철병교섭 때 약속한 강화조건－조선 왕자·대신을 일본에 보낸다는 약속을 숨기기 위해서였던 것으로 보인다. 철병교섭에서 유정이 약속한 조선 왕자·대신의 일본파견은 사실 일본군을 빨리 철병시키기 위한 전략이기는 했다. 그러나 일본 측은 이 약속을 임진·정유 양란의 발발책임이 조선에 있다, 조선은 이 양란에서 패배했다, 그리하여 조선은 일본에 조공하는 나라라는 뜻으로 받아들였을 것이다. 동아시아 국제질서 속에서도 조선이 일본 밑에 자리한다고 여긴 것은 말할 나위도 없다. 이 같은 사실을 직시하고 있던 조선이 명·일 장수들의 강화교섭에 민감하게 반응한 것은 당연하였다.

이 강화교섭과 관련해서 주목하고 싶은 점이 있다. 첫째, 일본이 교섭 대상으로 삼은 것은 명 장수들뿐이다. 일본 측에서는 이 교섭을 이전 철병교섭의 연장선상에 놓고 있음을 알 수 있다. 둘째, 쓰시마에서 명 장수들에게 교섭을 요청하였으나, 강화조건이 고니시 유키나가와 유정의 그것과 같다. 이는 쓰시마가 아직 조선과의 교섭에서 주도권을 잡지 못하고, 고니시 유키나가의 지휘를 받고 있음을 나타낸다. 셋째, 여전히 조선재침의 군사 위협이 포함되어 있다. 이는 역설적으로 조·명 군의 쓰시마 침략에 대한 경계심을 강하게 표현한 것이다. 당시 조선과 명 장수들 사이에서 쓰시마 정벌이 논의되고 있었고, 명군이 아직 조선에 주둔해 있다는 사실을 알고 있던 쓰시마로서는 실제로 군사위협을 느끼고 있었을 것이다. 그런 까닭에 쓰시마는 명 장수들의 약속을 빌미 삼아 조선과 명 장수들 사이를 벌려서 군사행동을 제지하려 했을 것이다. 이러한 사정들 때문에 쓰시마는 독자로 조선과의 교섭에 나설 수 없었다. 넷째, 조선 조정은 쓰시마와 명 장수들 간의 교섭 사실에 대해 알고 있으면서도 어떤 조치도 취하지 않았다. 조선은 이 교섭에 관여하지 않음으로써, 교섭에서 생길지도 모를 외교상의 책임을 회피하고 동시에 문제가 생길 시 명 장수들에게 그 책임을 지우려 한 것이다. 특히, 조선은 정응태무주사건－'조·일 음결'에 대한 의심이 말끔히 해소되지 않은 상태에서 섣불리 일본과의 교섭에 나설 수 없었을 것이다.

한편, 1599년 4월 명군 유병은 형개의 주장대로 '3만 유병안'－표병 등을 포함한 3만6천 유병으로 결정되고, 조선은 조선주류 명군의 일용 군량(본색) 18만여 석을 부담하고, 나머지는 명이 부담하기로 하였다.

그 후 1599년 7월 쓰시마의 야나가와 시게노부柳川調信가 조선 부산영공 대인(부산첨사 이종성)에게 서계를 보내왔다(『선조』 32·7·14). 서계가 부산에 도착한 것은 6월 29일이고,[22] 유득제柳得悌 등이 7월 1일 조선 조정에 서계를 올렸다.

서계의 내용은 ① 명 장수의 인질 3위차관三位差官 하응조河應潮·왕양汪洋, 가복家丁 장사종張思宗·왕경王慶·소학蘇學 등을 송환한다, ② 히데요시 권력을 히데요리가 계승하였으며, 일본 정세는 안정되어 있다, ③ 명 장수들과의 약속에 따라 철군하였는데, 어찌 조선은 일본에 사신을 파견하지 않는가, ④ 명 장수들과 맺은 약속을 어기면 전쟁이 이어질

---

22 『事大文軌』 권33, 萬曆 27년 7월 23일조.

것이다, ⑤ 작년 섣달 명 장수의 인질과 차관 3명을 부산으로 보냈는데 조선이 억류하였고, 이에 앞서 요시라를 사자로 한성에 보냈으나 역시 조선이 억류하고 있다, ⑥ 전년 전라도에서 도요토미 시게나리豊臣茂成(蜂須賀家政?)에게 붙잡혀 쓰시마로 온 무리 유욱柳澳(처 곽씨郭氏 및 처제)·정희득鄭喜得·정경득鄭慶得(자녀子女)·정증鄭憕·주현남朱顯男·정호인鄭好仁·유여굉柳汝宏·유여녕柳汝寧·임득제林得悌(처妻)·유흥남柳興男·정호례鄭好禮를 송환한다, ⑦ 앞으로 조선과 일본이 강화하면 피로인들을 송환할 것 등이다(『선조』32·7·14).

위 서계와 동일해 보이는 내용이 담긴 서계 한 통이 경리 만세덕에게도 송달되었고(『선조』32·7·17), 이 사자들과 함께 중국인 5명이 모국기에게로 송환되었다. 이로 보아 이 중국인들은 시마즈 요시히로에게 보내졌던 인질들로 보인다. 중국인 5인은 겐소玄蘇가 소 요시토시와 야나가와 시게노부에게 서신을 보내 교토에서 쓰시마로 보내 송환되었다고 한다.[23] 조선인 정희득 등 10명은 1597년 9월 붙잡혀 일본 아와阿波 이노야마성猪山城(德島城, 하치스카 이에마사蜂須賀家政의 거성)으로 끌려가 구류되어 있다가 1598년 11월 쓰시마로 보내진 사람들이었다.[24]

히데요리는 히데요시의 권력을 계승하였으나, 그 권력이 제대로 기능하기 위해서는 5대로·5부교제가 안정된 제도로서 지속하며 작동하여야 한다. 그러나 이에야스는 히데요시가 내린 '합의하지 않은 대명 상호 간의 결혼 금지' 규정을 어기고 정략결혼을 맺는다. 이러한 이에야스의 정국 운영에 대해 대로大老 마에다 도시이에前田利家와 5부교 중 한 명인 이시다 미쓰나리石田三成는 전횡으로 규정하였고, 이에야스는 도시이에와 대립하였다. 1599년 3월 3일 히데요시 측의 최대 대명 중 한 명인 마에다 도시이에가 사망하자, 히데요시의 주요 유력 대명들

---

23 『事大文軌』 권33, 萬曆 27년 7월 23일조.
24 『月峯海上錄』 7월 1일조. 이 책은 송환인들의 행적을 상세히 기록하였다.

(福島正則:尾張淸洲城主, 加藤淸正:肥後熊本城主, 池田輝政:三河吉田城主, 細川忠興:丹後宮津城主, 淺野幸長:甲斐甲府城主, 加藤嘉明:伊予松山城主, 黑田長政:豊前中津城主)이 이시다 미쓰나리를 오사카성에서 습격하는 사건이 일어났다(이료파吏僚派 vs. 대명파大名派 대립). 간신히 오사카성을 탈출한 미쓰나리는 이에야스의 도움으로 목숨을 부지하고, 5부교직을 사퇴하였다. 히데요시가 사망한 지 6개월도 지나지 않아 이미 히데요리 정권은 도자마 대명과 후다이 대명의 대립, 이료파 대명과 후다이 대명의 대립이 격화한 것이다. 이는 히데요시의 사망과 함께 그가 구축한 '전국 규모의 대명영국제'가 붕괴 위기에 처했음을 말한다.

실제로 히데요시 사망 후 6개월이 지난 시점에 5부교·5대로제는 이미 와해되어 있었다. 특히, 일본 정국을 총괄하는 5대로의 한 명인 우에스기 가게카쓰上杉景勝(아이즈번 120만 석 영유. 1598년 1월 이에야스·다테 마사무네 등 동북지역 도자마 대명들을 견제하기 위해 아이즈會津로 배치함)는 위의 철병명령서에도 서명하지 않을 정도로 이에야스와 대립하였다. 그리고 마에다 도시이에는 아사노 나가마사와 공모하여 이에야스를 암살하려 했다는 의심을 받아 마에다 요시나가前田幸長에게 가독을 상속하고 칩거하던 중 사망함으로써 5대로제는 1599년 3월 시점에서 이미 기능부전에 빠졌다고 할 수 있다. 5부교제도 친히데요시계의 유력 대명들과 대립하여 기능을 상실하면서, 히데요리 권력의 안정화를 기대하기 어려워졌다. 이러한 과정은 이에야스가 정권을 장악하는 과정이기는 하지만, 그렇다고 이에야스가 히데요리 권력을 압도하여 완전히 전국을 장악할 정도는 아니었다. 즉, 이 시기 일본의 정국은 대단히 불안정하였다.

이렇게 보면, 서계의 내용 ①은 당연히 일본이 조선·명과 강화할 의향이 있음을 나타내는 징표로, 처음으로 명 인질과 조선 포로를 송환했다는 점에서 주목할 만하다. 일본 정세의 안정을 강조한 ②는 명군이 아직 조선에 주둔해 있고 조·명의 일본공격 논의가 있었다는 것, 일본 국내에서 대명들의 대립이 격화되어 가고 있던 점 등을 고려하면, 혹시나 있을지 모를 조·명의 일본침략에 대한 강한 경계심을 역설로 드러낸 것으로 보인다. ③에서 언급한 명 장수들과의 약속-조선 왕자·대신의 일본파견(조선의 일본입조)과 ④의 조선침략 위협은 위에서 보았듯이 임진왜란을 승리로 장식하려는 의도와 함께 이에야스가 정권의 주도권을 장악하기는 하였으나 아직 히데요리 권력에서 벗어나지 못한 상황을 나타낸다. 특히 ④ 병란 발생에 대한 위협은 ②와 관련하여 역으로 조·명군의 일본침략을 경계하는 상황을 나타낸다. ⑤는 전년 (1598) 12월 시마즈 요시히로에게 자신의 가복을 인질로 보내면서 그 대가로 명 포로 3인을 송환한 것이 아닌가 하는 추측을 자아낸다. 요시라는 소 요시토시 휘하에서 1594년부터 외교교섭을 담당한 인물로, 1598년 5월 고니시 유키나가와 소 요시토시의 명령에 따라 유정에게 파견되어 조선 예조에게 강화를 요구하는 서신을 보내고, 1598년 9월경 요동으로 체송遞送되었다(『선조』 31·9·17). 따라서 일본이 이 문제들을 해결하려 했다면, 요시라의 송환은 명 장수들에게 요구해야 했다. 설사 일본이 요시라 문제에 대해 조선에게 책임을 물으려 했다고 해도 조선은 그 책임에서 충분히 벗어날 수 있었다.

그럼에도 일본이 조선에 위와 같은 서계를 보낸 것은 종전과 달리 조선을 교섭상대로 인정하고, 조선과 직접 교섭할 뜻을 보인 것이라고 할 수 있다. 이는 조선과 직접 교섭할 가능성을 열어, 조·명 연합군의 일본침략 논리를 약화시키고, 명 장수들의 약점(=일본으로 인질을 보낸 것)을 끌어내어 명 장수들에게 조선을 외교적으로 압박하여 일본과의 교섭에 나서게 하기 위한 것으로 보인다. 또한 일본사자의 구류 문제를 언급한 것도 조선의 외교결례를 지적하여 조선을 교섭에 임하도록 압박하는 것이자 조·명 연합의 일본침략과 관련하여 조선과 명 장수들 사이를 벌리려는 의도도 숨기고 있었다고 하겠다. 그러나 문맥상 ③(왕자·대신의 일본파견 – 일본입조)이 국교재개 교섭의 필수 전제조건으로 제시되지는 않았다(사신 파견만을 언급). 오히려, 조선인과 중국인 포로를 송환하고(①), 국교 재개 교섭이 이루어지면 포로를 송환하겠다고 약속하였다(⑦). 일본이 조선과의 국교 재개 교섭에 진심이었음을 나타낸다. 그런 의미에서 이번 교섭은 임진왜란과 정유재란 때의 그것과는 크게 구별된다고 할 수 있다.

위 서계에 언급된 제안들은 쓰시마 번주 소 요시토시가 독단으로 할 수 있는 사안이 아니다. 주목할 점은 위의 포로송환에 겐소가 간여한 사실이다. 겐소는 쓰시마 번주 소 요시토시에 출사하여 임진왜란 중 조선과의 교섭에 임했으나, 1589년 이후에는 히데요시의 명을 받아 명에도 파견되는 등 일본외교의 중추 역할을 담당한 인물로, 이 시기에는 이에야스의 지시를 받았을 것이다. 따라서 이에야스의 지시(적어도 이에야스의 묵인)에 따라 하치스카 이에마사의 영지(18만 석)인 아와 도쿠시마에 있던 조선인들을 송환한 것으로 보인다. 이에야스의 지시가 없었다면 하치스카 이에마사가의 포로 10인을 쓰시마로 보낼 이유가 없다. 더욱이 쓰시마가 조선에 국교재개 교섭이 이루어지면 포로송환을 하겠다고 했는데, 이는 일개 대명이 언급할 성격의 것이 아니었다. 조선포로는 일본 각지에 흩어져 있어서 이에야스의 요청이 없다면 대명들이 쓰시마 혹시 고니시 유키나가의 요구에 협력할 까닭이 없었다. 따라서 1599년 6월 이후의 교섭에 일본 중앙권력(도쿠가와 이에야스)이 개입하였다고 보아야 한다.

그러나 이에야스도 히데요리 권력을 완전히 부정할 수 없는 상황이었기 때문에, ②와 ③을 적시하고 일본의 승리를 표명하여 자신을 히데요리 권력의 행사자로 자리매김하였다고 보인다. 일본의 정정 불안과 이에야스의 권력 장악 과정을 고려하면, 이에야스는 조선과의 교섭을 통해 일본 외교권이 자신에게 있음을 내외에 명확히 하려 했을 것이다. 그래서 조선 왕자·대신의 일본파견 문제를 교섭의 필수 전제조건으로 내세우지 않고(단, 조선의 사신 파견이라는 조건은 유지함), 이제까지의 과장되고 상투적인 군사위협 문구도 약화시키고, 피로인 송환도 약속함으로써 일본의 교섭 요청이 진심임을 나타내려 했다고 판단된다.

한편, 쓰시마의 소 요시토시는 고니시 유키나가의 사위로 임진왜란 발발 이래 고니시의 지휘 아래 주로 조선을 상대로 교섭을 진행해 왔으나, 히데요시 사후 이에야스 권력이 확대되면서 고니시의 외교 영향력이 약화된 데 비례하여 소 요시토시의 조선 교섭 장악력도 줄어들었다. 이는 쓰시마의 존립과 관련되어 있었다. 당시 마땅한 대조선 외교루트를 확보하지 못하고 있던 이에야스가 겐소를 통해 조선과 교섭을 하든, 혹은 소 요시토시가 겐소를 움직여 조선과 교섭하려 하든, 소 요시토시는 이 교섭을 쓰시마의 존립을 탄탄히 하고 자신의 위치도 명확히 드러내는 절호의 기회로 보았음에 틀림 없다. 따라서 소 요시토시도 조선과의 교섭에 적극 임했다.

앞에서도 언급했듯이, 경리 만세덕에게도 조선에 보낸 서계와 동일한 내용인지는 정확히 알 수 없으나, 일본서계가 송달되었다.[25] 이 일본서계에 대해 조선과 명의 장수들은 어떻게 대응했을까? 조선 측은 서계에 대한 명 장수들의 움직임에 주목하였다. 일본이 조선에 보낸 서계의 내용은 명 장수들에게도 전했을 터인데, 알리지 않을 경우 '조·일 음결'을 의심하는 악몽 같은 제2, 제3의 정응태무주가 일어날 수 있기 때문이다. 실제로 서계 내용에 중국인 포로의 송환이 포함되어

---

25 일본에서 보낸 서계가 명 장수에게 송달된 것은 확실하나 내용은 확인할 수 없다. 만약 그 서계가 조선에 보낸 서계와 다른 내용을 포함하고 있다면, 쓰시마는 명 장수들에게 대조선 강화 노력이 진심임을 강조하여 조선이 쓰시마와의 강화교섭에 응하도록 압력을 넣으려 했을 것이다.

있어서 명 장수들에게 비밀로 하기도 어려웠을 것이다.

모국기는 일본서계의 도착 소식을 듣고 즉시 한성으로 올라와 경리 만세덕과 밀담을 나누었다. 조선은 표헌을 명 중군아문 손방희 거소로 보내 밀담 내용을 알아보았다. 표헌의 보고에 의하면, 모국기와 경리 만세덕이 숨기려 한 밀담 내용은 ① 모국기가 일본에 보낸 사람들은 인질이 아니라 일본을 정탐하기 위해 파견한 사람들이다, ② 모국기가 파견했던 사람들이 조선포로와 일본인을 대동하여 부산에 왔다, ③ 일본은 조선과 통호하여 사미賜米를 받고자 한다, ④ 경리 만세덕은 이 사실들을 조사한 후, 이덕형과 상의하여 명 조정에 보고할 것이다, ⑤ 일본은 명과 강화하려 하고 있다, ⑥ 일본이 조선을 재침략하지 않는다면, 만세덕은 조선이 일본에 취하는 행동에 대해 간섭하지 않을 것이라는 점 등이다(『선조』 32·7·16).

위의 밀담에서 주목되는 사항은 ①, ③, ⑤, ⑥이다. ①은 정응태무주사 건이 애매하기는 하나 일단락되어 주화보다 주전의 분위기가 우세해진 시점, 특히 일본군 철수가 거의 확실해진 시점에 명 장수들이 명 조정의 허락도 없이 일본에 인질을 보낸 것은 명 조정이 도저히 용납할 수 없는 사안이었고, 전쟁 패배를 자인하는 조선 왕자·대신의 일본파견 약속은 더욱 그러했다. 따라서, 명 장수들로서는 일본에 인질을 보낸 사실을 당연히 거짓으로 정탐인으로 꾸며 숨기려 했을 것이다. 이것과 관련하여 쓰시마의 포로송환 역시 모국기가 일본에 파견한 사람들이 주도한 것처럼 꾸몄다(②). ③은 경리 만세덕에게 보낸 일본서계에 조선 왕자·대신의 일본파견과 조선침략에 대한 위협이 들어 있었는지 알 수 없으나, 일본이 요구한 것은 단순히 사미로, 조선과 일본의 국교 재개 교섭 요구라고 했다. ⑤는 일본이 명과 강화할 의지가 있음을 명확히 한 것인데, 전제조건이 무엇인지는 알 수 없다. 특히 주목할 것은 ⑥이다. 이는 ④와 함께 일본의 조선침략이 없다면이라는 조건부로 명군은 조선과 일본의 강화교섭을 인정한다는 것을 나타낸다. 그러나, 조선은 일본과 "같은 하늘을 받들면서 함께 살 수 없는 원수"不共戴天之讐라고 전제하면서 만세덕이 조선의 왜사 처리에 간섭하지 않겠다고 한 것을 보면, 만세덕이 조선과 일본의 국교재개 교섭에 찬성 의사를 표명했다고는 볼 수 없다. 특히, 다수 유병을 주장한 명 장수들이 그렇게 쉽사리 조·일 국교재개 교섭에 찬성할 가능성은 전혀 없었다.

 조선은 명 장수들의 이 같은 태도를 어떻게 보고 있었을까? 비변사는 1599년 7월 17일 모국기가 한성에 올라와 경리 만세덕과 밀담을 나눈 까닭에 대해, 전년 유정과 모국기가 일본에 인질을 보낸 사실이 명 조정에 알려져 생길 논란을 사전에 막기 위한 것이다, 왜서에 대한 회답은 부산검사가 하되, 명의 군사가 조선 각지에 주둔해 있고 크고 작은 일들을 명 장수들이 담당하고 있어서 조선이 교섭에 간여할 수 없고, 일본이 조선 예조에 서계를 올린다 해도 조치할 수 없어서 명 조정에 알리지 않았다, 요시라에 대해서는 명 장수(유정) 차관이 명으로 보냈는데 아직 돌아오지 않았다고 하라고 했다. 다만 쓰시마의 국교재개 교섭 요구는 중요한 문제니, 대신들의 의견을 수렴하여 처리하는 편이 좋겠다고 했다. 또한 왜서 한 통이 경리 만세덕 앞으로 왔으니, 경리에게는 조선에 전해진 왜서의 내용을 알고 있을 것이라고 했다(『선조』 32·7·17).

 이후 조선 대신들의 의견 수렴 과정과 내용은 확인할 수 없으나, 7월 23일 조선 조정은 만세덕 앞으로 서장을 보내 일본사자의 도래 사실을 알리고, 일본의 강화교섭 요구는 조선의 병비를 방심하게 만들고 동시에 조선내지를 정탐하기 위한 것이라는 의견을 표명했다. 포로 송환과 관련해서는 일본의 지시를 받은 다수의 일본인들이 조선내지를 정탐하고 아울러 명(장수)과 이미 강화를 약속했음에도 조선이 약속을 어겼다고 선전하며 병단을 일으킬지 모른다고 하면서, 일본과의 강화문제는 나중에 뒤탈이 나지 않도록 신중히 대처해야 한다고 경고했다.[26]

조선의 이러한 반응은 당연해 보일 수 있으나, 그렇게 단순하지가 않다. 위에서도 언급했듯이, 당시 일본은 강화조건으로 조선 왕자·대신의 일본파견을 주장하였는데, 당시는 '조·일 음결'에 대한 명의 의심도, 일본의 재침략에 대한 의심도 여전히 불식되지 않은 상황이었다. 한편, 명군이 철병을 시작한 1599년 4월 이후 조선에서는 '3만 유병'에 대해 감군을 요구하는 목소리가 높아지고 있었고, 5월 명 조정에서는 '3만 유병안'에 반대하는 호부의 이응책, 요문울의 상소가 있었다. 명 신종은 유병 문제에 관해 선조와 군문 형개, 경리 만세덕이 함께 상의할 것과, 선조에게 유병에 관해 명 조정에 상주할 것을 명했다.

이에 만세덕은 1599년 6월 20일 조선에서 명군을 모두 철수시킨다는 '진철안'을 통보하였고, 조선은 만세덕에게 '5천 유병안'을 제안했다. 그러나 위 '진철안'은 명 장수들이 조선의 소수 유병안에 불만을 품고, 대일군사력을 확보하지 못한 조선이 '진철안'을 받아들이지 못할 것이라는 판단에 입각한 것이어서, 사실상 조선에 대한 위협이었다고 할 수 있다. 이러한 상황 속에서 명 장수들은 1599년까지는 2만5천 유병, 1600년 봄 이후에 5천 철수, 1601년 봄 이후에 5천 철수, 가을 이후에 5천 철수에 이어 1602년에 명군을 완전 철병시킨다는 계획을 세우고, 형개는 8월 명 조정에 '2만 유병안'을 제안하였다. 이에 대해 명 병부는 1600년까지 완전히 철병할 것을 신종에게 상주하였고, 신종은 조선과 상의하여 유병 여부를 결정하라는 명을 내렸다.

그런데, 조선이 쓰시마와의 교섭에서 보인 주장은 얼핏 명군 다수 유병론을 전제로 한 것처럼 보인다. 그런데도 조선이 소수 유병론을 주장한 것은 유병론과 대일본 강화교섭을 내면으로는 상호 연계시키면서 외면으로는 분리된 것처럼 보이려 했음을 나타낸다. 특히, 일본과의

---

26 『事大文軌』 권33, 萬曆 27년 7월 23일조.

강화교섭 재개가 '조·일 음결'에 대한 의심을 살 수 있음을 고려하면, 속마음이야 어쨌든 조선으로서는 일단 일본과의 강화교섭에 반대해야 했고, 조선 왕자·대신의 일본파견이라는 전제가 깔린 강화교섭에는 무조건 반대했을 것이다.

한편, 경리 만세덕은 일본의 강화 요구에 대한 조선의 반응에 어떻게 대처하였을까? 만세덕은 1599년 7월 24일 조선의 보고를 받고 선조에게 다음과 같은 회답을 보냈다. ① (명이) 일본에 조선사자를 보내 강화하게 하는 일은 없을 것, ② (조선은) 일본사자에 대한 조치를 빨리 정해 자신에게 알릴 것, ③ 조선이 쓰시마와의 무역을 영구히 단절하는 것은 국방에 이롭지 않다 등이다.[27]

만세덕의 이 같은 반응은 다음 상황과 관련되어 있다. ①은 조선 왕자·대신의 일본파견을 전제로 한 강화교섭은 하지 않겠다는 의지를 보여준 것이나, 거기에는 명 인질의 일본파견 사실도 함께 은폐하겠다는 의도가 들어 있다. ②는 아직 강화가 매듭지어지지 않은 준전시 상황으로 조선 외교권이 명 장수들에 의해 제약 받고 있음을 보여주는데, 조선과 일본은 "같은 하늘을 받들면서 함께 살 수 없는 원수"不共戴天之讐라는 표현에서 알 수 있듯이, 조선이 일본과의 교섭에 적극 나서지 못할 것이라는 판단이 깔려 있다. 조선은 ②와 관련하여 일본사자가 한성에 파견되면 그들이 조선의 내지사정을 정탐하여 '의외의 우려'할 상황이 발생할 수도 있고, 이후 연이어 일본사자가 도래하면 그 처리가 어려워질 것이니, 그들을 빨리 일본으로 송환할 것을 요구했다.[28] 조선의 이 같은 요구는 일본사자를 억류하거나 혹은 살해하는 사건이 생길 경우 "나중에 필히 난처한 근심거리"(『선조』 32·4·21)가 될 것이라고 보았기 때문이며, 조선왕자의 일본파견을 조건으로 한 일본사자와 명 장수

---

27 『事大文軌』 권33, 萬曆 27년 7월 24일조.
28 『事大文軌』 권33, 萬曆 27년 8월 초8일조.

들 주도의 강화교섭을 견제하기 위해서였던 것으로 보인다. 조선의 이러한 대응의 배후에는 '조·일 음결'에 대한 의구심의 불식과 소수 유병－나아가 명군의 완전 철병 관철, 이 두 문제를 통한 대일 외교권 및 군사권의 회수라는 당면과제를 어떻게 해결할 것인가 하는 문제가 가로 놓여 있다.

그럼에도 ③은 만세덕이 조선과 쓰시마의 강화교섭을 기미정책의 일환으로 자리매김하면서 강화교섭을 권한 것으로 보인다. 하지만 이 발언도 결코 문자 그대로 이해할 수는 없다. 경리 만세덕이 조·일 강화교섭을 추천하듯 언급한 것은 조선의 진의가 어디에 있는지를 떠본 것이고, 오히려 조선은 쉽사리 일본과의 강화에 나설 수 없을 것이라는 판단 아래 다수 유병론을 관철하기 위한 주장으로 보인다.

한편, 군문 형개는 1599년 5월 말에 만세덕에게, 일본군이 다시 쳐들어오지는 않을 것이나, 쓰시마에서 건너온 조선인들이 변경에 있다가 왜적이 오는 것을 기다려 부산에서 매매를 하려 하는데, 지금 매매를 금지하면 쓰시마는 필시 아사할 것이니, 법령을 밝혀 매매하지 못하게 하라고 했다(『선조』 32·6·1). 이는 명군 일부가 철수한 상태에서 일부 유병안(조선으로 보면 다수 유병안)을 관철시키고자 한 형개가 일본의 군사행동에 대비하기 위해 만세덕에게 쓰시마와의 교섭을 경계하라고 명령한 것이다. 형개는 조선의 군사 최고책임자로서 직·간접으로 일본군의 철병교섭에 관여한 인물이고, 당시(1599년 7월)는 명이 '2만5천 유병안－점차 철병론', 조선이 '8천 유병안'을 주장하던 시기였다. 명군의 유철을 둘러싸고 조선과 명 장수들이 대립하던 이 시기에 군문 형개의 지휘를 받고 있던 경리 만세덕으로서는 조선에게 쓰시마와의 화호교섭을 진심으로 권할 수는 없었으나, 조선·쓰시마 관계의 악화가 조·일, 명·일 관계에 악영향을 미칠 것이라 판단했다. 그래서 ③ 조선이 쓰시마와의 무역을 영구히 단절하는 일은 국방에 이롭지 않다고 했을 것이다.

위 문제('조·일 음결'에 대한 의심의 불식과 소수 유병) 중 조선이 선결해야 할 것은 전자, 즉 '조·일 음결'에 대한 의심을 덜어내는 일이었다. 그래야 명군도 완전히 철수할 것이고, 명군이 철수해야 자주적인 군사·외교권도 확보할 수 있다고 본 것이다.

따라서 조선과 쓰시마의 교섭을 권하는 만세덕의 의견에 조선이 강력 반발할 것은 불을 보듯 뻔하다. 조선은 쓰시마와의 교섭을 권유한 만세덕의 태도를 크게 우려할 만한 것이라고 보고, 일본사자의 도래를 명 병부에 보고하여 명 조정의 판단을 기다려야 한다고 했다(『선조』 32·8·14, 16, 18). 당연히 만세덕 등 명 장수들은 강하게 반대하였다(『선조』 32·8·23, 26). 조선이 일본사자의 도래를 명 조정에 상주하면 어떤 일이 생길지는, 경리 만세덕이 심희수를 만난 자리에서 "만약 (조선이) 이 일(일본의 교섭 요구)을 명 조정에 알리면 형개와 4제독이 모두 대죄를 받을 것이니, 이는 정 주사(정응태)가 여러 사람을 무함誣陷한 것과 어찌 다를 것인가"(『선조』 32·9·3)라고 크게 노했다고 한 데서 잘 알 수 있다.

한편, 조선은 이미 한성에 들어와 있던 왜사를 명으로 보내려 하였으나(『선조』 32·8·16), 이는 명 조정에 대한 진주陳奏와 관련되어 있어서 그렇게 간단한 문제가 아니었다. 조선은 만세덕의 조선·쓰시마간 교역 권유가 왜사의 명 이송을 전제로 한 것이라고 보고, 왜사가 한성으로 올라온 것도 조선내지가 정탐된 것으로 인식하였다(동상). 따라서 진문陳文을 둘러싼 대립은 당연히 왜사의 명 이송과 결부되어 있었다.

이러한 상황에서 유격 강량동姜良棟이 위의 두 가지 문제(명에 대한 주문과 왜사의 명 이송)의 해결에 나섰다. 강량동은 선조와 만나 왜사 처리를 조선에 맡기겠다고 하였고(『선조』 32·8·18),[29] 선조는 왜사를 요양으로 이송하자고 했다(『선조』 32·8·18). 왜사의 요양 이송은 왜사 도래에

---

29 일본사자의 처리와 관련하여 제독 이승훈도 선조와 만난 자리에서 강 유격(강량동)과 동일한 의견을 말했다(『宣祖實錄』 권116, 선조 32년 8월 癸卯條).

관해 명 조정에 주문하지 않는다는 것을 전제로 한다. 선조의 제안은 명 장수들과의 마찰을 피하면서 왜사를 요양으로 송환하여 조선 사정이 일본에 전해지는 것을 막기 위해서였다. 그 후에도 조선 조정에서는 주문을 둘러싸고 정원과 비변사 간에 대립이 있었으나(『선조』 32·8·19), 비변사의 의견에 따라 주문을 포기하였다. 한편, 왜사들은 당시 철병하는 유격 강량동이 데리고 가기로 하고(『선조』 32·8·19), 이후 왜사가 오면 해상로를 통해 그들을 명으로 보내기로 했다(『선조』 32·9·20). 결국 왜사의 요양 이송과 명 조정에의 주문 포기로 이 문제는 일단락되었다.

하지만 명 조정에의 주문과 왜사의 명 이송이 조선 왕자·대신의 일본파견과 만세덕의 쓰시마 교섭 권장, 그리고 명군의 유철 문제가 맞물려 있던 상황에서, 명 장수와 조선 사이에 이루어진 타협조치는 사실상 미봉책에 불과했다. 조선 입장에서 이 조치는 명 인질을 일본에 보낸 사실을 명 조정에 알리지 않는 대신, 명·일 장수 사이에 이루어진 조선 왕자·대신의 일본파견을 조건으로 한 조·일 강화교섭을 거부할 수 있게 된 것이다.

이를 통해 조선은 '조·일 음결'에 대한 의구심을 일부 덜어내는 데 성공했지만, 명 장수들의 다수 유병론에는 힘이 실리게 되었다. 한편 명 장수들을 압박해서 유리한 입장에서 조선과 교섭하려 했던 일본의 시도는 이 조치들로 인해 실패로 돌아갔으나, 조·명과 교섭하겠다는 의지는 양국에 충분히 전달된 것으로 보인다. 결국, 정유재란 종기 강화교섭의 연장선에서 전개된 교섭은 성공하지 못했는데, 이 구조가 언제 어떻게 변하는지 눈여겨볼 대목이다.

앞서도 말했지만 강량동의 대응은 임시방편에 불과했다. 명 장수들에게는 일본군 철병교섭 때의 강화조건을 은폐시키기 위해 조·일 국교 재개 교섭이 필요했다. 따라서 조선과 명 장수들 간에 타협이 이루어지고 3개월이 지난 1599년 12월 경리 만세덕은 조선에 일본(쓰시마)과의 강화를 요구했다(『선조』 32·12·29, 33·1·4). 명 장수들과 일본 사이에 오간 강화조건과 일본에 인질을 보낸 일을 숨기려면 조·일 강화가 필요하다고 보았기 때문이다. 이는 명 장수들의 다수 유병론을 다소 약화시킨 것－조선의 소수 유병을 일정하게 수용한다는 의미다.

그렇다고 조선이 명 장수들의 제안을 덥석 받아들일 상황은 아니었다. 조선은 명분상 명군의 조선주류를 유지하고 싶다는 의견을 강력히 피력해야 했고, 그렇게 함으로써 '조·일 음결'의 의구심을 덜어낼 수 있었다. 이는 조·일 강화교섭을 명 조정의 양해 하에 진행해야 한다는 것을 말한다. 이러한 상황 속에서 조선이 어떻게 명군을 철수시킬 것인가가 주목된다.

명·일, 조·일 교섭이 마무리된 1599년 10월, 조선은 '8천 유병안'을 신종에게 상주하였고, 만세덕은 1599년 10월 7,600명을 추가로 철병하고, 1600년 이후 다시 철병에 관해 논의하기로 했다. 그리하여 1599년 10월 단계에서 1600년 완전 철병을 전제로 한 '1만5천 유병안'이 결정되었다. 이 시기에도 명군은 다수 유병론을, 조선은 소수 유병론을 주장하였던 것이다.

한편, 1600년 2월 23일 쓰시마가 다시 포로송환을 이용하여 조선에 강화를 요구하였다. 조선인 포로들이 전한 내용은 다음과 같았다. ① 울산정병 장반석 등 57명이 송환되면서, (장반석 등이) 야나가와 시게노부에게 강화를 맺고자 하면 조선인을 모두 송환해야 피차 의심이 없을 것이라고 했다. ② 야나가와 시게노부는 지난해 6월 중국인과 사자들을 보냈는데 이에 대한 가부 회답이 어찌 없는지를 물었고, 이에 대해 (장반석은) 강화는 조선의 결단으로 할 수 있는 것이 아니라 명에 물어 행하는 것이라고 했다. ③ 이에 야나가와 시게노부는 (장반석에게) 지금 포로들을 송환하는 것은 오직 강화를 위한 것이고, 4~5월 이전까지 회답이 없다면 7~8월에 대병大兵을 출동시켜 불의에 습격하게 될 것이니, 그리 되면 그대들 족류族類는 하나도 살아남지 못할 것이다. ④ 일본서계를 지참한 김유팽 등이 탄 배 두 척이 바람을 만나 우도右道로 향했다 등이다(『선조』 33·2·23).

바람에 휘말려 표류하던 일본 배 2척은 3월 9일에 발견되어 무사히 조선에 도착했다.[30] 배 두 척에 탄 포로는 160인으로,[31] 이들까지 합쳐 이 시기에 송환된 포로는 총 217명이다. 이때 일본은 소 요시토시·야나가와 시게노부가 조선의 예조 및 동래·부산의 2진, 그리고 요시라 앞으로 총 4통의 서계를 보냈다.[32] 여기에다 일본에 인질로 보내졌던 모국과·유만수와 왕건공·진문동陳文棟 등[33]의 서찰 3통도 있었다.[34]

이때 전해진 일본서계의 내용은 자세히 알 수는 없으나, 강화 요구, 포로송환, 명 인질들의 강화에 대한 협조를 담고 있었다고 한다.[35] 이 서계 내용 중 조선의 신경을 가장 건드린 것은 명 인질들이 강화에 협조하고 있다는 부분이었다.[36] 조선은 이미 철병교섭 당시 조선 왕자·대신의 일본파견이라는 조건이 있었고 명 인질을 일본에 보낸 사실도 알고 있었으나, 이 시점(1600년 2월)에 처음 이 사안들을 문제 삼았다. 조선으로서는 명 인질들이 조·일 강화에 협력한다는 게 혹시 조선 왕자·대신의 일본파견을 전제로 한 것이 아닌가 하는 염려가 들었기 때문일 것이다. 명 장수들은 예전과 마찬가지로 이들 인질을 '행간지인'=정탐인=스파이라고 하면서[37] 조선에 일본과의 강화를 강요했으나,

---

30 『事大文軌』 권35, 萬曆 28년 3월 20일조.
31 동상서.
32 동상서.
33 모국과·유만수·왕건공·진문동 등은 1598년 9월 명의 중로군(제독 董一元) 휘하 유격 모국기군에 소속되어 있던 자들로 명·일 강화교섭에서 시마즈 요시히로에게 인질로 보내졌다. 이 가운데 유만수는 1599년 8월 일본에서 객사하였다.
34 동상서.
35 동상서.
36 동상서.

조선은 요구에 응하려 하지 않았다. 누차 지적했듯이 경솔한 일본과의 강화교섭은 명에게 '조·일 음결'에 대한 의심을 살 수 있었기 때문이다(『선조』 33·3·22). 이에 조선은 명 장수들에게 일본과의 강화 요구를 거절한다는 의사를 표명하고, 조·일 강화는 조선 전단으로 할 수 없다고 하였다. 이는 강화교섭과 관련해서는 명 장수가 아닌 명 조정의 지시를 받겠다는 의사 표시이며, 명 장수들의 외교간섭을 배제하려는 끈질긴 노력이기도 했다.

강화교섭에서 화호교섭으로의 전환

위 서계가 전해진 약 1개월 후인 1600년 4월 소 요시토시, 고니시 유키나가·데라사와 마사나리, 야나가와 시게노부가 조선 예조 앞으로 보낸 서계가 도착했다. 일본사자들이 일본에서 출발한 것이 4월 3일이고, 이들이 부산에 도착한 것은 5일이다. 이 기회를 이용하여 일본은 명 위관委官 진문동, 천파총 왕건공과 왕보균, 수관 정진원 등 40여 명과 조선인 남녀 20여 명을 송환했다(『선조』 33·4·11). 부산주류 명 장수 유격 장량상張良相이 이들을 잡아 조사를 하였고, 이 사실을 조선에 알렸다(동상). 장량상은 경리 만세덕에게도 이 사실을 보고하고(『선조』 33·4·16), 일본사자가 보낸 서계의 원본도 보냈다.[38] 보고를 받은 만세덕은 조선에 이를 알리고 더불어 서계 원본도 보냈다(『선조』 33·4·16).

먼저 소 요시토시의 서계 내용은 ① 1598년, 1599년, 1600년 명 인질 4명이 서계를 전하였으나, 조선이 회답을 하지 않고 사자를 구류한

---

[37] 『事大文軌』 권35, 연월일 미상 萬世德揭.
[38] 『事大文軌』 권35, 萬曆 35년 4월 14일조.

데 대해 힐책하고, ② 이들을 구류한 것은 명에 무례한 것이다, ③ 히데요리의 명에 따라 명 인질들을 돌려보내게 했는데, 유야劉爺(유만수)는 객사하고, 모국과는 (히데요리가) 시마즈 요시히로에게 명하여 복건을 통해 송환하게 하였다, ④ 일본의 형세는 이전에 알린 대로며(정세 안정), ⑤ 조선은 빨리 사자를 파견하여 전쟁을 그치게 할 것이고, ⑥ 일본이 바라는 바는 조선과의 화호뿐이며 이는 히데요시의 유명이니, 조선은 일본을 의심하지 말 것 등이다(『선조』 33·4·14).

고니시 유키나가·데라사와 마사나리의 서계 내용은 ① 1598년 명 장수들이 조·일 화호를 서로 의논하고, 그 징표로 모·유·진·왕을 일본에 보냈다, ② 이들 4인은 일본에 머물며 조선의 사자파견을 기다렸으나, 그 사이 유야(유만수)는 일본에서 사망하였다, ③ 나머지 3명이 일본에서 객사한다면 그 책임은 일본이 져야 하므로, 이에야스가 히데요리에게 상주하고 쓰시마의 소 요시토시에 명하여 이들을 송환하기로 했다, ④ 그러니, 조선은 사자를 일본에 파견하여 강화를 할 것인지 아니면 신의를 끊을 것인지 결정하라, ⑤ 일본이 원하는 바는 오로지 화호뿐이며, 만약 회답이 또 늦어지면 근심거리가 생길까 두렵다, ⑥ 그런즉, 일본은 명 장수들과의 약속을 온전히 지켰으나 조선은 난을 자초하고 있다, ⑦ 유키나가와 마사나리는 양국의 창생을 위해 거리낌 없이 이 서계를 드리니 현찰賢察하라 등이다(동상).

야나가와 시게노부의 서계 내용은 고니시 유키나가·데라사와 마사나리의 서계 내용 ①, ②, ③을 기술한 후 ④ 히데요시는 1598년 8월에 사망하였고 현재는 이에야스가 히데요리를 잘 보좌하여 일본은 평안하다, ⑤ 일본이 두 사자를 보내니, 치란=화호할 것인가, 재발=전란을 치를 것인가? ⑥ 일본이 바라는 바는 오직 화호니, 조선이 사자를 일본에 파견하여 화평=만년지치를 이룰지, 전쟁=구시지란을 일으킬지 정하라, ⑦ 시게노부 자신은 조선벼슬을 받아 60이 넘은 나이로 평화로

움을 원할 뿐이다 등이다(동상).

위의 서계는 어조가 부드러워지고 전쟁위협이 약해지기는 했으나, 내용은 대체로 이전과 거의 같다. 그러나, 이번 교섭에서는 몇 가지 주의할 점이 있다.

우선, 서계의 발급 일자다. 쓰시마 번주 소 요시토시와 그의 가신 야나가와 시게노부의 서계는 1600년 3월 28일이며, 고니시 유키나가·데라사와 마사나리는 1600년 정월 27일이다. 그렇다면 1600년 2월 23일의 쓰시마와 조선 간의 교섭은 이에야스가 관여를 명확히 한 고니시 유키나가·데라사와 마사나리의 서계가 발급되고 1개월 후의 일이 된다. 이 양 교섭의 관계는 어떻게 보아야 할까?

여기에서 주목할 것이 먼저 1600년 2월 교섭에서 명 인질이 경리 만세덕에게 보낸 서찰 3통이다. 명 인질들이 언제 쓰시마에 도착했는지는 분명하지 않으나, 적어도 2월 23일 이전인 것은 분명하다. 이에야스가 조·일 교섭에 관여하기 시작한 것은 1599년 7월 교섭부터지만, 직접적이고 적극적으로 나선 것은 1600년 정월로 보아야 한다. 그렇다면, 1600년 2월 교섭은 1600년 3월 교섭을 위한 예비교섭으로 보아야 할 것이다. 혹 명 인질들의 서계 3통 안에 유만수의 서계가 들어 있었다면, 그가 사망한 1599년 8월 이전에 1600년 2월 교섭을 계획하였다고 볼 수 있다.

1600년 3월 교섭에서는 화호의 조건으로 조선사신의 일본파견을 정유재란 후 최초로 언급하고, 재침 위협—특히 고니시 유키나가·데라사와 마사나리 서계—을 약화시키면서 일본이 원하는 바는 조·일 화호뿐임을 처음으로 직접 언급하였다. 바로 일본이 1600년 3월 교섭을 기점으로 강화에서 화호로 태세를 전환했음을 여실히 나타낸 것이다. 이에 더하여, 명 연호인 만력의 사용과 명 인질의 전원 송환은 이러한 강화에서 화호로의 전환을 보이려 한 조치였다고 봐도 될 것이다.

명 인질 중에 유야는 유만수를 가리키는데 1599년 8월 사망하였고, 그 시체와 또 다른 명 인질 1명은 가라쓰에서 사쓰마로 이송되어, 모국과(위의 명 인질과 동일인인지는 분명하지 않으나 아마도 동일인으로 추정)와 함께 1599년 12월 상선을 타고 복건으로 돌아갔다(『선조』 33·4·11). 이들은 모두 모국기가 일본으로 보낸 인질들이었다(『선조』 33·3·16). 명 인질의 전원 송환은 명 장수를 매개로 한 조·일 교섭에서 조·일 직접 교섭으로의 전환을 나타낸 것으로 볼 수 있을 것이다.

이러한 상황을 종합해 보면, 이번 교섭은 이미 1599년 8월 이후 12월 이전에 이에야스가 직접 관여하여 계획되었음을 알 수 있다. 그렇다면, 1600년 2월 교섭과 이번 교섭은 어떤 관련이 있을까? 위의 유만수·왕건공 서찰이 유만수 생전에 작성된 것이라면, 1600년 2월 교섭은 1599년 8월 이전에 계획되었다고 볼 수 있으나, 고니시 유키나가·데라사와 마사나리의 서계 발행일자로 보건대 적어도 이번 교섭은 1600년 정월 이전에 계획된 것으로 볼 수 있다.

그렇다면, 고니시 유키나가·데라사와 마사나리의 서계는 1600년 2월 교섭에 맞출 수 있었을 것이다. 그럼에도 고니시·데라사와의 서계가 어떤 사연으로 2월 교섭이 아닌 4월 교섭에 맞추어 조선에 보내진 것일까? 여기에 쓰시마의 노림수가 있다. 즉, 소 요시토시와 야나가와 시게노부는 2월 고니시 유키나가·데라사와 마사나리의 서계를 바탕으로 유만수의 사망 사실을 숨기면서 좀더 위협적이고 강한 어조와 내용을 담은 서계를 작성하여 조선에 보내, 조선과 명 장수들의 반응, 특히 명 장수들의 반응을 떠보려 했던 것 같다. 위에서 보았듯이, 2월 교섭에서 명 장수들이 보인 반응은 조선이 일본과의 교섭에 임하라는 것이었다. 아마도 이 반응에 고조되어 서둘러 4월 교섭을 추진했던 것이 아닌가 한다.

둘째로, 이번 교섭과 도쿠가와 이에야스의 관계다. 이에야스가 언제부터 조선과의 강화교섭에 관여했는지 명확하지 않으나,[39] 명 인질을 송환하기 시작한 1599년 6월 교섭 때부터로 추정된다. 강화교섭의 지레로 자리하는 명 인질들의 송환이 일개 대명大名의 판단에 따라 행해질 수 없음은 당연하다. 사망한 유만수와 모국과 등이 1599년 12월 사쓰마에서 복건으로 송환된 점도 이에야스가 1599년 12월 이전부터 화호·강화 교섭에 관여하였음을 보여준다 하겠다.

이를 위 서계들과 관련하여 보면, 고니시 유키나가·데라사와 마사나리가 조선 예조 앞으로 보낸 서계에는 "명 인질들이 모두 사망하면, 일본의 죄가 되니 … 이에야스가 히데요리의 명을 받들어 쓰시마 소 요시토시에 명하여 명 인질들을 보낸다"라고 하였고, 야나가와 시게노부가 조선 예조 앞으로 보낸 서계에는 "(이에야스가) 유만수가 사망하였다는 소식을 듣고 탄식하기를 네 명의 사신이 모두 객사한다면, 이는 일본의 죄니, 돌려보냄만 못하다 하고, 이에야스가 히데요리에게 (이 사실을) 알려, 고니시 유키나가와 소 요시토시에게 선주 시게쓰구調次를 파견하여 (명 인질들을) 보내게 하고, 시마즈 요시히로에게 복건로를 통해 모국기를 보내도록 명했다"라고 하였다. 그런데, 소 요시토시가 조선 예조 앞으로 보낸 서계에는 "히데요리의 명을 받들어 선주 시게쓰구를 파견하여 (명 인질들을) 돌려보내게 하였다. … 모국과는 요데요리가 사쓰마 요시히로에게 명하여 복건을 통해 송환하게 하였다"라고 되어 있다.

위에서 보듯이, 소 요시토시, 고니시 유키나가·데라사와 마사나리, 야나가와 시게노부의 서계는 내용이 대동소이하지만, 이에야스의 명 인질 송환 관련에 대해서는 큰 차이를 보인다. 소 요시토시의 경우

---

39 다나카 다케오(田中健夫, 『中世對外關係史』, 東京大學出版會, 1975)는 도쿠가와 이에야스가 조선과의 국교재개에 관심을 보인 것은 세키가하라 싸움 이후라고 주장하고, 일본측 기록이 모두 쓰시마 관계자의 손에서 찬술되었고, 1600년 조선에 보낸 서계도 실제로 쓰시마에서 보낸 것 등을 근거로 들고 있다.

명 인질의 송환이 히데요리의 명에 따랐다고 하고, 고니시 유키나가·데라사와 마사나리는 히데요리의 명을 받든 이에야스의 명에 따랐다고 하였으며, 야나가와 시게노부는 이에야스가 (명 인질 유만수의 사망을) 히데요리에게 알려 명 인질 송환을 명하고 모국과의 송환도 시마즈 요시히로에게 명하였다고 했다.⁴⁰ 이 중 세 번째 야나가와 시게노부의 서계 내용이 사실에 가장 가까워 보인다. 이에 입각하면, 적어도 이에야스가 조·일 교섭에 적극 관여한 시점은 1599년 8월경이고, 명 인질의 송환을 고려하면, 1599년 6월 이전으로 보는 것이 타당하다 하겠다.

위 서계들의 내용은 뉘앙스의 차이(위에서 보았듯이 이 부분이 사실 대단히 중요하다)는 있어도 1599년의 서계와 거의 같고, 야나가와 시게노부가 자신과 조선과의 관계를 서술한 부분만 다르다. 이는 자신이 조선과의 화호 교섭에 적절한 인물임을 드러냄과 동시에 데라사와 마사나리=일본 중앙권력의 개입으로 쓰시마 혹은 자신이 조선과의 교섭 과정에서 뒷전으로 밀리게 될 우려를 표명한 것으로도 보인다.

셋째로, 일본이 이전까지 강화교섭 대상으로 삼은 것이 주로 명 장수들이었던 데 반해, 이번 교섭에서는 명 인질의 송환과 관계가 있음에도 모든 서계를 조선 예조 앞으로 보냈다는 사실이다. 이는 조선과 일본의 강화교섭이 직접교섭 단계에 진입한 것을 말해준다. 이 같은 변화의 배경에는 1599년 10월 명군의 일부 철수가 있었다. 이 소식은 쓰시마에도 전해져, 쓰시마는 조·명군의 군사위협이 약화되거나 사라졌다고 인식하게 되었을 것이다. 명군의 철수는 명 장수들의 조선에 대한 영향력 약화를 의미한다. 따라서 교섭상대를 조선으로 한 것은 전후처리를 위한 강화교섭에서 통상관계를 설정하기 위한 화호교섭으로 전환하려는 의도를 나타낸다고 하겠다.

---

40 이 차이를 어떻게 설명할지는 중요한 문제이나, 아직 실마리를 찾지 못했다.

이렇게 보면, 야나가와 시게노부의 전 서계에서 언급한 "태평의 기책奇策은 오로지 사자가 바다를 건너는 일 한 가지뿐이다"와 이번의 "지금 일본이 조선에 다시 바라는 바는 달리 없고 오로지 화호하는 일 한 가지뿐이다"라고 한 부분은 모두 사자의 일본파견을 요구한 것이면서도 그 의미의 차이를 느끼게 한다. 즉, 조선사신의 파견을 전자는 3국의 화평을 위한 전쟁의 완전종결을 위해, 후자는 조·일 화호관계의 회복을 위해 요구한 것으로 보인다. 그러면서도 일본은 철병하면서 명 장수들과 맺었던 약속을 조선에게 기정사실로 인정케 함으로써 외교상 우위를 확보하고자 하였다. 그래서 새로운 양국관계를 지향하면서도 군사위협은 지속시키고 있었던 것이다.

넷째로, 위의 서계는 모두 명의 연호인 만력을 사용한 점이다. 이 선조실록 기록이 확실하다고는 할 수 없다. 정응태무주사건 때 일본 연호에 중국 연호를 부기한 것이 '조·일 음결'의 증거로 제시된 바 있어서, 실록을 편찬할 때 일본 연호를 중국 연호로 바꾸었을 가능성도 있기 때문이다. 만약, 중국 연호인 만력을 일본 측―특히 고니시 유키나가·데라사와 마사나리의 서계에서 사용했다면, 일단은 일본이 중국 책봉체제에 속해 있음을 드러낸 것으로 볼 수 있다. 아마 임진왜란 당시 행해진 명의 히데요시 책봉을 인정하고, 일본은 명에게 대항하지 않겠다는 의도를 표현한 것이리라. 그렇다면, 이는 일본외교사에서 대단히 중대 사건이기는 하지만, 일본 측이 만력 연호를 사용했다면 그것은 실제로는 일시적·전략적 선택이었을 가능성이 크다.

위에서 지적한 점들에 유의하면서, 일본 사정을 살펴보자. 이미 앞에서 이에야스가 이 시기의 조·일교섭에 적극 관여한 것을 보았다. 이에야스는 정이대장군에 취임하기 전인 1599년 7월에 말레이[太泥國]에 복서復書를 보내고, 그 후에도 기회 있을 때마다 여러 나라에 문서를 보내 열심히 무역을 추진했다. 이는 이에야스가 일찍부터 일본의 외교·

무역권을 장악하려 했다는 사실을 나타낸다.

당시 정치상황을 보면, 대명들 간의 대립이 심각하여 정국 전반은 "겉으로는 평온하나, 속으로는 불안정"[41]하였다. 특히, 이에야스와 우에스기 가게카쓰의 관계는 대단히 험악하였다.[42] 가게카쓰는 이에야스를 견제하려는 히데요시의 의도에 따라 1598년 아이즈會津를 중심으로 120만 석을 안도받았고, 히데요시 사망 직전에 설치된 5대로의 한 명으로 임명되었다. 가게카쓰와 이에야스 간의 대립은 뿌리 깊어 일본군 철수를 명한 1598년 9월의 명령서에도 가게카쓰는 서명하지 않았으며, 1600년 3월 와카마쓰성若松城을 버리고 아이즈 분지 중앙에 위치한 고자시성神指城의 신축을 명하는 등 군사력을 강화하여 이에야스에게 대항의 의지를 보였다. 이에 4월 이에야스는 가게카쓰에게 고자시성의 신축 이유를 직접 설명하라는 소환명령을 내렸으나 가게카쓰가 거부하자, 가게카쓰 토벌(아이즈 정벌)에 나섰다.

이러한 상황에서, 1600년 9월 세키가하라 싸움關ヶ原合戰이 일어났다. 5대로제는 1599년 4월 27일 마에다 도시이에의 사망으로 히데요리 권력을 지키는 대들보가 무너지고, 가게카쓰와 이에야스의 대립으로 완전히 기능부전 상태에 빠졌다. 5부교제도 위에서 본 히데요시 직계 대명들 사이의 대립으로 마찬가지로 제대로 기능할 수 없었다. 이렇듯 일본은 히데요시계 대명들 상호만이 아니라 유력 도자마 대명들 간의 대규모 분열·대립·항쟁이 언제 일어나도 이상하지 않은 상황이었다. 앞에서 본 조선에 대한 은근한 침략위협은 이러한 불안한 상황에서 조·명의 일본침략을 견제하고, 조·일 화호교섭의 원망願望을 표현한 것이었다.

친히데요리계 대명들은 주로 서쪽지역에 많았는데 점점 강해지는

---

41 『上杉家家譜』3, 影勝公(2), 米澤溫故會, 1977, 慶長 4년 6월조.
42 동상서, 慶長 4년 8월조 ; 慶長 5년 4월조.

이에야스 권력에 불안감을 가지고 있었다. 북규슈·쓰시마는 조·명연합군의 침략 위험에 놓여 있었다. 이러한 상황에서, 명 인질 유만수의 객사는 이에야스에게도 소 요시토시·고니시 유키나가에게도 틀림없이 중대한 문제였을 것이다. 이에 이에야스는 명 인질의 송환을 명하고, 이를 통해 일본외교권이 자신에게 있음을 보이려 했다고 판단된다.

그런데 위의 서계에서는 히데요리와 이에야스를 여전히 상하관계로 규정하고 있는데, 이 역시 당시 이에야스의 정치적 위치를 나타낸다 하겠다. 히데요리는 일본의 통치자, 이에야스는 그 실행자로 위치한 것이다. 특히, 친히데요리계 대명인 소 요시토시는 명 인질의 송환이 히데요리의 명에 따른 것이라고 밝힘으로써 자신의 정치적 입장을 잘 표현하였다. 소 요시토시는 애써 일본 통치권자가 히데요리임을 조선에 강조하여 이에야스의 존재를 서계에 적지 않았다고 보인다.

고니시 유키나가는 두말할 나위 없이 대표적인 친히데요리계 대명이다. 여기에서 데라사와 마사나리의 등장이 주목된다. 그는 도요토미 히데요시에 출사하여 히젠 나고야성 건설에 관여하고, 임진왜란 때는 후방의 병참을 책임져 그 공적을 인정받아 1593년 히젠 나고야를 포함한 가미마쓰우라군上松浦郡 일대의 83,000석을 영유(가라쓰 번)하고, 나가사키부교長崎奉行에 임명되어 해외무역을 관장한 인물로, 1598년 2월 무렵 조·일 외교에도 등장했다. 그런 그가 히데요시 사망 후 친이에야스 쪽으로 기울었다. 간토에서 해외무역을 모색하고 있던 이에야스는 그의 무역·외교 경험을 높이 샀다.

당시 친히데요리계 대명과 친이에야스계 대명들이 대립하는 가운데, 조·일 외교교섭은 친히데요리계인 고니시 유키나가-소 요시토시 라인이 주도하고 있었다. 명 인질 문제로 명과 마찰을 빚거나 조·일 사이에 전쟁이 발발할지도 모를 불안정한 상황에서 이에야스는 이들의 조·일, 명·일 외교를 조율할 필요가 있었을 것이다.

이렇게 해서 찾아낸 묘수가 데라사와 마사나리였다. 이에야스는 외교 경험을 가진 데라사와 마사나리를 조·일, 명·일 교섭에 집어넣어 고니시 유키나가-소 요시토시 라인의 외교를 감시·규제함으로써 만일의 사태에 대비하고, 외교권이 자신에게 속해 있음을 드러내는 효과를 노렸다. 그리고 이에야스는 고니시 유키나가-소 요시토시 라인과 데라사와 마사나리 라인을 저울질하면서 사태의 추이를 지켜보고자 했을 것이다. 쓰시마의 입장에서는 데라사와 마사나리의 등장은 그야말로 번의 존폐와 관련된 것으로, 이후 쓰시마의 조·일, 조·명 외교교섭에 사력을 다할 수밖에 없었다.

한편, 사쓰마 번주 시마즈 요시히로는 독자로 류큐와 관계를 유지하며 간접적으로 명과 관계하고 있었다. 중세 이래 유서깊고 자긍심 높은 유력 도자마 대명으로서 히데요시에게 항복하기는 했지만 히데요시마저 그를 껄끄러워할 정도였는데, 히데요시 사망 후 불안한 상황에서 한때 천하제패를 꿈꿨던 그가 이에야스와 협력관계였던 것으로는 보이지 않는다. 다만, 1599년 3월 9일의 쇼나이 난庄內の亂으로 신하들이 친히데요리파와 반히데요리파(=친이에야스파)로 대립하는 가운데 시마즈 요시히로는 이러지도 저러지도 못해 중립을 지켰는데, 이때 이에야스가 요청한 명 인질의 송환을 거절하기 어려웠을 것이다. 이에 시마즈 요시히로는 모국과 등을 복건으로 송환한 것으로 보인다.

그런데, 명 인질의 송환은 조·명·일 강화교섭에서 어떤 의미를 갖는 것일까? 명 인질은 유정과 모국기가 일본군 철병교섭 때 일본군의 무혈철병을 보증하기 위해 고니시 유키나가와 시마즈 요시히로에게 보냈고, 그 교섭과정에서 조선 왕자·대신의 일본파견을 약속했었다. 따라서 인질로서 요시히로에게 보내진 모국과 일행이 사쓰마에서 복건으로 송환된 것은 자연스러워 보이기도 한다. 이번 송환으로 명 인질은 모두 송환되었다.

명 인질의 일본주류는 두 가지 의미가 있었다. 하나는 조·명군의 일본침략을 제어하는 수단이고, 또 하나는 명 장수들을 강요하여 조선이 임진왜란 발발 책임과 전쟁패배를 인정하는 강화를 맺게 할 명분·수단이었다. 따라서, 일본 측에게 명 인질의 완전 송환이란 일본이 명에게 대항할 의도가 전혀 없음을 보여주는 것임과 동시에 조·명이 일본을 침략할 위험성이 줄고, 명 장수들을 강제하여 조·일간의 강화·화호에 개입시킬 필요성이 줄었다는 상황인식을 바탕으로 한다. 이에 일본은 명 장수의 개입을 배제하고 조·일이 직접 교섭하는 쪽으로 방향을 바꾸고, 이전에 전쟁패배를 인정하는 조선 왕자·대신의 일본파견(조선의 일본입조)이라는 조건을 전제로 한 교섭이 아닌 화호를 위해 조선이 일본에 사신을 파견하는 선에서 조선과 직접 교섭하는 전략으로 바꾸려 하였던 것이다.

한편, 이 교섭에 어떻게 대응할 것인지 고민이 깊던 시기에 경상도관찰사 김신원金信元이 1600년 4월 13일 계啓를 올렸다. 그 내용은 ① 3월 29일 소선小船 1척을 포획했는데, 그 배에 남원교생南原校生 강의국姜義國 등이 데리고 온 조선의 남녀 포로 54명이 타고 있었다, ② 도요토미 히데요시가 사망한 뒤 각지 왜장들이 교토에 모여 성을 쌓고 기계를 설비하고, 군사들을 훈련시키고 있으며, 가토 기요마사는 기해년(1599) 10월 내부 싸움으로 전사했다는 말이 있는데 사실 여부는 알 수 없다, ③ 1599년 3월 고니시 유키나가[肥前州]의 왜노들이 부산釜山·웅천熊川 등지를 노략질하기 위해 군사를 집결시키기로 약속되어 있었는데, (그들이) 막 바다를 건너려 할 때 쓰시마 왜노가 고니시 유키나가에게 말하길 명군 1만이 쓰시마를 정벌할 것이라고 하니, 그 계획이 드디어 중단되었다고 한다 등이다(『선조』 33·4·13).

당시 일본에서 온 배는 2척으로, 또 다른 한 척을 조사하여 얻은 정보는 ① 3월 18일 소선 1척이 외양外洋에서 들어와 포를 쏘아 잡고 보니, 그 배엔 살아돌아온 조선 남녀 30명이 타고 있었다. ② 그중 거제교생巨濟校生 옥신변玉信辨과 용담龍潭교생 황대성黃大成의 말을 들어 보니, 히데요시 사망 후 그의 아들(히데요리)이 13세의 나이로 즉위하고 한 명의 왜추倭酋(도쿠가와 이에야스)가 섭정攝政을 하고 있는데, 여러 곳의 왜장倭將들이 교토[倭都]에 모여 서로 공격하고 있으니, 군사를 일으켜 쳐들어올 기세는 전혀 없다 등이다(『선조』 33·4·13).

조선 포로들의 일본 탈출이 쓰시마의 기획인지 아니면 자진 탈출인 지는 알 수 없으나, 위 내용은 앞서 살펴본 서계 내용과 묘하게 공명하는 느낌을 지울 수 없다. 사실 이들이 전한 정보는 불분명하고 애매하기는 하지만, 당시 일본 상황을 어느 정도 반영하고 있다. 즉 세키가하라 싸움을 앞둔 일본 내 대명들 간의 대립과 조·명 연합군의 일본침입의 위험성, 그리고 일본의 조선 재침략 불가 등이 그러하다. 이 정보들과 일본의 군사위협 언급의 약화, 그리고 화호에 대한 일본의 강력한 요구는 일정 부분 묘하게 맞아떨어지는 느낌을 준다. 어쨌든, 조선으로 서는 이들을 통해 일본이 재침략할 가능성이 없음을 확인하고, 조·일 교섭에 적극 임할 수 있는 실마리를 다시 확인하였을 것이다.

앞의 서계에 대해 명 장수들과 조선은 어떻게 대응하였을까? 경리 만세덕은 조선에 서계를 돌려보내면서, 일본에 보낸 인질=행간지인行間 之人(=첩자)들이 모두 돌아와 조선의 화근이 발본拔本되었으니, 조속히 일본사자들을 돌려보내 조선의 허실을 엿보지 못하게 하라고 했다(『선 조』 33·4·14). 위 내용만 보면, 만세덕이 조·일 화호교섭에 반대한 것처럼 보이나, 만세덕은 일찍이 조선과 쓰시마 간의 교역을 권하고, 이전의 교섭 때 강량동의 조·일간 강화 권고도 묵인한 바 있으며 통판 심사현의 화호 권고도 반대하지 않았다. 이런 사실들로 보면, 만세덕의 조·일 화호 교섭에 반대하는 듯한 발언은 명분에 불과한 것으로 보인다.

명 장수들의 입장에서 보면, 명 인질의 완전 송환은 일본의 조선

왕자·대신의 일본파견을 조건으로 한 강화 요구의 압박에서 벗어날 수 있고 동시에 위의 강화조건을 명 조정에 폭로하겠다는 조선의 압박으로부터도 자유로워지게 되었음을 의미한다. 동시에 일본의 위협을 지레로 삼아 다수 유병론에 무게를 더 실을 수 있는 상황이 되었다. 한편, 조선으로서는 명 인질의 완전 송환으로 명 장수들이 강요하였던 조선사신의 일본파견이라는 압박에서 벗어날 수 있게 되었다. 하지만 일본이 조선에 왕자는 아니더라도 사신을 먼저 파견하라고 한 주장을 쉽사리 포기할 리 없었다. 특히, 이에야스가 히데요리의 권력에서 완전히 벗어나지 않은 당시 상황에서 이 문제는 일본역사 속에 임진·정유란의 자리매김과 관련하여 바로 해결하기 어려운 사안이었다.

비변사는 ① 위 서계가 명 장수 장량상이 경리 만세덕에게 보내고 만세덕이 그것을 조선에 보내왔으니, 이전과 달리 일본에 답하지 않을 수 없다(괜히 답서를 보내지 않아 일본의 분노를 살 필요가 없다). ② 답서의 내용은 200년 동안의 평화를 깬 것은 일본이며, ③ 이는 일본이 조선을 배신한 것으로 전쟁발발 책임은 일본에 있다, ④ 조선에는 명군이 주둔해 있어서 모든 조치는 명의 명령에 따르고 있으니 명의 허락 없이는 조선 마음대로 일본과 화호할 수 없다, ⑤ 1598년 이후 일본이 파견한 사신들은 명 장수들이 명으로 데려가 아직 돌려보내지 않고 있어 답변할 수 없다, ⑥ 이 일은 매우 중요하여 가벼이 처리할 수 없으니, 대신과 2품 이상 신하들이 각각 품의하게 하고, 명 조정에 품의하여 일본과의 화호에 관해 신종의 승낙을 받는 것이 좋겠다고 선조에게 건의했다(『선조』 33·4·16).

이들 자료로 보는 한, 조선은 일본과 화호할 의사가 없는 것으로 보인다. 그렇지만, 조선이 화호교섭을 전면 거절할 이유도 없었다. 적어도 조선은 애초부터 일본에 답서를 보낼 생각이었다. 그리고 위의 문장들도 명군이 철수한 후, 명 조정의 허락을 얻어 조·일이 직접교섭으로 화호를 맺는 일이 사리와 도의에 합당할 경우 가능하다고도 읽힌다.

이에 대해 선조는 일본이 소중히 하던 명 인질을 갑자기 돌려보낸 것은 일본의 속임수이며, 혹여 명 장수들이 이제 자기들 할 일은 모두 끝났으니, 앞으로의 일은 조선이 알아서 처리하라고 하고는 만일 일본이 다시 침범하게 되어 명 조정이 이에 대해 논의하게 되면 그 허물을 조선에 돌리게 될 것이다(33·4·16)라고 걱정하였다.

한편, 1599년 10월 2만 유병의 잠정조치를 결정하고, 만세덕과 조선은 1600년 봄에 다시 유병 문제를 논의하기로 합의하였다. 따라서, 1600년 4월 명 조정은 1600년 여름까지 완전 철병 원칙을 확인하고, 신종은 다시 유철에 관한 형개·만세덕과 조선군신의 협의를 명했다. 이에 형개는 조선에서 명군 철수와 관련하여 3난사 – 조선은 일본의 재침을 방어할 수 없다, 병사에게 충분한 군량을 제공하지 않으면 장기간의 조선유병은 불가능하다, 재정이 빈곤하여 유병이 불가하다 –를 들어, 조선이 일본의 재침에 충분히 대응할 만한 군사력을 확보할 수 있을 때 명군을 철수시키자는 '철병 신중론'을 상주하였다. 이에 신종은 명군의 유철·군량에 관해 만세덕과 조선이 상의할 것을 명했다.

당시 조선은 1600년 3월 '3천 유병안' – 사실은 명군의 '진철안' –을 결정하고 한 치도 양보하려 들지 않았다. 게다가 선조는 만세덕과 상의도 하지 않고 4월 신종에게 '3천 유병안'을 상주하였다. 만세덕은 백방으로 이 안을 재고시키려 하였으나 조선은 요지부동이었다.

이러한 상황에서 앞에서 본 것처럼 비변사가 조건을 달기는 했지만 일본에 답서를 보내자고 건의하였고, 선조는 조선 독단으로 일본과 교섭에 나섰다가 일본이 재침할 경우 명으로부터 '조·일 음결'의 의심을 사서 책임 추궁을 당하게 될까 염려하였다. 이는 명과의 관계 조정 – 명군의 완전 철수와 '조·일 음결'의 해소를 통한 조선 군사·외교권의 회수를 목적으로 하되, 현 상황에서는 명 장수들과 일본 사이의 강화조건 거부를 대일 교섭의 선결 과제로 삼았음을 나타낸다. 이에 대한 해결은 조·일 교섭에 대해 명 신종의 허가를 받는 것 외에는 없었다.

따라서 조선은 명 장수들이 단독으로 일본과 비밀리에 교섭하는 것을 가장 경계하였다. 그리고 일본사자가 한성으로 와 조선내지-명군의 주둔 상황 포함-를 정탐하는 것을 크게 염려했다. 이에 명인 2명과 일본인 1인이 가 유격賈遊擊의 거소로 들어간 후 명 안찰사 두잠의 거소로 보내졌고, 장 유격이 일본인을 한성으로 보냈다는 소문을 접하자(『선조』 33·4·17), 경리 만세덕에게 일본사자의 한성 입성 중지를 요구하였다(『선조』 33·4·14).

이즈음 명 장수들은 조선에 '제왜추장초유론諸倭酋長招諭論'을 제안하고, 조선은 여기에 찬의를 표하였다.[43] 명 장수가 조선에 보낸 이 제독(이승동) 초격문의 내용은 다음과 같았다. ① 조선은 명의 정삭을 받드는 번국이어서 원군을 파견하였다, ② 히데요시의 조선침입으로 조선과 일본은 "같은 하늘을 받들면서 함께 살 수 없는 원수"가 되었다, ③ 이 전쟁으로 조선은 피폐해졌고, 명은 군사 10만을 요해要害에 주둔시켜 장기계책을 세웠다, ④ 일본이 사자를 보낸 것을 보면 조선침략을 뉘우치는 듯하나, 여러 해 동안 전쟁을 했는데 어찌 일본이 마음을 바꾸었다고 믿겠는가, ⑤ 다만 명의 인질과 포로들을 송환하여 성의와 공순을 표하니 이에 대해서는 후하게 포상하되, 다시 사자를 보내면 목숨을 거두겠다, ⑥ 조선은 명 장수들의 명령을 받고 있어서 독자로 (일본과) 통화通和할 수 없다, ⑦ 일본은 비록 멀리 떨어져 있어도 명의 백성이고(히데요시 책봉), 남을 침범하거나 업신여기지 않는다면 명의 천자가 일본을 포용하여 거둬들일 것이니, 어찌 조선만 사랑하고 너희 일본을 원수로 여기겠는가, ⑧ 명 인질에 대한 것은 자신이 나중에

---

43 『事大文軌』 권35, 年月日 未詳 萬世德前揭.

조선에 왔기 때문에 알 수 없다 등이다(『선조』 33·4·14).[44]

위의 내용에서 강화교섭과 관련하여 주목할 점은 ③, ⑥, ⑦이다. 즉, 명 장수들은 조선의 군사·외교권이 명 측에 있음을 강조하고, ⑦에서 보듯 명·일 관계회복의 가능성을 열어놓았다. 이 점을 ①, ②, ④와 아울러 생각하면, 일본이 과거의 잘못을 깊이 반성하고 명의 책봉체제에 편입되어 들어온다면 조선과 일본은 같은 책봉국이 되어 당연히 양국관계가 정상화될 것이라는 논리다. 따라서, 양국관계는 책봉체제를 전제하지 않고는 성립되지 않으며, 조·일 양국은 멋대로 교섭할 수 없게 된다. 이렇게 보면, 이번에 조선 예조 앞으로 보낸 일본서계는 간과할 수 없는 것이어서 유격문에 ③과 ⑥의 내용을 강조하였던 것이다.

그런데 ③과 ⑥은 단순히 위와 같은 이념논리를 세우기 위해서만 쓰인 것으로는 보이지 않는다. 앞서 언급한 유병을 둘러싼 조·명 관계와 명·일의 강화조건을 둘러싼 문제들이 뒤얽혀 있다. 이러한 상황에서, 명 장수들은 조·일 화호교섭을 통제할 필요가 있었고, 그 통제를 통해 조선과의 유병교섭을 유리하게 이끌고 조·일 화호교섭을 추진하려 했을 것이다. 이렇게 보면 ③과 ⑥, 그리고 ⑤는 명 장수들이 처한 상황과 가능한 한 다수 유병안을 실현해야 하는 현실과제를 반영한 것이다. 이는 조·일 화호교섭을 일시 지연시키는 것으로 나타났다.

당시 조선은 유병과 강화 사이에 끼어 소수 유병안(='3천 유병안')을 관철시키고 명·일 장수들 사이에 오간 강화조건을 부정해야 했다. 조선이 '3천 유병안'을 관철시키려면, 조선에게 일본의 재침을 막을 대책이 필요하였다. 현실적으로 군비강화가 불가능한 상황에서 조선은 이것을 일본과의 외교를 통해 해결하는 정책 - 화호외교로 전환할 수밖에 없었다. 다만, 언제 어떤 조건으로 국교를 재개할 것인가는

---

[44] 『事大文軌』 권35, 年月日 未詳 回揭.

조선의 국내정세와 명의 조·일 정책, 그리고 조선의 일본 정세에 관한 판단 등에 좌우될 것이었다.

결론적으로 명 장수들이 내놓은 '제왜추장초유안'은 조선의 대일교섭과 명군 철병문제와 관련하여 명 장수들의 의견에 반하는 조선의 독자적 움직임을 견제하고, 조선의 외교권이 명군에 있음을 강조할 목적으로 기획·안출된 것으로 보인다.[45] 따라서 명 장수들은 조선에게 자신들의 통제 아래 조·일 교섭을 진행하도록 권했다.

1600년 5월의 통판 심사현의 서장을 보면, ① 일본의 조선침입에 대한 책임의 절반은 조선에 있다는 전제 하에, ② 일본은 히데요시의 사망으로 어수선해져 당분간 조선을 침략하지 않을 것이니, ③ 지금이야말로 일본에 사신을 파견하여 일본 정세를 살피고 국내의 군비강화를 꾀할 시기다, ④ 이번 일본의 강화 요구를 거절하여 공분을 사게 되면, 1~2년 후 일본의 침략을 받을 수 있다고 했다(『선조』 33·5·4).

①은 임진왜란 발발 원인이 조선과 일본의 국교단절에 있다는 인식을 바탕으로 한다. 이는 조선이 심사현에게 보낸 답서에 "조선이 일본과 단절한 것이 아니라, 일본이 먼저 조선과 단절한 것"이라고 한 데서 알 수 있다(『선조』 33·5·5). ②는 명 장수들의 일본 정세에 대한 판단이기는 하지만, 철병문제와 관련해서 보면, 조선은 '3천 유병안'을 철회하지 않으리라는 인식과 명 조정은 이 유병안을 받아들이지 않고 완전 철병을 결정할 것이라는 판단에 기초한 것으로 보인다. ③ 조선사자의 일본파견 권유는 ②와 관련된 사안이기는 하지만, 내용이 '제왜추장초유론'과 모순된다. 그럼에도 조·일 사이의 직접 화호교섭을 권유한 것은 명 장수들과 일본이 맺은 강화조건 ─ 이미 명 인질의 전원 송환과 함께 명 장수들에 대한 일본의 압박은 아주 약해지기는 했지만 ─ 을

---

[45] 이 유격문이 일본으로 보내졌다고 한다. 이와 관련해서 『宣祖實錄』 권125, 선조 33년 5월 乙卯條에 "經理諭文, 已發被敵"으로 기록되어 있다.

은폐하고, 이후 조·일 직접교섭에서 발생할 수 있는 문제들은 전부 조선의 책임임을 명기한 것으로 보인다. 그러나, 일본이 조선사신의 일본파견을 요구할 것이 자명하니 조선에게 일본과의 교섭을 권유한 것이다. ④는 조선사신의 일본파견 이유다. 결국 심사현의 결론은 조·일 직접교섭의 권유였다.

이에 조선은 전쟁발발 원인에 대해서는 위에서 본 바와 같이 답변하고, 사신파견에 대해서는 예조가 쓰시마에 서장을 보낼 예정이라고 답변했다(동상). 즉 조선은 명군 철병과 조·일 화호를 선택했다. 이는 일본이 재침략할 위험이 없을 것이라는 정세 판단에 따른 것임과 동시에 군사·외교권의 회복을 꾀한 것이라고 평가할 수 있다.

그 후 조선은 외교관례를 조사해 소 요시토시·데라사와 마사나리·고니시 유키나가에게는 예조참의가, 야나가와 시게노부에게는 정좌랑이 회답을 보내기로 했다(『선조』 33·5·12). 야나가와 시게노부는 평시에는 도선주로 내항하고 수직 관직명을 사용하지 않았으나 그에 준해 우대하였다(동상). 그런데, 예조에서는 임진왜란 후 왜장들에게 도노殿라는 칭호를 사용하였고, 야나가와 시게노부는 관직·권력 면에서 왜장들보다 떨어지지 않기 때문에 예조참의가 회답하는 편이 좋겠다는 계를 올려 선조로부터 허가를 받았다(『선조』 33·5·13).

조선은 명의 유격문 발송에 맞추기 위해 일본으로 보낼 서계의 완성을 서둘렀으나(동상), 일본사자의 출발에는 맞추지 못했다. 일본사자는 5월 8일 출발 이래 악천후로 절영도에 발이 묶여 있었기 때문에 동래부사 김도개가 김달·박희근·이희만 등을 파견하여 예조의 회답서를 일본사자들에게 보냈다(『선조』 33·6·15).

조선 회답서의 내용은 다음과 같았다. ① 일본에서 보낸 서계에 회답한다, ② 일본은 쓸데없는 전쟁을 일으켰다(질책), ③ 요화지설要和之說(=화호교섭)은 고려해야 하되, 명군이 주둔하고 있어 조선은 화호교섭에 응할 수 없다－화호는 명 조정의 허락이 있어야 한다, ④ 전에 일본이 파견한 사자들은 명으로 보내졌고 아직 조선으로 돌아오지 않았다, ⑤ 일본이 진정 신의를 가지고 영구한 화호를 원한다면, 명도 조·일 화호를 허락할 것이고, 그에 따라 조선도 (일본과) 화호할 것이다 등이다.[46]

위의 내용 중에서 주목할 것은 ②, ③, ⑤다. ②는 정명가도에서 입공가도로 바꿔치기하며 조선이 일본의 명 입공을 거부해서 일본이 조선을 침략했다는 일본의 조선침략 이유를 부정한 것으로, 먼저 사자를 파견하라는 일본 측 요구를 거부한 것으로 볼 수 있다. ③은 전반적으로 조선이 일본과의 화호교섭에 응할 의지가 있음을 나타낸 것이다. 그리고, 조·일 화호교섭에 명의 허락이 필요하다고 한 것은 일본과 명 장수들 간의 강화조건 약속이 유효하지 않음을 암시한다. 그것은 ⑤에 집약되어 표현된다. 즉, "신信으로 본本을 삼는다"를 강조한 것은 일본이 조선과 화호관계를 맺으려 한다면 이제까지의 신의 없었던 행동들을 반성하고, 신의에 입각하여 행동할 것이며, 일본의 그러한 행동이 조선·명의 인정을 받게 하라고 한 것이다. 그리고, 조·일간의 영구화호永好는 명의 책봉체제 아래 3국 간의 평화관계 속에 자리매김할 필요가 있음을 강조한 것으로 보인다.

이 서계는 조선이 처음으로 일본과의 화호를 언급한 것으로, 1600년 5월 시점에서 조선이 일본(쓰시마 포함)과 화호관계로의 전환을 표명하였다는 점에서 매우 주목된다. 거기에 조선이 일본에 3국간 평화를 제안하기에 이른 것은 조선 독자의 교린외교가 일본 군사력 앞에서 무력하다는 것, 명을 중심으로 한 책봉체제(=화이질서) 역시 일본의 군사력 앞에 무력하다는 것－이국夷國이 책봉을 거부하면 군사력을 앞세워 화이질서에 편입시킬 수 있지만, 제압할 군사력이 없다면 이적

---

46 『通航一覽』 권25 ; 『朝鮮通交大紀』 권4.

을 제압할 외교적 방법이 없다는 것, 조선의 교린외교가 '조·일 음결'로 오해받을 소지가 있다는 점 등에 기인한 것으로 보인다. 또한 군비강화가 제대로 추진되고 있지 않는 상황에서 일본이 조선을 재침략할 경우, 일본을 방어할 자신이 없었기 때문이기도 하다. 즉, 조선이 3국 간의 평화관계를 제안한 것은 명의 군사력과 중화의 권위를 빌려 국방상 안전을 확보하고, 일본과의 교린외교를 명에 인정하게 하여 외교권을 회복하고 동시에 '조·일 음결'에 대한 의구심을 털어내려 한 것으로 볼 수 있다. 그렇게 함으로써 조선이 생각하는 화이질서를 일본에 인정하게 하고자 했다.

맺음말

이상에서 정유재란 종기에 명·일 장수들 사이에서 행해진 강화교섭, 정유재란 종기에 조선 조정에서 논의된 쓰시마 정벌론, 정유재란 종결 직후의 강화교섭, 그리고 강화교섭에서 화호교섭으로 전환하는 과정에서 나타난 조선과 일본, 유철을 둘러싼 조선과 명 장수들의 움직임과 그 상호관계 등을 살펴보았다.

정유재란 종기의 철병·강화 교섭에는 고니시 유키나가, 시마즈 요시히로, 가토 기요마사 등이 관여했지만, 가토 기요마사는 강화교섭 담당자로 지명되었음에도 소극적이었다. 이들이 진지하게 철병·강화 교섭에 임한 주목적은 무혈철병이었지만, 이 철병·강화에는 조선 왕자·대신의 일본파견과 조선의 일본에의 '조공물' 제공이라는 조건이 포함되어 있었다. 그러나 이미 전세가 기울어진 당시 상황에서 일본은 4대로·5부교의 철병·강화 조건을 관철시킬 만한 여력이 없어 겨우 명 인질들만 데리고 퇴로를 확보하여 퇴각할 수밖에 없었다. 한편, 조선파견 명 장수들은 철병·강화 교섭에 대해 일관된 원칙을 갖고 있지 않았고, 이 교섭들을 전투행위·전략으로 간주하고 있었다. 따라서, 명·일 장수들의 철병·강화 교섭은 교섭 당사자만의 것이고, 타자에겐 어떤 구속력이나 효력을 갖지 못하였다. 이러한 강화교섭에 조선이 일관되게 반대했던 것은 말할 나위도 없다. 그러나 당시 명·일 장수들이 약속한 강화조건은 이후 조·일 국교재개 교섭에 아주 큰 영향을 미치게 된다.

정유재란이 끝날 무렵, 군문 형개가 제기한 쓰시마 정벌론은 조선 조정에 논의를 불러일으켰으나, 이에 대해서는 조선도 조선주류 명 장수들도 모두 소극적이었다. 그 이유로 조선은 장기에 걸친 명군의 주둔과 그에 수반되는 폐해, 명군은 재정적으로 쓰시마를 정벌할 여유가 없었던 점 등을 들 수 있다. 좀 더 근본적인 이유는 쓰시마 정벌론이 명 조정의 대일본 군사전략이 아니었다는 사실이다.

정유재란 종결 직후 명·일 장수들의 강화교섭은 정유재란 종기에 이루어진 교섭의 연장선에서 전개되었다. 당시에는 명군이 조선에 주둔해 있었기 때문에 쓰시마는 조·명군의 침략을 피하기 위해 강화교섭을 지속하려 했다. 이 강화교섭에도 조선 왕자·대신의 일본파견이라는 종전의 강화조건이 포함되어 있었다. 명 장수들의 군사·외교적 규제를 받아들여야 했던 조선은 이들의 교섭에 일관되게 반대했다. 명 장수들의 조선에 대한 외교적 간섭을 배제하고 더불어 강화조건(=조선 왕자·대신의 일본파견과 조선의 일본입조)을 부정하기 위해서였다. 한편, 명 장수들은 위의 강화조건과 명 인질의 일본파견 사실이 명 조정에 발각될까 두려워하여 자신들의 통제 아래 조선이 일본과의 강화교섭에 임하도록 권했다.

조선은 명군의 주둔에 따른 폐해를 염려하여 기회 있을 적마다 명군의 소수 유병을 주장하였다. 1600년 3월 조선의 '3천 유병안'은 사실 명군의 완전 철병을 요구하는 것이었다. 이 시점에서 조선은 일본과의 직접교섭을 통해 '강화교섭에서 화호교섭으로'의 전환을 시도하였다. 도쿠가와 이에야스도 자신에게 외교권이 있음을 드러내기 위해 1598년 이래 조선과의 강화·화호 교섭에 직접 관여하기 시작하여, 1600년 4월 조선 왕자·대신의 일본파견과 조선의 일본입조라는 강화조건을 포기하고, 조선이 먼저 일본에 사신을 파견하라는 조건만 제시하기에 이르렀다.

조선의 대일본 화호교섭으로의 전환은 명의 군사·외교적 간섭을 배제하고, 조선이 생각하는 화이질서를 바탕으로 조·일 관계를 설정하고 쓰시마에 대한 기미와 대일본 교린관계를 추구하는 것이었다. 따라서 일본입조(조공)를 의미하는 조선 왕자·대신의 일본파견을 부정한 것이다. 그러나 조선은 허약한 군사력과 명에게 '조·일 음결'으로 다시 의심을 살 우려 때문에 명 조정을 조·일 국교재개 교섭에 개입시키고자 했다. 일본 막부는 국내 정치상황에 따라 빨리 조선사절(=신사)을 유치하고자 했고, 쓰시마는 틀을 잡아가고 있는 막번체제에서 자신의 위치를 탄탄히 하고 아울러 무역이익을 얻기 위해 조·일 화호교섭에 적극 임했다. 한편, 조선주둔 명군이 철수한 후 명 조정도 국내 사정으로 인해 조선의 대일본 외교를 조선에게 위임하는 경향을 보이기 시작하였다. 즉, 이후 조·일의 국교재개 교섭은 조·명·일 3국의 국내 사정에 규제당하면서도, 국제정세의 변화에 영향받았다.

7장

조·일 화호·통호 교섭

> 명군 철수 후 조선과 쓰시마, 조선과 일본의 화호·통호 재개교섭 과정은 조·명·일이 처한 상황이 서로 어떻게 영향을 미치고 있었고, 3국의 속내가 무엇이었는지 명확하게 드러내준다.

머리말

조선파견 명군의 완전 철병 움직임은 동아시아의 군사·외교에 큰 영향을 미친다. 이는 명의 동아시아 군사전략의 변화를 반영한 것으로, 조·일 화호가 일본의 대륙침략을 억제하는 데 도움이 된다면, 명은 조·일의 화호·통호를 인정한다는 의미였다. 따라서 조선에서 명군이 철수하게 되면서 조선·쓰시마의 교섭은 전후처리를 위한 강화교섭에서 통상通常관계의 화호·통호 교섭으로 전환하게 된다.

당시까지만 해도 조선은 일본의 재침략을 막을 만큼 군사력을 강화하지는 못했다. 또 정응태무주사건에 따른 '조·일 음결'에 대한 의심도 표면상 해결된 것처럼 보였으나, 그 의심은 언제든 다시 살아날 수 있는 성격의 것이었다. 그리고 조선은 일본이 재침략할 의도를 갖고 있다면 쓰시마가 그것을 억제할 역량이 없다고 보았다. 그것은 조선이 쓰시마와의 화호교섭과 일본과의 통호교섭을 구별해서 보았음을 나타낸다. 쓰시마는 조선과의 교섭에 이상하리만큼 적극적이었는데, 그것은 당시 쓰시마가 처한 정치·경제 상황에 기인하였다. 쓰시마는 조선에게는 자신이 일본의 외교 대리자·담당자라는 점, 이에야스에게는 자신이 대조선 외교의 적임자라는 점을 인정하도록 해야 했다. 한편, 이에야스는 일본 외교권이 자신에게 있음을 나타냄과 동시에 권력의 안태화安泰化와 자신의 위엄과 권위[威光]를 높이기 위해 조선의 신사 파견을 절실히 바라고 있었다.

이러한 조·명·일 3국의 상황은 직·간접으로 조선과 쓰시마, 조선과 일본의 외교교섭에 영향을 미쳤다. 그렇다면, 조·쓰시마, 조·일의 화호·통호 재개교섭 과정을 살펴봄으로써 각국이 처한 상황이 서로 어떻게 영향을 미치고 있었는지 명확히 알 수 있을 것이다. 이는 교섭 과정 자체를 명확히 할 수 있을 뿐 아니라, 당시 3국의 속내도 살필 수 있는 중요한 연구과제다.

그럼에도 이에 대한 연구 역시 미진한 상태다. 조·일 국교재개 교섭에 관한 연구는 나카무라 히데타카中村榮孝,[1] 미야케 히데토시三宅英利,[2] 다나카 다케오田中健夫,[3] 민덕기의 연구[4] 등이 있고 그 외의 연구는 대부분 이들 연구자의 연구에 기초하고 있다고 할 수 있다.[5] 하지만 이들의 연구에는 여러 오류가 포함되어 있으며 거칠고 간략한 부분이 많다. 조선의 입장을 충분히 반영하지 않았다는 결점도 두드러진다. 특히, 조·일 국교재개 교섭 과정은 조·명·일 3국의 국가이해와 크게 관련되

1 　中村榮孝,「江戶時代の日朝關係」,『日鮮關係史の硏究(下)』, 吉川弘文舘, 1969.
2 　三宅英利,「德川幕藩体制と朝鮮通信史」,『近世日朝關係史の硏究』, 文獻出版, 1987.
3 　田中健夫,「鎖國成立期における朝鮮との關係」,『中世對外關係史』, 東京大學出版會, 1975.
4 　閔德基, 「壬辰倭亂直後の朝·日講話交涉と對馬島-交隣·羈縻秩序の再編を中心にして」(1)·(2),『史學硏究』39, 1987 / 40, 1988 ;「조선후기의 조·일강화와 조·명관계」,『국사관논총』 12, 1990.
5 　田代和生,「日韓關係の再開と對馬」,『近世日韓通交交易史の硏究』, 創文社, 1981. 李元植,「일본과의 교린관계」,『조선통신사』, 민음사, 1991 등의 연구는 물론, 그 밖에 막부 외교를 연구하는 연구자들의 조선관계 기술은 나카무라 히데타카의 연구에 크게 의존하고 있다.

어 있음에도 불구하고 명의 움직임 등을 전혀 고려하지 않은 것은 치명적인 결함이라고 할 수 있다.

여기에서는 이 같은 점들에 유의하면서, 명군이 완전히 철수한 1600년 후반기부터 조선이 쓰시마에 '정탐사'를 파견하려 한 1601년 말까지를 조·일 국교재개 교섭 탐색기로 정의하고, 이후 전계신·손문욱의 쓰시마 파견, 가토 기요마사의 명에의 서장 발송과 그와 관련된 군문 만세덕의 쓰시마에의 유첩, 군문 교체 등으로 조·쓰시마 화호교섭이 크게 동요한 1603년 6월까지 조선·쓰시마의 화호교섭의 진전과 그 반전기까지를 대상으로 하여 조선과 쓰시마의 화호교섭 과정을 명확히 하고자 한다.

명군 철수 후의 조선과 명

| 쓰시마 기미론 | 1600년 3월 조선이 명에 제안한 '3천 유병안'은 사실상 명군의 완전 철병을 요구한 것이었고, 일본과의 관계개선을 지향한 것이었다. 따라서, 이 시점에서 조선은 명·일 장수들의 강화교섭을 거부하던 입장에서 직접 조·일 화호교섭을 진행하려는 입장으로 전환한다고 볼 수 있다. 그렇다면, 조선의 대일정책은 구체적으로 어떻게 나타날까?

1600년 8월 명군의 완전 철병을 맞아 조선은 '1천 유병안'을 제안했다. 그것과 관련하여 이덕형은 쓰시마 기미론을 주장했다. 그 내용을 보면, ① 쓰시마는 부산과 매우 가깝고, 토지가 척박하여 조선과의 무역에 의존하여 살아왔다, ② 세종조에 쓰시마를 정벌하고, 기미책을 써왔다, ③ 현 상황(명군의 완전 철수와 조선의 군사력 부족)에서는 쓰시마와 절교하기 어렵다, ④ 쓰시마가 소규모로 군사행동을 한다면, 조종操縱·

신축伸縮의 권한이 약해진다, ⑤ 명 조정에 근래 상황(조선이 쓰시마를 기미한 사실, 명군의 도움으로 일본군이 물러난 것, 일본이 여러 차례 사신을 보내 강화를 희망한 것)을 보고하여 일본과의 화호·통호를 허락받도록 한다, ⑥ 명군의 완전철수를 맞아 명 수군 한 부대를 요청한다, ⑦ 명 조정이 일본과의 화호·통호를 허락하면 일본에 포로송환을 요구하여 성의를 보이게 한다 등이다(『선조』 33·8·25).

위의 내용은 (1) 조선과 쓰시마의 지리·역사 관계(①과 ②), (2) 당면 상황에 대한 인식(③과 ④), (3) 명과의 관계 설정(⑤와 ⑥), (4) 일본과의 화호·통호 교섭조건 등으로 요약된다. (1)의 지리상 근접성과 쓰시마의 척박함은 조·쓰시마 관계의 상수고, 쓰시마 기미는 변수다. 이덕형은 쓰시마 기미책의 전제로서 군사력 우위를 강조하였다. 그러나, 이덕형은 당시의 조선 상황이 단기간 내에 군사력을 강화시키기는 불가능하다고 인식하였다. 이에 명군의 완전 철수를 기정 사실로 보면서도 새롭게 수군 한 부대를 명에 청하여 상징적으로나마 군사력 우위를 확보하려 했던 것으로도 보인다. 그러나 "백성들에게 고통이 되는 것은 중국군대보다 더 심한 것이 없다"라거나, "변방(조선)의 실정이 명 조정에 제대로 전달된다고 어찌 보장할 수 있는가"(동상)라고 하여 명군 유병을 염려하고 조선파견 명 장수들에 대한 의심을 거두지 않았다. 이렇게 보면, 위 이덕형의 명 수군 한 부대의 파견 요청은 조선의 '3천 유병안'을 거절하고 완전 철병을 내세워 다수 유병을 관철하려는 명 장수들에게 조선이 명군의 완전 철수를 원하지 않는다는 명분을 확보하기 위한 것이었다고도 할 수 있다.

(2)는 위 쓰시마 상수로 말미암은 쓰시마의 소규모 준동과 명군 주둔의 관련성을 염두에 둔 것으로 보인다. 쓰시마의 소규모 준동은 필연적으로 명군의 다수 주둔의 빌미를 제공한다. 조선이 명군의 완전 철수를 통한 군사권·외교권의 회수를 희망한다면, 단기간에 군사력을 강화할

수 없었던 당시 상황에서 쓰시마에 대한 화호=쓰시마 기미도 필연이라 하겠다. 따라서 쓰시마와의 단절은 불가능하다.

(3)은 쓰시마·일본과의 화호·통호는 명 조정의 허락을 필요로 한다로 요약된다. 이 점은 당시 조·명 관계에서 가장 근본적인 부분과 관련되어 있다. 혹 조선 스스로 판단하여 쓰시마 기미책을 실행할 경우, 정응태무주사건에서 보듯 명은 조선과 쓰시마·일본과의 관계를 '조·일 음결'로 의심할 가능성이 여전히 존재하였다. 그리고, 나중에 보겠지만 명군의 철수는 명의 대일 방어선을 평양·의주까지 후퇴시키는 것이었다. 그러한 상황에서, 조선이 일본에 대한 제대로 된 방어능력을 갖추지 못한 채 명 조정의 허락도 없이 쓰시마에 기미책을 실행하였다가 일본이 조선에 군사행동을 일으킬 경우, 조선은 군사적으로 고립될 위험성이 있었다. 즉, 조선의 쓰시마 기미책에 대한 명 조정의 허락은 대일본 방위라는 군사 및 일본을 둘러싼 조·명 외교 측면에서 필수불가결한 것이었다. ⑥의 의미는 위에서 서술한 대로다.

(4) 조선인 포로송환은 일본이 신의의 징표로서 조선에 적의가 없고 성의를 보이는 수단으로 이미 사용한 것으로, 조선이 일본에게 제시한 강화·화호 교섭조건이었다. 조선 측에서 보면, 이는 일본이 무모한 전쟁을 일으켜 조선인민들을 도탄에 빠지게 한 것을 반성하는 징표로 보았다고 할 수 있다. 즉, 조선은 쓰시마의 조선인 포로송환을 일본·쓰시마의 신의, 성의, 적의 없음, 전쟁을 일으킨 것에 대한 반성의 의미로 본 것이다. 이는 조선이 일본의 입명·조공을 방해해서 전쟁을 일으켰다는 일본 주장을 철저히 부정하는 것임과 동시에 조선의 일본 입조·조공을 부정하는 것이기도 했다. 아울러 일본·쓰시마의 진실성은 조선이 판단한다는 의미도 포함하였다. 그러나 이 강화조건은 화호·통호에 필요조건이기는 했지만 충분조건은 아니었다.

포로송환은 조선에게 어떤 의미가 있었을까? 가장 간단하고 단순하게 떠오르는 설명이라면 피폐한 조선의 회복이라고 할 수 있다. 만약 그것이 맞다면 조선은 우선 일본으로 끌려간 사람들의 조사부터 선행해야 한다. 그러나, 그러한 조사가 이루어진 흔적은 보이지 않는다. 따라서 이런 설명은 어울리지 않는다. 다음으로 생각할 수 있는 설명은 송환포로들을 통해 일본의 정세를 살필 수 있다는 것이다. 이 설명은 조선이 기회 있을 때마다 장기간 포로송환을 요구하였다는 점에서 일정하게 설득력이 있다. 그러나, 이 역시 피상적이고 단편적이라는 인상을 지우기 어렵다.

조선이 일본에 계속 포로송환을 요구한 것은 대외적으로는 조선에 대한 일본의 신의·성의·적의 없음·반성을 드러나게 하고자 한 것이지만, 대내로는 일본이 조선침략을 부당한 것이라고 인정하여 조선에 사죄하게 하고 전쟁이 종결되었다는 사실을 백성들에게 부각시키기 위해서였던 것으로 보인다. 특히, 송환포로들의 일본에 대한 적개심은 전쟁과 관련하여 위정자를 향한 백성의 분노와 위정자의 무능을 덮는 데 좋은 소재였다고 보인다. 여기에다 백성들의 생사와 가정을 걱정하는 어질고 자애로운 임금이라는 인상을 전국에 퍼뜨리기에도 좋은 수단이었다. 결국 조선의 포로송환 요구는 조선 내부의 불안한 정세와 위정자의 무능을 덮고, 자애로운 군주상을 심으려는 의도까지 숨기고 있었다고 하겠다.

선조는 이덕형의 쓰시마 기미책을 칭찬하면서(동상, 『선조』 33·8·25) 대신들과 비변사에게 이덕형의 기미책과 '1천 유병안'을 심의할 것을 명했다(『선조』 33·8·25). 이에 대해 대신 14인 중 9인이 쓰시마 기미책에 찬성하고, 5인은 반대하였다(동상). 찬성을 표한 대신들의 의견 중에는 쓰시마 기미책을 부득이한 계책으로 본 경우도 있어 적극성은 보이지 않았다. 그렇다고 조선이 쓰시마 기미책에 소극적이었다고 평하기에는 아직 이르다. 쓰시마 기미책을 둘러싼 비변사의 보고 중에, 쓰시마

문제는 명의 지시로 '서폐書幣'(서계와 하사물)를 보내기로 정신회의에서 결정하였으나 후에 이 결정에 반대하는 사람들이 쓰시마에 '서폐'를 보내는 것을 '죄안罪案'으로 만들어버려, 지금은 오로지 선조의 판단으로만 쓰시마 기미책으로 변경할 수 있다는 기사가 있다(『선조』 33·8·29). 그리고, 이헌국의 헌책 중에 "(쓰시마) 기미에 대해서는 요즈음 사람들이 크게 꺼리는 분위기인데, 이덕형이 말하였으니 그의 우국성심에 따라 생각해 볼 수 있다"라고 한 부분과 김수金睟의 "(쓰시마) 기미는 의논 그 자체를 완전히 금하고 있어서 감히 의논할 수 없다"라고 한 부분(동상)에 주목하고 싶다. 즉, 당시 조선은 쓰시마와 관계단절을 기본방침으로 삼아 이를 변경하려 하는 사람들에게 죄를 물었다는 사정을 참작해야 한다.

이 시기의 쓰시마 기마책 논의는 '1천 유병안'과 연계되어 있었다. 명 조정은 1600년 8월 9경회의의 의견을 받아들여 1만 혹은 1만5천 유병이 불가하다면 군을 완전히 철수시킨다고 조선에 통고했다. 이에 선조는 '1천 유병안'을 반복해서 강하게 주장하였고, 비변사는 군량糧餉을 구실로 명군의 완전 철병을 주장하였다(동상). 1600년 9월 마침내 명 조정의 완전 철병안이 조선에 통보되었고, 이에 따라 명군은 조선을 떠났다.

선조가 명군의 소수 유병을 전제로 한 이덕형의 쓰시마 기미책을 대신들에게 심의하라고 명한 것은 '1천 유병안'을 관철시키기 위해서였다. 따라서 선조는 위 비변사 보고에 대해 명에 '1천 유병안'을 주청케 했으나(동상), 쓰시마 기미책에 대해서는 어떤 지시도 내리지 않았다. 이것은 조선에게 조·명 관계―'조·일 음결'에 대한 의심의 해소와 그와 관련한 '1천 유병안'이 우선되었고 조·일 관계는 그 다음이었음을 의미한다. 이러한 상황에서 대신들은 쓰시마 기미를 어쩔 수 없는 것으로 인식하고, 이 정책의 선택 여부는 선조의 결단에 따를 수밖에 없다고 답변하였던 것이다. 즉 당시에는 쓰시마 기미에 적극 나설 수 없는 상황이었음에도 대신들 다수가 쓰시마 기미책에 찬성을 표한 것은 오히려 그들이 쓰시마 기미책에 적극적이었다고 평가해야 할 것이다.

한편, '1천 유병안' 교섭이 교착상태에 빠진 가운데 비변사는 9월 1일 쓰시마 대책을 상신하였다. 그 내용은 ① 쓰시마의 소 요시토시와 야나가와 시게노부가 서장을 보내 한사코 강화를 요구하고 있다, ② 쓰시마가 히데요시의 조선침략계획을 조선에 알린 정성을 갸륵히 여겼건만 어찌 조선침략의 선봉에 서서 조선의 은혜를 배반한 것인가, ③ 그러나 서장을 보내 성의를 보이고 있고, 이제 포로를 모두 송환하여 성의를 다한다면, 조선은 마땅히 쓰시마에게 새길을 열어줄 것이라는 내용을 담은 답서를 보내면 어떻겠는가 하는 것이었다. 이에 대해 선조는 비변사 의견을 윤허하면서, 임진왜란 발발 전에 쓰시마가 일본의 명 침입을 말하면서도 조선침략에 대해서는 한 마디도 하지 않았으니 조선을 저버리지 말라든가 정성이 갸륵하다든가 하는 말은 가당치도 않다고 했다(『선조』 33·9·1).

일본과의 접촉이 없었음에도 이 시기에 비변사가 이렇듯 구체적인 의견을 상신한 점은 주목할 만하다. 이는 비변사가 '1천 유병안' 교섭의 교착상태를 이용하여 쓰시마 기미책을 확정하려 한 움직임으로 보인다. 특히, 쓰시마 기미의 조건으로서 명 승인을 언급하지 않은 채 조선침략의 선봉에 선 과오에 대한 반성과 반성의 표시로서 포로송환을 제시한 점은 조선이 독자·자주적으로 쓰시마 기미책을 실현하려한 의지로 보인다.

조선은 '3천 유병안'을 주장한 1600년 3월 이래 대일본 정책을 강화거부에서 화호 쪽으로 전환하고, 8월의 '1천 유병안'을 논의하면서 쓰시마 기미책을 제시하였다. 그리고 명군의 완전 철병이 확정된 9월까지는 이것을 정책으로 채택했다. 이러한 일련의 움직임은 조선이 일본과의 국교재개 교섭에 적극적·능동적으로 대처하려 하였다는 것을 보여주며, 쓰시마 기미책은 그 일환이었다. 나아가 이는 명의 군사·외교적 간섭을 배제하려 한 조선의 눈물겨운 노력의 결과였다고 평가할 수 있다.

그런데 조선이 쓰시마 기미책을 채택하기는 했지만 이는 어디까지나 원칙이었고, 당장 쓰시마 기미책을 실시하겠다는 의미는 아니었다. 오히려 후에 보듯이, 조선은 쓰시마 기미책의 두 조건(쓰시마가 조선침략의 선봉에 선 것에 대한 반성과 그 반성의 표시로서의 포로송환)과 명 조정의 승인이 없다는 점을 구실로 시간을 벌어 군비강화를 도모하려 했다. 그리고, 위에서 보았듯이 조·명 관계 개선을 조·일 관계 개선보다 우선시하여, 명의 동아시아 전략과 관련한 대일 태도가 변하지 않는 한, 조·일 관계는 명의 규제를 받을 수밖에 없었다. 따라서, 조선이 쓰시마 기미책을 정책으로 채택했다 해도 그 실행까지는 많은 시간이 걸릴 수밖에 없었다.

| 명의 동아시아 전략의 변화 | 조선에서 명군이 철수하면서 두잠杜潛은 조선에 11월 3일 부산·거제 지역의 요새와 군병의 증설, 군사훈련과 축성, 평양·의주 지역의 축성을 요구했다(『선조』 33·11·3). 통판 도량성도 11월 11일 조선의 험준한 곳에 관방關防을 설치할 것, 성곽과 해자[城池]를 수축할 것, 전선戰船을 건조할 것, (병)기계를 마련할 것, 의갑衣甲을 정비할 것, 봉화와 돈대를 증축할 것 등을 주문했다(『선조』 33·11·11).

같은 시기에 형개와 만세덕은 「조진조선선후사의條陳朝鮮先後事宜」를 명 조정에 올렸는데, 그 내용은 ① 장수를 선발할 것[選將師], ② 병사를 훈련시킬 것[練兵士], ③ 요해처를 수비할 것[守衝要], ④ 요새를 정비할 것[修險隘], ⑤ 성곽과 해자를 건축할 것[建城池], ⑥ 무기와 장비를 만들

것[造器械], ⑦ 기이한 재주를 가진 인물을 찾을 것[訪異才], ⑧ 내치를 가다듬을 것[修內治] 등으로 정리된다. ⑧은 명의 동남지역이 바다에 임해 있고, 등주登州와 여주旅州(여순)를 문호, 진강鎭江(평안도 의주)을 인후咽喉(嗓喉)로 하고 있어서, (조선) 응원 병사를 모두 철수하지 않는 것이 좋다, 명 스스로 강고히 하는 것이 또한 조선을 강고히 하는 까닭이라고 하였다.[6] ⑧은 일본침략에 대처하는 명의 내치를 말한 가리킨다. 따라서, 명이 일본침략을 방어하기 위한 방략으로서 조선에 요구한 것은 ①~⑦이다. 만세덕의 이러한 의견은 앞의 두잠과 도량성이 낸 의견과 크게 다르지 않다.

그런데, 이 내용은 인재의 선발 및 등용과 군비강화로 요약할 수 있는 뻔한 것으로 보이지만, 명군을 조선에 파견하여 조선에서 일본군을 방어한다는 기존 전략에서 조선이 군비를 강화하여 일본군을 조선에서 방어하고, 명은 등주登州와 여주旅州를 문호로 삼고 진강(의주)을 전초기지로 삼는 전략으로 바뀌었다는 점에서 주목해야 한다. 등주는 수군으로 명을 침략하는 길목이고, 여주는 조선을 통해 명으로 침략하는 길목이다. 위 전략을 보강하기 위해 형개·만세덕은 조선에 소수의 명군을 주둔시키고, 평양·의주 지역에 성을 쌓아 명을 침략하는 일본군을 방어한다는 전략을 세운 것으로 보인다.

이 점에 주목하면서 일본군을 조선에서 막기 위해 명은 조선에 어떻게 군비를 갖추도록 했는지 보다 자세히 살펴보자. 우선 군비강화를 위해 제시한 인재의 선발 및 발탁, 군사시설 확충, 그리고 병사훈련에 대해서는 따로 설명이 필요 없을 것이다.

위의 내용 가운데 전략적 측면에서 중요한 것은 ③ 요해처 수비[守衝要]와 ④ 요새 정비[修險隘]였다. 만세덕과 형개는 ③에서 일본의 재침략으로

---

[6] 『明神宗實錄』 萬曆 29년 2월 辛卯條.

부터 조선 남부해안을 방위하기 위한 육병의 배치에 대해 기술하고, ④에서는 조선 남부해안의 방위에 실패할 경우, 일본군을 어디서 어떻게 방어해야 하는가를 기술하였다. 이에 따르면, 울산, 기장, 부산, 거제, 한산도, 순천 등지에 군사를 배치해서 지키고(1차 방어선), 실패할 경우 경상도 방면에서 북상하는 일본군은 조·죽령에서 지리적 형세를 이용하여 '관關'을 써서 방어하고, 전라도 방면에서 북상하는 일본군은 남원·강진에서 마찬가지로 지리적 형세를 이용하여 방어해야 한다고 하였다(2차 방어선).

⑤ 성곽과 해자 건축[建城池]은 조선 서해안을 통한 침입을 상정한 전략임과 동시에 경상·전라도 방어선이 붕괴할 경우를 가정한 전략이다. 즉, 명은 위의 두 가지 경우에 대비하고, 평양이 일본군 일대에 점거당할 경우 한성 성원이 단절되기 때문에 평양·의주에 성을 쌓고 거기에 병력을 배치하여 일본의 침략을 방어하게 한다는 전략이었다(3차 방어선). 평양·의주 지역의 축성은 당시 발흥하던 여진족에 대응하기 위한 움직임으로도 볼 수 있으나, 아직 여진이 명과 조선에 도발행위를 한 예를 보기 어려우므로 대조선·일본 전략으로 봄이 타당할 것이다.

⑥에서는 일본은 육전이 편하고 해전이 불편한데, 배가 무겁고 커서 공격에 불리하다, 그러니 복호(척계광이 왜구를 토벌하기 위해 만든 배)를 본떠 천백 척(110척?)을 만들고, 신기백자화전神機百子火箭(신기전. 명이 복건·절강 지역 왜구를 토벌하기 위해 만든 대포)을 제작하라고 하고 있다. 다시 말해 가볍고 작은 배를 만들라는 것인데, 해양전투가 아닌 연안전투를 염두에 두었음을 알 수 있다. 명이 대일본 전투에서 조선수군의 역할을 대수롭지 않게 여겼음도 알 수 있다.

위의 「조진조선선후사의」에서는 한성이 북쪽으로는 산들에 의지하고, 남쪽으로는 창해(한강)에 둘러싸여 사방이 막혀 있다고만 할 뿐, 한성(=왕성) 방위를 위한 전략이나 병력배치 등에 대해서는 어떤 언급도

하지 않았다(군비시설의 보강에 대해서는 언급). 다만, 일본이 일대를 보내 평양을 점령할 경우, 명의 한성 성원이 단절되니 평양에 축성을 해야 한다고만 기술하였다. 동서고금을 불문하고 수도방위 계획이 없는 군사전략이란 있을 수 없다. 한성을 방위할 군사전략이 없다는 것은 명의 전통적인 순망치한의 대조선·일본 군사전략—조선을 전쟁터로 삼는—을 표현한 것인데, 다른 점이 있다면, 평양·의주 방어를 강조한 점이다. 이는 경상·전라도 이남지역에서 지리적 형세의 이점을 살린 장기전·소모전을 상정한 것이다. 즉, 명은 일본이 침략하면 조선지역에서 조선군을 동원해 하3도(경상·전라·충청도)를 최대한 방어하고, 한성이 무너질 경우를 대비해 평양·의주에 성을 쌓아 일본군의 명 침략에 대비하고, 일본군이 한성을 위협하면 참전한다는 구상이다. 이 때문에 평양 이남지역의 축성 조항은 빠지는 것이다.

그런데, 위에서 제시한 명의 대조선·일본 전략들은 대부분 조선내정에 대한 간섭이었다. 우선 ①은 무장에게 군사지휘권을 넘기는 것인데, 문관이 최고 군사지휘권을 장악하는 것은 조선 초기 이래의 법도였다. 그리고 조선의 대일본 군사정책은 어디까지나 일본군을 해안으로 올라오지 못하도록 하는 것으로 수군 증강을 염두에 두었다. 그러나, 위에서 제시한 전략들은 수군 강화가 그다지 강조되지 않고 있다. 또한 조선은 당연히 한성방위에 중점을 둬야 하는데 위의 제안에서는 이 내용이 빠져 있다. 당연히 조선은 이 같은 제안을 받아들이기 곤란했을 것이다. 명이 이 제안을 조선에 강제했다면, 조선과 명의 외교마찰은 피하기 어려웠을 것이다. 나중에 보게 될 염초(焰硝) 구매를 둘러싼 교섭은 그것을 잘 보여준다.

위의 내용을 가만히 들여다보노라면, 조선에서 일본군과의 전투에 임했던 명 장수들의 소극적인 태도가 떠오른다(임진왜란 때 명군은 두 차례의 평양성전투와 벽제관전투만을 수행했다). 이는 실제로 임진왜란 때 직접 참전하여 일본군과 대치한 것을 제외하면, 임진왜란 때 취한 대조선·일본전략과 매한가지였다. 즉, 일본의 명 침략을 방어하는 수단으로서 조선을 전장화하고, 장기전과 소모전을 통해 일본군사력을 약화시키면서 강화하겠다는 전략이다. 이때 사정이 여의치 않으면, 조선강토의 일부를 일본에 넘기는 것도 가능하다는 논리가 성립한다. 이러한 명의 동아시아 전략 때문에 정유재란이 발생했고 정응태무주사건도 발생했으며, 조·일, 명·일의 강화·화호·통호 교섭 역시 여러 우여곡절을 겪게 된다.

어쨌든, 명으로서는 '조·일 음결'에 대한 의심을 접어두지 않으면 이 같은 군사전략을 택할 수 없다. 따라서, 당시 속으로야 어땠을지 모르나, 표면상으로는 명은 '조·일 음결'에 대한 의심을 거두었다. 그것은 곧 조선의 군사·외교권을 완전히는 아니라도 인정하겠다는 뜻이기도 했다.

명군의 완전 철병을 맞아, 조선은 명군에 대신할 군사력을 강화하고 변화한 국제정세에 적합한 대일 외교전략을 세워야 했다. 쓰시마에 대한 기미책의 시행 방향에 대해서는 이미 살펴본 바 있지만, 명군이 완전히 철수하지도 않은 상황에서 서둘러 일본과의 화호·통호 교섭에 나설 이유는 없었다. 오히려 조선이 교섭을 서두를 경우 명에게 명군의 주둔을 싫어한다는 오해를 살 수 있고, 일본 측에는 조선에 불리한 교섭조건을 내놓게 만들 가능성도 있다. 그런 면에서 역시 일본과의 교섭은 우선순위에서 밀리게 된다.

그렇다면 군사력 강화는 어떻게 할 것인가? 군비강화에 필요한 비용을 명군 주둔에 들어가던 비용으로 메우려 했을 것은 쉽게 짐작할 수 있다. 조선이 군사력에서 일본보다 우위를 점한 것은 오직 대포뿐이었다. 이 대포를 발사하는 데 반드시 필요한 것이 염초인데, 조선에서는 염초가 나지 않아 수입에 의존할 수밖에 없었다. 조선은 1601년 8월 명에 염초 구매를 요청했으나 거절 당했다.[7] 그래도 끈질긴 요구 끝에 1601년 11월 염초 2,000근,[8] 궁면 200대, 우각 80대를 구매할 수 있었다.[9] 그 후에도 조선은 1602년 6월 명에 1471년 이래 연례였던 궁면 200대 외에 100대를 더 구매하겠다고 요구하여 허가를 받았다.[10] 이렇듯 염초와 궁면의 구매를 허가받기 어려웠기 때문에,[11] 조선은 중강마시中江馬市에서 염초 20포란을 밀수하려다 1601년 11월 명 관헌에 발각되는 사건까지 벌어졌다.[12] 이에 선조는 명 신종에게 직접 염초와 궁면의 구매를 요구하는 상주문을 올렸으나,[13] 역시 허가받지 못했다.

염초 구매를 둘러싼 교섭과정에서도 알 수 있듯이, 명은 조선의 무제한 군비강화를 바람직하다고 생각하지 않았다. 때문에 조선 하3도의 축성이나 조선 육병의 화력 강화에도 소극적인 태도를 보였다. 그러한 판단의 배후에는 정응태무주사건이 보여주듯 '조·일 음결'에 대한 의심이 잠재해 있었고, 하3도에 축성을 허락했다가 일본군이 그 하3도를 점령하고 그것을 근거지로 삼아 장기저항을 하게 될까 염려했던 것 같다.

명은 일본의 화호교섭 요구에 어떻게 대처하려 했을까? 이미 보았듯이 1599년 12월 명 인질 모국과茅國科가 사쓰마로 보내졌다가 거기에서 상선을 타고 복건성으로 돌아갔다. 명은 귀국한 그를 심문하여 공과를 논하게 했다.[14] 그런데 모국과는 일본에 인질로 파견된 사실을 숨긴

---

7 『明神宗實錄』萬曆 29년 8월 癸酉條.
8 『事大文軌』권43, 萬曆 31년 11월 초4일조에 "硝藥一千五百餘斤"으로 기록되어 있다.
9 『明神宗實錄』萬曆 29년 11월 辛丑條. 궁면 200대의 구입은 성화 7년(1471) 이래의 항례였다(『事大文軌』권43, 萬曆 31년 8월 초4일조).
10 『明神宗實錄』萬曆 30년 6월 丙申條.
11 『事大文軌』권43, 해당조.
12 『事大文軌』권43, 萬曆 31년 11월 초4일조 ; 萬曆 32년 3월 초7일조.
13 『事大文軌』권43, 萬曆 31년 11월 초2일조.

듯(아니면 인질로 일본에 보내진 사실을 명 당국이 은폐했을 수도 있다) 처벌을 받지 않았고, 상인 고광국高光國만이 밀수업자로 처벌되었다.¹⁵ 당시 명은 사무역을 금지하고 있었다.¹⁶ 한편, 요동사람 주용朱勇 등이 일본에서 귀국하자, 그들로부터 일본의 정세를 전해듣고, 명 병부는 1600년 9월 형개·이식에게 다음과 같은 명령을 내렸다.¹⁷ 주용의 말은 앞뒤로 모순되니 조선 측에 일본의 재침략에 대비하여 연안지역 군사들의 훈련을 강화하게 하고, 부산 등지의 군사요충지를 지키게 함은 물론 일본인은 한 명도 해안으로 올라오지 못하게 하라는 것이었다.¹⁸ 즉, 명은 전쟁종결 후에도 일본에 대한 경계심을 늦추지 않았다.

1601년 12월, 조선에서 일본 정보―세키가하라 싸움과 쓰시마의 화호교섭에 관한 상주가 올라오자, 신종은 "히데요시가 사망하고, 명군이 모두 철수하여 조선은 일본침략을 심히 두려워하고 있으며, 일본과 통관通款한 지 오래다, 또 왜와 통관하여 나에게 죄 지을 것을 두려워하고 있다, 그래서 대신陪臣을 보내 (쓰시마와의 화호를) 청하고 있다, 병부에 명하여 일본과 조선이 화호하는 일은 아직 결단할 수 없다, 만세덕이 왜정에 대해 잘 알고 있으니, (조선에게 그와 화호문제를) 의논하게 하고 그의 지시를 따르게 하라"고 했다.¹⁹ 만세덕은 이 같은 신종의 명에 대해, 조선에 화호를 요구하는 주체는 쓰시마이며, 조선과 쓰시마의 개시는 조선이 일본에 복수하려는 것과 관련이 없다는 의견을 개진했다. 만세덕이 조선과 쓰시마의 화호―개시를 적극 권장한 것을 알수 있다. 만세덕의 이 같은 의견에 대해, 병과급사중 손선계孫善繼는

---

14 『明神宗實錄』萬曆 28년 9월 庚戌條 ;『明神宗實錄』萬曆 28년 9월 戊辰條.
15 『明神宗實錄』萬曆 28년 9월 庚戌條.
16 『明神宗實錄』萬曆 28년 12월 甲戌條.
17 『明神宗實錄』萬曆 28년 9월 戊辰條.
18 『明神宗實錄』萬曆 28년 12월 甲戌條.
19 『明神宗實錄』萬曆 29년 12월 甲子條.

조선과 쓰시마의 화호를 허락하면 조선이 일본에 대한 경계심을 늦추게 되어 그로 말미암아 일을 그르칠 수 있으니, 조선과 쓰시마의 화호를 허락하지 말아야 한다고 했고, 조선을 명의 '문정'으로 자리매김하여 조선을 감계하고 중국 연안의 경비를 강화할 것을 주장했다.

한편 명 병부는 1602년 3월 화호의 가·불가는 조선이 궁리해야 하고, 중국의 허·불허를 생각지 말아야 한다고 하면서, 중국은 해방海防의 비·불비를 조선에 묻고 조선의 화호·불호는 묻지 말아야 한다고 했다. 아울러 조선에 연안경비의 강화와 함께 "봉토(조선)를 지키겠다고 서약" 誓守封疆할 것을 요구하자고 신종에게 건의하여 허가를 받았다.[20] 이는 1602년 3월 시점에 명이 조선의 대일외교, 군사 면에서도 직접 지휘·간섭하지 않겠는다는 원칙을 표명한 점에서 매우 중요하다. 조선은 여전히 명의 동아시아 전략에 편입되어 있지만 그 비중이 약해진 것이다. 더욱이 명의 대일전략이 본토 연안의 방어를 중심으로 한 경비체제의 강화로 전환한 점에서 주목할 가치가 있다.

그런데, 1602년 4월 가토 기요마사가 포로 왕인흥王寅興 등 87인을 명으로 송환하면서 복건순무 앞으로 서장 2통을 보내 강화를 요구했다.[21] 서장의 내용은 명이 일본과 화친하지 않는 것은 '예에서 어긋난 것'[乖禮]으로, 만약 양국 사이에 강화가 없다면 다시 병선 혹은 적선(=해적선)이 도해하여, 양국은 필시 서로 적대적 관계가 되리라는 것이었다. 일본은 이 서장에서 일본의 연호를 사용하였다(『선조』 36·3·24). 이때도 명 병부는 경비체제를 늦추지 말 것을 명령했다.[22]

명이 위와 같은 일본대책을 세우고, 조선의 군사·외교에 직접 관여·지휘하지 않는다는 원칙을 세웠다면, 명은 새롭게 동북아지역에 대한

---

20 『明神宗實錄』萬曆 30년 3월 癸酉條.
21 『明神宗實錄』萬曆 30년 4월 癸卯條.
22 『明神宗實錄』萬曆 30년 4월 癸卯條 ; 『明神宗實錄』萬曆 30년 6월 戊甲條.

대책을 세웠을 것이고, 여기에는 조선에 대한 태도 변화도 포함되었을 것이다.

위 1602년 3월의 명 병부의 대조선 입장이 조선에 통보되었고, 선조는 1602년 10월 군사적 고립을 피하기 위해 명에 쓰시마와의 화호교섭을 "점차 전쟁 발생이 노출"漸露兵端한 것이라고 보고하고, 수군 장수 1명과 병사 수백 명의 파견을 요구했다. 이에 명 병부는 조선에 "자강自强을 도모하고 다시 (사자를) 파견할 필요가 없다"以圖自强 不必再遣고 명할 것을 신종에게 건의했다. 조선은 1602년 12월 명 조정에 같은 내용을 다시 요구하였으나 명은 똑같이 조치하였고,[23] 마침내 신종은 위와 똑같은 내용의 칙서를 조선에 보냈다.[24] 이상에서 알 수 있듯이, 1602년 3월을 기점으로 명의 대조선 정책은 군사 면에서도 '자강을 도모할 것'以圖自强으로 변했다고 판단된다.

대조선 군사·외교 정책의 이 같은 변화에 따라 명은 어떠한 동북아 정책을 세웠을까? 명 조정은 조선의 수군 파견 요청을 받고 그 대책을 논의하는 과정에서 명의 동남해안 경비체제의 강화는 물론, 진강·여순을 중심으로 한 경비체제의 강화를 도모하였다.[25] 그리고, 일본의 조선 침략에 대비해 요동·산동 지역을 중심으로 한 종합대책을 강구하였다.[26] 그 내용을 보면, 조선과 접경한 황골포를 요동반도의 인후로 중시하고, 금주·복주에서 병력을 빼내 400명 규모의 수군을 창설하며, 여순에 주둔하고 있는 산동수군의 철수를 철회한다는 것이었다.[27] 이는 일본이 바다를 통해 여순·산동을 공격할 경우를 대비하여 여순에서 산동반도 북단 등주까지 봉쇄하는 전략이다. 그리고 여순에서 등주까

---

23 『明神宗實錄』 萬曆 30년 10월 乙亥條.
24 『明神宗實錄』 萬曆 30년 12월 戊子條.
25 『明神宗實錄』 萬曆 30년 12월 辛丑條.
26 『明神宗實錄』 萬曆 30년 12월 戊子條.
27 『明神宗實錄』 萬曆 30년 12월 辛卯條.

지 연안지역을 방위하기 위해 금주에 수군을 창설하고자 했는데, 이는 '간상'(=밀무역)을 억제·적발하기 위해서이기도 했다. 결국, 황골포-여순-등주를 연결하는 연안방위체제를 강화하려 한 것이다.

조선과 쓰시마의 화호교섭

조선은 1600년 연말까지는 명군을 철수시키는 데 성공했으나, 당시의 피폐한 상황에서 일본의 재침략에 대응할 만한 충분한 군사력 강화는 사실상 불가능하다고 인식하고 있었다(『선조』 33·9·25). 단지 남부지역에의 병력 재배치 및 변경(『선조』 33·11·10, 33·12·1), 역로제 정비(『선조』 33·11·신해), 양병·군량책 등을 강구했다(『선조』 33·11·16).

조선은 명의 동아시아 전략에서 전장으로 자리하고 있었기 때문에, 명은 일본 방어에 필요한 만큼의 군사력 강화만을 조선에 요구하였다. 앞서 염초 구매 교섭에서도 보았듯이, 명은 결코 조선이 무제한으로 군사력을 강화하는 것을 원하지 않았다. 이러한 명의 대조선 정책도 조선의 군사력 강화를 제약하였다. 한편, 명의 허가 없이 일본과 화호교섭을 전개할 경우 명에게 '조·일 음결'의 의심을 살 가능성은 아직도 남아 있었다. 조선은 여전히 명에 군사·외교상의 규제를 받고 있었던 것이다. 다른 한편, 조선의 쓰시마 기미책은 무력의 우위를 전제로 한 것인데, 명군의 완전 철수는 상징으로나마 존재하던 대일본 전쟁억지력이 없어졌음을 나타낸다.

이러한 상황에서, 조선은 일본(쓰시마)의 화호교섭 요구에 어떻게 대처하려 했을까? 당시 4도 도체찰사인 이덕형과 부사 한준겸이 1601년 정월 17일 한성으로 올라가 선조를 알현했다. 이 자리에서 이덕형은 남쪽(양남)지역은 임진왜란 때 일본군에 점령당하고, 정유재란 때는 명의 육·수군이 주둔하여 백성들의 고혈이 이미 고갈되었고, 나라에는 기강이 없어 모든 일에 장구한 계책이 없으며, 양남은 국가의 근본인데 군정軍政·폐막弊瘼(고치기 어려운 병폐)·보장保障 등의 일에 모두 일정한 규정이 없어 그냥 세월만 보내고 있으니 단기간에 군사력을 강화하기란 불가능하다는 견해를 피력했다. 그리고, 군사력 강화를 위해서는 세금을 면제하여 백성의 삶을 안정시키는 것이 가장 중요하다고 했다.

한편, 선조는 산성山城이 필요 없다는 주장을 반박하고, 일본은 재침하지 않을 것이고 군비를 강화해서 방어에만 힘쓰면 된다는 주장에도 의문을 표하면서 수군 강화만을 강조하는 여론에 불신하는 모습을 보였다. 그리고, 일본은 1천~2천 군사만으로도 쳐들어올 수 있는 반면, 조선은 군사 1만으로도 왜병 1천을 당하지 못하고 혹 물리친다 해도 피해가 적지 않으니, 어찌 이길 수 있겠는가 하며 의문을 제기하였다. 이에 이덕형은 일본은 내란 중에도 해적 행위가 극심하다면서, 좌병영의 오산(울산)과 우병영의 마산, 그리고 부산 등지의 왜성을 훈련된 병사에게 굳게 지키게 하면 험함에 의지하여 지킬 수 있다고 하고, 다만 고성·사천·순천 등지에 인가가 없고, 그 앞의 당포·사량 사이까지 비어 있는 것이 크게 염려된다고 하였다. 또한 호남·영남에 인력만 낭비하는 산성들이 너무 많고, 지금은 형세와 힘이 모두 바닥나 수병[舟師]과 수부[格軍 : 곁꾼]의 식량을 변통할 길이 없으니, 육지에 설비하는 것은 형편이 되지 못하고, 만약 모처某處를 의거하여 계책을 정하려면 짧은 시일로는 안 되고, 연차계획으로 한다면 가능은 할 것이다, 다만 인심을 이미 잃은 상태라 먼저 인심을 위로하고 나서야 위급할 때 함께 지킬 수 있다고 하였다. 또 이덕형은 올봄(1601) 반드시 일본이 사람을 보내 요시라의 행방과 강화를 물어올 것이라고 하면서, 그에 대한 조치를 선조에게 물었다. 선조가 일본사자들을 상륙시키는 것은 곤란하다고 했고, 이에 이덕형은 변방에 절강浙江병사로 가장한 2천~3천 명 정도를 주둔시켜 성원함이 좋겠다고 하였다(『선조』 34·1·17). 이덕형의 쓰시마 기미책은 군사력의 우위를 전제로 한 것으로 위의 절강병으로 위장한 병사들을 일본사자의 상륙지에 배치하는 안은 궁색하기는 해도 이덕형으로서는 당연한 조치였다고 보인다.

위의 내용으로 보건대, 종전 후 조선은 겨우 중앙정부만이 기능하고, 나머지 지방의 행정·군사제도는 완전히 붕괴 상태였던 것 같다. 이는 조선 조정에 전국 지배능력이 없어서가 아니라, 전쟁으로 인한 폐해가 극심하고 명군의 주둔으로 인한 폐해 역시 일본침략 이상으로 심각했음을 여실히 보여준다. 즉 임진왜란 때까지만 해도 조선은 나름의 군사 편성·지휘권을 유지하고 있었으나, 명군이 들어온 이래, 특히 정유재란 때는 독자의 군사 편성·지휘권을 완전히 상실하고, 전쟁이 끝나고 명군이 주둔해 있던 시기에도 마찬가지 상태였다. 게다가 전쟁과 명군의 주둔으로 인해 백성이 이산·유랑하면서 토지가 황폐화되어 불안한 정국이 지속되었다. 이 때문에 군비 강화를 위한 세수는 아예 기대조차 할 수 없는 상황이었다. 이러한 세수 고갈은 군비 강화는커녕 조선의 국가 존립마저 위협하였고, 그 해결책은 세금 면제를 통한 민생 안정 외에는 없었다.

한편, 일본에서는 1600년 9월 15일 세키가하라 싸움關ヶ原合戰이 발생했다. 이 싸움은 히데요시 권력에 내포되어 있던 모순의 연장선에서 발생한 것이라고 할 수 있다. 즉, 히데요시가 전국을 통일하여 이룩한 권력은 '전국 규모의 대명영국제'로, 대명권력-특히 도자마 대명의 권력을 압도할 정도의 군사력을 확보하지 못했고, 권력 내부에도 이료파와 (후다이) 대명파, 후다이 대명과 도자마 대명 간의 대립 등이 잠재해 있었다. 이러한 불안한 상황을 돌파하기 위해 전국에 걸쳐 군사비상체제를 구축하여 임진왜란을 일으켰으나, 이 전쟁을 통해서도 상황을

바꾸지는 못했다. 게다가 당시 권력 유지에 필수 요소였던 탄탄한 후계자도 확립되어 있지 않았다. 이에 1598년 8월 죽음을 앞두고 히데요시는 다섯 살 난 아들 히데요리를 보좌하기 위해 일종의 집단지도체제라 할 5대로·5부교제를 설치하였다. 그러나 5대로 중 친히데요시 세력을 강력히 지탱하던 고바야카와 다카카게(지쿠젠 37만 석)가 1597년, 마에다 도시이에(호쿠리쿠 83만 석)가 1599년 윤3월 사망하였다. 더욱이 도쿠가와 이에야스와 다테 마사무네를 견제하기 위해 오슈 아이즈에 배치되었던 우에스기 가게카쓰(120만 석)와 이에야스 사이의 대립은 임진왜란이 끝나기 이전부터 심각했다. 결국 히데요시의 사망과 함께 5대로·5부교제는 사실상 기능부전에 빠지고, 위에서 언급한 대립구조가 일시에 표면화했다.

 그 결과, 친히데요리 세력(서군)과 친이에야스 세력(동군)이 집결한 건곤일척의 싸움이 세키가하라에서 벌어졌다. 싸움에 직접 가담하지 않은 대명들도 각 지역에서 나뉘어 대립했기 때문에 세키가하라 싸움을 단순히 세키가하라 한 지역에서 벌어진 싸움으로 축소시켜 보아서는 안 된다. 이 싸움에서 이에야스는 서군의 고바야카와 히데아키小早川秀秋(고바야카와 가게타카의 아들)가 동군에 가담함으로써 겨우 승리할 수 있었다. 이 승리로 이에야스는 400만 석의 영지를 확보하고, 교토, 사카이, 나가사키 등의 상업도시, 나아가 전국의 금·은광을 장악했다. 게다가 친히데요리 세력에 가담한 모리 데루모토, 시마즈 요시히로, 우에스기 가게카쓰, 사타케 요시노부 등의 대명들의 영지를 전봉轉封, 감봉減封, 제봉除封 등의 형식으로 삭감·이동시키고, 확보한 영지에는 후다이 대명들을 요소요소에 배치하여 친히데요리계 도자마 대명들을 견제하게 했다. 그리하여 후다이 대명을 포함한 도쿠가와 세력은 일본 전체 생산량의 25%에 해당하는 700만 석을 영유하게 되었다. 반면 220만여 석을 영유하였던 히데요리는 기나이를 중심으로 한 65만 석의 일개 대명으로 전락한다.

이로써, 이에야스는 대명들을 압도하는 군사력을 확보하고 교토, 사카이, 나가사키 등의 도시와 국내상업 및 해외무역, 그리고 많은 광산 등을 장악하여 압도적인 경제력까지 확보하였다. 이는 히데요시 권력 시기의 '전국 규모의 대명영국제'가 일거에 무너졌고, 따라서 국가비상체제(=대내외 긴장관계)를 유지할 필요도 줄어들었다는 것을 의미한다. 그렇다고 '전국 규모의 대명영국제'라는 구조에 내재되어 있던 갈등구조가 완전히 사라진 것은 아니었다. 히데요리는 여전히 히데요시 권력의 후계자로서 형식상 일본 전국의 정통 지배권자였고, 히데요리를 따르는 대명들도 다수 존재했다. 결국 이들과의 일전은 필연이었고, 훗날 오사카 싸움(1614~1615년)으로 나타난다.

이러한 혼란이 반영되어 1600년 3월 이래 1601년 5월까지 일본(쓰시마)으로부터 화호교섭 요구가 없었다. 조선은 이를 우려할 만한 사태로 인식했고(『선조』 34·2·1, 16), 게다가 일본에서 탈출해온 사람들도 없어서 일본 정세에 관한 정보가 부족했다. 이에 조선은 유정·장희춘·김대함 중 한 명을 쓰시마로 파견하여 일본 정세를 탐색한다는 계획을 세워(『선조』 34·2·1), 마침내 김대함을 쓰시마에 파견하고자 했다(『선조』 34·2·4, 34·4·13). 아울러 이덕형도 김달 등에게 유정·장희춘 등의 사서私書를 지참시켜 쓰시마로 보내려고 했다(『선조』 34·4·13). 이렇게 비상조치가 준비되는 사이 일본에서 도망쳐온 포로를 통해 일본 소식이 전해졌다(『선조』 34·4·13). 그리고, 쓰시마에서 보낸 하동인 강사준·여진덕 등을 통해서도 세키가하라 싸움의 상황과 결과, 시마즈씨의 동태, 그리고 화호와 관련한 쓰시마의 움직임 등 일본 정세를 상세히 듣고(『선조』 34·4·25), 위의 쓰시마 정탐계획을 취소하였다.

조선에서 추진된 일련의 계획들은 단순히 일본 정세를 정탐하기 위해서가 아니라, 당시 조선이 처한 상황 – 명군 철수로 말미암은 전쟁

억지력의 상실과 쓰시마와의 화호교섭 단절(혹시나 있을지 모를 일본 재침에 대한 염려)에 기인한 것이었다. 이것은 이덕형의 쓰시마 기미론에서도 알 수 있듯이 조선이 쓰시마와의 화호교섭을 지속하겠다는 의지를 나타낸 것이기도 했다. 즉 조선은 쓰시마와의 화호교섭을 지속하여 일본의 조선 재침략 혹은 왜구 침탈을 억지하려 했던 것이다.[28]

마침내, 1601년 6월 소 요시토시·야나가와 시게노부·데라사와 마사나리 등이 조선 예조 앞으로 서계를 보내왔다(『선조』 34·6·28). 이때 조선인 포로 남녀 250인과 전현감 남충원(선조의 서얼 매부)을 송환하였다. 이덕형의 보고에 따르면, 서계 내용은 주로 강화에 대한 것이었고, 야나가와 시게노부의 서계에는 요시라를 돌려보내지 않는다며 불손한 말이 많았다고 한다(『선조』 34·6·28, 34·7·1).

이 교섭에서 주목되는 점은 데라사와 마사나리의 재등장이다. 위에서 보았듯이, 데라사와 마사나리는 1598년 2월 히데요시의 철병명령과 관련한 교섭, 1600년 4월 일본으로 보내진 명 인질의 송환과 관련한 교섭에 등장했었다. 이 두 교섭에는 모두 일본 중앙권력(히데요시, 이에야스)이 관여하고 있었다. 1600년 4월의 교섭에도 이에야스가 외교권이 자신에게 있음을 보이고 조선과의 교섭에서 고니시 유키나가-소 요시토시를 견제할 의도로 데라사와 마사나리가 투입되었다. 따라서, 이번 1601년 6월 교섭 역시 이에야스가 관여되어 있음을 짐작할 수 있다.

이 시기 세키가하라 싸움(1600년 9월)을 거쳐 이에야스의 권력장악이 확립되고, 서군에 가담한 고니시 유키나가는 몰락했다. 소 요시토시는 세키가하라 싸움에 직접 가담하지는 않았으나 서군에 가신을 대리로

---

[28] 왜구 대책이 쓰시마로부터의 화호교섭이 없던 이 시기에 집중적으로 보이는 점을 고려하면, 조선은 쓰시마를 통해 왜구='사쓰마 5도의 적'을 통제하려 했음을 알 수 있다. 그리고 당시 쓰시마가 제주도를 침입하려 한다는 소문이 있었기 때문에 그 대책도 강구하고 있었다(『宣祖實錄』 권137, 선조 34년 5월 戊申, 乙酉條).

참가시켰지만 조선과의 외교교섭 때문인지 이에야스로부터 처벌을 받지는 않았다. 이런 상황에서 1601년 6월 조·일 교섭에 이에야스가 데라사와 마사나리를 투입한 것은 고니시 유키나가-소 요시토시라는 대조선 외교루트를 데라사와 마사나리-소 요시토시로 교체하여 소 요시토시의 대조선 외교를 장악·견제하기 위해서였다. 이에야스는 이를 통해 일본외교권이 자신에게 속하며, 스스로 일본 통치권자임을 드러냄과 동시에 일본이 조선에 화호·통호할 의향이 있음을 나타내고자 했다. 나중에 보는 이에야스의 군사적 위협은 데라사와 마사나리를 통해 조선에 화호를 재촉하기 위해서였다고 할 것이다.

한편, 이덕형은 일본사자를 맞아 은루隱漏된 명군을 모아 명 군문의 수비대[夜不收]처럼 꾸며 일본인들에게 내보였다(『선조』 34·6·28). 이러한 조치에 대해 원정과 비변사 모두 반대했지만(『선조』 34·6·28, 34·7·4), 이미 계획이 실행에 옮겨진 후였다(『선조』 34·6·28, 34·7·4). 이덕형의 이 조치는 앞서 보았듯이 이미 정월에 선조를 알현한 자리에서 얻어낸 동의를 바탕으로 하였을 것이다.

이번 화호교섭에서 비변사는 비록 중간에 위혁威嚇 의사는 있으나 크게 발악하는 말은 없다고 판단하였고, 화호교섭 요구 역시 이전과 다르지 않다고 인식하였다(『선조』 34·7·2). 여기에서 위혁 의사란 이에야스가 군량 80만 석을 운송하여 군사강화 비용으로 삼고 조선을 위협한다[29]는 말일 것이다. 조선은 1601년 6월 마침내 쓰시마와의 화호교섭을 정책으로 정할 것인지 여부를 결정할 때가 왔다고 여겼고, 이에 2품 이상 대신들에게 쓰시마 기미책에 대한 의견을 제출하라고 명했다(『선조』 34·7·2).

당시 대신 42여 명의 의견은 ① 조·일 화호에 대한 의견을 명에게

---

29 『明神宗實錄』 萬曆 29년 12월 甲子條.

물어보고 그 의사에 따르자, ② 일본과의 화호는 반대하지만, 쓰시마 기미에는 반대하지 않는다, ③ 일본과의 화호는 절대 반대한다는 세 가지로 나뉘었다. 이제민李齊閔 등 4인의 화호 절대불가론을 제외하면, 어떤 형태로든 일본과의 관계는 유지해야 한다는 의견이 지배적이었다. 그러나 이들 의견은 일본과 어떤 방법으로 어떤 관계를 맺을지를 둘러싸고, 또 명 조정에 진문할 것인가의 여부를 둘러싸고도 의견 대립을 보였다(『선조』 34·7·4).

조선 조정의 의견은 명에 진문해야 한다는 것이 지배적이었다. 선조는 편전에 나아가 쓰시마와의 화호에 대한 신하들의 의견을 청취하였다. 이 자리에서 심희수는 명 장수들이 강화를 권유할 때도 감찰어사의 정론[科道正論]은 주문이 불가하다고 하였고, 우리(조선)는 일본과 불공재천의 원수라 하였으니 주문하기 어렵다고 했다. 이항복은 오늘날의 강화는 이전과 다르게 존망과 성패가 달린 것이 아니라 변방에서 도발을 막기 위한 것일 뿐이라고 하였다. 황신은 쓰시마가 살기 어렵고, 통호하려 함은 지성至誠에서 나온 것이라 거절할 수 없으나, 그들의 사자를 기다렸다가 강화를 허락해야 한다고 했다. 황신은 목전의 급한 불만 끄려다 일을 잘못 처리하느니 차라리 대의를 들어 거절함이 옳으나, 지금 화호를 허락하지 않아도 뒷날 반드시 화호해야 하며, 명에 올릴 주문은 강화 여부를 정한 후에 해야 한다고 하면서, 정응태 같은 자가 있어 이 문제를 들어 힐책하면 뭐라 변명하겠는가라고 하였다. 이 자리에서 논의된 내용은 대체로 기미책으로 강화하지 않을 수 없고 그 문제에 관해 명에 주문해야 한다는 것이었다(『선조』 34·7·20). 이 시점에도 여전히 정응태무주사건의 그림자가 어른거리고 있음을 알 수 있다.

그런데, 조선은 왜 일본과의 화호교섭에 명에의 진문이 필요하다고 했을까? 이유는 다음과 같다. ① 명군이 주류하고 있을 때 명 장수들이 권유한 화호교섭을 조선이 거절했고, 전쟁 후 호화好和를 청한 것은 일본이 아니었다(이헌국). 즉, 조선은 당시의 화호 요구를 쓰시마의 책동으로 인식하였고(『선조』 34·7·4), 이런 인식은 당시 일반적이었다. ② (명에) 조선의 군사력이 약하다는 구실을 들어 쓰시마에 기미책을 취하는 것을 요구하자는 의견으로, 진문 이유에 대해서는 따로 의견을 내지 않았다(한응인). 그러나, 한응인과 같은 의견을 낸 대신들은 쓰시마와의 화호는 명과 관련이 있다고 인식하였다(『선조』 34·7·4). 명군 철수 시 명 장수들은 일본과의 상통을 금지하라고 했고, 이 때문에 명 조정에 진문을 해야 한다는 것이었다(심우등). ③ 기미책은 자강의 길을 해치는 것이 아니며, 자보책自保策에도 득이 되기 때문에 기미책을 실행해야 하며, 진문에 대해서는 이덕형의 의견을 들어보고 결정하자고 하였다(황신. 『선조』 34·7·4). 여기에서 특히 주목할 점은 "혹여 정응태 같은 자가 있어 이 문제를 들어 힐책하면 뭐라 변명하겠는가"(『선조』 34·7·20)라고 한 황신의 의견이다. 즉, 황신은 쓰시마와의 화호가 '조·일 음결'로 의심받을 가능성이 있으니 신중을 기해야 한다는 것이었다. 결국 진문을 주장한 사람들은 그 이유로 지금까지의 조·명 외교관계와 군사관계 등을 들었다.

그런데, 영의정 이항복은 소 요시토시 등의 강화 요구가 한두 번도 아닌데, 유독 이번에만 중신重臣을 보내 전주專奏해야 한다는 주장에 의문을 표하면서, 곧바로 진문을 올린다면, "… (절차상의 문제로) 장차 명 조정에 약점을 잡히고, 명 관료의 의심을 사서 일이 어그러질 염려가 있다. … 명에서 자기들과 관계없는 일이라고 하며 비정한 힐책을 우리에게 마구 해댈지 어찌 알겠는가, 그러니 지금으로서는 사실대로 요동에 서둘러 알려 거기에서 전주轉奏하게 함으로써 심상하게 처리한 다음, 성절사聖節使가 가는 길에 실정을 자연스럽게 알려 조선의 뜻을 토로함과 동시에 가부를 품禀하는 것이 낫다"고 했다(『선조』 34·7·19).

이항복의 의견에 이원익도 원칙적으로 찬성했다(『선조』 34·7·20). 물론 이항복이나 이원익 모두 일본과의 화호·통호 교섭을 명에 보고하지 말자는 것은 아니었다. 이항복은 이번의 화호교섭 요구가 이전과 크게 다를 바 없다는 전제 하에 명과 마찰 없는 외교방법을 모색하였을 뿐이다. 즉, 쓰시마 기미책은 조선의 판단에 따라 이미 결정된 사안이고, 진문 역시 조선의 실정에 따라 결정할 문제니, 지금은 진문할 필요가 없으며, 쓰시마에 대한 회답 역시 비변사의 의견대로 하자는 것이었다. 이항복은 쓰시마를 일본과 구별하여 쓰시마의 화호교섭 요구를 받아들이고, 일본의 정형情形을 살피는 것이 좋을 것이라고 했다(『선조』 34·7·19). 이항복의 의견을 한 마디로 요약하면, 사태의 추이를 살펴 시간을 벌어가면서 서서히 쓰시마·일본과의 화호·통호를 추진하여 명과의 외교마찰을 최소화하자는 것이었다.

한편, 명에 진문해야 한다고 주장한 사람들 사이에도 단순한 적정을 보고하는 수준의 주문賊情奏文으로 할 것인지, 아니면 쓰시마와의 화호에 대해 승낙을 요청할 것인지를 둘러싸고 의견을 달리하였는데, 이 이견을 조정하는 일이 의외로 어려웠다. 이에 비변사가 명 조정에 적정주문을 올릴 경우, 갑작스러운 보고가 되기 때문에 명 조정으로부터 명확한 답변을 얻기 어렵다고 보았다. 그리고, 조선 군사력이 약하다는 이유를 들어 쓰시마와의 화호를 요구한다면, 명 조정의 화和·전戰에 관한 통일된 의견을 얻기도 어렵고, 오히려 명 조정이 군비를 강화하지 않았다며 책임을 추궁할 수도 있다고 생각하였다. 이에 이 두 가지 난제를 뛰어넘을 대책으로 쓰시마와 일본을 구별하고, 쓰시마는 종래부터 조선의 기미 대상이었으며, 쓰시마의 조선연안 침입을 제거하고 동시에 일본의 형세를 살피기 위해 쓰시마 기미는 어쩔 수 없다는 내용의 진문을 작성하자고 했다(『선조』 34·7·8).

그 후 이항복이 진문 반대 의견을 상신하였고, 선조는 다시 어전회의를 열었다(『선조』 34·7·20). 그러나 어전회의에서도 의견을 모으지 못해 선조는 대신들의 의견을 이덕형에게 통보하고, 쓰시마에 대한 답변과 진문에 관한 의견을 구했다. 이덕형은 쓰시마에 강화를 허락하면 일본 사신이 와서 강화를 요구할 것이 뻔하니, 지금의 계책은 조선의 기력을 보면서 시세를 헤아려 (쓰시마와의 화호) 여부를 결정해야 하며, 명에 주문을 보내는 것에는 반대한다는 의견을 피력했다. 주문의 경우, 조선은 쓰시마와 일본을 구별하지만 명은 쓰시마와 일본에 차이를 두지 않아 쓰시마가 강화를 요구할 때마다 진문을 해야 할 것이니, 이번에 진문을 올리는 것에 반대한다고 하였다. 단, 일본이 신사 파견을 요구하면(일본의 통호 요구) 진문할 필요가 있다고 했다. 그리고, 쓰시마와의 화호는 조선의 사정에 따라 판단하여 기미책을 실시하고, 일본이 강화를 요구하면 의리에 입각하여 신축성 있게 대처하여 서로 왕래하면서, 시간을 끌어 그들의 동태를 살핀 후 정해야 하며, 그 사이 국력배양에 힘써야 한다고 했다(『선조』 34·8·4).

이덕형의 의견은 어느 쪽인가 하면 이항복과 이원익에 가깝다. 당시 정치적 영향력이 강했던 이들이 이렇게 주문에 반대하니 쓰시마와의 화호를 구하는 진주사 파견은 재고되었다. 대신 동지사에 적정주문을 휴대시켜 보내기로 하고, 8월 20일 유근을 동지중추부사로 임명했다(『선조』 34·8·20).[30]

이때의 주문 내용은 다음과 같았다. ① 일본은 히데요시 사후 이에야스가 동북지역을, 모리 데루모토가 서남지역을 장악하여 히데요리를 보좌하고 있는데, 우에스기 가게카쓰가 이에야스에 반기를 들어 대립

---

[30] 나카무라 히데타카는 "진주사 유근은 8월 20일 출발했다"라고 잘라 말하고, 그 주에 진주사가 동지사를 겸한다고 되어 있다. 그러나 8월 20일은 유근이 동지중추부사로 임명된 날이며(유근이 언제 명으로 출발했는지는 불분명), '진주사겸동지사'가 아닌 동지사 업무를 주 임무로 삼았으므로 '동지사겸진주사'라는 표현이 사실에 가깝다.

하면서 내란이 일어난 상태다. ② 쓰시마의 소 요시토시와 야나가와 시게노부가 조선에 포로를 송환하면서 서찰을 보내 화호를 구했다. ③ 이에야스가 군량 80만 석을 옮겨 군사를 강화하고 조선을 위협하고 있다. ④ 쓰시마는 조선과 서로 바라보는 가까운 거리에 있으며, 척박한 땅이라 오곡이 생산되지 않아 조선의 도움을 받아왔는데, 임진왜란 후 개시開市가 끊겨 애써 협박을 통해 개시를 원하고 있다.[31] ①은 히데요시 사망 후의 일본 정세고, ②는 쓰시마의 화호·강화 요구, ③은 세키가하라 싸움 이후 이에야스의 움직임과 조선에 대한 군사위협, ④는 조선과 쓰시마의 관계와 그로 말미암은 화호(=개시)의 필요성을 넌지시 시사한 내용이다.

위 내용만 보면 조선이 쓰시마와의 화호에 대해 명에게 허락을 구하는 것인지 아닌지 불분명하다. 그러나 왜와 통하여 나(신종)에게 죄지을 것을 두려워하여 "대신을 보내 (조선이 쓰시마와의) 화호를 청했다"使陪臣來請[32]라고 한 데서 알 수 있듯이, 명에게는 조선이 쓰시마와의 화호교섭 허락을 받으려 하는 것으로 받아들여졌다(『선조』 35·1·14, 『선조』 35·4·18).

쓰시마의 화호 요구를 둘러싼 조·명 외교의 복잡다단한 과정에 비하면, 조선의 쓰시마 외교는 아주 간단했다. 소 요시토시가 서계를 보냈다는 소식을 접한 3일 후, 비변사는 쓰시마와의 화호는 명의 조치와 관련되어 있으므로 조선이 판단할 사항이 아니라고 회답할 것을 건의했고(『선조』 34·7·1), 대신들도 비변사 의견에 이의를 제기하지 않았다. 그 후 이덕형이 회답 초안을 올리자, 비변사가 이것을 쓰시마에 보내도 좋다는 의견을 냈고, 선조는 '빈 편지'空簡를 이덕형에게 보내며 쓰시마에 대한 조치를 일임했다(『선조』 34·8·4). 한편, 신종은 "명군이 철수한 후 조선은 왜를 심히 두려워하여 왜와 내통通款, 통회한 지 오래다"[33]라

31 『明神宗實錄』萬曆 29년 12월 甲子條.
32 동상서.

고 인식하고 있었다.

이덕형이 1601년 8월 소 요시토시에게 보낸 답서 내용은 다음과 같았다. ① 고니시 유키나가의 선봉으로 조선을 침략한 것을 추궁하고, ② 조·명 연합군에 의한 쓰시마 정벌계획이 있었으나 조선이 제지하였다, ③ 조선에 20만여 명군이 주류하고 있다-물론 거짓이다, ④ 군사적 위협으로 화호교섭을 추진하는 쓰시마의 태도를 비판하고-일본이 조선을 침략할 의도를 갖고 있다면, 쓰시마에게는 이를 억제할 능력이 없다, ⑤ 명 장수들이 쓰시마를 신용하지 않는다, ⑥ 조선은 일본과의 화호를 전단專斷할 수 없다, ⑦ 그러나 일본이 과거의 잘못을 반성하고 성심을 다한다면, 명은 반드시 화호를 허락할 것이고, 그렇게 되면 쓰시마는 이전처럼 조선의 은혜를 입게 될 것이다, ⑧ 조선은 쓰시마에 전쟁의 죄를 묻지 않겠으니, 쓰시마는 성의를 다해야 한다, ⑨ 쓰시마에 상미賞米를 보낸다, ⑩ 쓰시마에서 온 서찰은 명에 전보한다 등이다. 그리고 야나가와 시게노부에게 보내는 답서에는 요시라가 명 장수들에게 간 후 조선은 그의 소식을 알지 못한다는 내용이 담겨 있다.[34]

위 내용을 있는 그대로 보는 한, 조선은 공식적으로 일본(쓰시마 포함)과의 화호를 거부한다는 입장을 쓰시마에게 명확히 했다. 그러나 조선이 쓰시마에게 호의를 갖고 있다는 것도 분명하다. 특히, 공무역으로 보이는 '상미'의 제공과 전쟁의 죄를 묻지 않겠다는 부분은 조선이 쓰시마와 화호관계를 맺을 의향이 있음을 표시한 것으로 볼 수 있다. 즉 명분상 쓰시마에게 화호를 거절했지만, 화호교섭을 적극 지속하려 하고 상미를 제공한 것을 보면 1601년 8월 시점에 공무역이 시작되었다고 보아도 좋을 것이다.

그 후 이덕형은 선조를 알현한 10월, 일본에 난(세키가하라 싸움)이

---

33 동상서.
34 『漢陰文稿』 권11, 재단법인민족문화추진회, 1991, 449~450쪽.

있었기 때문에 재침은 없을 것이라 하면서, 쓰시마의 화호 요구는 경제적 의미로 받아들일 수 있고, 일본에 조선을 침략할 의도가 있다면 쓰시마와의 화호는 사태를 좌우할 사안이 아니라고 했다. 그리고 오는 봄(1602)에 야나가와 시게노부의 사자가 올 것이라면서, 그때는 즉각 대응하기 대단히 어려울 테니 미리 대응을 생각해 둬야 할 것이라고 건의했다. 선조가 대응책에 대해 묻자, 이덕형은 명의 병부·군문 등에 서장을 보내 그들과 협력해야 하며, 그 일은 내년(1602) 여름에 해야 한다는 의견을 제시했다. 그리고, 명의 도망병들을 돌려보내기 전에 그들을 부산에 모아 일대를 편성하고, 일본사자가 도래하면 명군이 주류하고 있는 것처럼 가장하는 게 좋겠다고 했다(『선조』 34·10·19·계미). 이렇게 보면 이덕형은 쓰시마와 화호관계를 맺는 시기를 1602년 여름 이후로 생각한 것 같다(『선조』 34·10·19).

그런데, 1601년 11월 다치바나 도모마사橘智正가 소 요시토시·야나가와 시게노부의 서계를 지참하고 조선에 도착했다(비변사가 이 사실을 보고한 것은 11월 24일이므로 도래시기는 그 이전일 것이다). 다치바나 도모마사의 조선 도래는 이덕형의 예상보다 2~3개월 빠른 것으로 의외였다. 이덕형은 경리 만세덕이 조선을 떠나면서 조선에 변화가 생기면 바로 보고하라고 했다면서, 일본사자의 도래 사실을 만세덕에게 보고하고 아울러 위관委官(오종도) 파견의 요청을 건의했다. 선조는 이덕형의 의견을 받아들였다(『선조』 34·11·27).

한편, 비변사는 다치바나 도모마사의 도래를 조·일 화호에 대한 명의 회답 여부를 알아보기 위한 것으로 보았다. 이에 일본사자에게 명의 회답 여부는 내년 봄까지 기다려야 알 수 있고, 회답이 오면 빠른 배를 띄워 연락하겠다고 답변할 것을 건의했다. 그리고 소 요시토시 등이 보낸 총·창·흑각 등에 대해서는 호피·매[鷹連] 및 기타 토산물 등으로 보상할 것을 건의하여 선조의 윤허를 받았다(『선조』 34·11·24).

이덕형이 다시 선조에게 다음과 같은 내용의 상신서를 올렸다. ① 다치바나 도모마사가 온 것은 화호를 재촉하기 위해서가 아니라 오로지 조선 사정을 엿보기 위해서니 응접에 신중을 기해야 한다. ② 소 요시토시·야나가와 시게노부에게 줄 답변은 명쾌 솔직하게 하여 그들의 간모奸謀를 막고, 화호의 이익으로 꾀어 그들의 비위를 맞춰주며 새해에 정탐인을 보낼 증거로 삼아야 한다. ③ 돌아온 포로들이 하는 말에 따르면 이에야스가 강화에 대해 모르고 있다 한다. 그러니 소 요시토시·야나가와 시게노부는 이에야스를 핑계 삼아 화호를 거론한 것이다. ④ 쓰시마는 조선에 명군이 없다는 사실을 알고 있지만, 조선에 명군이 주둔해 있다고 말해도 해롭지는 않을 것이다. ⑤ 쓰시마와의 화호를 조선은 허락하고 싶어하나, 명 장수들의 견제로 쉽게 결단할 수 없다는 식으로 답변해야 한다. ⑥ 쓰시마가 조선을 깔보고 총 같은 병기를 보냈으니, 양질의 활과 호피 등을 보내는 것이 좋다.

선조는 이덕형의 의견을 비변사에서 의논하게 했다(『선조』 34·11·27). 이덕형의 의견은 다치바나 도모마사의 도래 목적이 조선 정탐에 있다고 보고 신중한 대응을 주문한 것이다. 그러나 새해(1602)의 정탐사 파견을 전제로 쓰시마와의 화호를 허락하고자 한다는 의견을 표명한 것으로 보아, 조·일 화호교섭에 적극적이었음을 알 수 있다. 즉, 이덕형은 쓰시마와의 화호교섭이 전환점에 왔음을 표명하였다 하겠다.

쓰시마에 보내는 회답 건은 이전처럼 이덕형에게 맡겼다(『선조』 34·11·28). 이덕형의 회답은 소 요시토시·야나가와 시게노부 앞으로 보내졌고, 쓰시마에 보내는 물품의 별폭서別幅書가 있었다. 소 요시토시에게 보낸 회답서의 내용은 ① 수호修好의 곡절은 이미 저번 회답에서 명확히 했는데 다시 서계를 보낸 일에 대해 추궁, ② 화호를 조선이 전단할 수 있다면 진작 스스로 결정했을 것이다, ③ 화호가 늦어지는 것은 일본의 책임이다, ④ 화호를 빨리 하려면, "회개하여 마음을 고쳐먹고"棒

面改心 정성을 보여서 신의를 회복해야 한다 등이다. 야나가와 시게노부에게 보낸 회답의 내용은 ① 히데요시 사망 후 이에야스가 과거 잘못을 반성하고 있고, 쓰시마가 화호를 원하고 있다는 것은 도망쳐온 사람들이 한 이야기와 부합한다, ② '수호곡절修好曲折'에 대해 군문 형개에게 보고했는데, 형개도 복건로를 통해 일본 사정을 잘 알고 있으며 조선으로부터 보고를 들어 일본과 쓰시마 사정을 어느 정도 이해하고 있다, ③ 포로송환을 들어 화호를 요구하는 것은 무의미하며, 오히려 화호의 성공을 방해한다, ④ 화호를 빨리 성공시키려면 성의를 다하여 과거 잘못을 반성하고, 그 징표를 보여야 할 것이라고 되어 있다(『선조』 34·11·24).[35] 그리고 소 요시토시에게는 장궁 5장, 호피 3령, 야나가와 시게노부에게는 장궁 3장, 호피 2령, 그리고 다치바나 도모마사에게는 대미 40각을 하사했다(『선조』 34·12·29). 다치바나 도모마사는 1601년 12월 19일 위의 답서와 하사품을 들고 일본으로 돌아갔다(『선조』 34·12·19).

이전의 회답과 비교하면 이번 회답의 내용은 명 관계 기사를 빼면 사실에 입각하였다 볼 수 있다. 그런데 이번 회답 건은 이덕형이 맡기는 했지만, 내용은 이덕형이 원래 건의했던 것과 차이가 있다.[36] 또한 명의 도망병을 모아 일대를 편성해서 일본사자에게 보이자고 했는데, 확인되지 않는 것으로 보건대 이 계획은 철회된 것 같다.[37]

---

[35] 『漢陰文稿』 권11.
[36] 이덕형은 명군이 주둔하고 있는 것처럼 위장하려 했으나, 선조가 쓰시마는 이미 명군이 철수한 사실을 알고 있고, 명 장수를 핑계로 대면 일본에게 비웃음을 살 것이라고 하자(『宣祖實錄』 권143, 선조 34년 11월 戊午條), 명군의 내지 이동=철수 사실을 그대로 쓰게 된 것으로 보인다.
[37] 선조도 명군으로 위장하는 안에 반대했고, 비변사와 정원도 반대하고 사헌부에서 이덕형 탄핵안까지 올라온 상황이었다(『宣祖實錄』 권139, 선조 34년 7월 辛丑條). 그러나 이덕형의 위장 명군에 대한 계획은 뿌리 깊은 것이어서, 도망 명군의 쇄환을 연기하려 했다. 그것은 도망 명군의 쇄환과 쓰시마와의 화호 시기를 다음 해(1602) 여름으로 맞추고, 명 장수의 도래를 요청하여 쓰시마와의 화호에 입회시킴과 동시에 도망 명군을 쇄환하려 한 것으로 보인다.

이번 회답의 특징은 빨리 화호를 맺으려는 쓰시마에게 엄히 비판을 가하고, 포로송환과 화호교섭 문제를 분리한 점이다. 이는 조선이 쓰시마의 강요로 화호관계를 맺었다는 인상을 주지 않고 더불어 쓰시마와의 화호가 교섭의 소산이 아니라 쓰시마가 조선의 기미 대상지라는 인식에 입각하여 조선이 쓰시마에게 화호를 허락한다는 태도를 나타낸다. 그리고 소 요시토시·야나가와 시게노부 등에게 활·호피 등을 하사한 것은 공무역이 일정하게 궤도에 오른 것을 의미하며, 동시에 조선이 쓰시마와의 화호교섭을 지속하겠다는 의미이기도 하다.

또 이덕형이 야나가와 시게노부에게 회답한 내용 중에 이에야스가 과거의 잘못을 반성하고 있다는 내용이 처음 언급된 점도 특징이다. 이 언급은 이덕형이 위의 내용을 조선과의 화호·통호에 대한 희망의 표시로 판단하고, 조·일 화호·통호의 조건으로 일본 측에 제시한 것이다. 그런 의미에서 이 언급 자체가 조선은 일본과 화호·통호할 의향을 갖고 있음을 전한 것으로 볼 수 있다. 이상을 고려하면, 1601년 6월을 기점으로 조·일 외교는 새로운 단계로 진입했다고 할 수 있다.

정탐사 파견과 조선·쓰시마의 화호관계 성립

위에서 보았듯이, 이덕형은 1601년 11월 14일 선조의 허락을 받고 만세덕에게 다치바나 도모마사의 도래를 명 조정에 보고하게 하여 명의 위관 파견을 요청하였다. 이때 만세덕이 이덕형에게 보낸 답서 내용은 다음과 같았다. ① 명은 조선과 쓰시마(일본)의 화호를 명시할 수 없으며, 조·일 교린은 조선이 판단할 사안이니, 위관 파견 요청에는 응할 수 없다. ② 조선이 쓰시마 사자의 도래를 명 조정에 상주하지 않았으면 한다. 명·일 관계는 책봉사가 일본에게 모욕을 당했기 때문에 호화好和를 말할 수 없는 상황이다. ③ 조선이 조·일 화호를 허락받고자 명에 상주하면, 오히려 조·일 교린을 저해하게 될 것이다. ④ 조선은 쓰시마와 교섭하며 그 성과를 낸 후 천천히 쓰시마와 화호하라. ⑤ 앞으로 조선은 쓰시마와 화호를 꾀하게 될 것으로 예상하고, 장차 일본은 "조선이 따르기 어려운 일"難從之事을 제시할 것이라면서 주의를 환기하였다.[38]

조·쓰시마 화호에 비교적 호의적이었던 만세덕의 의견은 한 마디로 신중론 혹은 시기조정론이다. 그리고, 조선이 조·쓰시마 화호와 관련하여 명 조정에 위관 파견을 요청하거나 신종에게 상주하는 것에 대해서는 강력히 반대했다. 그런데, 위에서 보았듯이 조선은 이미 1600년 8월의 '1천 유병안' 논의 때 쓰시마 기미책을 제시한 바 있고, 1600년 9월에는 쓰시마와의 화호로 외교전략을 전환하여 쓰시마 기미(=화호)는 사실상 1601년 8월 교섭에서 이미 실행에 옮겨진 상태였다.

이러한 조선 상황을 잘 알고 있었을 만세덕이 왜 1601년 11월 시점에서 신중론을 전개한 것일까? 이 점을 이해하려면 "조선이 따르기 어려운 일"이 무엇인지 알아봐야 한다. 이 문구가 의미하는 바가 무엇인지 명확하지 않지만, 대략 명과 관련되어 있고 조선이 받아들이기 어려운 것이라면 아마도 일본의 명에의 조공가도나 조선 왕자·대신의 일본파견 요구가 아닐까 싶다. 이는 일본군의 퇴각 교섭부터 1600년 이전의 일본·쓰시마와 명군(=만세덕)과의 교섭에서 수없이 제기된 사항이고, 명 인질의 일본파견과 함께 명 조정에 비밀로 했던 사항이다. 조선이 대쓰시마 화호와 관련하여 신종에게 상주하거나 위관을 파견하고, 화호교섭을 진행하는 과정에서 일본이 "조선이 따르기 어려운 일"(=조공가도와 조선 왕자·대신의 일본파견)을 제기할 경우, 만세덕은 매우 곤란한

---

[38] 『漢陰文稿』 부록 권2, 504~505쪽.

상황에 처하게 될 것이었다. 그래서 만세덕은 자신이 조·쓰시마 화호교섭을 주관하여 "조선이 따르기 어려운 일"을 처리하려 조선에 조·쓰시마 화호교섭 신중론 혹은 시기조정론을 주장하였다고 보인다.

한편, 명의 원임 요동도사지휘사 왕급王伋이 1601년 12월 한성에 들어왔다(『선조』 34·12·3). 그의 조선 방문 사실은 11월 24일 왕급이 의주부로 와서 알려졌지만(『선조』 34·11·24), 조선은 그의 방문 목적을 전혀 알지 못했다(『선조』 34·11·26). 방문 목적이 알려진 것은 그가 선조를 알현한 자리에서였다. 당시 그는 선조에게 (요동)순무巡撫와 총병摠兵의 서장을 제시하였다. 서장의 내용은 명 신종의 조칙에 따라 일본 방위의 병권은 임진왜란 이후부터 무진撫鎭(순무와 군사지휘관軍門) 양 아문에 속하게 되었으니, 이후 대소 모든 정보는 양 아문에 보고하라는 것이었다. 더욱이 조선의 군마·전량·성지·기기 등의 군비 상황도 상세히 기록하여 양 아문에 보고할 것이며, 조선 군비로 대일본 방어가 가능한지까지 보고하라고 요구했다(『선조』 34·12·7).

명의 이 같은 조치는 대일교섭과 관련하여 조선이 요동순무·군문을 거치지 않고 명 신종에게 직접 상주하려는 움직임을 견제하기 위한 것이었다. 조선이 요동 군사지휘관의 간섭·영향권에서 벗어나려 한 경향에 대한 대응인 것이다. 요동순무·군문의 입장에서는 자신들이 일본방어를 책임지고 있는 한, 조선의 이 같은 움직임을 인정하기 어려웠을 것이다. 한편, 만세덕은 조선에 쓰시마와의 화호를 권유하면서도 조선에 대한 군사적 영향력을 강화시키고자 했다. 그것은 위에서 보았듯이 명의 대동아시아 전략에서 조선이 명 방어의 제1차 방어선으로 자리하였기 때문이다. 그 연장선에서 조·쓰시마 화호가 전쟁억제에 도움이 되고 조선이 일본의 재침략을 충분히 방어할 수 있다면, 화호를 묵인할 수 있으며, 나아가 그 화호를 통해 일본의 재침을 억제하고자 조선에 쓰시마와의 화호를 권유하였다.

그 후 만세덕은 1602년 1월 담종인譚宗仁을 조선에 파견하였다. 조·일 화호문제를 맡으려 하지 않았던 명 병부가 이 문제를 만세덕에게 위임하였는데, 이와 관련한 조선의 입장을 묻기 위해서였다.(『선조』 35·1·15) 담종인은 선조와 만난 자리에서 "(조선이 일본(쓰시마 포함)과) 화친하는 문제는 명이 맡아서 결정할 수 없으니, 돌아가 조선 국왕과 중신들을 만나 상의하고 오라"고 했다면서 만세덕의 말을 전했다(『선조』 35·1·14).

이항복은 담종인의 조선 도래를 명(=만세덕과 군문 형개)이 조·일 화호문제를 담당하고 싶지 않아 조선에 떠맡기고 조선이 판단해서 조·일 화호교섭을 하라는 뜻으로 받아들였고(『선조』 35·1·15), 이덕형 역시 화친에 관한 사안은 명이 이미 조선에 위임한 것으로 받아들였다(『선조』 35·1·14). 선조도 명이 조선에 쓰시마(일본)와의 화호를 허락한 것으로 받아들였다(『선조』 35·1·14). 이에 조선은 쓰시마와 화호(기미)를 실행하고 일본과는 화호(교린)를 교섭하는 방향을 취했다.

이상에서 알 수 있듯이, 담종인의 한성 방문은 만세덕이 이덕형에게 보낸 답서 내용을 명확히 하고, 조선 사정을 살피기 위한 것이었다. 또한 조선과 쓰시마(일본)의 화호교섭의 허·불허에 따른 책임을 피하면서도, 조선에 대해서는 영향력을 확보하려 한 것이었다. 결국, 조·일 화호와 관련하여 명 병부나 경리 만세덕은 모두 가부의 지시·판단에 따른 책임을 회피하려고 했고, 이 같은 상황에서 조선은 독자로 조·일 화호를 명확히 결단할 시점에 이르게 되었다.

조선은 명의 군사·외교적 영향력에서 벗어나고 왜구 대책을 위해, 그리고 일본의 재침략을 억제하기 위해서도 쓰시마와의 화호가 필요했다. 그러나, 이덕형과 이항복 등이 지적하고 있듯이 일본이 조선을 재침략하려 할 경우, 쓰시마는 그것을 억제할 능력이 없다고 인식하였기 때문에, 조선은 우선 일본에 조선을 재침략할 의도가 있는지부터 확인할 필요가 있었다. 이에 조선은 사람을 쓰시마로 파견하여 일본 정세를 살핀다는 계획을 세웠다(『선조』 34·12·29). 즉, 1602년 봄 휴정(보진대사)의 사신私信을 지참한 동래 소모진東萊召募陣의 천총千摠 전계신·녹사 손문욱·역관 김효순 등을 쓰시마로 파견한다는 계획을 확정했다(『선조』 34·12·29, 35·1·17).**39** 쓰시마 파견 목적은 말할 것도 없이 일본의 통호 의향 여부를 살피는 것이었다.**40** 그런데 계획은 쓰시마와의 화호를 전제로 한 것이어서, 쓰시마와 조선 간의 화호교섭은 더욱 탄력을 받게 되었다. 즉, 전계신의 쓰시마 파견은 쓰시마와의 개시(=화호) 문제에서 일본과의 통호 문제로 외교 중심이 이동하고 있음을 나타낸다.

전계신 등이 언제 쓰시마로 갔는지는 불분명하나, 9월 중에 휴정의 회보와 유정과의 면담을 약속했고, 일본사자가 8·9월에 도래할 것이라는 정보를 가져왔다(『선조』 35·7·20). 전계신·손문욱·김효순 등의 쓰시마 파견에 호응한 것인지는 불분명하나, 1602년 5월 쓰시마는 2인의 사자에게 5통의 서계를 들려 조선에 파견하고 동시에 포로 2명을 송환해 왔다(『선조』 35·5·4). 조선이 예상한 시기보다 3~4개월이나 빠른 왜사의 도래였다. 이때 5통의 서계를 어디로 보냈는지는 명확하지 않다. 당시 상황으로 보건대 예조(2통), 부산검사·동래부사(2통), 그리고 전계신 앞으로 보내졌을 가능성이 크다.**41** 서계의 내용 역시 불분명하나,

---

39 이에 대해서는 『宣祖實錄』 권145, 선조 35년 1월 丙戌, 2월 丙寅條에 기록되어 있으나, 그들을 언제 쓰시마로 파견하였는지는 불분명하다. 『寬政重修諸家譜』(續群書類從完成會, 1980)의 소 요시토시조, 『朝鮮通交大紀』(名著出版, 1978), 『對州編年略』(東京堂出版, 1972) 등에는 "慶長 7년(1602)"으로 기록되어 있다. 그리고 『宣祖實錄』 권150, 선조 35년 5월 4일조에서 전계신이 조선에 있었던 사실이 확인된다. 따라서 이들이 쓰시마로 파견된 것은 1602년 2월에서 4월 사이였다.

40 『對州編年略』에는 그들의 일본방문을 "통교지성의 가부를 살피기 위해"라고 기록하고 있다. '통교지성의 가부'의 주체가 쓰시마인지 일본(막부)인지에 따라 도일 목적도 달리 해석될 수 있다. 그러나 휴정의 사신을 쓰시마가 도쿠가와 이에야스에게 보낸 점(『宣祖實錄』 권160, 선조 36년 3월 庚辰條), 일본에게 전쟁의도가 있다면 쓰시마는 그것을 제어할 능력이 없다고 조선이 인식하고 있었다는 점, 그리고 일본과의 통호=교린은 조선이 전단할 문제라고 명이 태도를 명확히 하였던 점 등에서 그 주체는 일본으로 판단된다.

"야나가와 시게노부가 에도에서 쓰시마로 돌아온 후 사자를 보내 사세를 보고하겠다"(『선조』35·5·4)고 한 기사를 보건대 휴정의 사신私信에 대한 이에야스의 반응을 바로 조선에 알리겠다는 내용으로 추측된다.

쓰시마 서계에 대해 조선은 소 요시토시·야나가와 가게나오柳川景直 앞으로 답서를 보냈다. 답서는 여러 차례 포로를 송환한 데 대해 감사를 표하고, 조선 사정에 대해서는 잘 알고 있을 터이니 신속히 돌아가기 바란다고 되어 있어[42] 특별한 내용은 없다. 이것으로 보건대 쓰시마 사자의 도래는 전계신 등의 도일에 대한 대응이었을 것이다.

그런데, 이 시기 명 도망병의 환송과 관련하여 위관 왕급王汲이 조선에 다시 왔다(『선조』34·11·24, 12·3). 조선은 만약 그가 야나가와 시게노부의 사자가 오기 전에 도망병을 데리고 귀국해 버릴 경우, 명군이 조선에서 완전히 철수한 사실이 알려져 사세를 방해할 것이므로, 그를 연병위관으로 내세워 일본사자들이 오래 머무는 것을 막으려 했다. 이에 대해 왕급은 조선이 군문에 서장을 내어 허락을 받는다면 그렇게 해도 좋다고 했다(『선조』35·5·21). 그러나 위에서 보았듯이 만세덕이 위관 파견에 반대했고, 파견을 허락한 흔적도 발견되지 않는 것으로 보아 이 계획은 실행되지 않았다고 보인다.[43] 그러나 조선의 위관 파견

---

41 이는 소 요시토시·야나가와 시게노부에게 보내는 답서가 예조참의의 명으로 쓰였고(『宣祖實錄』권150, 선조 35년 5월 丙寅條), 1601년 12월 29일 다치바나 도모마사가 귀국한 후 그의 회답이 부산검사·동래부사 앞으로 되어 있던 점(『通航一覽』권26)에서 이번에도 그들에게 서계를 보냈다고 추측할 수 있다. 그리고 『朝鮮通交大紀』에는 1602년 5월 전계신이 야나가와 시게노부에게 회답하였다고 기록되어 있고, "손공(손문욱)이 귀도(쓰시마)의 사정을 일일이 명에 飛報할 것"이라고 하고 있다.
42 『漢陰文稿』권11, 452쪽. 『宣祖實錄』권150, 선조 35년 5월 丙寅條. 『漢陰文稿』에는 소 요시토시·야나가와 시게노부에게 만력 30년 5월에 답한다고 기록되어 있다. 당시는 영의정 이덕형이 이전부터 대일본 외교관계를 총괄하고 있었기 때문에, 이번 서계도 이덕형이 작성한 것으로 보여 『漢陰文稿』에서 인용하였다.
43 나카무라 히데타카는 앞의 책에서 "야나가와 시게노부가 (조선에) 온다고 해서, 명의 연병 위관을 세워 (명의) 도망병에다 조선병사를 더해 훈련하고 있는

요구는 끈질겨, 1602년 7월에도 이덕형이 개시 문제는 군문 위관의 방문을 기다려 처리해야 한다는 의견을 개진하였다(『선조』 35·7·20).[44]

1602년 6월 16일 다치바나 도모마사 등 9인이 남녀 포로 104명을 송환해 왔다.[45] 이때도 소 요시토시·야나가와 가게나오는 예조 앞으로 서계를 보냈는데, 내용은 이전과 동일하였던 것 같다. 즉, "야나가와

窮策을 기도했다"고 주장하였다. 『宣祖實錄』 권150, 선조 35년 5월 21일조의 비변사 보고는 "야나가와 시게노부(平調信)의 差人이 6월중에 올 것이라고 부산에 도착한 倭人이 邊將에게 말하였다고 한다. 만일 王指揮가 그에 앞서 내려가서 도망병을 모두 잡아 돌아오게 되면 소문이 퍼져 事機에 방해가 될 것이다. 그래서 야나가와 시게노부의 차인도 도착할 무렵, 군사훈련을 시키는 委官의 호칭을 써서 내려가 도망병을 모집하고 우리 병사와 이들을 섞어 변경에서 훈련시켜 왜인들에게 이 같은 사실을 알리도록 하자고 왕지휘에게 요청하였다. 그랬더니 나(왕지휘)는 상사의 명을 받들고 왔으니 이유 없이 오래 머물면서 이 일을 할 수는 없다. 귀국이 이 같은 실정을 道爺에게(布政司衙門) 咨文으로 보낸다면 마땅히 명령대로 하겠다고 답하였다. 이번 通事 宋業男이 密雲에 가는 편에 이 자문을 포정사 아문에 보내어 직접 왜적의 사정을 알리면 편리할 듯하니, 승문원을 시켜 빨리 이야기를 꾸며 자문하게 하였으면 한다"라고 기록하였다. 이것으로 보면, 나카무라 히데타카의 주장은 유효해 보인다. 그러나 이 계획이 일본에 대한 조선의 '궁책'이라고 간단히 평가할 문제는 아니다. 위에서 보았듯이, 당시 비변사나 정원, 선조 모두 명의 도망병을 군사로 위장하려는 이덕형의 계획에 반대하였고, 조선은 일본과의 화호를 둘러싸고 명에게 위관 파견을 끈질기게 요구하였으며, 명은 일본과의 화호 문제는 조선 단독으로 처리할 사안이라는 태도를 보였다. 물론 위와 같은 상황에서도 조선이 명 위관을 끈질기게 요구한 배경에는 조선 독단으로 대일본 화호를 시행했다가 일어날지 모를 만일의 사태-일본의 무력침입이나 '조·일 음결'에 대한 의심-에 대비할 의도였다. 이러한 맥락에서 비변사의 보고를 보면, 조선은 왕급을 위관으로 내세워 명군의 조선철수 사실을 일본에 숨기고, 명을 조·일 교섭에 끌어들인다는 데 방점이 찍혀 있다고 보아야 할 것이니, 일본의 화호 요구에 대한 명 대책으로 계획되었다고 할 것이다. 즉, 위의 계획은 일본에 대한 대책이라기보다는 명과의 외교문제 해결에 중점을 둔 것이라 하겠다.

44 이 의견은 받아들여져 金玏齊가 명에 파견되었다(『事大文軌』 권42, 萬曆 31년 5월 초3일조). 그 회답의 내용은 『宣祖實錄』 권153, 선조 36년 6월 甲子條에 기록되어 있고, 상주문은 『明神宗實錄』 萬曆 30년 11월 己亥條에 실려 있다.

45 『事大文軌』 권42, 건군문(건달)왜정회답에 의하면, 굴지정은 6월 16일 조선에 도착하였고 좌수영 한용운이 이 사실을 6월 21일에 치계했음을 알 수 있다. 그러나 이에 관해 『宣祖實錄』에는 기록이 없다.

시게노부가 이달 말 왕경(교토)에서 돌아오니, 빠른 배를 내어 사세를 보고하겠다, 소 요시토시의 서계도 같다"⁴⁶고 한 것으로 보아, 위 전계신의 쓰시마 파견에 대한 대응으로 보인다.

쓰시마 서계에 대한 조선의 답서도 빠르게 내려졌다. 그 내용은 ① 포로를 송환하여 성의를 표시한 데 대해 감사를 표한다, ② 조선과 쓰시마의 화호에 대한 명 장수의 지시가 아직 없다, ③ 명이 위관(왕급)을 파견하여 조선을 순찰하고 있어서 형편이 여의치 않다[事體不便], ④ 미포 米布를 지급한다, ⑤ 화호의 성패와 그 빠르고 더딤[遲速]은 성의를 다하는가의 여하에 달려 있다 등이다.⁴⁷

한편, 다치바나 도모마사가 조총 10자루, 산달피山獺皮(담비 가죽) 16속, 단목 15근, 오적어烏賊魚(오징어) 70속을 가지고 조선에 왔다. 만약 쓰시마가 이 물품들을 못 팔고 그대로 돌아가게 된다면 실망할 것이니, 조선은 전과 같이 호·표피와 면포 등을 하사하고 위 물품들을 인수했다(『선조』 35·7·10). 그런데, 조총을 제외하면 담비 가죽과 오징어는 일상용품이라 진상품으로 보기 어렵다. 쓰시마로서는 이 시기 조선이 개시開市할 의도가 있는지 타진해본 것이고, 조선은 이 물건들을 인수함으로써 조선 역시 개시 의향이 있음을 표시한 것으로 볼 수 있다. 따라서 이 시기(1602년 6월)에 조선은 쓰시마의 개시를 용인했다고 할 수 있다.

다치바나 도모마사 등의 쓰시마 사자들은 6월자 서계를 지참하여 8~9월경 유정과 면회하기 위해 다시 조선으로 오겠다는 말을 남기고, 일본으로 돌아갔다. 서계에 나오는 '사체불편事體不便'이란 왕급의 조선 도래 사실을 가리키는 것으로 보인다. 다치바나 도모마사가 언제 쓰시마로 돌아갔는지는 분명하지 않으나, 위 조치가 7월 10일 내려지고, 이 소식이 경상도관찰사 이시발李時發에게 전달되어 조치가 시행되었다

---

46 『事大文軌』 권42, 건군문왜정회답, 萬曆 31년 5월 초3일조.
47 『漢陰文稿』 권11, 452쪽.

면, 다치바나 도모마사의 일본귀환은 7월 중순 이후로 볼 수 있다.

한편, 1602년 7월 20일 이덕형이 건의하기를, "왜사가 8~9월에 다시 오겠다고 했다. 전계신 등이 쓰시마로 가서 휴정이 8월 중에 회보할 것이라 약속했으니, 그때 유정에게 왜사를 만나 휴정의 말을 전하면서 왜적의 책모策謀를 알아보게 함이 마땅할 듯하다. … 만약 조만간 절영도絶影島 개시開市를 허락할 작정이면, 서계를 작성할 때 은근히 그러한 뜻을 드러내 보이고, 군문軍門 위관委官이 나오기를 기다렸다가 다시 의논하여 조처하도록 함이 옳다. 만약 관시關市를 끝내 허락하지 않겠다면, 중국 핑계를 대고 곧바로 고해야 한다. … 기미책羈縻策을 쓰되, 끝에 가서는 명 조정의 위관과 의논해야 한다고 가탁하여 조처함이 더 나을 듯싶다. … 지난해부터 여러 가지 말로 돌려대면서 (화호에 대해) 지금까지 미루어 왔으나, 유정이 회답할 때 … 아무런 결론이 없다면, 그것을 들은 (쓰시마 사자들이) 실망할 터이고, 그리 되면 명년 봄 필시 공갈 위협을 해올 것이다. … (개시를 허락하는 것도, 허락하지 않는 것도 지극히 어렵고) 변방의 안위와 성패가 모두 이번 기회에 달려 있으니, 비변사가 널리 의견을 수렴하는 것이 좋을 듯하며 … 사실을 갖추어 진주陳奏하되 어느 사신이든 가는 편에 부쳐 명 조정이 적의 정세를 분명하게 알게 함이 좋을 듯하다"고 했다. 이에 선조는 이덕형의 건의를 받아들였다(『선조』 35·7·20).

이덕형의 건의는 재래할 쓰시마 사자에 대한 대책 – 전계신 등이 약속한 유정과의 회합에 대한 대책, 개시 대책, 이와 관련한 명에 대한 대책 등을 내용으로 하고 있다. 즉, 이덕형은 쓰시마 사자가 다시 도래하면 유정과 쓰시마 사자의 대면이 필요할 것으로 보았고, 특히 개시 여부에 지극한 관심을 표명하였다. 조선은 이미 개시의 징표를 1601년 8월 시점에 보였는데, 이덕형은 이것을 정식으로 인정할 것인지의 여부는 별도의 문제로 간주하였다. 이것은 기미책을 써서 진공과

하사로 이루어지는 공무역만 인정할 것인지, 아니면 사무역까지 인정할 것인지의 문제였다. 이덕형은 사무역까지 인정하는 개시라면 명에 사실대로 보고해야 한다고 보았다. 이 이덕형의 건의를 통해 조·쓰시마 화호(기미책)는 기정사실이고, 1602년 6월 이래 이미 시행되고 있던 화호(=개시)가 공식적으로 본격 논의된 단계로 접어들었음을 알 수 있다.

예정대로 다치바나 도모마사가 1602년 9월 5일 다시 조선에 왔다. 그는 조선이 일본과 화호를 맺지 않으면 도쿠가와 이에야스가 군사를 동원할 것이라며 위협했다.[48] 그리고, 9월 22일 일본인 14명이 예조에 보내는 서계를 지참하고 포로 229인을 송환했다.[49] 이번에도 다치바나 도모마사는 소 요시토시·야나가와 가게나오의 서계를 지참하였는데, "아비 야나가와 시게노부가 아직 (교토에서) 돌아오지 않았으니, 돌아오는 즉시 다시 사람을 보내 사세를 보고하겠다"는 내용이었다.[50] 이 내용은 이전에 전계신 등을 파견하여 일본(이에야스)의 통호 의향을 타진하고, 이후 쓰시마의 화호 요구와 관련하여 통호에 대한 일본의 의향을 명확히 한 후 쓰시마에 대한 기미책과 화호(=개시)를 결정하겠다고 한 조선에 대한 답변이었다. 이는 저번 서계의 답변, 즉 야나가와 시게노부가 교토에서 돌아오는 즉시 조선에 보고하겠다는 것, 그리고 야나가와 시게노부가 아직 교토에서 돌아오지 않았으니 돌아오는 즉시 조선에 보고하겠다는 내용과 상호 관련되어 있다. 이 조건은 다시 유정과의 면담 약속 이행과 맞물려 있다. 즉, 쓰시마는 유정과의 면담을 우선하려 했고, 조선은 일본(이에야스)의 통호 의향을 먼저 확인하려

---

48 『事大文軌』 권42, 건군문왜정회답, 萬曆 31년 5월 초3일조.
49 이 기사는 『宣祖實錄』 권153, 선조 35년(1602) 8월 3일 壬辰條에 실려 있는데 오류로 보인다. 즉, 9월 5일 壬戌을 8월 3일 壬辰으로 착각한 것 같다. 위의 『事大文軌』에는 9월 5일로 기록되어 있다.
50 『事大文軌』 권42, 건군문왜정회답, 萬曆 31년 5월 초3일조.

하는 외교 줄다리기가 벌어지고 있었다.

　비변사는 쓰시마가 포로를 송환하는 등 겉으로는 정성을 보이면서 은밀히 협박을 하고 앞으로도 자주 사자를 파견할 것 같다, 이들이 조선에 오래 머물면 폐단이 생기니 쓰시마 실정을 명에 보고하였으나, 명의 논의가 일치하지 않아 아직 연락은 없고, 명 연병장은 전라·경상 양도 해변을 순찰중이며, 내신 고태부 위관이 비밀리에 조선의 사기事機를 살피기 위해 한성에 머물고 있으니 상황이 여의치 않아 자세히 말할 수 없다, 명에서 조만간 회보가 꼭 올 것이니, 회보가 오면 즉시 쓰시마에게 알리겠다는 내용으로 회답할 것을 건의하였다(『선조』 35·8·3).51

　쓰시마 사자의 조선도래는 이덕형의 건의에서도 알 수 있듯이 유정과의 면담을 요구하기 위한 것으로 보인다. 이에 대해 조선은 박대근에게 다치바나 도모마사 등의 접대를 명하고, 유정과의 면담은 허락하지 않았다. 비변사는 ① 쓰시마 사자에게 군문 명의로 회답하기를 9월경 명 위관이 올 것이라고 말하고, 유정에게 (쓰시마 사자를) 접대하게 하려 했으나 유정은 중요하고 긴요한 데 써야 하니, 가벼이 왜사를 만나보게 해서는 안 된다, ② 이번에는 박대근을 파견하여 말(위관이 아직 파견되지 않았다는 전언)을 전하고, 유정은 내년 봄에 쓰시마로 파견하여 일본 정세를 정탐하게 하는 것이 맞다, ③ 명년(1603) 봄 이전에 왜사가 도래하여 회답에 대해 물어도 긴요한 사정이 없다거나 혹은 명 위관이 왔다는 핑계를 댈 수 있다면, 유정을 쓰시마로 파견할 필요가 없고, 적정을 자세히 살핀 다음에 대처함이 마땅하다, ④ 다만 일을 예측할 수 없으니, 유정과 사리에게 복장을 마련해 주고, 그들에게 모든 일을 의논하고 지시한 뒤 경상도로 보내 대령하게 하라고 건의했고, 선조는 이를 윤허했다(『선조』 35·10·5).

51　이 인용문도 『宣祖實錄』 권153, 선조 35년 8월 3일 壬辰條에 실려 있으나, 역시 9월 5일 임술조의 오류로 보인다.

이것으로 보면, 조선은 다치바나 도모마사의 유정 면담 요구를 들어줄 생각이 없었던 것 같고, 오히려 내년(1603) 유정을 쓰시마에 파견하여 일본을 정탐할 계획을 세우고 있음을 알 수 있다. 당연히 다치바나 도모마사는 유정과 면담하지 못했을 것이다. 그리고 사태 변화가 없었기 때문에, 조선답서를 쓰시마에 보낸 흔적도 없다.

그 후, 1602년 11월 20일 다치바나 도모마사 등 22명이 11통의 서계를 지참하고, 포로 129명을 송환해 왔다. 11통의 서계는 그 내용도 어디 앞으로 보냈는지도 불분명하나, 데라사와 마사나리의 서계도 포함되어 있었던 것은 확실하다. 야나가와 시게노부의 서계는 일본과의 화호 결정이 내려지면 우선 쓰시마에 연락해주기 바란다, 대명들이 모두 이에야스의 지휘에 따르고 있으며 시마즈 요시히로도 이에야스에게 굴복하여 사죄하고 교토로 올라왔다는 점 등을 내용으로 하고 있다. 데라사와 마사나리의 서계는 야나가와 시게노부가 누차 조선과 일본의 화호를 이에야스에게 진언하여 마침내 이에야스가 쓰시마에 조선과의 화호교섭을 위임했으니, 조선은 빨리 일본에 신사를 파견하여 화호의 징표로 해달라고 되어 있다.[52]

이 교섭에서 주목할 점은 데라사와 마사나리의 서계에서 처음으로 조선에 신사 파견을 요구한 점이다. 이와 관련하여 1602년 5월 23일 소 요시토시는 이에야스에게서 조선과의 외교교섭 전권을 위임받았다.[53] 즉, 이 시기 데라사와 마사나리가 조선에 보낸 서계는 이에야스의 대조선 화호·통호에 대한 의지를 명확히 함(=조선에서 일본으로 신사를 파견할 것)과 동시에 소 요시토시의 조선외교권을 인증하기 위한 것으로 보아도 좋을 것이다. 그리고, 이 시기(1602년 11월 20일)를 기점으로 교섭의 초점은 조·쓰시마 교섭에서 조·일 화호교섭으로 전환한다.

---

52 『事大文軌』 권42, 萬曆 31년 5월 초3일, 건군문왜정회답.
53 中村孝也, 『德川家康文書の硏究(下卷1)』, 日本學術振興會, 1960, 180·231쪽.

한편, 조선은 이 사자들을 접대하기 위해 전계신을 파견했다. 이때 다치바나 도모마사는 손문욱이 명에서 돌아왔는지를 묻고, 시마즈씨가 이에야스에게 복속한 점, 이에야스를 비롯한 모든 대명들이 화평을 원하고 있다는 점, 이에야스가 쓰시마에 조·일 교섭에 관한 모든 권한을 위임하고, 화호교섭을 성공시키라고 명하여 쓰시마가 대단히 어려운 상황에 빠졌다는 점, 아직까지 일본과의 화호를 결정하지 않았다면 내년 봄(1603)에 이에야스에게 사신을 파견하여 병화를 피하기 바란다는 점 등을 말했다. 이에 전계신은 손문욱이 아직 귀국하지 않았으며, 조선은 화호에 대해 전단할 수 없다, 조선에는 일본에 원수갚는 날을 기다리는 사람들이 많다고 응대했다(『선조』 35·12·5).

그런데, 왜 일본은 내년(1603) 봄을 콕 집어 신사 파견을 요구했을까? 이에야스는 1602년까지 세키가하라 싸움 이후의 혼란한 정세를 완전히 정리하였다. 남은 것은 일본의 전국 통치자로서의 공식 지위뿐이었는데, 이에야스는 1603년 2월 12일 정이대장군에 올랐다. 다치바나 도모마사가 1603년 봄을 콕 집어 조선에 신사 파견을 요구한 것은 이에야스의 이 장군직 취임과 관련 있을 것이다. 즉, 이에야스는 자신의 장군(=일본 통치권자) 권력의 권위를 대내외에 내보이려 했다.

그 후, 조선은 다시 손문욱을 파견하여 다치바나 도모마사에 응대했다. 1602년 12월 18일의 회담 자리에서 손문욱은 군문의 유서諭書를 가지고 왔다면서 고탁 위에 올려놓고 다치바나 도모마사에게 재배를 올리게 했다. 손문욱은 자신이 송도(개성)에 머물고 있는 이 총병과 만나 담화했는데(물론 이는 사실이 아니다), 이때 이 총병이 쓰시마와 이에야스가 마음을 고쳐먹고 성의를 다하고 있다는데 요즈음 왜구(零敵)는 없는지 묻길래 사자들이 왕래하고 있어서 왜구는 없다고 답하니, 이미 왜구가 있다는 사실을 알고 있던 이 총병이 크게 노해 자신을 질책했다, 그 후 이 총병이 그러한 사실들을 진대사(보진대사 휴정)에게 보고하고, 휴정은 그 사실들을 만세덕을 만나 보고했다, 이에 만세덕이 그 내용을 명 조정에 알렸고 현재 그 조치를 기다리고 있는 중이라고 말했다. 또한 가토 기요마사가 복건군문에 보낸 서장은 서사가 매우 불손하여 명 조정에서 의견이 분분하며, 명은 일본사정을 관망한 후 조치하겠다고 한지라, 그때까지 일본은 최선을 다해 성의를 보이라고 말했다. 이에 대해 다치바나 도모마사는 쓰시마의 성의는 지극하나, 그것을 드러낼 방법이 없어 다만 포로를 송환하고 있다, 이번에 조·일 화호에 관한 확실한 언약을 받지 못한 채 돌아가면 쓰시마가 큰 환란에 빠지게 될 테니, 조선은 이에야스에게 사신을 파견하여 명이 조·일 화호에 반대한다는 의견을 알리기 바란다고 말했다. 이에 대해 손문욱은 조선 전단으로 일본에 사신을 파견할 수는 없다고 답했다.

이어, 다치바나 도모마사는 조선에 일본내란설이 돌아 일본과의 화호를 불허한다는 소문이 있는데 사실인가를 묻고, 이에야스가 히데요시의 조선침략을 한탄하고 있는데 이번에 화호의 기회를 놓친다면 병화를 입을지도 모른다고 했다. 이에 손문욱은 이에야스가 히데요시의 조선침략을 부정할 생각이었다면, 어째서 모든 포로들을 송환하여 히데요시의 죄에 대해 사죄하지 않는가라고 반문했다. 이에 다치바나 도모마사는 잠시 침묵하였고, 이어 손문욱은 (이에야스가) 포로를 모두 송환하고 히데요시의 죄를 사죄한다면, 명도 분명히 화호를 허락할 것이라고 말했다. 이에 다치바나 도모마사는 빨리 귀국하여 이 같은 사정을 야나가와 시게노부에게 전하겠다고 했다(『선조』 36·1·2).

전계신·손문욱과 다치바나 도모마사 간의 대화에서 주목되는 것은 쓰시마는 군사위협을 내비쳐 조속한 시일 내에 조·일 화호를 하려 하는 데 반해, 조선은 명의 불허를 지레로 삼아 일본의 계략에 말려들지 않으려고 했다는 점이다. 이 살얼음판 같은 외교전에서 쓰시마는 대단히 불리한 상황에 놓여 있었다. 강경외교를 펴면 화호는 물 건너가 쓰시마가 겪고 있는 경제상의 어려움을 타개할 길이 막히고, 게다가 고니시 유키나가가 서군 쪽에 가담하여 멸망하면서 뒷배가 사라진 상황이라 조선과의 화호문제를 매끄럽게 처리하는 것은 쓰시마의 존망이 달린 일이 되었다. 다만, 이에야스에게 조선과의 교섭에 전권을 위임받은 것만이 행동 폭에 약간의 여유를 주었다.

한편, 조선은 명년(1603) 봄 유정을 쓰시마로 파견할 계획이었는데, 가토 기요마사가 명에 보낸 서한으로 군문유첩이 내려지자, 명의 화호 불허를 핑계 삼아 쓰시마의 조·일 화호요구를 일단 거절한 것으로 보인다. 이 교섭에서 조선은 화호교섭의 연기를 일본 탓으로 돌리고, 조선이 화호 의사를 갖고 있음도 선명히 할 수 있었다. 다만 일본의 재침략이 염려되었으나, 일본에게 재침략 의도가 있다면 쓰시마도 그것을 억제할 힘이 없다고 판단하였기 때문에, 일본의 군사위협 자체를 쓰시마와의 화호를 결정하는 중요 요소로 보지는 않았다. 따라서 조선은 쓰시마와의 화호를 서두를 필요가 없었고, 이런 면에서 조선은 쓰시마와의 교섭에서 항상 유리한 입장이었다고 할 수 있다. 그러나 한편으로 조선은 일본과 화호를 맺지 않는 한, 명의 군사·외교적 간섭을 배제할 수 없는 상황이었다. 그래서 조선은 쓰시마와 화호교섭을 지속하여 일본과의 통호교섭을 진행하고자 했다.

이 같은 과정을 거쳐, 조선은 쓰시마의 야나가와 시게노부에게 답서를 보냈다. 그 내용은 위의 대화 내용으로도 짐작할 수 있는데 요약해 보면 다음과 같다. ① 쓰시마 사자가 자주 왕래하여 거간의 사정을 잘 알 터이니, 다시 말하지 않겠다, ② 군문 만세덕이 조선 일을 전관하고 있어서, 조선은 화호를 바라는 쓰시마의 정성을 여러 번 만세덕에게 알렸다, ③ 지난 10월 군문 만세덕이 사람을 보내 유서첩諭書帖을 보내온 이래 경성에 머무르면서 쓰시마의 사자를 기다렸다, ④ 그 유서첩에 근래의 사정이 상세하여, 사람을 보내 상세히 설명하였다, ⑤ 조선은 쓰시마의 정성을 매번 명에 알리니, 번거로이 다시 서계를 보내 오히려 물의를 일으켜 호사를 방해하게 되지 않을까 저어된다, ⑥ 노고를 치하하는 미·포를 보낸다 등이다.⁵⁴

조선의 답서에서 주목할 사항은 특별한 변동 사항이 없으면서 여러 차례 서계를 보내는 일을 경계하는 점이다. 이는 사실 쓰시마 사자가 왕래하며 조선 사정을 정탐할 것을 경계한 것이기도 하지만, 일본사자의 왕래를 명에 알릴 경우 받게 될 명의 군사·외교에 대한 간섭을 최소화하기 위해서이기도 했다. 가능하다면, 일본과의 화호를 원하면서도 조·일 화호의 성립은 지연시키고자 하는 의도도 보인다.

다치바나 도모마사는 정월 하순 혹은 2월 초나 3월 초에 다시 오겠다는 말을 남기고 조선을 떠났다. 한편, 조선은 일본사자가 왕래한 뒤 항상 왜구가 뒤따랐던 점, 화호교섭에 아무 변화가 없음에도 빈번히 사자를 파견한다는 점, 이후 잠시나마 화호 불허조치에 불만을 품고 해안을 침략할 염려가 있다는 점 등을 들어 해안방위의 강화를 명했다(『선조』 36·2·7). 그리고, 일본사자의 도래에 대비하여 손문욱을 통영으로 내려보냈다(『선조』 36·2·29).

일본에서는 1603년 2월 12일 도쿠가와 이에야스가 정이대장군, 우대신 겐지노초자源氏長子 준나·쇼가쿠 양원별당淳和奬學兩院別當에 임명되었다. 정이대장군직은 무가의 일본전국 지배를 나타내는 지위로, 이제 이에야스가 히데요시 권력의 그늘에서 완전히 벗어나 명실공히 일본전국의 지배자로 군림하고, 조·일, 명·일을 포함한 모든 일본외교권도 오롯이 그의 지휘 하에 놓이게 되었음을 의미한다.

예정대로 1603년 3월 18일 다치바나 도모마사 등 19인이 조선 예조 앞으로 보내는 소 요시토시·야나가와 시게노부 등의 서계, 만세덕

---

54 『漢陰文稿』 권11, 452쪽.

앞으로 보내는 소 요시토시·야나가와 시게노부의 서계, 휴정·전계신 앞으로 보내는 서계, 송운대사(유정) 앞으로 보내는 서계를 보내왔다. 이와 함께 포로 94인도 송환했다(『선조』 36·3·24).55 또 당시 쓰시마에 귀복歸服해 있던 박수영에게서도 상신서가 왔다(『선조』 36·3·24).

　일본에서 보낸 서계 내용을 화호와 관련해 간략히 요약하면 다음과 같다. 소 요시토시가 만세덕 앞으로 보낸 서계 내용은 작년 휴정이 보낸 서한에 '회개=혁면'하지 않고 성의를 보낸다면서 누차 포로송환에 대해 다투면서 어찌 화호를 요구하는가라는 내용을 이에야스가 읽고 탄복했다는 점, 빨리 호사(조·일 화호)를 잘 이끌어 태평해지길 바란다 등이다. 휴정 앞으로 보낸 야나가와 시게노부 서계의 내용은 주로 가토 기요마사가 복건군문에게 보낸 서한에 대한 비판으로, 기요마사가 복건군문에 무례하고 불손한 말을 사용하고, 명이 화친하지 않는다면 나중에 병선 혹은 적선을 보내 필연코 원수가 될 것이라 한 점, 일본 정삭(연호)을 사용하여 호사를 연기하게 한 점에 대해 대단히 유감을 표하고, 일본 사세(일본이 화호를 원하는 것)는 조금도 변함이 없으니 이를 살펴 군문 만세덕에게 화호를 신속히 결정하도록 전보해주길 바라며, 반드시 대사의 서한을 이에야스에게 보고하겠다고 되어 있다(만력 연호 사용). 야나가와 시게노부가 송운(유정) 앞으로 보낸 서계 내용은 기요마사가 명에게 행한 무례를 비판하고, 마찬가지로 일본사세는 변함 없으니 휴정에게 빨리 호사를 이끌어 양국의 생민을 구할 것을 전해주라는 내용이다. 조선 예조 앞으로 보낸 소 요시토시의 서계 내용 역시 비슷하다. 포로 85명을 송환하며 일본사세는 조금도 변함 없으니, 군문 만세덕에게 호소하여 빨리 호사를 결정하고, 신사를 파견해 주길 바라며, 야나가와 시게노부는 휴정의 서한 내용을 이에야

55　『事大文軌』 권42, 萬曆 31년 4월 28일조.

스에게 전하겠다 등이다. 야나가와 시게노부가 조선 예조 앞으로 보낸 서계 내용은, 쓰시마가 작년 당포인을 붙잡아간 것이 명확하여, 85인 외에 여자 1명, 다른 지역에 있던 남녀 3인도 함께 송환한다고 되어 있다(『선조』 36·3·24).

만세덕 앞으로 보낸 소 요시토시의 서계 후미에는 "시게노부 서調信書 및 별폭", 군문찬획 보진대사(휴정) 앞으로 보낸 야나가와 시게노부의 서계 후미에도 "전파총계신서全把摠繼信書"라는 기록에서 야나가와 시게노부가 만세덕에게 보낸 서, 그리고 야나가와 시게노부가 전계신에게 보낸 서도 있었음을 알 수 있다.

박수영의 상신서는 1601년 11월 25일 이에야스가 교토로 오고, 사쓰마의 시마즈 요시히로가 이에야스에게 복속하는 예를 올렸고, 히데요리와 이에야스가 대명들을 모아 회의를 열었으며, 소 요시토시와 야나가와 시게노부에게 조선과의 강화 건을 위임하였다, 전쟁이 끝난 지 4년이나 흘렀지만 흑백 없이 세월만 가니, 금년(1603) 봄을 기한으로 하여 (화호의) 호음好音이 없으면 (이에야스가) 전쟁을 준비시킨다는 소문이 돌고 있으니, 화호하기 바란다는 내용으로 되어 있다(『선조』 36·3·24).

이 서한은 쓰시마에게 조·일 교섭건을 위임하였으며, 조선이 일본과 화호하지 않을 경우 전란이 일어날 수도 있다는 군사위협이 두드러진다.[56] 쓰시마의 대조선 외교에 박수영의 상신서를 포함하면, 쓰시마는 대조선 외교에서 소위 양동작전을 쓰고 있다고 할 수 있다.

이상에서 알 수 있듯이, 쓰시마는 군문 유서첩의 추궁을 인정하는 등 대명외교를 강화하고, 화호교섭을 이에야스가 관여하여 쓰시마에게 위임하였다는 점과 이에야스가 조·일 화호를 원한다는 점을 명확히 했다. 이는 조선이 명의 화호 불허를 지레로 삼아 화호교섭을 지속하면

---

[56] 군사위협은 포로 韓襑 招辭에도 동일하게 실려 있다(『宣祖實錄』 권160, 선조 36년 3월 庚辰條).

서도 화호를 지연시키는 원인을 제거할 의도로 보이며, 이에야스의 화호에 대한 의지와 화호교섭에의 관여를 명확히 한 것 역시 조선이 쓰시마와 교섭을 지속하면서도 일본과 쓰시마를 구별하여 일본의 조선 재침 의도 여부를 확인한다는 구실로 쓰시마와의 정식 화호를 지연시키는 명분을 제거하기 위해서였을 것이다.

이렇듯 명의 화호 불허에 초점이 모아지는 가운데, 군문 만세덕이 사망하고 건달이 군문에 부임하였다. 조선은 전계신에게 건달이 군문으로 부임한 지 얼마 되지 않아 조선과 쓰시마 간에 오간 이야기들을 잘 알지 못하고 거간의 사정을 파악하는 데도 시간이 걸릴 것이니, 전계신을 건달의 처소로 파견하여 화호문제를 설명할 것이며, 전계신은 연말이 돼서야 귀국할 것이라는 등의 내용을 다치바나 도모마사에게 설명하라고 명했다(『선조』 36·3·25). 그리고 예조 참의는 소 요시토시·야나가와 시게노부에게, 손문욱은 야나가와 시게노부에게, 전계신은 박수영에게 답서를 보내기로 했다(동상).

이들 답서는 명의 화호 불허가 가토 기요마사가 명에 무례한 서장을 보낸 것 때문이니, 앞으로 더욱 성심을 다하고 명의 허락이 있을 때까지 기다릴 것이며, 군문 교체로 당분간 화호교섭이 진척되지 않을 것임을 알리는 내용으로 되어 있다(『선조』 36·4·2, 36·4·6).[57]

다치바나 도모마사가 언제 일본으로 돌아갔는지는 불분명하나, 도모마사가 도래하고 3개월도 지나지 않은 1603년 6월 7일 소 요시토시·야나가와 시게노부 등이 포로 4인을 송환하고 더불어 다치바나 도모히사橘智久 등 7인을 통해 예조에 보내는 소 요시토시·야나가와 시게노부의 서계, 전계신에게 보내는 야나가와 시게노부·박수영의 서계 등

---

[57] 『宣祖實錄』 권160, 선조 36년 3월 戊子條의 소 요시토시·야나가와 시게노부 앞으로 보내는 예조참의 서장 말미에 "영의정 이덕형 소제"로 되어 있어 서계를 이덕형이 썼음을 알 수 있다.

4통의 서계를 조선에 보내왔다.58

소 요시토시 서계의 내용은 ① 야나가와 시게노부가 (교토에서) 쓰시마로 돌아오고, 일본 사세는 변함이 없다, ② 화호 관련 일은 소 요시토시를 제외하고는 별도로 명을 받는 자가 없음을 에에야스가 수압(결)하였다, ③ 조선은 이 사실을 명에 보고하고, 조속히 신사를 파견하여 화호의 징표로 삼으라고 되어 있다. 야나가와 시게노부 서계의 내용은 ① 야나가와 시게노부는 (5월) 17일 교토에서 쓰시마로 돌아왔고, 일본의 사세 변화는 없다, ② 우황 이하의 약재는 이에야스가 구하는 것이니, 보내달라로 되어 있다(『선조』 36·6·14).59

조선은 이 쓰시마 사자의 도래를 탐시지계探試之計로 보고, 일본이 위 군문 유첩과 가토 기요마사가 복건군문에 보낸 서한 문제로 궁지에 빠졌기 때문에, 이에야스의 수결手決을 핑계 삼아 화호를 촉진하려 한다고 인식하였다. 따라서, 조선은 저번과 같은 내용의 답서를 보내기로 하고, 이에야스가 구한다는 약재는 조선에서 나는 약재만 보내고, 나머지는 조선에서 나지 않는다고 답하게 했다(『선조』 36·6·임인). 이 지시에 따라 전계신이 소 요시토시·야나가와 시게노부에게 답서를 보냈다(『선조』 36·6·19). 이에야스가 주문한 약재도 일본에 보냈는데, 이는 조선이 일본과 통호할 의향이 있음을 나타내고 있다.

전계신의 답서는 ① 쓰시마의 (화호를 바라는) 정성스럽고 절실한 마음을 잘 알게 되었으니, 앞으로도 그 마음 변하지 말고 더욱 신의를 다하길 바란다, ② 심유경이 말하기를, 고니시 유키나가가 심원지려深遠之慮 없이 눈앞의 일만 생각하여 일을 그르쳤다고 후회하였으니, 야나가

---

58 『事大文軌』 권42, 萬曆 31년 7월 초10일조.
59 『宣祖實錄』 권163, 선조 36년 6월 14일 己亥條 말미에 시게노부의 서장도 같고, 박수영의 서장도 같다는 기사를 통해 박수영이 보낸 서한도 있었음을 알 수 있다.

와 시게노부는 일을 낭패로 만든 위의 사례를 헤아려 더욱 성신을 다하라, ③ 조선은 쓰시마와의 화호에 관한 실정을 명에 알려 10에 6~7이 이루어졌다, ④ 그러나 가토 기요마사의 서한으로 이론이 들끓고 있으며, 만세덕이 죽고 건달이 군문으로 부임하여 조선은 다시 건달의 의향을 물어야 할 처지다는 등이다(『선조』 36·6·19).

맺음말

이상에서 알 수 있듯이, 명군이 조선에서 완전히 철병한 직후(1600년 후반) 조·일 국교재개 교섭은 조선이 쓰시마에 정탐사를 파견하려 한 1601년 4월 말까지의 조·일 교섭재개 탐색기, 그 후 1604년 8월 유정 등을 일본에 파견하기 직전까지 조선과 쓰시마 간의 화호교섭기로 나누어 볼 수 있다. 그리고, 조선과 쓰시마의 화호교섭기는 가토 기요마사가 명 복건군문에 보낸 서장이 문제가 된 1603년 정월을 기점으로 전기와 후기로 구분할 수 있다. 이 시기의 조·일 국교재개 교섭의 성격은 다음과 같았다.

우선 조·일 교섭 탐색기를 보자. 이 시기의 조선은 명의 군사·외교적 규제를 받으며 쓰시마와 화호교섭을 진행했다. 규제의 주요 원인으로는 조선이 명의 대일본 방어의 제1차 방어선으로 자리하고 있었다는 점을 들 수 있다. 그리고, 당시 조선이 처한 상황에서는 군사력 강화를 실현할 수 없었고, 명군의 철수로 일본군 재침 억지력도 상실한 상태였기 때문에, 조선은 쓰시마와의 화호교섭에 명을 끌어들이고자 하였다. 이는 조선의 군사력이 약한 탓이었지만, 주요 요인은 조선이 조·일 화호를 둘러싸고 일어날 수 있는 조·명 관계의 마찰을 피할 의도를 갖고 있었기 때문이다. 화호교섭을 둘러싼 이러한 군사·외교적 환경은 일본사자가 조선에 올 때마다 이를 명에게 보고하고, 화호를 관장하는 위관의 파견을 요구하는 것으로 나타난다.

한편, 명군이 철수한 후 조선은 쓰시마와 일본을 구별하여, 쓰시마는 기미의 대상으로 자리매김하고 쓰시마와의 화호교섭에 임했다. 이는 당시의 대일본·쓰시마 외교정책이 전통적인 쓰시마·일본 인식에 기초하고 있었음을 나타낸다. 그 때문에, 조선은 쓰시마에 화호의 조건을 제시하지 않았고, 전쟁에 대한 책임도 추궁하지 않았다. 즉, 조선은 포로송환과 화호 문제를 나누어서 보고, 쓰시마의 포로송환을 과거의 잘못에 대한 반성의 징표이자 조선에 대한 혁면개심革面改心의 징표로 자리매김했다. 그리고, 조선은 일본이 조선을 침략하려 할 경우 쓰시마에겐 이를 억제할 만한 능력이 없다고 보고, 쓰시마와의 화호교섭을 지속하려 하였다. 이는 조선에게 있어 쓰시마와의 화호교섭은 해안방위의 군사 측면－왜구 방지책이었음을 나타낸다. 따라서, 조선은 사자들에게 1601년 8월 이후 상미 등을 하사하고, 공무역을 인정하여 실질상 화호를 실행에 옮기고 화호교섭은 지속하되, 가능한 한 공식의 화호 허가는 연기하려고 하였다. 또한, 조선은 쓰시마와의 화호교섭을 통해 일본 정세를 파악하려 하였다. 이는 조·일 화호를 전제로 하여 1601년 2월과 11월 일본 정세를 살피는 계획으로 나타났다.

다음으로 조선과 쓰시마의 화호교섭기를 보자. 이 교섭기의 전기에 만세덕은 조선에 쓰시마에 대한 기미와 일본과의 교린은 조선 스스로의 판단에 따라 결정해야 한다는 서장을 보내, 대쓰시마 화호를 권유했다. 그럼에도, 명은 조선의 쓰시마에 대한 화호의 움직임과 관련하여 군사 간섭을 강화하였다. 조선과 쓰시마의 화호 역시 명의 동아시아 전략 속에 위치하고 있었기 때문이다. 조선은 명의 의견을 받아들여 쓰시마와의 화호교섭에 나서지 않았다. 조선의 독자 판단에 따라 쓰시마와 화호를 추진했다가 생길지도 모를 명과의 외교마찰을 염려하였기 때문이다. 그래서 조선은 명의 거절에도 불구하고 기회 있을 때마다 위관 파견을 거듭 요청하였던 것이다.

한편, 조선은 일본 정세를 살피기 위해 1602년 봄 유정을 검지 전계신·녹사 손문욱·역관 김효순과 함께 쓰시마에 파견했다. 그 결과, 조선은 일본에게 조선침략 의사가 없음을 확인했다. 조선은 일본에게 대륙침략의 의도가 없음을 명에게 보고하면서 한편으로 위관의 파견을 요청하고, 다른 한편으로는 1603년 봄에 유정을 쓰시마에 파견한다는 계획을 세웠다. 그리고 조선은 1602년 11월 20일을 기점으로 쓰시마와의 개시=화호를 실질상 실행에 옮겼고, 1603년 6월 14일 이에야스가 요구한 약재 등등을 보내, 일본과의 화호 의사를 명확히 밝혔다.

가토 기요마사가 명에 보낸 서장이 문제가 되었던 조선과 쓰시마의 화호교섭 후기에는 조선과 쓰시마의 화호교섭이 순조롭지 못했다. 게다가 교섭에 비교적 호의적이었던 만세덕이 사망하고 그의 뒤를 이어 건달이 부임하였다. 이러한 사태 변화는 조선과 쓰시마 간의 화호에 새로운 국면을 가져와, 조선의 쓰시마에 대한 화호 허가는 연기될 수밖에 없었다. 그러나 이 시기 반복되는 교섭을 통해 쓰시마는 스스로 양국 사이의 정당한 교섭권자로서 자리매김하는 데 성공했다. 여기에 도움이 되었던 것이 1602년의 조선정탐사였다. 즉, 쓰시마 쪽에서 보면, 조선정탐사의 유치는 쓰시마가 힘쓴 외교 노력의 성과로서, 자신이 조·일 양국의 외교 교섭권자임을 눈에 보이는 형태로 막부에게 인정시킬 수 있었다. 또한 가토 기요마사가 명에 보낸 서장이 논란이 되었던 것을 계기로 쓰시마는 조선을 둘러싼 타 대명의 교섭을 부정하고, 그 권한이 쓰시마에 있음을 막부로부터 인정받아 '일본의 정당한 유일의 대조선 외교담당자'로서 조선에 신사 파견을 언급할 수 있게 되었다. 이러한 과정에서 쓰시마는 조선과의 사무역[開市]도 인정받았다.

8장

조·일 화호 관계의 성립

> 왜란 후 조선은 일본과 쓰시마를 구별하여, 일본과는 평등외교(교린), 쓰시마에는 기미를 회복하되, 특히 명의 대일외교 규제 문제를 일본과의 국교재개를 통해 극복하고자 했다.

머리말

만세덕이 군문에 재임하고 있던 시기에는 조선과 쓰시마의 화호교섭이 비교적 순조롭게 진행되었으나, 건달蹇達이 군문에 부임한 직후부터는 건달의 대조선 태도로 말미암아 조선의 대일본(쓰시마 포함) 외교전략이 벽에 부딪혔다. 이러한 상황에서 조선은 명 조정에 적극 외교를 전개하여 건달의 움직임을 견제하고, 조선의 대일본 화호·통호 정책을 명 조정에게 인정하게 했다. 이것은 명의 군사·외교 간섭을 배제할 의도를 나타내는 것으로, 나아가 명의 대일본·조선 전략의 전환을 의미한다.

한편 쓰시마는 이제까지 이룩한 조선에 대한 외교적 성과를 바탕으로 조선에 쓰시마와의 화호, 일본(막부)과의 통호관계를 성립시키기 위해 최선의 노력을 기울였다. 이는 쓰시마가 막번체제 속에 자신을 자리매김하고, 경제적 이익을 확보하기 위해서이기도 했다. 당시 막부도 장군 교체를 맞아 히데타다秀忠 정권을 안정시키고 일본을 동아시아 국제질서 안에 자리매김할 필요가 있었다. 이는 대내·외로 '준전시체제'에서 '평화체제'로 전환하여, 막번체제를 안정시키고 더불어 조선과의 통호교섭을 통해 막부 주도의 일본외교권을 확립하려 했음을 의미하기도 한다.

이러한 상황 속에서 조선과 쓰시마의 화호, 조선과 막부의 통호관계가 단기간에 맺어진다. 이 국교재개=화호·통호 교섭은 모두 각국이 처한 상황으로 인한 해결해야 할 외교문제들을 포함하고 있었다고 보아야 한다. 이 문제들은 조·일 국교재개 교섭 과정을 매우 세밀한 실증을 통해 추구해 보아야 제대로 분석할 수 있다. 조·일 국교재개 교섭에 관해서는 나카무라 히데타카,[1] 미야케 히데토시,[2] 다나카 다케오,[3] 다시로 가즈이田代和生,[4] 다카하시 기미아키高橋公明,[5] 아라노 야스노리荒野泰典,[6] 로날드 토비,[7] 민덕기,[8] 이원식[9] 등의 연구가 있다. 이 연구들은 학계에서 높은 수준의 실증연구로 평가받고 있는데, 대부분은 나카무라 히데타카의 실증연구에 의존하고 있으면서 동시에 당시 조·명·일을 둘러싼 국제적 시야·지역사의 관점이 거의 고려되지 않은 결정적 결점을 안고 있다.

8장은 이 같은 시각을 염두에 두고, 건달이 군문에 부임하여 조·일

---

1. 中村榮孝,「江戶時代の日朝關係」,『日鮮關係史の硏究』, 吉川弘文館, 1969.
2. 三宅英利,「德川幕藩体制と朝鮮通信史」,『近世日朝關係史の硏究』, 文獻出版, 1987.
3. 田中健夫,「鎖國成立期における朝鮮との關係」,『中世對外關係史』, 東京大學出版會, 1975.
4. 田代和生,「日韓關係の再開と對馬」,『近世日韓通交交易史の硏究』, 創文社, 1981 ;『書き替えられた國書』, 中央公論社, 1983.
5. 高橋公明,「慶長十二年の回答兼刷還使の來日についての一考察」,『名古屋大學文學硏究論叢(史學)』31, 1985.
6. 荒野泰典,「大君外交体制の確立」,『講座日本近世史』, 有斐閣, 1989.
7. Ronald Toby,「初期德川外交政策における『鎖國』の位置づけ」,『新しい江戶像を求めて』, 有斐閣·東洋経濟新報社, 1987.
8. 閔德基,「壬辰倭亂直後の朝·日講話交涉と對馬島-交隣·羈縻秩序の再編を中心にして-」(1)·(2),『史學硏究』39, 1987 / 40, 1988 ;「조선후기의 조·일강화와 조·명관계」,『국사관논총』12, 1990.
9. 李元植,「일본과의 교린관계」,『조선통신사』, 민음사, 1991.

국교재개 교섭에 간섭하기 시작하는 1603년 5월 이후부터 조선의 회답겸쇄환사가 일본에 파견되는 1607년 5월까지를 대상으로 조·일 화호·통호 교섭 과정을 가능한 한 명확히 하고, 이 시기 국교재개 교섭의 역사적 성격과 의의를 살펴보고자 한다. 그리고, 그 과정에서 보인 각국의 움직임과 외교문제를 세밀히 들여다보고자 한다.

조선·쓰시마의 화호 성립

만세덕을 이어 건달이 군문에 부임하면서 조선은 곤란한 처지에 빠졌다. 건달은 조선과 일본(쓰시마 포함)의 화호교섭 사정을 제대로 알지 못했으며, 조선이 무언가 감추고 있다고 의심하였다(『선조』 36·5·8). 이에 조선은 건달에게 일본사정을 보고하고,[10] 손문욱을 요양으로 보내 그간의 사정을 설명했다(『선조』 36·5·8). 이에 대해 건달은 조선의 청병 요청을 구실로 조선이 향은과 군량(본색과 절색)을 부담하면 명군을 파견할 수 있다고 답했다(『선조』 36·6·9).[11] 조선의 청병 요청은 명을 조·일 외교교섭에 끌어들여 만약의 경우에 대비하려 한 것이었기 때문에, 건달의 반응에 조선은 당혹스러워했다.

어쨌든 건달의 반응에 대응해야 했던 조선은 1603년 6월 다치바나 도모히사橘智久의 도래 사실을 7월 10일 건달에게 보고하면서도, 명군의 파견 문제에 대해서는 답변하지 않았다.[12] 그 때문에 건달이 7월 28일 조선국왕 앞으로 서장을 보내 명군의 파견 문제에 대한 답변이 없는 것을 추궁하면서, 조선의 군비 상황, 명군이 주둔할 장소와 병력, 그리고

---

10 『事大文軌』 권42, 萬曆 31년 5월 초3일조, 건군문왜정회답.
11 동상서.
12 『事大文軌』 권42, 萬曆 31년 7월 초10일조.

조련할 조선병력의 규모와 기간 등을 보고하라고 했다.[13]

이 요구를 받아들일 경우 자칫 조선은 다시 명의 군사지배 하로 떨어질 수 있었다. 게다가 이 사태는 쓰시마(일본)와의 화호교섭 문제와 얽혀 생긴 문제여서, 기본적으로 조선이 일본과의 화호를 어떻게 처리할 것인가 하는 문제와 관련되어 있었다. 따라서 조선에서는 쓰시마와의 화호=개시와 일본과의 통호에 관한 논의가 최종단계로 치달아간다.

1603년 7월 23일 선조는 주역周易 진괘晉卦를 경연經筵하고 나서, "쓰시마 왜적을 기미羈縻하는 계책은 부득이한 데에서 나온 것이다. … 예전부터 제왕이 이적夷狄을 대우하는 데는 방법이 있었는데, 이제 갑자기 끊으면 끝내 어떻게 되겠는가? 보루堡壘를 마주하여 서로 대치할 때 화호和好를 논한다면 그른 일이겠으나, 평시에는 배척하여 끊기 매우 곤란하다"라고 하였다. 이에 이덕형은 (조선) 남방 사람들은 화호에 찬성하는데, 한성에서의 대對쓰시마 화의 개시開市 논의는 불공재천의 원수라며 불가함을 말하고 있다고 하였다. 이에 다시 선조가 일본과의 관계를 끊어도 괜찮은지와 제왕이 이적(쓰시마와 일본)을 어떻게 대우해야 하는지 그 도리에 대해 묻자, 이덕형은 "일본은 대적大賊으로 군사를 일으켜 쳐들어오려 하면, 쓰시마를 기미해도 소용 없으나, 눈앞의 사세를 보면 우선 기미하여 환난을 늦출 수 있고, 그 기간에 방비를 수선할 수 있을 것이다"라고 했다. 선조는 이덕형의 말에 동의하면서 "조선국력이 이러한 일본에 맞서 겨룰 수 있게 된 후에야 기미하려 한다면, 마치 모기와 등에가 범에게 대항하다 끝내 대항하지 못하는 것과 다를 바 무에 있겠는가"라고 했다. 이에 이덕형은 "조선의 힘이 일본을 대적할 수 없다 하더라도, 나라 안의 병력을 다하여 전심·전력 방비한다면 쓰시마 왜적은 막을 수 있다"고 하였고, 권희權憘는 "중원(중국) 사람들이

---

[13] 『事大文軌』 권42, 萬曆 31년 7월 28일조.

모두 조선은 이미 쓰시마와 수호한다고 여기고 있고, 심지어 해상에서 개시하여 사고팔며 서로 교통한다고까지 말하는데, 이는 반드시 조선이 임의로 상통相通한다고 여겨 이런 말을 하는 것이다"라고 했다. 이덕형은 "쓰시마 왜인을 끝까지 거절하기는 어렵고, 다만 걱정되는 바는 기미하여 받아들일 것을 정할 때, 제대로 조치하지 못한다면 뒷날 감당하기 어려워질까 하는 것이다"라고 하였다. 선조는 이덕형의 말에 동의하면서 "쓰시마와 통호를 허락한 뒤 심처深處의 왜인(=일본)이 앞다투어 통호를 요구해 오면 어떻게 할 것인가"를 묻자, 이덕형은 "쓰시마가 명군을 매우 두려워하니, 명 위관委官이 와서 변방 문제를 맡는다면, 그 위엄을 빌려 잘 꾀할 수 있을 것이나, 명이 조선을 위해 이런 구차한 일까지 하려 하겠는가"라고 했다. 한편, 송언신宋言愼이 쓰시마와의 화호보다 군비강화를 주장하자, 선조는 "쓰시마와의 화호를 불허하자는 사람들은 10년, 100년, 혹은 천지가 다할 때까지 불허하자는 말인가"라며 강한 불신을 내비치며 이덕형에게 의견을 물었다. 이에 이덕형이 "도저히 (쓰시마와의 화호를) 거절할 수 없는 형세고 … 요즘 왜인이 연락하여 수호를 요구하고 있으니, 해상에 경계해야 할 갑작스런 재앙이나 사고는 없을 것이나, 일본이 끝내 화호를 얻지 못해 군사를 동원해서 침략해 오면, 호남·영남은 지키지 못할 것이다"라고 답했다(『선조』 36·7·23).

선조와 권신들의 대화를 비교적 자세히 소개한 것은 나름 이유가 있어서다. 먼저 대화의 시기와 경연 주제로 진괘를 선택한 것과의 관계다. 앞에서 언급했듯이, 조선은 쓰시마와의 화호를 기정사실로 받아들이고 있었는데 건달의 군문 부임으로 일이 틀어지고 있었다. 게다가 건달은 명군의 주류까지 언급하였다. 간신히 명군 철수를 이루었는데, 일본군에 의한 피해보다 심하다고 하고, 조선의 군사·외교권을 크게 제약하게 될 명군의 재주둔은 조선에겐 끔찍했을 것이다.

왕필王弼은 진괘(☳)를 "네 음陰 가운데에 처하고 두려워 무서워하는 여러 음이 주체가 되었으니, 마땅히 그 자신을 용감히 함으로써 무리를 편안히 하여야 하는데, 그 우레와 같이하면 드디어 곤란해진다. 그 바르지 못한 자리를 밟고 두려움을 잘 제거하여 남(사물)으로 하여금 자기를 편안히 여기게 하지 못하니, 덕이 아직 빛나지 못한 것이다"라고 주석하였다. 진괘는 제왕이 덕으로 백성을 다스리니, 백성들이 순종한다는 대길운의 괘이기도 하다.

이 진괘와 위에서 언급한 점들을 관련시켜 생각해 보면, 선조는 일본과의 화호와 건달의 명군 주류 제안이 대단히 해결하기 어려운 사안이나, 제왕의 덕으로 두려움을 떨쳐내고 일본과의 화호를 결단할 때라고 인식하였음에 틀림없다. 선조는 제왕이 이적에 대처하는 방법으로서 쓰시마 기미를 언급하고, 쓰시마와의 화호에 반대하는 사람들을 강하게 불신한 것이다. 즉, 쓰시마와의 화호교섭을 지속해야 한다고 하면서도 명과의 관계 때문에 조·일 교섭에 소극적이었던 선조가 이제는 명과 마찰을 빚더라도 쓰시마 화호를 결행할 시기라고 판단한 것으로 보인다. 그 배후에는 일본의 침략까지는 몰라도 해적행위 정도는 막을 수 있는 군사력을 갖추게 되었다는 자신감이 있었다.

선조의 이러한 의견을 뒷받침한 인물이 이덕형이다. 이덕형은 쓰시마와의 화호는 거스르기 어려운 일이며, 지금 다행히 일본의 재침략까지는 몰라도 왜구는 막아낼 수 있고, 쓰시마가 자주 사자를 파견하여 화호를 구하는 것으로 보아 경계해야 할 갑작스러운 재앙이나 사고는 없을 것이라고 하였다. 비록 조선의 군비가 불충분하지만, 쓰시마가 화호를 계속 요구하는 한, 대규모 침략은 없을 것이라는 점을 들어, 이후 3~4년 동안은 쓰시마와의 화호를 연기하는 편이 좋겠다고 했다. 그리고, 명이 조선 독단으로 쓰시마와 이미 통교하고 있다고 인식하고 있다는 점을 들어, 명에 쓰시마와의 화호를 지휘할 위관의 파견을 요구할 것을 건의하였다. 한편, 중신重臣들은 쓰시마의 화호 요구를 허락한 후 심처지왜(=일본)가 화호를 요구할까 염려하였다.[14]

위의 대화가 있은 다음 날인 1603년 7월 24일 선조는 비변사에 쓰시마 기미책의 실시를 논의하여 보고할 것을 지시했다(『선조』 36·7·24). 1603년 8월 8일 비변사가 쓰시마 기미는 어쩔 수 없으며, 일본사자가 다시 오게 되면, 명이 쓰시마와의 개시에 반대하지만 조선이 주선하여 개시할 수 있게 하겠다고 답하여 잠시 개시를 허락할 것, 단 막부에의 통신사 파견과 소위 심처지왜(=아홉 대명九殿)의 교역 요구는 거절할 것, 명 장수가 조선변경을 순회하는 것을 보여주면 쓰시마 사자들과 문답할 때 유리하기 때문에, 쓰시마 사자 재래 때 제기되는 문제들을 명에 보고하고 위관 파견을 요구함이 좋으며, 쓰시마 기미책의 실행은 국가 중대사이니 군의를 모아 선처해야 할 것이라고 건의했다(『선조』 36·8·8).

비변사의 건의도 언뜻 보면 이전과 거의 같아 진부해 보일지도 모르나, 이 시점에 쓰시마에 대한 화호=개시=통시를 공식 확정한 점, 일본과의 교역창구를 쓰시마로 일원화한 점, 통신사 파견 요구를 거절한 점, 조선의 의지로 쓰시마와 개시를 실행한다는 점 등을 구체적으로 언급한 것은 크게 주목된다. 특히, 임진왜란 후 처음으로 조선에서 일본에 파견할 통신사 문제를 언급한 점에 대해서는 주목해야 한다.

선조는 비변사의 건의를 받아들여 정2품 이상 중신들에게 쓰시마 기미책에 대해 헌책할 것을 명했다(『선조』 36·8·8). 중신 26명의 의견은 조금씩 결을 달리하나, 화호(=쓰시마 기미)에 반대하는 의견은 없었다. 그들은 대부분 "조선은 왜국과 의리상 같은 하늘 아래 살 수 없으나, 난리가 끝난 지 10년에 아직도 세월만 허송하며 병력과 인심에 믿을

---

14 소위 임진왜란 이전에 조선과 교역관계를 맺고 있던 '9전'=國王(將軍), 畠山, 大內, 京極, 細川, 左武衛, 右武衛, 甲斐, 小二(少貳) 등(『宣祖實錄』 권165, 선조 36년 8월 8일조)을 가리킨다.

만한 것이 없으니, 우선 기미책을 시험해 보고 서서히 장책長策을 도모함이 임시방편으로 합당할 듯하다"라고 하고,[15] 『선조실록』 36년 9월 7일조에 "대개 일양一樣"이라고 기술하고 있다. 선조는 위의 헌책을 받아 비변사의 건의를 실행에 옮기도록 명하였다(『선조』 36·9·7). 이로써 1603년 9월 7일을 시점으로 쓰시마와의 화호=개시가 공식화되었다.

조선은 9월 중순 군문 건달에게 일본 정세에 관해 보고하였고, 9월 20일 건달로부터 회답을 받았다. 내용은 쓰시마는 궁핍하여 조선에게 화호를 구하고 있다, 조선은 국력을 서서히 회복하고 있다, 명은 일본의 공갈 허성에 병장兵將과 위관을 파견할 수 없다, 도쿠가와 이에야스가 정권을 장악하고 얼마 안 되어 민심이 아직 귀순하지 않으니, 이러한 상황에서 일본의 조선침략은 있을 수 없다, 만약 일본이 재침해 온다면 명이 재출병할 것이다, 쓰시마가 이에야스의 위력을 빌려 명과 조선의 동정을 살피려 하고 있으니, 조선은 일본에 대한 방어대책에 만전을 기하라 등이었다.[16] 이는 건달이 일본의 재침은 없을 것이라고 하면서도 쓰시마(일본)와의 화호에는 반대한다는 의견을 피력한 것이다.

사태가 여기에 이르자, 조선으로서는 조·일(쓰시마 포함) 화호와 관련한 명과의 외교를 처음부터 다시 시도할 수밖에 없었다. 즉, 조선은 쓰시마와의 화호를 독자적 판단에 따라 처리한다는 원칙이 무너져버린 것이다. 이에 선조는 비상한 결심을 하게 된다. 일본 정세와 조선 사정, 그리고 연병을 위한 위관 파견에 관해 명 조정에 주문할 것을 비변사에 명한 것이다(『선조』 36·10·4). 비변사도 선조의 의견에 동의하여, 11월 26일 사은사겸진주사로 정곡鄭殻을 명에 파견하였다(『선조』 36·11·26).[17]

---

15 『宣祖修正實錄』 권37, 선조 36년 9월 1일 甲寅條.
16 『事大文軌』 권43, 萬曆 31년 9월 24일조. 이것과 동일한 문서가 『宣祖實錄』 권167, 선조 36년 10월 甲辰條에 실려 있다. 단, 건달이 조선에서 보낸 咨를 받은 날이 전자에는 9월 20일, 후자에는 9월 22일로 기록되어 있다.
17 『事大文軌』 권43, 萬曆 31년 11월 26일조.

하지만 명 조정은 이전과 마찬가지로 위관 파견을 거절했다.[18]

명 조정의 위관 파견 거절은 예전 원칙, 즉 조·일 화호 여부는 조선이 결정해야 한다는 원칙을 다시 확인해준 것으로, 더 이상 요동 군문(건달)에게 위관 파견을 요청할 필요가 없음을 의미하였다. 건달도 위관 파견을 거절하였으나, 그것은 조·일 화호교섭 이후 생길지도 모를 사태에 책임을 지지 않으려는 태도로서, 명 조정의 거절과는 사뭇 다르다. 명 조정의 위관 파견 거절은 군문이 조선의 군사·외교에 간섭할 근거를 없애버린 것이다. 한편으로 이는 조·일 화호로 발생할지도 모를 사태 역시 모두 조선의 책임이라는 것을 의미하기도 했다. 또 쓰시마와의 화호교섭을 지속하면서도 화호를 지연시켜 온 구실(=지레로 사용)인 명의 조·일 화호 허락이라는 조건 역시 사라졌음을 의미한다. 이로써 조선은 원칙상 명군의 주둔과 관련하여 발생하는 군사·외교적 제약에서 벗어나게 되었고, 조·일 화호교섭에 속도를 내기 시작하였다.

마침내, 1604년 2월 13일 다치바나 도모마사 등 22명이 조선 예조 앞으로 보내는 소 요시토시·야나가와 시게노부의 서계, 전계신 앞으로 보내는 야나가와 시게노부의 서계, 그리고 전계신 앞으로 보내는 박수영의 서신을 지참하고 도래했다. 이때 포로 51명도 함께 송환했다. 포로 가운데는 하동 출신 유생 김광도 포함되어 있었다.[19] 서계의 내용은 1603년 야나가와 시게노부가 교토로 가던 중 이에야스로부터 서장을 받는데, 이 서장에 화호를 해결한 후 상경하라는 명이 있어서 이에야스를 알현하지도 못하고 쓰시마로 돌아왔다고 하면서, 병화를 피하려면, 도쿠가와 이에야스에게 신사를 파견하라는 것이었다.[20]

---

18 『明神宗實錄』萬曆 32년 4월 甲申條.
19 『事大文軌』 권43, 萬曆 32년 3월 초2일조.
20 동상조. 위에서 소개한 서계의 내용은 조선이 명에 일본의 정세를 보고한 내용 속에 기재된 것이어서, 조선 예조 앞으로 보내온 소 요시토시의 것인지, 야나가와 시게노부의 것인지 알 수 없고, 내용의 수위 역시 현재로선 알 수

겐소가 김광을 통해 조선에 보낸 서신도 있었다. 내용은 진시황이 일본에 장생불사약을 구할 때, 일본이 진시황에게 3황5제의 서를 구하였는데, 그때 진시황이 일본에 보냈다는 공자 전경全經이 일본에 있다, 그 후 백제에서 중국서적들을 받아들였는데 그것을 공부하여 (일본은) 문명국이 되었다, 그 결과 일본은 중국이 '동방군자지국東方君子之國'으로 부르게 되었고-일본은 '화華'다, 그 후 시운이 변하여 '공전公戰·사전私戰'이 격화되어 '맹수지국猛獸之國'이 되어버렸으나, 조선과의 교린이 단절된 지 오래지 않았고, 히데요시의 유명을 받아 이에야스가 다년에 걸쳐 조선에 화호를 구하였으나, 조선이 (일본과의 화의) 허·불허를 알리지 않고 다만 쓰시마에만 서계를 보내며 화호를 질질 끄는 것은 대기만성으로 보이기에 '비非'라고 보지는 않으나, 그럼에도 소 요시토시·야나가와 시게노부가 화호를 서두르는 것은 화호가 늦어지면 죄를 면하기 어려운 상황에 놓여 있기 때문이다, 김광은 화호가 조기에 실현될 수 있기를 노력해주기 바란다라고 되어 있다(『선조』 37·2·23).

한편 김광이 조선 조정에 상신서를 올렸는데 내용은 다음과 같았다. ① 야나가와 시게노부는 화호를 불허할 시 분명 일본이 재침할 것이라고 하였다, ② 일본이 조선을 침략한 것(임진왜란)은 위명威名을 널리 알리려 한 것이고, 도쿠가와 이에야스는 히데요리를 보좌하고 조선을 치라는 히데요시의 유명을 받아서 어쩔 수 없이 군사를 동원할 것이다, ③ 일본이 화호를 원하면서 어찌 에에야스의 글은 없고 소 요시토시의

없다. 보통 소 요시토시의 서계가 간결한 편인 데 비해 야나가와 시게노부의 서계는 다소 장황하다는 특징을 고려하면, 소 요시토시의 것으로 보이나, 야나가와 시게노부의 행적이 기술된 것을 보면, 야나가와의 서계로도 보인다. 그리고 당시 조선은 이에야스의 화호·통호 의향에 관심이 있었기 때문에, 이에야스의 의향을 확인할 수 없다는 의도로 조선에서 가공한 것인지도 모른다. 한편 나머지 서계, 야나가와 시게노부가 예조에 보낸 서계, 야나가와 시게노부가 전계신에게 보낸 서계, 박수영이 전계신에게 보낸 사신의 내용도 현재로선 알 수 없다.

글만 있는가라고 의심하는데, 소 요시토시가 이에야스를 속여서 말하길, 조선이 화호를 청하므로 군사를 동원할 필요가 없다고 하여 이에야스는 조선이 항복했다고 여기고 조선과의 화호를 소 요시토시에게 위임하였다, ④ 화호교섭이 지지부진하자, 이에야스가 노하여 조선이 (일본과의 화호에 관해) 명의 명령을 받는다는 것은 거짓이니, 군사를 동원하지 않을 수 없다고 말하였다, ⑤ 이에 소 요시토시가 (신사가) 반드시 올 것이니, 사람을 (조선에) 보내고, 그래도 일이 이루어지지 않으면 그 후 군사를 동원해도 늦지 않다고 하였다, ⑥ 소 요시토시가 반드시 화호를 이루려 하는 까닭은 그가 고니시 유키나가의 사위로 세키가하라 싸움에서 패배한 고니시 유키나가의 서군에 속했는데 '동당지화同黨之禍'를 당할까 걱정하여 조선과의 화호에 성공하여 이를 공로로 삼으려는 것이다, ⑦ 혹자는 신사를 보내지 않고 화호를 허락하는 글만 전해도 일본이 군사를 동원하지 않을 것이라고 하고, 혹자는 신사를 파견해도 일본 국도까지 가지 말고 쓰시마까지만 가는 게 어떠하냐고 말하나, 조선도 의심할 것이고 이에야스 역시 믿지 못할 것이다, ⑧ 혹자는 다치바나 도모마사를 유치하여 수개월을 지연시키면서 명의 허락을 기다리는 게 어떠냐고 하는데, 그것은 해롭지 않으나 다치바나 도모마사에게 변고가 있을 수 있다, ⑨ 그러므로 쓰시마의 화호 요청에 따라 일본에 신사를 파견함이 좋을 것이다(『선조』 37·2·27).

이번 쓰시마 사자의 도래에서 주목되는 점은 겐소가 김광에게 보낸 서신과 김광이 조선 조정에 올린 상신서의 내용이다. 서신의 내용은 언뜻 황당해 보이지만 대단히 흥미롭다. 내용을 한 마디로 요약하면, 조선이 일본의 재침략을 면하려면, 이에야스에게 신사를 조속히 파견하라는 것이다. 그런데, 위의 서한들은 조선과 쓰시마의 화호(=개시)가 형식상의 공인은 어쨌든지간에 이미 1602년 7월부터 실행되고 있음을 전제하고 있다(조선이 쓰시마와의 화호를 공식 결정한 시기는 1603년 9월이다).

그 전제 아래 일본은 군자지국(=화)인데, 화호·통호(=신사 파견)가 늦어져 쓰시마가 이에야스에게 거짓을 고하였다는 의심을 사서 위험에 처하게 되었음을 강조하고, 그 연장선에서 이에야스의 조선침략=군사위협을 가하고 있다. 특히, 김광의 서신은 조선이 쓰시마와 일본을 구별해서 화호·통호를 논하고 교섭을 지속하면서도, 화호·통호를 지연시키기 위해 제시한 의문들을 조목조목 지적하며 반박하고 있다.

그러면, 왜 애써 구축한 조선-쓰시마-일본의 외교루트에서 쓰시마의 위기와 군사위협을 강조하며 신사 파견을 강조했을까? 게다가 겐소는 왜 과거의 일본을 군자지국='화'라고 하다가 현재는 '맹수지국'이라고 언급했을까?

겐소가 언급한 일본='군자지국'='화'는 불교의 본지수적설本地垂迹說에 입각한 일본 고대 이래의 전통적인 국가관으로, 인도=중국=일본='화'라는 논리다. 이러한 국가관 아래 일본은 고대 이래 조선을 언제나 일본보다 아래에 자리하는 '이夷'로 인식하고, 일본 자신은 중국과 동등한 국가로 인식하였다. 겐소는 이러한 인식구조를 바탕으로 조선이 유교국임을 고려하여 부처를 공자로 대치하여 일본이 조선보다 문명국이라는 논지를 전개했다. 즉, 일본의 일부 유학자들은 조선문화를 존중했을지 모르나, 전근대기에 일본은 조선보다 우위의 국가라는 인식에는 변함이 없었다. 그러한 국가관은 막번체제(일본 근세)에서도 마찬가지였으며, 나아가 일본이 중국보다 '화'라는 '화이변태론華夷變態論'으로까지 발전하여, 유학자들 역시 일본이 중국보다 '화'라는 논리를 폈다.

겐소가 본지수적설에 입각하여 일본이 '화'인 근거로 고문의 '공자전경'을 일본이 소지하고 있다는 점을 들고, 일본을 군자지국이라 칭한 것은 유교국가 조선이 일본을 얕잡아보는 근거를 약화시키려는 의도를 드러낸 것이고, '맹수지국'을 언급한 것은 군사력의 우위를 들어 조선을 위협하려 한 것이라고 보아도 될 것이다. 이는 조선에 조속한 신사 파견을 촉구하는 맥락이지만, 일본에서 요구하는 신사의 의미를 가늠하는 잣대이기도 하다. 즉, 조선에게 신사를 먼저 파견하게 하여, 이를 일본에 대한 '조공'으로 못박으려는 인식을 표현한 것이다. 따라서 이 부분은 당연히 조·일 교섭에서 크게 문제가 된다.

겐소는 김광에게 소 요시토시·야나가와 시게노부가 화호를 서두르는 것은 화호가 늦어지면 죄를 면하기 어려운 상황이라는 점을 부연하였는데, 쓰시마의 위기를 강조한 것으로 이해된다. 이 언급은 이에야스가 소 요시토시에게 조·일 화호(=신사 파견)를 재촉하는 것이었지만, 이것이야말로 대단한 군사·외교 위협이라 할 수 있다. 김광이 언급한 '동당지화'는 당시 쓰시마가 처한 상황을 일정하게 반영하고 있다. 이 때문에 쓰시마가 조선과의 화호교섭에 안달을 냈던 것도 사실이다. 특히, 조·일 교섭에서 데라사와 마사나리의 등장은 위에서 보았듯이 쓰시마에게는 절체절명의 위기였다고 보아도 틀림없다.

그러한 가운데, 1602년 12월 이후 쓰시마가 이에야스에게 교섭을 위임받고, 데라사와 마사나리는 조·일 외교교섭에서 퇴장한다. 이후 쓰시마는 대조선 교섭을 전담하게 되어 나름 성과를 거두었으나, 이에야스가 요구한 신사 파견은 겨우 언급을 시작한 단계였고(1602년 11월 신사에 관해 처음 언급), 조선신사의 파견에 대한 이에야스의 강력한 압박은 쓰시마의 존립과 관련되어 있었다.

그렇다고, 조선에 이처럼 시시콜콜 쓰시마 사정을 알려야 할 이유가 있었던 것일까? 만약 그렇다면 그것은 어떤 사정에 연유하는 것일까? 이는 대쓰시마 화호(=개시)가 1602년 7월 이래 사실상 확정된 상황에서, 쓰시마의 위기는 조·일 외교루트의 위기를 의미한다는 인식에서 출발한 외교전략이라고 할 수 있다. 이에야스의 쓰시마 불신은 조선의 대일본 외교루트의 단절을 의미하고, 그 결과 이에야스의 조선침략으로 이어진다는 논리다. 이 양자의 결절점에 쓰시마와의 교섭을 통한 신사 파견이 자리한다. 이는 또한 쓰시마 기미를 중심으로 한 화호교섭에서 일본과의 통호로 적극 전환하려는 고도로 계산된 외교전략이기도 하다. 그런데 위의 사항들을 뒤집어 보면, 일본이 조속한 조선신사 파견을 얼마나 절실히 필요로 하였는가를 알 수 있다.

조선은 이번 일본사자의 파견을 화호·개시를 요구하기 위해서가 아니라, 신사 파견을 요구하기 위해서라고 보고, 이것을 명에 사실대로 보고하여 위관 파견을 요구하기로 했다(『선조』 37·2·29). 그리고 전계신을 다치바나 도모마사에게 보내 대응하게 했다(동상). 비변사는 전계신에게 손문욱이 이제까지의 화호교섭을 군문에게 설명하기 위해 작년에 요동으로 떠났는데 아직 돌아오지 않았다, 명에 사람을 보내 이번 일에 대해 보고하겠다, 이번에 명으로 파견하는 사람들 중에 김광도 포함될 예정이라는 점 등을 알리라고 지시하였다(동상). 또 박대근·유승서柳承瑞에게는 밀지를 내려 다치바나 도모마사의 내방 목적을 탐지하게 했다(『선조』 37·3·15). 선조는 유정을 부산으로 내려보내 다치바나 도모마사를 만나보게 하고, 다치바나 도모마사에게 손문욱의 귀환을 기다렸다가 함께 일본으로 돌아갈 것인지를 묻고, 그에게 일본 사정을 들어보는 것이 어떤가 하는 의견을 비변사에 보냈다(『선조』 37·3·12). 비변사는 유정은 일본에 파견될 당사자이므로 지금 다치바나와 만나게 하는 것은 좋지 않다는 의견을 내면서, 유정이 직접 근일간 일본으로 갈 예정이며, 다치바나에게 손문욱의 귀환을 기다렸다가 함께 귀국할 것인지를 묻는 유정의 서한을 보내는 편이 좋겠다고 건의했다. 선조는 비변사의 건의를 실행하라고 명했다(『선조』 37·3·14).

마침내, 1604년 5월 21일(조선 4월 29일)자 병부 자문에 대한 회답이 흠차순무 요동어사 조즙趙楫에게서 왔다. 내용은 ① 명은 두 번에 걸쳐 조선에 원병하였으나, 특별히 조선을 지휘하거나 선후책을 명한 바 없다, ② 일본이 여러 차례 사신을 보내 화호를 요구하면서 허실을 염탐하고, 발설한 말들은 이행하지도 않으면서 신사를 요구하여 다툼의 실마리가 되기도 하니, 이는 이에야스의 원교근공책으로 인한 것이다, ③ 쓰시마는 조선과 교통책을 도모하기도 하고, 박수영·김광을 통해 사정을 정탐하게 하고, 군사위협을 가하는 등 도무지 사정을 알 수 없다, ④ 일본에 대한 시비와 이해는 조선이 헤아릴 일이고, 그 대처 역시 조선이 알아서 할 일로 명이 일일이 지휘할 일이 아니다, 일본과의 신의와 화목을 닦는 일은 조선에게 속한 것이고, 변變을 막는 일 역시 미연에 대비해야 하기에 더욱이 명에서 지휘할 수 있는 것이 아니다 등이다(『선조』37·5·21). ②와 ④는 상반된 내용처럼 보이나, ②는 명 병부의 일본인식을 나타내고, ④는 그럼에도 조·일 관계는 조선이 알아서 하라는 의미다.

이는 조·일 화호(·통호) 교섭과 체결에 대한 조선의 단독 결행권을 승인했다는 뜻만은 아니다. 조선에게 조즙의 자문 내용은 정응태무주사건 이래 '조·일 음결'에 대한 의심의 말끔한 해소와 함께 조선의 대일 교린외교권 및 군사지휘권의 회복을 의미한다. 명 조정이 조선의 군사·외교 자주권 원칙을 표명한 것은 1602년 3월의 일이나, 그때는 군비강화에 군문의 자문을 얻으라는 조건이 붙어 있었다.

조선은 정응태무주사건에 따른 '조·일 음결'에 대한 명의 의심이 완전히 해소되지 않았다는 인식, 조·일 화호의 시점을 지연시키려는 외교전략, 군비강화가 아직 부족하다는 현실인식 등을 종합하여 군문에 조·일 교섭을 보고하고 위관 파견 요구를 지속해 왔다. 그로부터 2년이 지난 1604년 4월 조선은 위에서 말한 요소들에 대한 인식이 바뀌었고, 5월 조즙의 자문으로 '조·일 음결'에 대한 의심도 완전히 해소되었다. 이러한 상황 하에서 조·일 화호(·통호) 교섭에 박차를 가하리라는 것은 말할 나위도 없다.

그러나 조즙의 자문 내용이 명의 동아시아 전략 속에서 조선의 위치

-명의 동번東藩으로서의 조선을 완전히 포기했다는 뜻은 아니었다. 바꾸어 말해 일본이 조선을 침략할 경우, 조선은 스스로 자국을 지킬 수 있는 충분한 국방력을 확보하라는 것이고, 따라서 요동주류 군문은 때때로 조선에 사람을 보내 조선의 군비 상황을 점검했다.[21] 즉, 명은 위와 같은 대조선 정책의 원칙을 표명했음에도 조선을 일본방위의 작전지역으로 자리매김하였고, 조선 군사권에 대한 명의 간섭은 조·일 통호관계가 성립될 때까지 지속되었다. 이것이 조선으로 하여금 조·일 통호교섭에 적극 나서게 하는 배경의 하나이기도 했다.

명의 이 같은 판단 배경에는 위에서 언급한 명의 대조선정책의 변화와 대일 방어전략의 변화=동아시아 군사전략의 변화 등이 있었다.[22] 명의 대조선·대일 전략 변화가 1602년 3월을 기점으로 하면서도 그보다 2년여 시간이 흐른 1604년 5월에야 비로소 조선에 명시되었던 것은 그간 가토 기요마사의 서한 내용과 군문 교체 등에 따른 것으로 보인다.

한편, 조선은 쓰시마 사자들에 대해 위에서 서술한 대로 조치하고 있었으나, 마침 손문욱孫文彧이 귀국하던 중이었기 때문에 유정·손문욱 등을 다치바나 도모마사와 함께 쓰시마로 파견하기로 했다. 그리고 조선에 대한 '의외지려意外之慮'—조선이 일본의 위협으로 유정을 쓰시마로 파견했다는 의심—에 대비하여 유정의 쓰시마 파견을 명에 보고하기로 했다(『선조』 37·6·8). 조선은 유정의 쓰시마 파견과 관련하여, 유정은 승려에 불과하고 국서도 지참하지 않아 조선에서 일본에 사자를

---

21 『宣祖實錄』 권178, 선조 37년 9월 乙丑條에 명 유격 薰正誼의 조선 방문 사실이 기록되어 있고, 그 이전에도 崔右齋의 파견을 확인할 수 있다. 그 후에도 명 위관이 종종 조선을 방문하여 부산까지 가서 군비상황 등을 점검했다.
22 명의 대일 방어전략은 대략 명 복건을 중심으로 하는 해안의 경비·군비 강화 쪽으로 바뀐 것으로 보이며 이는 북방지역의 군사력·방어력을 약화시켰을 수도 있다. 이것이 여진족의 발호와 관련되는지 등은 추후 면밀하게 살펴보아야 할 대목이다(『宣祖實錄』 권200, 선조 38년 6월 1일조. 이는 선유격과 선조의 대화에서도 추측 가능하다).

파견하는 것과는 사안 자체가 다르다고 인식하였다(동상).

조선은 쓰시마의 야나가와 시게노부 등이 유정 등을 무리하게 에도로 끌고 간다거나 – 대일본 강화사로 바꿔치기하는 것, 국서를 지참하지 않은 것에 대해 추궁할 가능성 등을 염려했다. 이에 조선은 이같은 경우를 대비하여 유정에게 자신은 일개 승려에 불과하며, 자신의 쓰시마 방문 역시 쓰시마가 이에야스의 허가 없이 조선에 오는 것과 같다, 자신은 오직 스승(휴정)의 뜻에 따라 쓰시마를 개유開諭하기 위해 도일하였다고 답하도록 지시했다(동상). 즉, 유정에게 어떤 경우에도 자신들은 공식적인 사자가 아님을 강조하라고 지시했다. 이후 조선은 유정 등의 쓰시마 파견을 준비하면서 다치바나 도모마사에게 포로송환의 대가로 백미 60석을 하사했다(『선조』 37·6·9). 1604년 7월 하순 유정 등이 다치바나 도모마사와 함께 일본으로 향했다.[23] 이때 조선은 다치바나 도모마사에 소 요시토시 앞으로 보내는 예조참의의 서계를 주었

---

[23] 나카무라 히데타카는 앞의 책에서 『宣祖實錄』 권182, 선조 37년 12월 13일 戊午條를 인용하여 "유정 및 손문욱 등이 8월 20일 바다를 건너 쓰시마로 향했다"라고 하였으나, 『事大文軌』 권45, 萬曆 33년 6월 초4일조에는 경상도관찰사 이시발이 다치바나 도모마사와 유정 등이 쓰시마로 출발한 사실을 萬曆 32년(1604) 7월 26일 보고한 것으로 기록되어 있다. 그리고 『攷事撮要』(연세대학교 소장본)에도 만력 32년 7월조에 이 기사가 실려 있다. 『宣祖實錄』 권177, 선조 37년 8월 8일 丙戌條에 "유정이 당초 스스로 '열흘 전에 渡海하겠다'고 하였으니, 狀啓는 오지 않았으나 아마도 쓰시마에 도착했을 것"이라고 한 기사에서도 7월 말경에 쓰시마로 출발했음을 확인할 수 있다. 따라서 『宣祖實錄』 권182, 선조 37년 12월 13일 戊午條 기사는 오류로 생각된다. 그리고 나카무라 히데타카는 『宣祖實錄』 권175, 선조 37년 6월 9일 戊子條를 인용하여 "당시, 명의 탐왜위관이 부산에 머물러 있었기 때문에, 유정 등은 김해 죽도에서 승선하여 다치바나 도모마사와 다대포에서 합류하여, 함께 도해하기로 했다"라고 하였다. 위의 조에 분명 그 같은 기사가 실려 있지만, 그것은 6월 9일자 것이고, 8월에 명의 위관이 부산에 머문 흔적은 발견되지 않는다. 오히려 『事大文軌』 권45, 萬曆 33년 6월 초4일조에는 유정 등이 다치바나 도모마사와 함께 부산에서 출발했다고 기록되어 있다. 따라서 유정 등은 김해 죽도가 아닌 부산에서 쓰시마로 출발했다고 보아야 할 것이다.

고[24] 유정은 쓰시마 개유서開諭書를 지참했다.[25]

소 요시토시 앞으로 보낸 서계의 내용은 ① 포로송환에 대해 감사를 표한다, ② 요동의 군문 건달에게 손문욱을 파견하여 쓰시마의 화호 요구를 설명하였고, 이에 대해 건달이 양해하고 손문욱은 귀환하였다, ③ 그러나 일본이 명의 책봉사에게 무례하게 행동했기 때문에, 명은 아직 일본의 성신을 의심하고 있다, ④ 게다가 김광의 화호 위협, 방로·남매도의 왜구 존재 때문에 명은 조선에 위관을 파견하여 조선의 대소 사정을 보고하라고 하였다, ⑤ 이러한 상황에서도 조선은 일본과의 통호에 노력하고 있지만, 마지막 결정권은 명이 가지고 있다, ⑥ 하지만 쓰시마와는 국경을 맞대고 있고 최근 포로를 송환하는 등 쓰시마의 "마음을 바꾸어 조선을 향한 의지"革心向國之意를 볼 수 있으니, 일본과는 구별하여 교역을 허락한다, ⑦ 일본이 더욱 성의를 다한다면, 명은 분명 조선과의 화호=통호를 허락할 것이다, ⑧ 따라서 조선과 일본의 통호 여부는 모두 일본의 성·불성에 달려 있다 등이다.[26]

유정이 지참한 쓰시마 개유서의 내용은 ① 포로를 송환하는 등 쓰시마는 '혁면향국지의'를 다하고 있다, ② 쓰시마가 조선과의 교역을 원하고 조선에 새로이 '귀화지심'을 품고 있으니, 교역을 허락한다, ③ 따라서 쓰시마는 조선에 대해 성의를 다해야 한다 등이다.[27]

역시 주목할 점은 조선이 쓰시마와 일본을 구별하고, 쓰시마와의 기미관계를 관철한 것이다. 이 기미관계를 전제로, 조선은 1604년 7월 쓰시마와의 화호(=개시=교역)를 공식 허가했고, 쓰시마는 이러한

---

24 이 서계는 『朝鮮通交大紀』에 실려 있다. 『朝鮮通交大紀』에는 소 요시토시 앞으로 보내는 서계만 실려 있으나, 전례를 고려하면 야나가와 시게노부에게 보내는 서계도 있었을 것이다.
25 이 개유서도 『朝鮮通交大紀』에 실려 있다.
26 『朝鮮通交大紀』.
27 『朝鮮通交大紀』.

조선의 인식을 인정하고서야 교역을 허락받을 수 있었다. 이러한 조선의 태도는 쓰시마를 원래 조선의 일부로 보고, 조선초기 이래의 대쓰시마 기미라는 전통적인 외교인식을 반영한 것이라 하겠다.

그러면서도 현실 측면에서 보면, 조선의 쓰시마에 대한 이러한 조치는 주로 당시 조선·명을 둘러싼 외교환경, 명의 대조선·일본 정책, 거기에 규제당하는 조선의 대일본 정책에 기인한 것이었다. 게다가 이것은 조·일 양국에게 쓰시마가 갖는 특수한 역사·지리·경제 환경에서 기인했다고 할 것이다. 그리고 예조참의 서계에서 알 수 있듯이 조선이 일본과의 통호를 정식으로 언급한 점도 주목해야 한다. 즉 조건을 달리하기는 했지만, 드디어 조선이 일본과 통호할 의향이 있음을 명확히 하고, 일본과의 통호교섭을 시작하겠다는 강한 의지를 표현한 것이다. 이 시기에 일본도 그렇지만 조선 역시 대일본 적극 외교로 전환하고 있다. 여기에 명의 대조선정책의 변화까지 더하면, 이 시기는 조·명, 조·쓰, 조·일 외교·군사 전략의 변곡점으로 평가할 수 있겠다.

한편, 소 요시토시는 야나가와 시게노부를 에도로 파견하여 유정 등이 쓰시마에 왔다는 소식을 이에야스에게 보고했다. 이에 이에야스는 소 요시토시에게 유정 등과 함께 교토로 상경할 것을 명해,[28] 야나가와 시게노부는 유정 등을 협박하여 교토로 데려갔다.[29] 12월 27일 교토에 도착한 그들은 다이토쿠지大德寺에 머물렀다.[30]

이에야스는 1605년 정월 에도를 출발하여 교토 후시미성伏見城에 머물렀고,[31] 유정 등은 2월 20일 후시미성에서 이에야스를 접견하였다.[32]

---

28 『通航一覽』 권27, 慶長 10년조.
29 『事大文軌』 권45, 萬曆 33년 6월 초4일조.
30 『通航一覽』 권27에는 유정 등이 혼포지(本法寺)에 머물렀다고 기록되어 있으나, 보통 다이토쿠지에 머물렀다고 한다.
31 『德川實紀』(제1편, 吉川弘文館), 慶長 10년 2월 19일조.
32 이 연월일은 『事大文軌』 권45, 萬曆 33년 6월 초4일조에 따른 것이다. 그러나

이에야스는 혼다 마사노부本多正信와 조다이承兌에게 유정 등과 조·일 통호문제를 의논하게 했다.³³ 이때 혼다 마사노부와 조다이는 도쿠가와 이에야스가 임진·정유란 때 단 한 명의 병사도 조선에 보내지 않은 점을 들어 조선과 일본(=도쿠가와 막부)은 적이 아님을 강조하고, 이번의 일본 요구(=신사 파견)는 조·일 양국의 통호와 명에 대한 진공進貢을 위한 것일 뿐이라면서, 히데요시의 '화호·통호'와는 다르다고 역설했다.³⁴ 일본이 명에 대한 진공을 언급한 것은 이번이 처음이었다.

한편 조선에서는 유정 등이 조선을 떠난 지 5개월이 지나도 돌아오지 않자, 유정의 제자를 쓰시마로 보내 소식을 알아보려 했다(『선조』37·12·13, 14, 『선조』38·1·16). 단, 당시 명에서 파견된 이 참장이 부산에 머물고 있어 그들이 돌아간 뒤 계획을 실행에 옮기기로 했다(『선조』38·1·16). 그 후 일본에서 도망쳐온 사람들을 통해 유정 등이 교토로 갔다는 소식을 듣고 1~2개월 정도 상황을 더 지켜보기로 하였다(『선조』38·2·18). 이후 유정 등이 귀환하면서 위 계획은 실행되지 않았다.

유정 등은 히데타다의 교토행을 강제로 관람한 후, 1605년 3월 27일 교토를 출발하여 4월 15일 쓰시마에 도착하고,³⁵ 다치바나 도모마사와 함께 5월 5일 귀환했다.³⁶ 이때 박수영도 함께 동행하였다.

여기서 주목되는 점은 유정 등에게 히데타다의 상경 행렬을 구경시켰다는 사실이다. 2월 히데타다의 상경은 장군직 승계를 위해서였고, 이때 간토關東·도호쿠東北·가이와 시나노[甲信] 등지의 대명들과 병력 16

『通航一覽』권27, 慶長 10년조에는 유정 등이 도쿠가와 이에야스를 만난 날을 3월 4일로 기록하였고, 『寬政重修諸家譜』소 요시토시조는 2월로 기록하였다. 이 사료들 가운데 가장 빠른 시기에 작성되었고 가장 신용할 만한 것은 물론 『事大文軌』다.

33 『通航一覽』권27, 慶長 10년조.
34 『事大文軌』권45, 萬曆 33년 6월 초4일조.
35 『朝鮮物語』.
36 『事大文軌』권45, 萬曆 33년 6월 초4일조.

만이 동원되었다. 일본 측이 이 대규모 군사행렬을 유정 등에게 구경시킨 까닭은 무엇일까? 이 문제야말로 일본이 조선에게 신사 파견을 요구한 본질과 관련이 있다. 쓰시마는 1602년 교섭에서 이에야스가 정이대장군에 임명되는 1603년 봄을 콕 집어 신사 파견을 요청하였다. 그리고 1604년 7월 쓰시마에 파견된 유정 등을 5개월 이상 쓰시마에 붙들어놓고 12월에 교토로 데려가 1605년 2월 히데타다가 상경하는 군사행렬을 구경시킨 것은 치밀하게 계산된 행위라고 보아야 한다.

 일본에게 조선신사는 도쿠가와 권력을 장엄하게 꾸밀 하나의 요소였다. 이에야스는 세키가하라 싸움으로 히데요시계 대명들(서군)을 제압하여 권력을 거의 완전히 장악했으나, 히데요리는 여전히 건재해 있었다. 이에 이에야스는 장군에 취임하여 히데요시-히데요리의 그늘에서 벗어나고자 했다. 장군 취임에 맞춰 파견되는 조선신사는 이에야스 권력에게 조공하는 조공사이자 전쟁에서 패배한 항복사降伏使로 선전할 수 있는 절호의 기회를 제공할 것이었다. 또한 일본역사상 도쿠가와 권력의 정통성을 조선에서도 인정하고 있다는 징표로도 선전할 수 있다. 특히, 군중 속에서 장군직 승계를 위해 상경하는 히데타다의 군사행렬을 구경하는 '조선신사'는 일본 인민들에게 도쿠가와 권력의 권위와 무위武威를 느끼게 하기에 충분할 것이었다. 바로 이것이었다. 일본에게 조선신사란 도쿠가와 장군권력의 무위·권위·정당성을 담보하는 하나의 상징기재로 기능할 것이었다.

 물론, 당시 이에야스가 권력을 장악했다고는 하나 아직 불안한 형세가 지속되고 있어서, 대외 외교권을 장악하는 일환으로 조선신사가 절실히 필요했고, 외교권 장악을 통해 스스로 일본의 권력자임을 드러내려 한 점도 충분히 인정된다. 아니, 당시로는 이 점이 더욱 중요했다. 즉, 이에야스는 외교권 장악과 그 징표로서 조선신사를 위치시키고, 그것을 널리 홍보하여 도쿠가와 권력의 안정을 도모했던 것이다.

그런데 히데타다의 장군직 승계는 도쿠가와가 권력에 무엇을 의미하는 것일까? 일본전국 통일 후 히데요시 권력의 구조는 '전국 규모의 대명영국제'였고, 그 모순으로 임진왜란이 일어났으며, 임진왜란의 실패와 히데요시의 사망으로 '전국 규모의 대명영국제'가 파탄지경에 이르렀다는 것은 이미 지적했다. 특히, '전국 규모의 대명영국제'를 유지하려면 대명들을 압도할 수 있는 군사력의 확보와 탄탄한 후계자 구도가 필수였으나, 히데요시 권력은 이 두 가지를 모두 갖추지 못했고, 전국을 지배할 국제國制도 미비하였다.

히데요시 권력을 이어받은 이에야스는 1600년 세키가하라 싸움에서 승리함으로써 대명들의 군사력을 압도할 수 있는 군사력을 확보하였다. 즉 '전국 규모의 대명영국제'에 내포되어 있던 도자마 대명들의 도전을 힘으로 제압할 수 있게 된 것이다. 이를 바탕으로 이에야스는 1603년 정이대장군직에 올라 일본 전국을 지배하는 명실상부한 지위를 확보하였다. 압도적 군사력의 확보와 정이대장군직의 취임으로 도쿠가와가 권력은 '전국 규모의 대명영국제'에서 막번체제로 전환할 수 있었던 것이다.

그렇다고 당시 막번체제가 안정되었다고는 할 수 없다. 도자마 대명으로 전락하기는 하였으나 히데요시의 적자인 히데요리가 건재해 있었고, 그를 추종하는 대명들도 여전히 존재했다. 하극상 풍조도 여전히 사회 저변에 깔려 있었다. 또한 당시의 상하관계는 사적 주종관계라는 성격이 아주 강했다. 제도로서의 주종관계보다는 인격의 상호관계로 맺어진 주종관계였던 것이다. 이에 이에야스는 일찌감치 후계자를 내세워 사적 주종관계를 제도로서의 주종관계로 전환시키고자 했다. 이에 1605년 히데타다에게 장군직을 넘겨주고, 자신은 슨푸에서 대어소大御所 정치를 시행했다. 슨푸에는 자신과 사적 주종관계의 성격이 강한 많은 인사들을 불러들여 히데타다에 대한 도전을 차단시키고,

일부 인사들을 히데타다의 측근으로 배치하여 막번체제를 강화하고자 했다. 제도로서의 막번체제를 기능하게 만들고자 했던 것이다. 이러한 상황 한가운데에 히데타다의 장군직 취임과 '조선신사'(군중 속에서 유정이 장군 취임을 위한 교토행)가 위치하였다.

'회답겸쇄환사' 파견을 둘러싼 조·일 교섭

1605년 5월 5일 유정과 함께 조선에 온 다치바나 도모마사가 지참한 예조에 보내는 소 요시토시·야나가와 시게노부 서계의 내용은 ① 손문욱을 일본에 파견하여 화호를 허락해준 데 대해 감사를 표한다, ② 조선에서 신사를 파견한다면, 이에야스가 직접 만나 성심을 표할 것이다, ③ 유정 일행이 이에야스를 만나고 늦게 귀환하게 된 것을 괴이하게 생각지 말라, ④ 조선과 일본의 화호의 징표를 보여주면, 양국에 큰 다행일 것이다(만력 연호 사용)로 되어 있다. 이때 쓰시마는 포로 1,391명(박수영 포함)을 송환했다(『선조』 38·5·24, 38·6·17).

이 서계에 대해 비변사는 ① 앞서 화호를 청한 것은 당초 이에야스의 주장이 아니고, 이에야스를 업고 (쓰시마) 자신들의 소원을 이루려 한 것이다, ② "속히 화호를 맺은 징표를 보이라"는 것과 "나머지는 손문욱과 유정의 말에 맡긴다"는 말은 필시 탐색하려는 뜻이다, ③ 박수영을 조선으로 보내와 적정의 소재를 알기 어렵다, ④ 유정 등이 쓰시마에 오래 머물고 이에야스도 만났으니, 그가 올라오면 자세한 곡절을 듣겠다, ⑤ 이 내용을 명에 알리고, 답서의 내용 역시 의논해 볼 것이라는 의견을 냈고, 선조가 이를 윤허했다(『선조』 8·5·24).

마침 이 시기에 명의 정탐위관 선 유격單遊擊이 조선에 왔다(『선조』 38·6·1). 선 유격은 선조에게 복건과 절강 일대에 병마를 증가시키고 군량과 기계를 정비하고 있다고 전했고(『선조』 38·6·1), 부산으로 가 다치바나 도모마사를 만났다. 그들의 대화 내용은 다음과 같았다. ① 선 유격이 다치바나에게 조선에 온 이유를 물으니, 다치바나가 유정의 호송, 포로송환, 통호를 위해서라고 답했다, ② 선 유격이 단지 조선과의 통호만을 위해 온 것이냐고 물으니, 조선과 통호하게 되면 명에 조공할 예정이라고 답했다, ③ 선 유격이 대소사가 명의 처분에 달렸는데, 어찌 조선과 통호한 후 명에 조공하겠다고 억지를 쓰는가, 일본이 공손을 다하여 시종 불변하고, 원래의 길[福建路]로 조공한다면 제왕의 도를 어찌 거절하겠는가 하니, 다치바나가 선 유격에게 감사를 표하고, 다만 명은 해로가 멀어서 공물을 바칠 수 없어 히데요시가 조선에 길을 빌려달라고 하였는데 조선이 이를 거절하여 전쟁에 이르게 되었던 것이고, 이에야스가 바라는 바는 오직 조선과 통호하고 명에 조공하는 것뿐이라고 답했다, ④ 선 유격이 명이 심유경에게 속아 일본을 책봉했다가 욕辱을 보고 원통해하고 있고 일본을 몹시 간사하다고 여기는데, 이에야스가 히데요시의 모사를 싫어한다는 말을 어찌 믿겠는가 하니, 다치바나는 이에야스의 생각을 포로들과 유정이 모두 들었으니 어찌 거짓을 말하겠는가라고 했다, ⑤ 선 유격이 유정이 일본에 갔다온 것과 이번 일에 관해 명에 알릴 것이며, ⑥ 일본이 매번 조선을 협박한다고 하는데 사실인가, 만약 그렇다면 등주, 내주萊州, 여순, 진강, 평양에 주둔하는 명의 40만 병마가 일본을 무찌를 것이라 하니, 대사를 잘 처리하기 바란다고 답했다. 박대근이 이 내용을 4월 17일 조선 조정에 보고하였고(『선조』 39·4·17), 선 유격도 명 조정에 전보하였다(『선조』 38·7·6).

이들이 나눈 대화에서 주목되는 점은 다치바나 도모마사가 일본사자임을 자처한 것이다. 이는 조선과의 통호교섭권을 이에야스가 쓰시마에 위임했음을 나타낸다. 더욱 주목되는 점은 다치바나가 히데요시가 조선침략의 원인으로 든 "길을 빌리는 일"借路之事(『선조』 38·7·6)을 언급한 것이다. 이것은 이에야스의 대명 외교의 기본 원칙과 함께 임진·정유 양란에 대한 일본의 인식을 나타낸다. 즉, 일본은 임진왜란 발발 책임을 조선에게 씌우고, 우선 조선과 통호관계를 맺은 후 명에 진공進貢한다는 2단계 동아시아 외교전략을 세웠다고 보인다.

중세 이래 일본과 중국의 교통로는 일본 서남부에서 타이완으로 뻗은 열도를 따라 항해하여 복건에 이르는 소위 복건 루트다. 이것이 선 유격이 말한 '원래의 길'이다. 당시 일본은 이 루트를 계절풍을 이용하여 왕래하면서 중국, 류큐, 포르투갈, 영국 등과 무역을 하고, 때로는 명과 무력충돌도 일으켰다(후기 왜구, 닝포의 난 등). 나아가 일본은 동남아시아로 진출하여 베트남, 캄보디아, 말레시아, 타이 등지에 일본인 거리[日本町]를 세워 정착하기도 했다.

그런데도 왜 일본(이에야스)은 히데요시가 정명가도 → 입명가도 → 진공가도로 말을 계속 바꾸면서 조선침략을 정당화한 논리를 구사한 것일까? 명에 대한 진공로를 조선에 빌린다는 명분으로 일본의 조선침략을 정당화하기 위해서였다. 이러한 주장이 필요했던 것은 아직 이에야스 권력이 임진왜란 자체를 완전히 부정할 수 없는 국내 상황―이에야스가 권력을 장악했다고는 하지만 히데요리의 건재, 친히데요리계 대명의 존재, 아직 충분히 정착하지 못한 막부의 권력기반이라는 면에 규제받고 있었다는 사실을 암시한다. 나아가 명과의 관계 정상화를 요망했다는 것 또한 아직 동아시아 국제질서의 정치체제가 기능하고 있음을 나타내며, 이는 당연히 국제무역과도 관련되어 있다.

『천자문』에 "가도멸괵假途滅虢, 천토회맹踐土會盟"이라는 구절이 있다. 앞부분은 진晉나라 헌공獻公이 괵나라에 뇌물을 주며 우虞나라로 가는 길을 빌려달라 하였는데, 뇌물에 눈이 먼 괵나라가 그것을 허락하니 이를 이용해 진 헌공이 괵나라를 멸망시켰다는 이야기다. 뒷부분은 진나라 문공文公이 성복城濮싸움에서 초나라를 물리친 뒤 제후들을 천토 대踐土臺로 불러모아 주나라 양왕에게 조회하게 했다는 것으로 천자를 등에 업고 제후에게 호령한다는 의미다.

어릴 때부터 천자문을 수없이 읽으면서 유학에 매진한 조선 사대부가 위 "차로지사借路之事"를 받아들인다는 것은 상상하기 어렵다. 이 문제가 해결되지 않는 한, 조·일 통호는 불가능할 것이고, 따라서 이 문제는 조·일 외교에서 '선신사파견先信使派遣'과 더불어 지루하고 지난한 조정 과정을 필요로 할 것임을 의미한다.

한편, 조선은 다치바나가 가지고 온 많은 물품의 매매를 끝낸 뒤, 답서를 들려 귀국시켰다(『선조』38·7·13). 서계의 내용과 일자 등은 불분명하다. 그 후 1605년 11월 11일 요조분要汝文 등 11명이 조선에 와 야나가와 시게노부의 부음을 알리고, 포로 122명, 표류인 1명을 송환하였다.[37] 1606년 2월 19일 다치바나 도모마사 등 39인이 소 요시토시·야나가와 가게나오가 조선 예조 앞으로 보내는 서계, 소 요시토시·야나가와 가게나오가 유정에게 보내는 서계를 보내왔다. 이때 포로 230명을 송환하였다.[38] 서계의 내용은 물론 신사 파견의 요청이었다.[39]

---

[37] 『事大文軌』 권46, 萬曆 33년 12월 14일조. 조선은 미나모토 노부야스(源信安)=요조분(要汝文)에게 부산검사·동래부사의 서장과 함께 목면 20필, 정포 20필, 倉米 20각을 들려 야나가와 가게나오에게 보내 조의를 표했다(『宣祖實錄』 권198, 선조 39년 4월 壬戌條). 『海行錄(상)』, 선조 38년 12월 초10일조에는 당시 그가 들고왔던 조선 예조 앞으로 보낸 소 요시토시·야나가와 가게나오의 서계가 실려 있고, 12월 15일조에는 그에 대한 조선측 답서도 실려 있다.

[38] 『事大文軌』 권46, 萬曆 33년 3월일조. 여기에는 조선포로 204명을 송환해 왔다고 기록되어 있다. 그런데 『海行錄(상)』, 선조 39년 3월 초1일조의 조선 예조·송운대사 및 손문욱 앞으로 보낸 소 요시토시의 서계에 따르면, 포로 230명을 송환했다고 한다. 나카무라 히데타카는 앞의 책에서 『宣祖實錄』 권199, 선조 39년 4월 壬戌條의 "正月念五日, 差橘智正以來"라는 기사를 근거로 정월 말에 왜사가 조선에 파견되었다고 보았다. 그러나 『事大文軌』 권46, 萬曆 34년 3월일조의 기사에 의하면, 다치바나 도모마사 등은 2월 29일 부산에 도착하였고, 경상도관찰사가 같은 날 조정에 이를 보고하였다. 따라서 조정에 소식이 전해

일본의 신사 파견 요구에 조선은 어떻게 대처했을까? 우선, 조선은 야나가와 시게노부의 사망을 계기로 일본 사정을 살필 계획을 세운다. 일본사자들의 신사 파견 요구, 히데타다의 장군직 취임－조선은 이것을 히데요리의 관백직 폐위로 알고 있었다－도 있었기 때문에, 일본 사정을 살필 필요가 있다고 보았다. 단, 일본에 사람을 파견할 명분이 없으니 야나가와 조문을 핑계로 쓰시마에 사람을 파견하자는 의견도 있었다(『선조』 39·1·23, 26). 그러나, 선조는 그런 전례가 없고 후폐後弊를 낳는다는 의견을 제시했다(동상, 『선조』 39·2·12). 선조는 유정이나 김응서 이름으로 가토 기요마사에게 보내는 서한을 쓰시마로 보내는 게 어떠한지 의견을 내고 검토할 것을 명했다(『선조』 39·4·5).

조선이 일본 정탐계획을 짜고 있는 도중, 다치바나가 1606년 2월 19일 조선에 와서 신사 파견을 재촉하자, 선조는 2품 이상 대신들에게 신사 파견 사안을 의논하게 했다(동상). 대신들은 쓰시마에 사람을 보내 일본 사정을 살핀 후, 그 결과를 보고 신사 파견의 가부를 결정하자는 의견에 대체로 일치했다(동상). 그러나 조선은 쓰시마를 통한 일본의 신사 파견 요구에 의문을 품고 있었다. 일본 사정 탐색계획도 이를 상징으로 보여주는데, 무엇보다 유정 등이 이에야스를 만났을 때, 이에

진 것은 3월 초하루였을 것으로 생각된다(『海行錄(상)』 기록). 그리고 나카무라 히데타카는 다치바나 도모마사·미나모토 노부야스가 조선을 내방한 시기를 3월로 보았는데, 위의 두 사람이 함께 조선에 왔다는 기사는 발견되지 않는다. 오히려 『事大文軌』 권47, 만력 34년 11월 20일조와 『宣祖實錄』 권198, 선조 39년 4월 임술조에는 "正月念五日(25)에 다치바나 도모마사를 파견한 이래 소식이 없어서 미나모토 노부야스를 조선에 파견한다"는 기록이 보인다. 즉 나카무라 히데타카는 1월 말과 3월에 다치바나 도모마사가 조선에 왔다고 하였지만, 사실은 다치바나 도모마사·미나모토 노부야스가 각각 쓰시마에서 출발한 날짜로 추정할 수 있다. 즉 다치바나 도모마사는 2월에 조선에 도착하였고, 미나모토 노부야스가 조선에 올 때까지 귀국하지 않았을 것이다.

39 『海行錄(상)』, 선조 38년 12월 초10일조 및 『宣祖實錄』 권197, 선조 39년 3월 1일조의 조선 예조·송운대사 및 손문욱 앞으로 보낸 소 요시토시의 서계.

야스가 스스로 히데요시와는 다르다고 하면서도 조선과의 '화'에 대해서는 서장에 한 글자도 적지 않았다. 그 때문에 대신들은 신사 파견의 전제로서 이에야스가 먼저 조선에 국서를 보낼 것을 주장했다(동상). 즉, 조선은 이에야스가 진정 조선과 화호할 의향이 있는지 타진하는 방법으로 먼저 조선으로 국서를 보낼 것을 주장했다.

이러한 논의 속에서 조선은 일단 쓰시마에 사람을 보내 일본 사정을 탐색하기로 결정하였다. 단, 다치바나가 조선의 국서 없이 사자와 함께 일본으로 귀국할 것인지 알 수 없었기 때문에, 혹시 서계를 요구할 경우 다치바나에게 어디로 서계를 보낼 것인지 물어 처리하기로 하고, 서둘러 선전관을 부산으로 파견하기로 했다(『선조』 39·4·16). 그리고, 박대근에게 다치바나와 만나 유정 등이 이에야스를 만났을 때 이에야스가 '화사'='통호'에 대해 한 마디도 언급하지 않은 이유, 히데타다가 장군직에 오른 것과 히데요리가 성인이 되면 그를 추위推位한다는 것이 서로 어울리지 않는 이유, 만약 서계를 보낸다며 어디로 보내면 좋을지를 상세하게 묻도록 명했다(『선조』 39·4·17).

조선이 이러한 움직임을 보이고 있던 4월 초순, 쓰시마에서 미나모토 노부야스源信安가 소 요시토시·야나가와 가게나오가 유정·손문욱·부산·동래 지방관 앞으로 보내는 서계, 그리고 예조에게 보내는 소 요시토시·야나가와 시게노부의 서계까지 총 8통의 서계를 가지고 조선에 왔다.[40] 이 서계들의 내용을 보면, 정월 25일 다치바나가 조선으로 건너간 지 오래인데 조선에서 아무 연락이 없어 미나모토 노부야스를 다시 파견한다, 이에야스는 조선으로부터의 '호음'(통호·신사 파견)을 기다리고 있는데, 호음이 늦어지는 이유가 쓰시마 소 요시토시·야나가와 가게나오가 대조선 통호교섭에 노력을 다하지 않아서라며 쓰시마를

---

[40] 『事大文軌』 권47, 萬曆 34년 11월 20일조 ; 『宣祖實錄』 권198, 선조 39년 4월 壬戌條.

추궁하고 있다, 이러한 점들을 두루 살펴 통호(신사 파견) 가부를 빨리 통보해 주기 바란다 등이다(『선조』 39·4·24).

조선은 위에서 제기된 문제들을 가지고 다치바나와 협의를 계속했다.[41] 박대근과 다치바나 간의 문답은 4월 하순 즈음 이루어졌던 듯하다.[42] 이 문답에서 조선은 이에야스가 국왕으로 불리지는 않으나 그의 임무가 국왕이라는 점을 납득했고, 다치바나는 이에야스 앞으로 통서할 것을 주장했다.

위 논의를 바탕으로 비변사는 예조 관인을 사용하여 막부 집정대신(=혼다 마사노부) 앞으로 범릉적犯陵賊을 압송하고 이에야스가 먼저 조선에 서장을 보내면, 다시 '신호信好'=통호를 강구할 용의가 있다는 내용의 서계를 보내자고 건의했다. 한편, 선조는 유정 등이 일본을 방문했을 때 이에야스가 그들에게 서장을 주지 않은 점, 이에야스가 권력을 장악했다 해도 히데요리 측을 제거한 지 얼마 안 되고, 이에야스가 장악한 것이 중앙 정국뿐일지도 모른다는 점을 들어, 사람을 파견하여 일본 사정을 탐지한 후 일본과의 통호문제를 다시 논하도록 명했고, 보낸다는 범릉적도 가짜 범인일지 모르니 다시 심의하도록 명했다(『선조』 39·5·18). 그러나 비변사는 위에서 본 건의 내용을 다시 건의했다. 이에 선조는 일본이 조선에게 먼저 사신을 파견하여 서한을 보내라고 요구하는 것은 조선이 일본에 통호를 요구하거나 혹은 항복하여 조공했다고 후세에 과장하기 위해서라고 하면서, 비변사 당상관들에게 각자의 의견을 개진하여 헌책하라고 명했다(『선조』 39·5·13).

---

41 이 계획이 미나모토 노부야스의 조선 내방과 관련하여 늦어진 것인지는 현재 알 수 없다. 단, 위의 서계 내용이 대체로 이전과 같았기 때문에 조선은 이 계획을 변경할 필요가 없었을 것으로 생각된다.

42 박대근과 다치바나 도모마사의 협의를 지시한 것은 4월 7일이고, 그 문답에 대한 보고가 올라온 것이 5월 9일경이다(『宣祖實錄』 권199, 선조 39년 5월 丙子條).

그들의 의견은 대체로 비변사와 같았다(『선조』 39·5·17). 따라서, 조선은 일본에 사람을 파견하고 아울러 일본집정(=혼다 마사노부) 앞으로 서장을 보내기로 했다. 서장의 내용은 임진·정유란 후 쓰시마는 조선을 자주 왕래·상통相通하고 때때로 포로를 송환하고 있는데, 이는 쓰시마의 판단에 따른 것인가, 아니면 막부의 지휘에 따른 것인가, 혹 막부의 지휘에 따른 것이라면 어찌 '화'에 대해서는 한 마디 언급도 없는가 등을 확인하기 위해 차관差官한다고 하기로 했다. 즉, 선조의 의견을 반영하여 막부에 통호와 범릉적의 압송이라는 통호의 전제조건을 언급하지 않고, 일본 정세가 통호할 수 있는 상황인지 아닌지 확인하기 위해 사람을 파견한다는 것이었다(『선조』 39·5·18).

그 후, 조선은 1606년 6월 일본 정세를 판단하기 위한 임시관리의 파견(차관差官) 준비에 착수하고(『선조』 39·5·21, 23, 25, 28, 29 ; 『선조』 39·6·6, 8, 10, 11), 이것을 다치바나에게 알렸다. 다치바나는 조선이 일본에 임시관리를 파견하는 것에 맹반대했다. 그도 그럴 게, 조선이 일본에 관리를 보내 일본이 통호할 상황인지 아닌지를 살핀다는 것은 쓰시마에 의한 조·일 화호·통호 교섭을 조선이 의심한다는 말이 되기 때문이다. 이는 막부가 조·일 교섭을 담당하고 있는 쓰시마를 불신할 소지를 제공할 수도 있었다. 그래서 조선은 일본에의 차관 계획을 포기하고, 대신 다치바나에게 통호조건으로서 이에야스가 먼저 서한을 보낼 것과 범릉적의 압송을 제시했다. 다치바나는 이러한 통호조건은 모두 받아들이기 어렵다고 하면서도, 조선 주장에 일리가 있다고 인정하고, 통호조건을 쓰시마에 알려 결과를 회보하겠다고 했다(『선조』 39·6·26).[43] 조선은 이 통호조건 외에도 이에야스의 서한에 국왕이라는 호칭을 사용

---

[43] 『宣祖實錄』 권200, 선조 39년 6월 26일 癸亥條에 의하면, 다치바나 도모마사와 박대근이 대면한 날은 6월 2일이고, 다치바나 도모마사와 박대근·손문욱이 대면한 것은 6월 16일이다.

할 것을 요구했다(동상).

이상에서 알 수 있듯이, 조선은 1606년 6월 조·일 통호의 조건으로 이에야스가 먼저 서장을 보낼 것[先致書], 범릉적을 압송할 것, 국왕호를 사용할 것을 내걸었다. 이 문제들을 조금 정리해 보자. 우선, 이에야스에 대한 선치서先致書 요구는 이에야스가 조선과 통호(=화)할 의지가 있는지를 확인하기 위해서였다. 여기에 조선이 국왕호를 사용하는 데 또 하나의 문제가 있었다. 조선은 명의 책봉국이어서 책봉을 받지 않은 일본 주권자에게 멋대로 국왕호를 사용할 수 없었기 때문이다(『선조』 39·6·26). 한편 당시의 조·일 통호교섭은 조·일 국교재개 교섭이었기 때문에 교섭은 국교단절의 원인에 대한 인식으로부터 출발하게 되는데, 이에야스의 선치서는 당시로서는 임진왜란에 대한 사죄·반성 인식을 바탕으로 할 수밖에 없다. 이러한 점들을 고려하면, 이에야스의 선치서는 임진왜란에 대한 사죄·반성을 요구한 것이었다.

둘째, 일본에 대한 국왕호 사용의 요구는 일본이 국왕호를 사용하지 않으면, 조선이 일본에 국왕호를 사용하여 회답할 수 없기 때문이었다(동상). 조선이 일본에 국왕호의 사용을 요구한 것은 명확히 조선이 명의 책봉국이기 때문이다. 본래 교린관계란 책봉국 상호간의 평등한 외교관계를 말한다. 당시는 그렇지 않았지만, 임진왜란 이전부터 일본이 조선의 일본입조를 주장해온 점을 고려하면, 조선이 일본에 국왕호 사용을 요구한 것은 조선의 일본입조를 부정하고, 조·일 평등관계(=교린관계)를 명확히 하는 방법이기도 했을 것이다. 그 연장선상에서 이것은 이에야스가 에도 막부 권력이 아닌 일본국가의 최고 통치자임을 확인하는 방법이기도 했다. 조선이 일본 정세를 아직 불안정하다고 보았음을 알 수 있다. 이렇게 보면, 선치서가 항복의 의미를 내포하고 있다는 주장은 적어도 조선에는 적용할 수 없다.

셋째, 범릉적의 압송 문제는 국가체제와 관련된다. 조선은 기본에서

율령제에 입각한 국가다. 율령체제에는 국왕=국가이며, 국왕의 선조는 국왕 신체의 연장선상에 존재한다. 따라서 범릉이란 국왕 신체에 대한 손상이자 국가에 대한 손상을 의미하고, 나아가 국가의 정통성을 부정하는 행위이기도 하다. 이 범릉은 10악十惡 중 대역죄에 해당한다. 이렇게 보면, 조선이 범릉적의 압송을 요구한 것은 국왕 신체와 국가 손상에 대한 사죄·반성, 나아가 국가 정통성의 인정을 요구하는 행위로 볼 수 있다.

한편, 다치바나는 1606년 6월 18일 통호조건을 담은 서계와 쌀 100석을 받아 쓰시마로 출발했다(『선조』 39·6·21). 그런데, 다치바나가 조선에 머무르던 6월 6일, 고사조분古沙汝文이 동래부사·부산검사에게 보내는 소 요시토시의 서계를 지참하고 조선에 왔다(『선조』 39·6·18).[44] 그가 지참한 서계의 내용은, 전후로 차사하였으나, 아직 통호에 관한 회신이 없는 까닭이 무엇인가, 5월 25일 이에야스가 쓰시마에 사람을 보내 통호를 재촉하면서 조선과의 통호가 이루어지지 않는 것은 소 요시토시·야나가와 가게나오가 통호교섭을 게을리하기 때문이라고 질책하고 있으니, 조속히 그 가부를 명시해 주기 바란다는 것 등이다(『선조』 39·6·17).[45] 이에 조선은 다치바나에게 내린 서계와 같은 내용의 서계를 고사조분에게 주어 귀국시켰다(『선조』 39·6·18).[46] 일본에 임시관리 파견건은 쓰시마에서 오는 회보를 기다렸다가 처리하기로 했다(『선조』 39·6·26). 그런데 6월 24일 다시 쓰시마에서 후지 노부나오藤信尙 등 12명이 예조에게 보내는 서계 2통, 부산검사·동래부사에게 보내는 서계 1통, 손문묵·박대근에게 보내는 서계 1통 등 총 4통의 서계를 지참하고

---

[44] 이때 고사조분이 가지고 온 서계와 그에 대한 답서는 『海行錄(상)』, 선조 39년 6월 17일조에 실려 있다.
[45] 『事大文軌』 권47, 萬曆 34년 11월 20일조.
[46] 다치바나 도모마사에게 보낸 서계는 『朝鮮通交大紀』 권5에 기재되어 있다.

조선에 왔다. 이때의 서계 내용 역시 이전과 같았다.⁴⁷ 후지 노부나오는 통호조건에 대해 막부에 보고했으니, 결과가 좋으면 8월경 조선에 갈 것이라는 다치바나의 말을 전했다(『선조』 39·7·4).

조선은 후지 노부나오가 가지고 온 서계를 다치바나 도모마사가 가지고 간 서계에 대한 답서로 보고, 서계 내용에 일본에 파견 예정인 차관에 대한 언급이 없는 점에 주목했다. 비변사는 위의 두 가지 통호조건(범릉적의 압송과 이에야스가 조선에 먼저 국서를 발송할 것)이 이행될 경우를 대비해 조정 의견을 모을 것을 건의했다. 그런데, 선조는 이 조건들이 이행될 가능성이 없으며, 혹 이에야스가 서書를 보내고 범릉적을 압송하더라도 그건 거짓일 것이라는 의견을 제시하면서, 조정 대신들의 의견을 모으는 일을 잠시 멈추고 전계신 등을 일본에 파견하여 일본 사정을 살피라고 명했다(동상). 비변사가 일본에 임시관리의 파견을 다시 건의했으나 선조의 의지는 단호했다. 이에 비변사는 다시 일본에의 관리 파견 건과 관련하여 원임 대신들의 의견을 모아볼 것을 건의했고, 선조도 이 건의를 받아들였다(『선조』 39·7·5). 원임 대신 중 이덕형과 이항복은 전계신을 일본에 파견하는 것에 반대했으나, 선조는 본래대로 전계신을 임시관리로 파견하는 안을 실행하도록 명했다(『선조』 39·7·8). 조선은 전계신을 일본에 파견하되, 전계신에게 이에야스 서의 초안을 구해보고, 마음에 걸리는 점이 있으면 수정을 요구하라는 밀명을 내렸다(『선조』 39·8·23).

조선이 이러한 계책을 강구하는 가운데, 8월 5일 쓰시마가 신사조분新沙汝文을 조선에 파견하여 신사 파견을 재촉했다.⁴⁸ 이때 소 요시토시

---

47 『事大文軌』 권47, 萬曆 34년 11년 20일조 ; 『宣祖實錄』 권201, 선조 39년 7월 癸酉條 ; 『海行錄(상)』, 선조 39년 7월 초4일조. 『海行錄』에는 조선 예조 앞으로 보내는 소 요시토시의 서계가 실려 있고 이에 대한 답서는 『宣祖實錄』 권201, 선조 39년 7월 5일조에 실려 있다.
48 『海行錄(중)』, 선조 39년 8월 20일조.

가 동래부사·부산검사에게 보낸 서계의 내용은 ① 6월 5일 조선을 출발하여 쓰시마에 도착한 다치바나 도모마사가 조선에서 제시한 두 가지 통호조건을 막부에 보고하였다, ② 막부에서 그 조건을 수락했다, ③ 이에야스의 서는 7월 24일 쓰시마에 도착하였으나, ④ 막부는 조선이 제시한 조건의 일본신사를 믿지 못하며 – 설사 막부가 조선이 제시한 화호조건을 이행한다 해도 진정 신사 파견 의지를 갖고 있는지 의심하고 있다, ⑤ 그러니, 조선은 조속히 일본에의 신사 파견을 결정하여 쓰시마에 통보해 주기 바란다, ⑥ 쓰시마는 조선의 연락을 받는 즉시 이에야스의 서를 다치바나 도모마사에게 지참시켜 조선에 파견할 것이다, ⑦ 동시에 범릉적도 압송할 것이다 등이다.⁴⁹

한편, 소 요시토시의 서계가 도착했음에도 일본 사정을 정탐하기 위해 전계신·박대근 등이 1606년 8월 17일 부산에서 쓰시마로 출발했다(『선조』 39·9·13). 그들은 당일 쓰시마에 도착하여 18일 다치바나 도모마사를 만났다. 다치바나는 그들의 방문을 통호를 지연시키는 전략으로 일본 사정을 살피기 위한 것이라고 보았다. 한편 다치바나는 이에야스의 서書와 관련하여 말하길, 이에야스는 조선에 서한을 보내라는 요구를 받아들이지 않으려 했으나, 혼다 마사노부의 개입으로 이에야스의 서가 내려지게 되었다고 하면서, 전계신·박대근의 에도 행을 저지하고자 하였다. 그들은 19일 쓰시마 후추로 들어갔고, 이때 다치바나 도모마사는 (전계신·박대근에게) 이에야스 서를 훑어보고 그것을 조선 조정에 보고하라고 권했다. 전계신 등이 살펴본바, 여러 가지로 불손한 내용에 범릉적의 압송에 대해서는 언급도 없고 격식도 갖추지 않아 개선을 요구했으나 다치바나가 난색을 표명했다. 이에 전계신·박대근은 9월 1일 다치바나와 나눈 문답 별록과 소위 이에야스 서書의 등서謄書

---

⁴⁹ 『海行錄(중)』, 선조 39년 8월 14일조.

를 군관 감경인에게 들려보내 조선에 보고했다(『선조』 39·9·13).[50] 그 후 1개월여 동안 체재한 후 고친 이에야스 서의 사본과 포로 174명을 데리고 9월 25일 귀국했다.[51]

전계신·박대근이 쓰시마에 체류중일 때 이에야스 서가 쓰시마에 도착했다는 소식을 접한 조선은 이에야스 서의 접수와 신사 파견과 명에게 보고하는 일 등에 대해 논의했다.[52] 우선 신사의 명호와 관련해서는, 통신이라는 칭호가 타당하지 않으므로 통유 혹은 회유로 바꾸자는 의견도 있었으나, 인국에 '유(諭)'자를 쓰기는 어려우니 '회답'으로 하기로 했다.[53] 이렇게 일본으로 사자를 파견할 준비를 하는 가운데, 9월 13일 전계신·박대근의 급보와 문답 별록, 그리고 이에야스 서의 등서 등이 조선에 도착했다(『선조』 39·9·13). 조선은 이에야스 서를 수취하기 위한 장소로 절영도는 적절하지 않다고 보고 부산 구진 부근에 새로 건물을 지어 그곳에서 서장을 수취할 준비를 했다(『선조』 39·9·17). 아울러 일본사자에 대한 접대 의례(절목) 등도 지시했다(동상, 『선조』 39·9·18). 다만, 일본 국왕사에 대한 접대를 변상=부산에서 행하기 때문에 접대사 절목은 간략하게 이루어진 듯하다(『선조』 39·10·6). 예컨대 선위사가 아닌 선위관을 부산에 파견하였다(『선조』 39·10·7).

범릉적의 압송건도 명확해지자 그 대책도 마련하였다. 다치바나가 부산에 도착하여 범릉적을 넘겨줄 때 경상감사·좌병사·수사가 함께하고, 그에 소속된 군병 및 근처 관인들을 모아 군용을 엄중히 하고 나서 범릉적을 넘겨받을 것, 그들을 압송할 때 별정 관원을 파견하고 아울러 압송로의 해당 감사들에게 압송을 엄중히 할 것 등의 명령을

---

50 『海行錄(중)』, 선조 39년 9월 14일조.
51 『海行錄(중)』, 선조 39년 10월 초5일조.
52 『海行錄(중)』, 선조 39년 8월 14일조.
53 『海行錄(중)』, 선조 39년 8월 20일조.

내렸다(『선조』 39·10·6). 그런데 승정원 부승지 박동설은 그들이 진짜 범릉적인지도 명확하지 않은 상태에서 한성으로 압송하는 것은 "위엄을 손상하고 모욕을 받을"損威受侮 우려가 있다면서 다치바나가 지켜보는 앞에서 효수하자는 의견을 제시했다(『선조』 39·10·7). 이에 선조는 비변사에 명하여 박동설의 의견을 검토하게 하였고(동상), 비변사는 원임 대신의 의견을 모을 것을 건의했다(『선조』 39·10·10). 원임 대신들은 거의 대부분 "범릉적을 (일본이) 보내고, 이를 인수하는 것은 조선이 (그들을) 범릉적으로 간주하고 인수하는 것"이라는 의견을 개진했다(『선조』 39·10·11). 단, 이 일을 종묘에 고하는 것에 대해서는 범릉적의 진위 판단이 어렵다는 이유를 들어 신중론을 폈다. 이에 선조는 범릉의 진위를 묻지 않고, 변상=부산에서 그들을 처벌하자는 안을 거부하고, 비변사에 명하여 종묘에 범릉적에 관해 고하는 일을 논의하게 했다(동상).

동시에 회답사 파견 준비도 진행되었다. 회답사 일행의 인원·예물 등은 1590년 히데요시가 임진왜란 전에 보낸 일본통신사 건을 기준으로 삼아(『선조』 39·9·28, 39·10·8), 9월 16일 상사에 여우길, 부사에 신경진, 종사관에 정호관으로 정했다.[54] 그리고 일본과 접촉할 때 예상되는 15가지 질문에 대한 답변도 준비하게 했다(『선조』 39·10·20).

비변사가 준비한 내용을 요약·분류하면, 다음과 같다(『선조』 39·11·9).

Ⓐ 일본이 조선사직을 보전해주기 위해 철병하였는데 조선이 감사를 표하지 않는다고 말하면, 조선은 일본을 원수로 여기고 있으며, 일본이 원한다면 승부를 겨루자고 답한다.

Ⓑ 일본이 조선에게 왕자·대신을 파견하고 일본에 입조하라고 하면서 그렇지 않으면 화호는 불가하다고 말한다면, 이에야스가 먼저 국서를 보내고 범릉적을 압송하여 신사를 파견하였음에도 공갈·협박을

---

54 『海行錄(중)』, 선조 39년 9월 16일조.

하는 것은 이에야스가 히데요시와 다를 바 없다고 답한다.

ⓒ 일본이 3포(웅포·제물포·부산포) 개항, 일본 제후에 대한 관직 제수, 쓰시마에 대한 세사미 증가(쌀 100석에서 200석으로), 쓰시마에 대한 고위 관직의 제수 등을 요구하면, 부산포의 개항으로도 충분하며, 대신에 대한 관직 제수는 불가하며, 화호교섭이 시작된 현 단계로서는 불가하나 쓰시마에 대한 세사미 하사와 고위관직 제수는 차후 조약에서 논의할 수 있다고 답한다.

Ⓓ 일본이 조선에게 명에의 입공가도를 요구하면, 명이 일본의 입공을 거절한 것은 일본 탓(닝포의 난)이며, 일본이 근년 명 책봉사에게 무례를 저질렀고, 조선은 명에게 일본의 명 입공에 대해 말할 처지가 아니니, 앞으로 이에 대해 언급하지 말라고 답한다.

Ⓔ 일본이 명군의 조선주둔에 관한 정보를 요구하면, 명군이 조선에서 철수(평양 서쪽 주둔)한 것을 알리고 자세한 사항은 기밀이라고 답한다.

Ⓕ 일본이 조선군이 일본군에 패하고 군비가 부족했던 이유를 물으면, 조선은 200여 년 태평하여 일본군과의 전쟁이 아닌 전투에서 패한 바를 분통스러워하고 있다, 일본은 전쟁에서 패했고, 조선은 일본에 깊은 적개심을 품고 있으며, 명의 도움으로 군사력을 강화했다고 답한다.

이 내용들을 재분류하여 내용별로 추려 보면 다음과 같다. ⓐ 일본이 조선과의 전쟁에서 승리했다는 전제 하에 조선에 요구한 것(조선의 일본입조, Ⓐ, Ⓑ), ⓑ 일본의 명에의 입공가도 요구, ⓒ 일본과의 교역 관련 건, ⓓ 명과 조선의 군사정세 등이다. 이 중 조선이 가장 주의를 기울인 것은 ⓐ와 ⓑ다. ⓐ에 관해 조선은 전투에서는 패하였으나 전쟁에서는 승리하였다고 인식하고 있었다. 정말 그렇게 인식하였는지는 알 수 없으나, 이러한 인식은 유성룡의 『징비록』에서도 찾아볼 수 있다. 즉, 조선은 일본과의 화호교섭에서 일본이 임진왜란에서 승리했다는 인식·전제를 용인할 수 없다고 하였다. 이는 일본의 조선신사의 자리매김과 관련된다. ⓑ 임진왜란의 발발 원인과 그 책임에 관련한 문제다. 즉, 일본이 명에 조공하기 위해 조선에게 길을 빌리고자 하였으나 조선이 응하지 않아 임진왜란을 일으켰다는 논리를 조선은 용납할 수 없다는 것이다. ⓒ는 1609년 체결한 기유조약으로 해결되는데, 조선이 일본과의 교역대상은 기미 대상지인 쓰시마로, 외교대상은 쓰시마와 쓰시마를 통한 막부로 한정시키려는 의도를 보여준 점에서 주목된다. 그리고 ⓓ의 명군의 조선철병과 요동주둔에 관한 언급은 조선이 자주적으로 일본과 화호하려 하고 있다는 것, 아울러 명의 협조로 조선군사력을 강화하였다고 강조한 것은 일본의 침략위협 때문에 일본과 화호하려는 것이 아님을 보이고자 한 것이라고 하겠다. 즉, 조선이 일본과의 화호교섭에서 주의를 기울인 점은 임진왜란을 일본의 승리로 가장하는 조선의 일본입조, 임진왜란 발발을 정당화하는 조공가도, 일본과의 무역관계, 명과 조선의 군사정보 제공 등이었다.

위의 조목 외에 비변사가 생각한 조목도 선조에게 보냈다(『선조』 39·11·9). 그것을 보면 ① 일본이 조선에 화친을 청한 지 오래임에도 늘 명의 허락을 핑계로 대며 화호를 미루어왔다, 이번의 사신 파견은 명의 허락을 받은 것인가 아니면 조선의 독자적 판단에 따른 것인가라고 물으면, 명에게 일본이 (명에) 정성을 바치고 있다고 알려 일본에 대한 사신 파견을 허락받았다라고 답한다, ② 조선포로는 다수 송환하였는데 조선에 투항한 다수의 일본인을 송환하지 않고 있으니, 이들을 살해한 것인가 아니면 송환을 금지하고 있는 것인가라고 물으면, 명 장수들이 그들에게 일본 사정을 묻기 위해 명으로 데리고 갔다고 답하고, 요시라의 행방을 물으면 요시라 역시 명 장수들이 데리고 간 후 지금 생사 여부를 모른다고 답한다, ③ 조·일 양국이 통화通和하였으니, 항례로 상호 방문함이 마땅하지 않겠는가라고 물으면, 조·일 양국이 통호했더라도 사신 왕래는 드물었고, 사신의 왕래는 명에게 물어보고야 가능한 것이며 연속 왕래는 불가하다고 답한다, ④ (일본이) 표류민들을 송환하지 않고 살해한 까닭을 모르겠다고 하면, 이전부터 조약으로 부산로를 통하지 않고 다른 곳으로 표류한 자들은 도적으로 논단하게 되어 있고, 조선변경을 경유한 일본 상선들이 포를 쏘며 항거하는 태도를 보여 접전해서 살상하였다고 답한다 등이다.

한편, 선조가 제기한 일본 사세에 변화가 생길 경우―이에야스家康가 병사하거나 일본에 전쟁이 발발하거나 히데요리秀賴가 재기하거나 사기事機가 변하거나―, 신사는 형세를 보아 주선해서 쓰시마로 돌아와 급속히 치계馳啓하고 난 후 진퇴를 결정하라고 하였다. 그리고, 포로송환 건은 회답사에게 잘 말하게 하거나, 예조가 일본 집정관執政官(혼다 마사노부)에게 서장을 보내게 하거나 다른 대책을 세워 남김없이 쇄환시키게 하라는 선조의 명에 대해, 승려 유정이 보제普濟(휴정)의 심부름으로 알게 된 승려(이에야스의 신임을 받고 있음)에게 서한을 보내 일을 도모하게 하면 이에야스가 허락해줄 가망도 있다고 했다(『선조』 39·11·9). 선조가 포로송환에 크게 신경을 쓴 까닭은 이미 위에서 본 대로다.

조선에서 이에야스 서장의 수취와 회답사 파견준비가 거의 끝나가고 있던 1606년 11월 1일, 다치바나가 조선에 도착했다.[55] 조선은 11월 7일 이에야스 서장과 범릉적을 건네받고, 8일 절영도에서 연회를 베풀었다. 이 자리에서 다치바나는 당년(1606) 11월(늦어도 연내)에 신사와 함께 귀국하고 싶다는 뜻을 전했다(『선조』 39·11·14). 이 요구에 대해 조선은 쓰시마의 서계와 포로송환을 기다려, 해를 넘겨 회답사를 보내

---

[55] 그가 조선에 온 것은 11월이라고는 하지만, 『宣祖實錄』 권204, 선조 39년 10월 己卯條에 접위관 예조정랑 김지남이 11월 2일 다치바나 도모마사의 내방 연유를 급보한 기사가 나온다. 따라서 다치바나 도모마사가 내방한 것은 11월 1일 이전이다.

기로 했다(『선조』 39·11·17).

압송된 범릉적에 대한 심문은 11월 17일에 열렸다. 범릉적으로 지목된 마코사구麻古沙九와 마타카지麻多化之는 선릉과 정릉의 범릉 사실을 극구 부인했다. 마코사구는 쓰시마 사람으로 나이는 1606년 당시 37세였는데, 1592년 소 요시토시의 관군 노비로 부산 선소船所에 머물렀을 뿐 한성에는 올라간 적이 없으며, 소 요시토시에게 죄를 지어 촌에서 쫓겨나 10월 8일 체포되어 조선에 왔을 뿐, 능침에 대해서는 아는 바가 전혀 없다고 했다. 마타카지는 27세로, 소 요시토시에게 소속된 포수였는데, 소 요시토시와 함께 사냥을 나갔다가 명령위반죄로 사코무라佐古村에서 쫓겨나 감금되어 있다가 조선으로 압송되었으며, 조선에 온 것은 이번이 처음이고, 능침에 대해서는 역시 전혀 모른다고 했다. 이들은 낙형烙刑을 받으면서도 자신들은 결코 범릉적이 아니라고 주장했다(『선조』 39·11·17).

이로써 이들은 능침의 진범이 아닌 것으로 밝혀졌다. 이에 조선이 그 사실을 다치바나에게 알리고 추궁하면서도, 그것을 회답사 파견의 조건으로 다루지는 않았다(『선조』 39·11·24). 그 후, 소위 범릉적은 양국 통호의 희생자로 가두에서 처형당했다(『선조』 39·12·20).

이에야스가 보낸 '국서'의 내용은 다음과 같았다. ① 여러 해 동안 이에야스는 소 요시토시와 야나가와 시게노부에게 명하여 조선과의 호맹=통호를 성사시키려 했으나 이루지 못했다, ② 그 와중에 야나가와 시게노부가 사망하여, 그 아들인 야나가와 가게나오를 통해 통호를 요구했다, ③ 소 요시토시가 근래 비품飛稟하기를 조선에 여러 차례 통호를 요구하였으나, 조선이 아직 혐의嫌疑를 풀지 않고 답을 지연시켜 오늘에 이르렀으니, 친히 서계를 작성하여 청함이 좋겠다 하여 통서通書한다, ④ 다행히도 범릉적이 쓰시마에 있고, (범릉적의 송환을) 소 요시토시에게 명하였으니, 소 요시토시가 (범릉적을) 압송할 것이다, ⑤ 일본이 전대의 '잘못'[非]을 바로잡는 것에 대해서는 지난 해 송운과 손문욱 등에게 모두 말했으니, 지금 달리 무엇을 말하겠는가, ⑥ 바라건대, 조선은 신사 파견을 쾌히 허락하여 일본 전토 인민이 화호의 실을 알 수 있게 된다면 피차 다행스러울 것이다 등이다(『선조』 39·11·12).

이 이에야스의 '국서'가 개찬改竄된 것이라는 사실은 당시 당국자들도 이미 알고 있었다. 선조는 이에야스 국서가 만력이라는 연호를 사용한 점, 이에야스 스스로 국왕이라고 칭한 점, '덕유린德有隣'이라는 인장 대신 '일본국왕'이라는 인장을 사용한 점 등을 들어, "이 국서(서계)는 분명 위서일 것이다"라고 잘라 단정했다(『선조』 39·12·24).

이에야스 '국서'가 위서라는 것은 틀림없으나, 그렇다고 이에야스가 조선에 서계를 보내려고 하지도 않았다고 단정하기는 어렵다. 이에야스 서장에 대한 쓰시마의 정보를 제외하더라도, 통호조건을 내놓기 전인 1606년 5월 17일 영의정 유영경에 따르면, 유정 등이 일본을 방문했을 때 이에야스가 그들에게 서계를 송부하려 했는데, 유정 등이 조정의 명을 따로 받지 못했다는 이유를 들어 이를 거절했다는 기록이 있다(『선조』 39·5·17). 이는 이에야스가 조선에 서계를 보낼 의향이 있었음을 말해준다. 그리고 전계신이 일본 사정을 살피고자 쓰시마에 갔던 1606년 9월경, 전계신과 다치바나 사이에 오간 대화 중에 "일본이 먼저 조선에 봉서奉書하여 통호로를 간절히 구하는 것은 … 뭇왜[衆倭]에게 이 '교린지도'를 알려, 몰래 도발하는 적들[竊發之賊]을 없게 하기 위함일 뿐이다. 이에야스의 서신 중 일부분을 아직 정리하지 못했다 한들 그것이 사리와 체면에 큰 해를 끼치겠는가?"[56]라고 한 부분이 있다. 이는 이에야스 서장의 "바라건대, 조선은 신사 파견을 쾌히 허락하여 일본 전토 인민이 화호의 실을 알 수 있게 된다면 피차 다행스러울

---

[56] 『海行錄(중)』, 선조 39년 9월 23일조.

것이다"라는 부분과 관련되어 있다. 위의 "일본 … 몰래 도발하는 적들" 까지는 원래의 이에야스 서장에 있었던 문장인지 알 수 없으나, 적어도 내용만은 원 서장에도 있었을 것이다. 그리고, 원래 이에야스 서장에는 범릉적에 대한 언급이 없었다.[57] 만약 이에야스 서장이 쓰시마에서 아예 완전히 위조된 것이라면, 조선 입장을 잘 알고 있던 쓰시마가 범릉적에 대해 언급하지 않았을 리 없다. 그리고, '회답겸쇄환사'가 혼다 마사노부와 만났을 때, 유정 등은 혼다 마사노부에게 먼저 이에야스가 조선에 국서를 보내 이전의 잘못을 고쳤기 때문에 조선이 '회답겸쇄환사'를 일본에 파견했다고 말했다.[58] 그럼에도 이때도 그렇고 그 후에도 이에 대한 일본의 대응은 없었다. 이는 이에야스가 어떤 서장(=서계)을 조선에 냈음을 인정하는 결정적인 증거라 할 수 있다.

그런데 이에야스 서장은 어떤 형식이었을까? 1607년 5월 사신들이 히데타다를 알현하기 전에 이에야스를 만나고 싶다는 의견을 전했는데, 이에야스는 이미 장군직을 넘겼으므로 자신이 국서를 받을 수는 없다고 답했다.[59] 이 논리에 따르면, 1606년 9월에도 이에야스는 이미 장군직을 넘겨준 상태이므로 국서를 내서는 안 된다.[60] 이 같은 점을 고려하면, 조선에 보낸 이에야스 서장은 정식 국서가 아닌 사서私書였을 가능성이 크다고 보아도 될 것이다.

그렇다면, 왜 이에야스는 먼저 조선에 사서를 보내면서까지 통신사

---

57 동상서.
58 「慶七松海槎錄」, 『海行總載(2하)』, 조선고서간행회, 1914, 선조 40년 6월 11일조.
59 「慶七松海槎錄」, 『海行總載(2상)』, 조선고서간행회, 1914, 선조 40년 5월 16일조.
60 실제로 장군직에서 물러난 후에도 여러 나라에 외교문서를 보냈던 이에야스가 조선에 대해 이러한 태도를 취한 것은 외교상 막부에게 있어 조선의 의미가 다른 여러 나라와는 달랐기 때문이다. 즉 일본과 여러 나라와의 관계는 주로 무역에 중심이 놓여 있었으나, 조선의 경우 히데타다 정권=막부의 안태화와 동아시아에서 일본이 점하는 위치와 관련되어 있었기 때문에, 특별히 외교형식이 매우 중요했을 것이다.

파견을 요청했을까? 『해행록』을 그대로 인용하면, "뭇왜[衆倭]에게 이 '교린지도'를 알려, 몰래 도발하는 적들을 없게' 하기 위해서였다. 이 부분을 추측하여 재해석해 보면, 여러 대명[衆倭]에게 조선과 이에야스 권력이 교린관계[交隣之道]를 맺은 사실을 알려, 몰래 도발하는 적들이 없게 한다는 말이 된다. 즉, 이에야스가 조선에 통신사 파견을 요구한 것은 일본 국내의 정국을 안정시키기 위해서였다고 보인다. 당시의 일본 정세는 이미 위에서 본 대로다.

그런데 조선에서 국서를 보내지 않았는데 이에야스가 먼저 조선에 국서를 보낼 경우 친히데요리계 대명들을 크게 자극할 것이고 이 때문에 정국이 어지러워질 가능성이 있었다. 이에 이에야스는 국서 형식이 아닌 사서 형식의 글을 쓰시마로 보냈고, 쓰시마는 그 사서를 바탕으로 국서 형식으로 개찬해서 조선에 보낸 것으로 봄이 타당할 것이다. 이것이 전계신이 말한 '격례'에 맞지 않고 '불손'하다고 한 것의 요체다.

위의 일본 '국서'=이에야스 서장에서 주목할 점은 '배복拜復'에 대한 해석이다. 배복은 회답에 사용되는 단어로, 조선에서 일본으로 보낸 서장이 있었다는 것을 전제로 한다. 그러나 조선은 이에야스에게 국서=서계를 보낸 적이 없다. 그럼에도 배복이라는 단어를 사용했다는 것은 쓰시마에서 조선이 이에야스 국서를 요구한다는 보고를 받고, 그에 대해 이에야스가 조선국왕에게 회신한다는 의미로 사용한 것으로 보인다.

원래의 이에야스 서장은 당연히 명의 (만력) 연호나 국왕 칭호도 사용하지 않았을 것이다. 따라서 조선에 보낸 이에야스 서장에 만력 연호와 국왕 칭호가 쓰였다는 것은 쓰시마가 이에야스 서장을 개찬한 사실을 말해준다. 이는 회답겸쇄환사가 쓰시마에 체재하던 중 3월 15일에 열린 연회석상에서 이루어진 대화를 통해서도 알 수 있다. 즉, 조선사신들이 관백(장군)은 왕호가 없는데, 인문印文이 '일본국왕'으로 되어 있으니 무슨 연유인가라고 겐소·소 요시토시에게 물었다. 이에 대해 겐소는 임진왜란 때 명사明使가 두고 간 것을 상용하고 있다고 답했다. 이에 대해 조선사절은 그때 히데요시가 봉왕封王의 명을 받들지 않았다고 하는데 인장을 사용한다고 하니, 일본의 일은 이해하기 어렵다고 답했다.[61] 조선사절은 위의 대화를 통해 조선에 송부했다는 이에야스 서장이 개찬되었다는 사실을 알아차렸을 것이다. 후술하는 히데타다의 회답서가 '미나모토노 히데타다 인源秀忠印'으로 되어 있고, 일본국왕 상전相傳의 인장=덕유린德有隣인이 없다는 이야기를 들었기 때문에, 개찬 사실을 다시 확인했을 것이다.[62]

그렇다면 조선은 압송된 이들이 범릉적이 아니라는 사실도 알고, 이에야스 서장이 '위서'임을 알면서도, 왜 일본에 신사를 파견하려고 했을까? 이것이야말로 국교재개 교섭 연구의 최대 과제이자 최대의 난제다. 그럼에도 이에 대한 명확한 검토가 이루어진 적이 없다. 그냥 두리뭉실하게 일본의 강압외교에 조선이 굴복한 듯한 뉘앙스를 풍기거나, 조선의 안태를 도모하기 위해서라거나 하는 식으로 넘어갈 뿐이다. 백번 양보하여 이 두 가지 이미지를 인정한다 하더라도, 일본 강압외교의 실태를 명확히 해야 할 것이고, 안태를 위한 것이라면 안태롭지 않은 상태·상황을 명확히 해야 함에도 전혀 그렇지 못하다.

이미 보았듯이, 조선과 일본의 외교교섭 과정은 강화, 쓰시마의 화호·통호로 구분되며, 이 시기마다 양국이 당면한 과제도, 논리도 모두 조금씩 다르다. 이 부분에 관해서는 이미 서술하였기 때문에 생략하겠지만, 일본은 이때가 막번체제 형성기로 장군권력將軍權力의 안태화와 권위화를 위해 대외관계의 안정과 조선통신사가 필요하였고, 조선의 경우 명의 군사·외교권 제약에서 벗어나기 위해 일본과의 관계를 정상

---

61 「慶七松海槎錄」, 『海行總裁(상)』, 선조 40년 3월 15일조.
62 「慶七松海槎錄」, 『海行總裁(하)』, 선조 40년 6월 11일조.

화할 필요가 있었다는 점을 부연해 둔다.

한편, 선조는 회답사 파견과 관련하여 포로송환을 도모할 수 있는지, 혹 회답사의 이름으로 가능하지 않다면, 선조가 직접 일본에 서장을 보내거나 예조가 의리를 명분 삼아 일본에 서장을 보내거나 '회답겸쇄환사回答兼刷還使'로 사절 명칭을 바꾸거나 하는 것도 방법이 될 것이라고 하면서, 이 문제에 관한 의논을 비변사에 명했다(『선조』 40·1·4). 그리고, 일본을 방어하는 장비로 일본 조총을 높이 평가하고, 당시 북방 여진족의 불온한 움직임에 대처하기 위해 약간의 조총을 구매해 오는 것을 비변사에 의논하게 했다(동상). 비변사는 일본파견 사절의 이름을 선조의 의견에 따라 '회답겸쇄환사'로 하고, 예조에서 일본 집정(혼다 마사노부) 앞으로 서장을 보내기로 했다(『선조』 40·1·5).

1606년 10월까지 조선은 회답사 파견 준비를 거의 완료했다고 했는데, 조선은 회답사 파견 시기를 어느 때로 잡았을까? 『해행록海行錄』에 따르면, 예조가 회답사의 출발일은 12월 1일, 승선일은 12월 22일 혹은 26일이 좋겠다고 건의했다고 한다.[63] 따라서, 조선은 10월 7일 시점에서 12월 1일에 회답사를 출발시키고, 22일이나 26일경 승선시킬 예정이었던 것 같다. 그러나 생각지 않게 다치바나의 내방이 늦어지고(『선조』 39·11·17), 포로송환선이 오지 않자, 파견 시기를 1607년 정월로 연기했다.[64] 그런데 이러한 회답사 파견 연기 이유는 표면상의 이유였고, 진짜는 범릉적의 진위를 확인하기 위해서였던 것 같다. 그 후 1606년 12월 26일 회답겸쇄환사의 출발일을 1607년 정월 12일로 정했다.[65] 하지만 예정대로 한성에서 출발한 회답겸쇄환사가 실제 승선하여 쓰시마로 향한 것은 2월 27일이고,[66] 3월 21일 쓰시마를 출발하여 4월

---

63 『海行錄(중)』, 선조 39년 11월 초7일조.
64 『海行錄(중)』, 선조 39년 11월 초3일조.
65 『海行錄(중)』, 선조 39년 12월 26일조.

6일 오사카에 도착하고, 12일에는 교토에 도착했다. 그 후 5월 6일 교토를 출발하여 5월 24일 에도에 도착했다. 6월 6일 장군 히데타다를 알현하고 조선국서를 올렸다. 6월 7일에는 혼다 마사노부에게 예조의 서장을 건넸다.

이때 일본에 보낸 조선국서의 내용은 ① 교린에는 도가 있어서, 어느 것 하나 천조(중국)의 은혜가 아님이 없으니, 조선 역시 어찌 일본에 다르게 하겠는가, ② 일본이 이유 없이 임진왜란을 일으키고, 능을 범하니, 조선 군신君臣은 일본을 불공재천으로 보고 있다, ③ 그러나 쓰시마가 6~7년 전부터 계속 화사和事(=화호와 통호)를 청하고, 지금 일본이 옛날을 고쳐 새롭게 하고, 마침내 전대의 죄를 고치려 하여 글을 보내니, 어찌 양국 생령의 복이 아니겠는가, ④ 이에 사신을 파견한다는 것이다.[67]

조선 예조가 일본 집정(혼다 마사노부)에게 보낸 서장은 ① 조선은 임진왜란을 잊지 않고 있고, 교린의 도는 신의를 중히 여기는데, 어찌 일본은 이유도 없이 병란을 일으켰는가, ② 지금 일본이 먼저 글[咫尺之書]을 보내 전대의 죄를 고치겠다고 하니, 양국 생령 모두의 복이다, ③ 이에 조선이 사신을 보내 일본의 뜻에 답한다, ④ 쓰시마가 송환한 포로는 극히 일부에 불과하니, 일본은 전대의 죄를 고치는 징표로서 전쟁중에 붙잡아간 조선인을 모두 송환해야 한다는 것이다.[68]

한편, 쓰시마는 이에야스의 사신私信을 이미 국서 형식으로 개찬한 바 있어, 이번 조선국서와 예조 서계도 개찬하리라는 건 쉽게 짐작할 수 있다. 우선 쓰시마는 조선에서 먼저 일본에 국서를 보내는 형식,

---

66 「慶七松海槎錄」, 『海行總裁(상)』, 선조 40년 정월 20일조. 이하 회답겸쇄환사의 일정은 「慶七松海槎錄」(상), (하)에 의한다.
67 「慶七松海槎錄」, 『海行總裁(상)』, 선조 40년 정월 12일조.
68 동상서.

바로 조선국서의 '봉복奉復'을 '봉서奉書'로 바꾸었다. 그리고, 국서에서 "일본이 전대의 죄를 고치려 먼저 글을 보냈다"라고 한 내용을 "조선이 일본이 전대의 죄를 고쳐 구교의 도(교린지도)를 행하려 함을 들어 알아서"로 개찬했다. 또한, 혼다 마사노부에게 보낸 예조 서계는 쓰시마가 다시 썼다고 할 수 있을 만큼 많은 부분을 개찬했다. 그 내용을 보면, '봉서'는 '상서上書'로 고치고, 마찬가지로 일본에서 먼저 조선에 서계를 보냈다는 내용은 삭제하고 "근래 일본이 전대의 죄를 고쳐 구교舊交의 도를 이루려 함을 들어 알아서, 차사(견사)하여 화교和交(화호·통호)의 징표로 삼고자 한다"는 말을 첨가하였다. 포로송환에 대해서도 조선은 "전대의 죄를 고치는 징표"라고 하였는데, 이 내용을 삭제하고 조선이 포로송환을 위해 일본에 협조를 요청한다고 고쳤다.[69]

조선국서와 예조 서계에서 개찬된 내용 중 주요한 것은 '봉복'과 '봉서', '전대의 죄[前代之罪]'와 '차사差使', '봉서'와 '상서'의 관계다. 이들 내용은 모두 쓰시마가 이에야스 사서를 일본국서로 개찬한 것과 관련되어 있다. 즉 봉복을 봉서로 바꾼 것은 이에야스 국서가 먼저 조선에 보내진 것을 조선이 먼저 일본에 국서를 보낸 것으로 바꾸기 위해서였다. 전대의 죄도 소위 이에야스 서장에 "전대의 죄를 고치는 것을 유정과 손문욱에게 설명했으니 어찌 다시 말하겠는가"와 관련하여 "구교의 도(교린지도)를 행하려 함을 들어 알아서"라고 표현하였다. 이 또한 이에야스가 먼저 정식으로 '국서'를 조선에 보냈다는 사실을 은폐하기 위한 것이었다. 이렇게 되면, 결국 조선은 일본의 견사 요구에 승복해서 차사한 것이 된다. 조선이 이번 사자를 회답겸쇄환사로 자리

---

[69] 개찬된 국서는 교토대학박물관 소장본을 참조했고, 예조의 서계는 『影印本異國日記』(東京美術, 1989, 109쪽)를 참조하였다. 이 부분에 대해 좀더 소상하게 살펴보고자 하면 李啓煌, 『文祿·慶長の役と東アジア』, 臨川書店, 1997에 실린 국서와 서계를 참고.

매김하건 말건 상관없이 일본은 조선사자를 조공사로 자리매김해 버린 것이다. 이러한 맥락에서 보면, 혼다 마사노부에게 보내는 예조의 서계 역시 봉서를 상서로 고친 점도 충분히 이해할 수 있다.[70]

한편, 조선국서는 자신을 명으로부터 책봉을 받은 나라로서 일본보다 우위에 위치하며 그 자리에서 일본에게 은혜를 베푼다는 의도를 나타내고, 혼다 마사노부에게 보낸 예조 서계 역시 조선 백성을 명의 적자로 표현하여 일본 백성보다 우위에 놓고, 명의 적자(조선인 포로)를 모두 송환하는 것이 전대의 죄를 고치는 징표라고 하고 있다. 이러한 표현들은 하나같이 일본에 대한 조선의 전통적인 인식을 보여준다. 여기에다 조선은 포로송환을 전대의 죄를 고치는 징표로 보았기 때문에, 포로를 모두 송환한 후에야 비로소 '양국의 즐거움'[兩國之驩]=통호의 실질이 보증된다고 하였다. 이에 비해 혼다 마사노부 앞으로 보내는 개찬된 예조 서계를 보면, 조선이 신사를 파견하여 화호와 통호[和交]의 징표로 삼고, 그 대신 조선은 포로송환을 원한다는 맥락으로 읽힌다. 일본이 조선보다 우위에 있음을 나타내는 내용이라 하겠다. 이렇듯, 조·일 양국의 국교회복=교린관계 설정은 처음부터 서로 어울리지 않는 상호인식과 정치의도에 입각해 있었음을 알 수 있다.

6월 11일 조선사절은 일본국서를 건네받고 6월 14일 에도를 출발하여 슨푸駿府로 향했다. 슨푸에 도착하여 6월 20일 이에야스를 접견한 사절은 혼다 마사노부에게서 예조에 보내는 서계를 받았다.[71]

조선국왕 앞으로 보내는 히데타다의 국서 내용은 ① 신사 파견과

---

70 「慶七松海槎錄」, 『海行總裁(상)』, 선조 40년 6월 11일조.
71 『海行錄(중)』, 선조 39년 11월 12일조. 『宣祖實錄』 권205, 선조 39년 11월 丁丑條에도 이에야스 서장이 실려 있으나, "日本國王源家康拜復朝鮮國王殿下"와 "不宣" 부분이 삭제되어 있고, "案"가 "實"로 적혀 있다. 그리고 이 이에야스의 서장 사본은 이미 전계신이 쓰시마에서 가지고 왔기 때문에 9월 말경에는 조선에 알려져 있었다(『海行錄(중)』, 선조 39년 10월 5일조).

폐물에 대해 감사를 표한다, ② 조선과 일본이 인맹隣盟을 맺은 지 오래되었고, 지금 (조선이) 구교舊交를 수복하고자 하는 원망을 일본 역시 어찌 소홀히 하겠는가, ③ 조선과 일본의 통호는 신의로써 이루어이어가길 바란다로 되어 있다.

혼다 마사노부가 예조 앞으로 보내는 서계의 내용은 ① 폐물과 신사 왕래에 대해 감사한다, ② 조선이 요구한 포로송환 건은 상주해 전달하였다, 그런데 포로들이 각지에 흩어져 있고 세월도 흘러, 포로마다 각각 사정이 생겨 귀환을 원치 않는 자도 있으나, 귀향을 원하는 포로들은 모두 귀향시키라는 엄명이 내려졌다, ③ 우리 왕(히데타다)이 원인遠人을 사랑하고 가련히 여기는 마음이 심후하여 위와 같이 하였음을 조선 왕에게 상주하여 전달하라는 것 등이다.

위 내용에서 알 수 있듯이, 맥락은 조선이 사신을 파견하여 통호(=隣盟)를 구하고, 일본이 허락한다고 되어 있다. 특히, 혼다 마사노부의 서계에서 이 부분이 더욱 명확하다. 즉, 조선인을 원인遠人으로 표현하고, 포로송환에 관한 히데타다의 너그러운[寬宥] 명령을 선조에게 아뢰라[奏達]고 한 표현은 일본을 조선보다 상위에 둔 인식을 잘 보여준다.

한편 사신들이 일본에 체류해 있는 동안 여러 가지 문제가 발생했다.

첫째로, 당시 외교를 담당한 막부 당국자와 승려 사이에 나타난 조선 인식의 차이다. 먼저 사신 접대를 둘러싼 막부 당국자와 승려 조다이承兌의 조선 인식 차이다. 사신이 교토에 머물러 있을 당시 조다이는 조선사신은 일본에 무익하며, 그들의 일본 방문은 "병기兵機를 정탐하고 형세를 살피러 온 것"에 불과하니 박하게 접대해야 한다고 이타쿠라 가쓰시게板倉勝重에게 말했다. 이에 이타쿠라 가쓰시게는 사신들이 귀국해서 일본의 무례를 지적하게 되면 곤란하며, '주객의 예'를 박정하게 구는 것은 '장군의 뜻'에 어긋난다고 답했다.[72] 조선에 보낼 국서에 사용할 연호에 대해서도 조다이가 일본 연호를 주장한 데 비해 겐소는 중국 연호를 주장했다. 그리고 명에 대한 진공도, 조다이는 "일본에는 천황이 있고, 명에는 천자가 있으니, (명과 일본은) 동등한 나라인데, 근래 관백배(막부)가 통화通和하여 신信을 칭하여 진공하려 하니, 이는 안 될 일이다. 어찌 동등한 나라에게 스스로를 낮춰 신하라 칭하겠는가"[73]라고 했다. 연호 문제는 히데타다가 일본은 명에게 사대事大하는 나라가 아니니, 명의 연호를 사용해서는 안 되고, 그렇다고 일본 연호를 사용하면 조선사절이 반발할 것이니, 양자를 피해 용집龍集을 쓰는 것으로 해결하였다.[74] 진공 문제의 경우, 후에 보듯이 막부가 명에게 진공할 의향을 갖고 있음을 조선사절에게 내비쳤다.

위의 대화에서 알 수 있듯이, 막부 당국의 의견을 대변하는 겐포元豊·이타쿠라 가쓰시게는 현실정치에 대한 이해를 중시하였고, 외교문서를 담당한 조다이는 일본의 전통적인 조·명 인식을 기초로 한 외교를 전개하려 했다. 결국 막부의 의도가 관철되었지만, 조다이에게서 확인되는 조선 인식은 조선사절을 '조공사'로 자리잡게 하는 사상 기반이었다고 할 수 있다.

둘째로, 조선사신이 먼저 이에야스를 만나고 나중에 히데타다를 만나보고 싶다고 한 데 대해 이타쿠라 가쓰시게는 "(이에야스가) 이미 (히데타다에게) 자리를 물려주었으니, 스스로 (이에야스가 조선사신을 만나는 것을) 받아들일 리 만무하다"라고 하면서, 히데타다를 먼저 만나라고 주장하였다.[75] 조선사절의 의지는 이에야스에게 보고되었으나, 이에야스 역시 "이미 (히데타다에게) 자리를 물려주어 스스로 조선국서를 받을 수 없으니 … (조선사신이) 돌아갈 때 마땅히 상견하겠다"라고 해서

---

72 「慶七松海槎錄」, 『海行總裁(상)』, 선조 40년 4월 29일조.
73 「慶七松海槎錄」, 『海行總裁(상)』, 선조 40년 6월 21일조.
74 동상서, 선조 40년 6월 11일조.
75 동상서, 선조 40년 6월 21일조.

사신 일행의 에도행을 서둘렀다.⁷⁶ 이는 일본의 조선사신 파견 요구의 의도를 간접으로 보여준다. 즉, 이에야스가 조선사신에게 히데타다를 먼저 접견케 한 것은 일본의 최고 권력자·통치자가 히데타다임을 내외에 명확히 함과 더불어 신정권=히데타다 정권이 국제적으로 승인받았다는 사실을 일본 국내에 내보일 의도에 따른 것이라 할 수 있다. 이것이야말로 이에야스가 조선에 먼저 서장을 보내면서까지 신사 파견을 요구한 최대 이유였을 것이다.

셋째, 막부 측이 조선사신에게 명에 대한 진공·교역 문제를 제기했다는 점이다.⁷⁷ 막부 측은 이 문제를 세 차례에 걸쳐 제기하였고, 조선은 강하게 거절했다.⁷⁸ 세 번째 때의 겐포·야나가와 가게나오와 사신의 대화 내용을 보면, ① 겐포가 (조선과의) 통화通和는 오로지 명에 진공하기 위함이라고 하였는데, 일본이 명에 진공하는 일을 어찌 조선에 맡기고 우리에게 말하는 것인가, (일본이) 명에 입공入貢하려면 직접 옛길을 확보하여 일본 스스로 (명에) 주청할 일이니, 우리는 알 바 아니라고 했다, ② 겐포가 조선과 명은 일체지국一體之國이니, 조선이 (일본의) 진공의 뜻을 (명에) 아뢰주기를 바라고, 장군이 사신을 접대할 때 말해주기를 바라며, 혹 서계 중에 차사借辭하여 보내기를 바라는데, 이런 일로 조선을 복잡하고 번거롭게 만들어서는 안 되며 역시 사신에게 애매하게 말해서도 안 되며, 오직 쓰시마가 조선 집정(예조)에게 통보하게 했고, 우리가 (명에의 진공에 대해) 이미 장군의 말을 듣고서 만약 쓰시마에게만 말하고 (그것을) 사신에게 고하지 않는다면 사신의 뜻을 존중하지 않는 것이니, … (조선사신은) 만약 그 일(일본의 명 진공)이 장군이 크게 원하는 바라면, 우리(조선사신)가 그(이에야스)를 접견할 때 왜 이것에 대해 한

---

76 동상서, 선조 40년 5월 14일, 15일조.
77 동상서, 선조 40년 5월 10일조.
78 동상서, 선조 40년 윤6월 1일, 7일조.

마디도 하지 않았으며, 혼다 마사노부를 만났을 때도 역시 (그가) 이 일에 대해 언급하지 않았는데, 지금 와서 이런 말을 하니 그 이유를 모르겠다고 하였다, ③ 겐포가 … 전일 유정·손문욱이 방문해서 야나가와 시게노부와 정좌鼎坐하고 그것(일본의 명 입공)에 관해 말했는데, 손문욱이 그건 어렵지 않다고 하였다, 그런데 지금 어찌 이를 단호히 거절하는가, 지금의 일본 사정은 예전과 달라, 조선이 이 뜻(일본의 명 입공)을 명에 알린다면 제왕이 이夷를 대하는 도를 어찌 영절永絶할 리 있겠는가 … 겐포·야나가와 가게나오가 … 이 일이 어렵다는 것을 역시 알고 있으며, 사신에게 고한다고 그 가부를 꼭 듣고자 함은 아니다, 훗날 쓰시마가 혹 조선 집사(예조)에게 (이 일을) 통고하게 되면, 사신이 일찍이 그런 말을 들은 적 없었다고 할까 두려워 감히 이렇게 고하니, 사신은 오직 들어 알게 하고자 할 따름이다. … 야나가와 가게나오가 … 이에 관한 장군의 명이 있으면, 쓰시마는 감히 통고하지 않을 수 없다, 조선이 지금 안 된다고 답한다 해도 별 일은 없으며, 화사和事 역시 해가 없다고 했다.⁷⁹

위의 내용에서 일본이 주장한 진공가도의 의미와 조선이 이를 거절한 의미는 앞서 보았기 때문에 재론하지 않겠지만, ③의 내용과 의미는 주목할 필요가 있다. 즉, 앞으로 장군이 명령을 내리게 되면 쓰시마는 어쩔 수 없이 일본의 명에의 진공가도 문제를 조선에 말해야 한다고 전제한 점이다. 다시 말해 일본 사세가 변하면, 막부가 명과 교섭을 해야 하는데, 이를 조선이 중재해주길 바란다는 것이다. 도대체 쓰시마는 앞으로 있을 일본의 사세 변화로 무엇을 생각하고 있었을까? 이러한 관점에서 주목할 것이 사쓰마의 류큐 침략계획이다. 이 계획이 조선에 전해진 것은 1606년 9월 전계신이 쓰시마에서 돌아왔을 때다.⁸⁰ 이때

---

79 동상서, 선조 40년 윤6월 7일조.
80 『海行錄(중)』, 선조 39년 9월 己丑條 ; 『宣祖實錄』 권203, 선조 39년 9월 壬子條.

조선은 이 말을 '공갈협박' 정도로 받아들였다.[81] 막부의 류큐 침략 용인이 명·일 교섭에서 명의 조공국인 류큐를 이용하기 위한 것이라고 한다면,[82] 막부는 대명 외교루트를 두 방면에서 모색하고 있었다고 할 수 있다. 그런데 막부가 명·일 교섭에 류큐를 이용하기 위해 류큐 침략을 용인했다는 의견에는 동의하기 힘들다. 이 의견이 맞다면 조선에게 그토록 끈질기게 진공가도를 주장할 필요도 없고, 류큐 침략을 용인할 필요도 없다. 실상은 류큐의 중개무역을 장악하기 위해 류큐를 침략한 것이었다.

그런데, 류큐는 익히 알고 있듯이 명의 조공·책봉국이다. 따라서 사쓰마가 류큐를 침략하여 점령하는 행위는 일본의 조선침략처럼 명의 책봉체제에 도전하는 행위가 된다. 당시의 막부 군사력이 사쓰마의 류큐 침략을 막지 못할 정도로 취약한 것은 아니었다. 또한 이 침략으로 인해 벌어질 국론 분열과 준동할 것이 뻔한 친히데요리 세력의 동향은 상황 여하에 따라 예상치 못한 사태를 불러올 수도 있었다. 게다가 사쓰마의 류큐 침략 책임을 물어 명이 일본과 전쟁을 선언하기라도 하면, 막부는 어떻게든 명과 교섭하여 전쟁을 피해야 할 것이다. 물론 명과의 일전을 택할 수도 있겠으나, 이는 막 자리를 잡아가는 막번체제를 다시 한 번 위험에 빠뜨릴 가능성이 농후했다. 이렇게 생각하면, 막부는 사쓰마의 류큐 침략을 승인하면서도 그에 따라 발생할 수 있는 명·일 간의 마찰을 완충해줄 장치, 외교루트, 명·일 간의 중재자를 절실히 필요로 했을 것이다. 그래서 일본(막부)이 명에 대한 진공로를 확보하고 있음에도 그 뜻(=일본의 명에 대한 진공 의향)을 조선이 명에 전달해주기를 끈질기게 주장했다고 보인다. 물론 이 주장(=일본의 명에

---

[81] 동상서.
[82] 紙屋敦之,「島津氏の琉球侵略と權力編成」,『幕藩制國家の琉球支配』, 校倉書房, 1990, 145쪽.

대한 진공가도)이 위에서 언급한 임진왜란에 대한 일본측 태도와 신사의 자리매김과 관련되어 있음은 말할 나위도 없다.

그 후 조선사절은 곧바로 귀국길에 올라, 6월 29일 교토에 도착하고, 윤6월 8일 교토에서 출발하여 오사카에 도착했다. 그리고 윤6월 12일 오사카를 출발하여 23일 쓰시마에 도착하고 7월 3일 쓰시마를 출발하여 부산에 도착했다.

맺음말

이상에서 알 수 있듯이, 만세덕에 이어 건달이 군문으로 부임하면서 조선은 조·일 외교를 둘러싸고 이제까지 쌓아올려 온 명과의 관계를 재조정할 필요가 생겼다. 이에 조선은 모든 수단을 동원하여 건달 설득에 나섰다. 그럼에도 건달이 조선의 대쓰시마 화호에 부정적인 견해를 보이자, 조선은 진주사를 명 조정에 파견하여 건달의 동향을 견제하고 더불어 다시 대쓰시마 기미(=화호)와 대일본 화호가 조선의 내정에 해당한다는 원칙을 확인하려고 했다. 이 같은 조선의 의도는 적중하여, 1603년 5월 마침내 조선의 대일본 관계는 스스로 판단할 것이라는 명의 태도를 재확인할 수 있었다. 그러나, 이러한 명의 태도를 재확인하기 전에 이미 조선이 유정 등의 쓰시마 파견을 결정했다는 점에 주의할 필요가 있다. 이는 조·일 외교의 재개에 대한 명의 대조선 태도가 이미 두 번에 걸쳐 조선에 전해지고 나서부터이기는 하지만, 조선의 대일 외교가 원칙상 조선 내정에 해당하고, 명의 사전 승인을 필요로 하지 않음을 나타낸다.

한편, 쓰시마는 막부로부터 대조선 외교권을 위임받은 사실을 내세워 조선에 신사 파견을 강력히 요구하였다. 조선과 쓰시마 사이의 화호를 시간 문제라고 본 쓰시마는 조선과 막부의 통호교섭에 대비하여, 그 토대를 만드는 데 진력하였다.

그 결과, 조선은 1602년 유정 등을 쓰시마로 파견하기로 결정한다. 유정 일행의 쓰시마 파견과 이에야스 접견은 조·일 양국의 중앙정권이 조선과 쓰시마 간의 화호를 정식으로 인정하였음을 의미한다. 이는 임진왜란 이래의 양국의 군사 긴장관계를 해소하고, 조·일 교린외교(=통호)의 단서를 열었다는 점에서 역사 의의가 있다. 따라서, 이것은 조·일 국교재개 교섭과정에서 한 획을 긋는다고 평가할 수 있다.

다음으로 조선과 막부와의 통호교섭을 보자. 이 시기 쓰시마의 대조선 교섭은 조선신사의 초치를 실현하는 것이었다. 이 가운데 가장 중요한 것이 1606년 2월 다치바나 도모마사의 교섭이다. 그는 2월 19일 조선에 와서 4개월여 조선에 체류하며 신사 파견 교섭을 진행했다. 한편, 조선은 다치바나의 신사 파견 요구에 대해 이에야스 국서를 먼저 보내올 것과 범릉적의 압송이라는 두 가지 조건을 제시했다. 그리고 이에야스 서장에는 국왕호를 사용할 것을 요구했다. 조선이 이에야스 서장을 요구한 것은 임진왜란 발발과 관련하여 일본에 사과[陳謝]를 요구한 것이다. 국왕호의 사용 요구는 이에야스가 일본국가의 통치자임을 확인하기 위해서였다. 범릉적의 압송 요구는 일본이 조선을 정통국가로 인정하는지, 또 일본의 화호 요구가 진심인지를 확인하기 위해서였다. 조선은 사자를 막부에 파견하여 일본의 통호 요구가 사실인지를 확인하고자 했다. 이는 조선이 쓰시마를 일본과의 통호교섭 담당자로 인정하면서도 일본이 조선을 재침략하려 할 경우, 쓰시마에게는 그것을 저지할 능력이 없다고 인식하였기 때문이다.

쓰시마는 조선 측의 요구를 즉시 막부에 보고하였고, 1606년 8월 이에야스는 국서는 아니지만 사서 형식의 서장을 쓰시마에 보내고 범릉적의 압송 건은 쓰시마에게 맡겼다. 조선은 전계신·박대근을 일본으로 파견하려 했으나, 쓰시마의 강력한 반대로 쓰시마에 머물면서 이에야스 서장을 직접 보고 수정을 요구했다. 이에야스 서장의 쓰시마 도착과 범릉적의 압송 소식을 접한 조선은 신사 파견 준비를 서둘러 1606년 10월경 완료하였다. 하지만 개찬된 이에야스 서장과 범릉적의 압송이 11월에 이루어지면서 1607년 정월에야 회답겸쇄환사를 일본에 파견하게 된다.

이상에서 조선과 쓰시마·막부와의 화호·통호 교섭과정을 간략히 살펴보았는데, 조선의 쓰시마 기미론, 화호교섭에서 보이는 조선, 쓰시마, 그리고 막부의 입장 및 태도를 살펴보자. 조선의 쓰시마 기미론은 1600년 8월 명군이 완전히 철수하려는 상황 속에서 '1천 유병안'이 논의되던 중에 제기되어 명군의 완전 철수가 확정된 9월에 정책으로 채택되었다. 이 일련의 움직임은 조선이 '조·일 음결'에 대한 의구심을 덜어내고, 군사·외교권을 회복하기 위해 명군의 소수 유병, 혹은 완전 철수에 적극적이었던 점을 고려하면, 조선이 일본과의 화호에 적극적이고 능동적으로 임하고 있음을 나타내며 쓰시마 기미정책은 그 일환이었다.

조선은 일본·쓰시마의 문화·역사·지리에 대한 이해를 바탕으로 일본과 쓰시마를 구별하고, 일본과의 교린 − 문화적 우위에 선 국가간의 평등외교, 쓰시마에 대한 기미를 회복시켜야 한다고 인식하여 쓰시마와의 화호교섭에 적극적인 태도로 임했다. 그러나 취약한 군사력과 대명對明관계를 고려해 가능한 한 화호를 연기하는 방침을 세웠다. 당시 조선은 군사·외교상 명의 규제 아래 놓여 있었고, 이는 당연히 조선의 대일외교를 규제하였는데, 일본과의 국교재개를 통해 그 같은 상황을 극복하고자 했다.

쓰시마는 종래부터 가지고 있던 무역에 관한 교섭권을 최대한 이용하여 일본을 대표하는 외교권자임을 조선에 인식시키고, 그 성과로 자신이 대조선 외교의 적임자임을 막부에 인식시켰다. 그리하여 쓰시마는 이제 막 자리가 잡혀가고 가고 있던 막번체제 안에 자신을 위치시켰다. 그 과정에서 쓰시마가 대조선 무역에 적극적이었음을 말할 나위도 없다. 막부도 막 성립한 막번체제를 안정시키고 막부의 외교권을 확립하기 위해, 또 장군의 위광을 높이기 위해, 대조선 외교에 적극적이었다. 즉, 조선은 명의 군사·외교상 규제에서 벗어나기 위해, 쓰시마는 막번체제에서 자신의 위치를 확립하기 위해, 그리고 막부는 막번체제의 기초를 강화하기 위해 각각 조·일 국교재개 교섭에 적극적이었다. 그 덕분에 양국의 국교재개는 대단히 빨리 진행되었고, 빠르게 진행된 만큼 문제점들을 안고 있었다. 일련의 국서 개찬이나, 그와 관련된 '야나가와 일건柳川一件', 그리고 통신사의 자리매김 등이 그것이다.

다음으로 회답겸쇄환사의 파견과 그들이 일본에 체제하던 중에 보인 막부의 움직임을 보자. 우선 이에야스는 우선 이에야스 국서를 보내라는 조선의 요구에 응하여 쓰시마를 통해 사서私書를 보냈으나, 이 사서를 본 조선사신이 반발하자 쓰시마는 조선의 요구에 맞추어 국서로 개찬했다. 이에야스가 조선에 먼저 사서를 보내면서까지 조·일 통호관계를 원했던 것은 대내외로 히데타다 정권을 인정시키고 더불어 막번체제를 안정시키기 위해서였다. 한편, 조선은 이에야스 국서가 개찬된 사실을 알면서도 회답겸쇄환사를 파견하여 일본(막부)과의 국교재개를 시도했는데, 이는 임진왜란 이래, 특히 정응태무주사건 이후 명의 군사·외교적 규제에서 벗어나 조선의 자주권을 확보하기 위해서였다. 이 과정에서 쓰시마의 국서 개찬이 일어났는데, 다른 한편 국서 개찬은 일본을 조선보다 우위에 놓으려 한 의도와도 관련 있다. 막부는 대조선 통호관계의 회복을 대명 외교교섭의 전제로 보았다. 특히, 사쓰마의 류큐 침략을 앞두고 있던 당시, 막부는 이 침략으로 인해 발생할 수도 있을 대명 외교문제를 조선의 중재를 통해 해결하려는 의도도 들어 있었다.

나오며

　　　　　　도대체 무슨 일을 벌인 건가? 이즈음에 오면 항상 부끄럽기도 하고, 한심하기도 하고, 허무하기도 하고, 후회스럽기도 하고 …. 이렇게 느끼는 마음 밑바닥에는 자신의 무능, 게으름, 열정 부족, 자신을 채찍질하는 반성의 불철저함 등이 자리하고 있다. 도대체 언제쯤이면 만족할 만한 글을 쓸 수 있을까? 아마도 나에게 그런 행운은 찾아오지 않을 듯하다. 30년 이상 학계에 몸담고, 척박하지만 어느 정도 환경이 마련된 직장에 있으면서도 그러지 못했고, 이제 저녁노을을 바라본다. 아쉬움 없는 저녁노을이지만, 저녁노을은 그저 아름다움이 아니라 회한과 탄식으로 물든 아름다움이라. 그래서 더욱 어둠으로 향하는 길목의 안타까움이라. 이 안타까움을 욕망과 초조함으로 감추면 저녁노을은 거무스레하고, 안타까움에 희망을 실어 태양에 불태우면 저녁노을은 붉음이라. 부디 붉은 저녁노을이기를 바랄 뿐이다.

　이 책을 구상할 때 사실 약간의 분노가 도사리고 있었다. 1992년경 임진왜란을 '동아시아 국제전쟁'으로 규정하고, 그러한 인식을 바탕으로 1994년 박사학위논문을 탈고하고, 1997년 일본에서 『文祿·慶長の役と東アジア』라는 단행본을 출간하였다. 이후 '동아시아 국제전쟁'이란 구호는 요란스러워도 그것을 구체화시킨 임진왜란 연구는 거의 진척되

지 않았다. 역사학자들의 문제의식은 그저 구호만 외치면 되는 깃털처럼 가벼운 것인가? 그리고, 1990년대 후반 이후 한때 무수한 동아시아 지역론이 회자膾炙되었음에도 역사학은 역사연구를 통해 여기에 어떤 답변이라도 내놓았는가? 아무리 각박해도 그렇지, 부족하더라도 이 문제들에 대한 답변은 있었어야 하지 않을까? 역사학자라면 이 문제와 관련한 역사를 들춰내 보아야 하지 않았을까?

분노를 잔잔히 부채질한 것은 '정응태무주사건'이 세간에 알려진 지 30여 년, 명군의 유철留撤 문제를 다룬 지 30여 년이 지난 지금 이 사안들에 대한 논의가 전혀 없다는 사실이다. '정응태무주사건'은 조선의 군사·외교권을 장악하려는 시도였고, 명군의 유철문제 역시 조선의 군사·외교권과 관련되어 있는 문제다. 한반도를 둘러싸고 벌어졌고, 벌어지고, 벌어질 사안들을 생각하면, 위 주제들은 적어도 십수편의 논문이 발표되었어야 할 것 같은데, 현실은 전혀 그렇지 않았다. 역사학자의 눈은 도대체 어디를 향하고 있는 걸까? 현실을 보는 시늉만 하면 되는 건가?

한동안 '코리아 패싱'이란 말이 오르내린 적이 있었다. 필자가 박사학위논문을 집필할 당시에는 그런 식의 '조선 패싱'이란 단어는 생각해내지 못했고 '타자' 없는 강화교섭이란 이미지를 염두에 두고 있었다. '코리아 패싱'이란 말을 듣고보니 '타자 없는 강화교섭'에 '조선 패싱'이란 말이 참 어울린다는 생각이 들었다. 그런데, 역사에서는 이런 일이 왕왕 발생하지 않았던가. 위의 학위논문을 집필할 당시 정유재란기에 보인 명·일의 '조선 패싱' 외교 행태에 큰 자괴감自潰感과 분노를 느끼며 충격을 받았다. 아울러 정유재란기의 외교교섭 연구가 제대로 안 되어 있다는 것에도 충격을 받았다. 정유재란을 그저 임진왜란의 연장으로 보는 시각에도 크게 실망했다. 동시에 도대체 조선은 나라다운 나라인가? 도대체 어쩌다가 어째서 이 모양 이 꼴이 되었는가? 자신을 외부로부터 지킨다는 것, 자신의 의견을 관철시킨다는 것, 그것이 불가능하다면 어떻게 대처해야 할까?

문제는 그러한 상황이 벌어진 원인이 무엇이며, 그 상황을 어떻게 극복할 것인가다. 현재 한국에는 적지 않은 미군이 주둔중이다. 그것을 모르는 국민은 없을 터인데, 이 미군을 어떻게 철수시킬지를 고민하는 사람들은 만나기 어렵다. 여러 여건 때문에 당분간 미군의 주둔은 어쩔 수 없을 것이다. 그렇다고 미군을 영원히 주둔시켜야 하나? 언젠가 미군을 철수시켜야 한다면, 우리는 현재 무엇을 어떻게 해야 할까? 우리는 미군 철수를 위해 노력해 왔는가? 역사학자들은 미군 철수 문제를 생각이나 하고 있는가? 그런 생각을 했다면 명군의 철수문제에도 주목했을 것인데, 이를 다룬 역사논문은 겨우 두 편이다. 역사학자의 현실에 입각한 문제의식은 그저 장식인가? 어쩌면 학자들의 문제의식은 그저 허위일지 모르겠다.

이 문제들은 뒤집어 보면, 우리는 한반도 평화를 위해 무엇을 해왔는가, 하고 있는가, 할 것인가라는 질문이 된다. 과연 우리는 이 문제를 직시하고 질문하고 답변하고 있는가? 차원을 달리하면 이 문제는 개인과 개인 사이, 크고 작은 집단과 집단 사이에도 일어난다. 인간이 인간으로 존경하고 존경받으면서 살아가기 원한다면, 상대방의 '인격'을 인정해야 한다. 이제까지 배워온 총체는 그것이다. 누구나 다 아는 이 명제를 실천하고자 하는가? 실천까지는 못 해도 적어도 하려고 노력은 하고 있는가?

조금만 생각해보면 위의 사안들은 모두 전쟁과 관련되어 있음을 알 수 있다. 그 이면에는 언제나 '평화'라는 화두가 가로놓여 있다. 조선민중에게 임진왜란은 일본과의 전쟁, 명군과의 '전쟁', 지배층과의 '전쟁'이었다. 일본민중에게도 이 구조는 같다(조선과의 전쟁, 명군과의 전쟁, 지배층과의 '전쟁'). 일본에게는 조·명과의 전쟁이었고, 명에게는 일본과의 전쟁이었고, 조선왕조에게는 일본과의 전쟁이었고, 명과의 '전쟁'이었다. 인간이 이 지구상에 살면서 그렇게도 많은 전쟁을 치르고 그렇게도 간절히 평화를 희구해 왔건만, 이 지구상 한구석에서는 지금도 전쟁으로 인해 살 권리가 있는 인간이 살상당하고 있다. 도대체 언제까지 이래야만 하나? 도대체 전쟁은 누구를 위한 것인가? 욕망과 이익을 알량한 '가치'로 치장할 명분으로 일어나는 전쟁을 언제까지 봐야 할까? 나아가 자신의 욕망과 이익을 지키려는 인간 행태를 어디까지 인정해야 하나? 왜 우리는 전쟁과 욕망으로 타인을 억압하는 행태에 극렬히 분노하지 않는 걸까?

　이 책에서 임진왜란의 최대 피해자인 조선·일본의 민중에 대해 전혀 언급하지 못했다. 이 책의 구성에 어울리지 않기 때문이기도 하지만, 무엇보다 필자의 무능함 때문이다. 이 부분을 집어넣을 수 있는 논리를 구축할 수 없었다. 전쟁 속의 민중을 전쟁주체로서 장악할 자신도 논리도 만들어낼 수 없었다. 훌륭하고 능력 있고 수완 좋은 후학을 기대해본다.

　이 책은 위에서 지적한 연구자들에게는 절대금물인 약간의 불손한 분노로 기획되었고, 슬픈 저녁노을을 바라면서 희망을 꿈꾸는 욕망으로 가득 차 있다. 그러다보니, 이 책은 참 학술서로 자리하기 어렵고, 곳곳에 감정이 진하게 서려 있다. 연구자에게 감정언어의 사용은 용납하기 어려운 금기지만, 저녁노을을 바라보는 늙은 나그네는 그러고 싶지 않았다. 슬픔과 희망을 보고 있는 나그네는 이번만큼은 자유스럽기를 원했다. 이런 점들이 아마도 독자들을 불편하게 할지도 모르겠다. 독자들께서 관대한 마음으로 어여쁘게 혜량惠諒해 주시길 빈다.

　마지막으로, 이 책이 세상의 빛을 볼 수 있도록 도와주신 분들께 감사를 드린다. 특히, 이익이 없을 줄 아시면서도, 너는 좋은 책 낼 것이나 걱정하지 왜 출판사 영업을 생각하느냐, 영업은 내가 하는 것이라

하시면서, 출판을 격려해주신 존경하는 혜안출판사 대표 오일주님과 책을 꼼꼼히 챙겨봐주시고 여러 오류와 부족한 점을 잡아주신 김현숙님께 깊은 감사를 전한다.

2022년 12월

찾아보기

ㄱ

가사이오사키 잇키葛西大崎一揆 113
가스파르 코엘료Gaspar Coelho 102
가토 기요마사加藤淸正 117, 127, 135, 154, 160, 164, 177, 254, 258, 326, 357, 360
가토 미쓰야스加藤光泰 123, 139
가토 요시아키加藤嘉明 157
감합무역勘合貿易 34, 148
감합무역설 41, 58, 63
강간약기强幹弱技 268
강량동姜良棟 282
강사준 332
강흥수 49
건달蹇達 362, 369, 371, 376
겐소玄蘇 105, 110, 141, 145, 275, 378, 380
겐포元豐 418, 419
견내량 129
경주성 132
계금季金 163
계유근桂有根 210, 231
고광국高光國 325
고니시 유키나가小西行長 107, 117, 140, 160, 165, 168, 178, 192, 254, 256, 287
고마키·나가쿠테 싸움小牧·長久手の戰い 98

고바야카와 다카카게小早川隆景 120, 123, 139
고바야카와 히데아키小早川秀秋 331
고바야카와 히데카네小早川秀包 157
고사조분古沙汝文 400
고양겸顧養謙 151
고책高策 162
공명심설功名心說 41, 61, 69
곽재우郭再祐 128, 132
관백항표關白降表 149
교룡산성蛟龍山城 159
9경회의九卿會議 229
구노헤 마사자네의 난九戶政實の亂 113
구로다 나가마사黑田長政 117, 127, 161
구로다 요시타카黑田孝高 133
국왕호國王號 399
군자지국君子之國 380
권율權慄 137, 155, 158
권태익 49
권희權憘 372
금산성전투 131
기노시타 마히로木下眞弘 29
기무라 시게코레木村重玆 132
기미지계羈縻之計 198
기시모토 미오岸本美緖 38, 85
기타지마 만지北島万次 22, 36, 81
김광 378
김대함 332
김득시 241

찾아보기 433

김명원金命元 120, 124, 126
김성일 106
김성칠 50
김수金睟 317
김시민 132
김신원金信元 296
김응서金應瑞 151, 158, 164, 267
김천일 137
김효순 348

ㄴ

나고야 성名護屋城 114
나베시마 나오시게鍋島直茂 135
나이토 조안內藤如安 149
나카노 히토시中野等 37
나카무라 히데타카中村榮孝 30, 67
남방위 223
남원성 160
남이신南以信 234, 239, 270
납관표納款表 149
노량해전 170, 258
누루하치 242
누쿠이 마사유키貫井正之 84

ㄷ

다나카 다케오田中健夫 32
다나카 요시나리田中義成 57
다보하시 기요시田保橋潔 65
다시로 가즈이田代和生 37
다치바나 도모마사橘智正 341, 350, 353, 355, 359, 377, 382, 391, 402
다치바나 도모히사橘智久 362, 371
다치바나 무네토라立花統虎(무네시게宗茂) 157
다치바나 야스히로橘康廣 104
다카하시 모토타네高橋元種 126
다카하시 무네마스高橋統増 157
담종인譚宗仁 347
당포 128
당항포 128
대명 칙사에 대하여 보고해야 할 조목大明勅使に對して報告すべき條目 148
데라사와 마사나리寺澤正成 165, 178, 286, 287, 294, 333, 355
도다 가쓰타카戶田勝隆 127
도요토미 히데나가豊臣秀長 111
도요토미 히데쓰구豊臣秀次 114
도자마 대명外様大名 78, 100
도쿠가와 이에야스德川家康 139, 169, 191, 273, 288, 289
도쿠토미 소호德富蘇峰 63
도토 다카토라藤堂高虎 157
동아시아 국제전쟁 6, 21, 98
동양정佟養正 215
동일원董一元 168, 169, 255
두잠杜潛 223, 319
둔전책屯田策 158, 213

ㄹ

라이산요賴山陽 64
루이스 후로이스Luís Fróis 101
류큐琉球 421
류큐 침략계획 420

ㅁ

마귀麻貴 158, 161, 168, 258
마시타 나가모리増田長繼 123
마쓰모토 아이주松本愛重 29
마에노 나가야스前野長康 123, 139
마에다 도시이에前田利家 272, 273
만세덕萬世德 163, 215, 235, 236, 237, 272, 278, 279, 280, 282, 286, 297,

319, 325, 341, 344, 362
맹수지국猛獸之國　380
명량해전　162
모국과茅國科　267, 285, 324
모국기茅國器　169, 223, 256, 272, 277
모리 데루모토毛利輝元　58, 102, 120, 123
모리 요시나리毛利吉成　126
모리 히데모토毛利秀元　155, 160
무라이 쇼스케村井章介　38, 86
무력이 강한 나래弓箭きびしき國]　123
무사 불만설　41
미나모토 노부야스源信安　396
미야케 히데토시三宅英利　32
미키 세이이치로三鬼淸一朗　79

ㅂ

박대근　382, 396, 402
박동설　404
박수영　361
박수철　55
박진　132
박태원　49
박홍장朴弘長　153
배설裵楔　268
백탑교전투　135
범릉적犯陵賊　397, 399, 403, 408
벽제관전투　135, 144
변협邊協　105
보은전투　161
본색本色　227
본절이향本折二鄕　209
본지수적설本地垂迹說　122, 380
부산포해전　132

ㅅ

사사키 준노스케佐々木潤之介　31, 33, 72

사용재謝用梓　146
사을포동沙乙蒲同(沙火同)　106
사전금지령[총무사령惣無事令]　82
사천성　128, 168
삼국관三國觀　122
3국분할계획三國割計畫　121
3난사三難事　229, 299
3만 유병안　215, 269
3천 유병안　233, 235, 237, 238, 243, 299, 313
서관란徐觀瀾　193, 194, 209
서인한　53
서일관徐一貫　146
석성石星　124
선치서先致書　399
성주성　132
세키가하라 싸움關が原合戰　293, 325, 330, 333
센노 리큐千利休　112
센보쿠 잇키仙北一揆　113
소 요시시게宗義調　103
소 요시토시宗義智　106, 269, 275, 285, 286, 333, 355, 386, 401
손문욱孫文彧　348, 356, 357, 359, 371, 382, 384
손선계孫善繼　325
송언신宋言愼　373
송응창宋應昌　134, 144
쇼나이 난庄内の亂　295
쇼나이 잇키庄内一揆　113
수병 5천 유병안　236
수병 8천 유병안　226
순망치한론脣亡齒寒論　7, 134, 322
순천성　168
순화군　135
스즈키 료이치鈴木良一　30, 70
시마이 소시쓰(島)井宗室　81, 105
시마즈씨島津氏 초유 계획　266

시마즈 요시히로島津義弘 120, 123, 126, 160, 168, 169, 255, 295
시마즈 요시히사島津義久 103
시즈가타케 싸움賤ヶ岳の戰い 98
신경진辛慶晉 111, 244, 404
신립申砬 119
신사조문新沙汝文 401
신사 파견 355, 356, 381, 388, 395, 396, 397, 402, 409
심유경沈惟敬 134
심일관沈一貫 166
심희수 188, 282
쓰루마쓰鶴松 113
쓰루마쓰 사망설(울분설) 61, 66
쓰시마 기미책(론) 313, 334, 337
쓰시마 정벌론 261, 264
쓰지 젠노스케辻善之助 61

○

아사노 나가요시淺野長慶 157
아사오 나오히로朝尾直弘 31, 34, 74, 75
아이즈會津 정벌 293
아키즈키 다네나가秋月種長 126
안골포 129
야나가와 가게나오柳川景直 419
야나가와 시게노부柳川調信 103, 140, 165, 178, 271, 285, 287, 333, 358
야마가 소코山鹿素行 64
야마구치 게이지山口啓二 33, 78
야마자키 싸움山崎の戰い 98
양방형楊方亨 152
양원陽元 158
양호楊鎬 158, 161, 164, 177, 181, 182, 189, 254
어란포於蘭浦 162
여우길 404
여진덕 332

염초焰硝 322, 323
영토확장설 41, 69, 90
5대로五大老 252
5부교五奉行 253
오억령吳億齡 110, 111
오유충吳惟忠 158, 210
오종도吳宗道 212, 254
5천 유병안 224, 225, 279
오타니 요시쓰구大谷吉繼 123
오토모 요시무네大友義統 127
와가·히에누키 잇키和賀·稗貫一揆 113
와키자카 야스하루脇坂安治 123, 129, 157
왕건공 285, 286
왕급王汲 346, 349
왕보균 286
왕양汪洋 271
왜성倭城 162
요문울姚文蔚 222
요시라要時羅 155, 193, 256
요조분要汝文 394
용인 129
우에스기 가게카쓰上杉影勝 273
우키타 히데이에宇喜多秀家 120, 138
울산성전투 165, 168, 177, 254
원균 155
위관委官 341, 373, 376
유근 338
유득제柳得悌 271
유성룡柳成龍 124, 197, 200
유승서柳承瑞 382
유영경 409
유정惟政(송운松雲, 사명대사泗溟大師) 154, 332, 348, 351, 352, 358, 360, 382, 384, 385, 386, 387, 388, 391, 407, 409
유정劉綎 168, 169, 183, 192, 256, 269, 354

유철留撤　9, 12, 207
윤돈尹暾　270
윤동재尹洞齎　226
윤두수　124
율포　128
의병활동　129
이대간　254
이덕형李德馨　105, 124, 141, 188, 197, 200, 245, 259, 265, 313, 328, 334, 338, 340, 341, 342, 347, 352, 372, 374, 401
2만5천 유병안　210
2만 유병안　225
이방춘李芳春　162, 215
이병도　49
이분　49
이순신李舜臣　128, 155, 159, 162, 168, 258
이승동　237
이시다 미쓰나리石田三成　123, 133, 272
이시발李時發　351
이에야스 서家康書　402, 403
이여매李如梅　158, 162, 181
이여송李如松　134
이원익　124, 155, 188, 245, 337
이윤재　49
이은상　49
이응책李應策　222
이이첨李爾瞻　200
이인영　49
이일李鎰　119
이종성李宗城　149, 152
이케우치 히로시池內宏　30, 59
이코마 지카노리生駒近規　127
이타쿠라 가쓰시게板倉勝重　417, 418
이항복　200, 244, 335, 336, 347, 401
이헌국李恒福　317, 336
이형석　51

이혼李渾　127
1만5천 유병안　217, 226, 228, 269, 284
1만 유병안　211, 238
일본 국내통일 연장설　41
일본국서日本國書　　416
일본연호　417
일본입공日本入貢　167
일본입조日本入朝　107, 140, 142, 153, 255, 315, 399, 405, 406
일본책봉日本冊封　180
일본형 화이의식日本型華夷意識　34, 76, 77
1천 유병안　242, 243, 244, 313, 317
임세록林世祿　124
임진강전투　129
임해군　135, 154
입공가도(론)入貢假道(論)　110, 143, 405
입명가도入明假道　110, 142

ㅈ

장량상張良相　286
장반석　284
장삼의 나라 대명[大明之長袖國]　123
장위張位　166
장희춘　332
적정자賊情咨　234, 235
적정주문賊情奏文　234, 235
전계신全繼信　348, 356, 357, 363, 401, 402
전국 규모의 대명연합정권大名聯合政權　93
전국 규모의 대명영국제大名領國制　7, 100, 171, 273, 330, 390
전쟁발발 책임　255
절색(은)絶色(銀)　226, 227
절성안節省案　222, 225
정곡鄭穀　376

정구복 54
정기룡鄭起龍 160
정명지로론征明指路論(=정명향도론征明嚮導論) 108
정문부 133
정복욕설 65
정세아 132
정엽鄭曄 158
정응태丁應泰 169, 187, 335
정응태무주사건丁應泰誣奏事件 12, 166, 175, 180, 207, 209, 246, 264
정이대장군征夷大將軍 356, 359, 390
정탐사 342
정호관 404
제왜추장초유론諸倭酋長招諭論 300
제1차 진주성전투 132
제한 없는 군역 78
조공가도 406
조다이承兌 388, 417
조선국서朝鮮國書 414, 418
조선 불복속론 90
조선4도 할양 144, 150, 153, 167
조소카베 모토치카長曾我部元親 123
조승훈祖承訓 126
조·일 음결朝日陰結 12, 166, 182, 184, 189, 196, 202, 262, 280, 284, 315, 323, 336, 383
조·일 해전 128
조즙趙濈 382
조지고趙志皐 166, 214
조진조선선후사의條陳朝鮮先後事宜 319, 321
조헌趙憲 105, 132
중강마시中江馬市 324
중국연호 418
지쿠시 히로후미筑紫廣文 157
직산전투 161
진공進貢 388, 419

진공가도進貢假道 420, 422
진괘晉卦(☷) 372, 374
진린陳璘 168, 170, 210, 257
진문동陳文棟 285, 286
진우충陳愚衷 160
진인陳寅 210
진잠陳蠶 210
진주사陳奏使 166, 185, 188, 197, 201
진주성 132, 139
진철안盡撤案 223, 279
진효 185, 188
『징비록懲毖錄』 405

ㅊ

차로지사借路之事 394
책봉사冊封使 153
책봉체제冊封體制 148, 301
처녀와 같은 나라 대명국[如處女大明國] 123
처영 137
천하인天下人 권력權力 93, 122
철병신중론 299
총무사령惣無事令 → 사전금지령
최남선 49
최세신崔世臣 124
최천건崔天健 185
친이에야스 세력 331
친히데요리 세력 331
칠천량해전 159

ㅌ

통신사通信使 153, 375

ㅍ

8천 유병안 228, 284

팽우덕彭友德 169, 256
평양성전투 129
평화령 82
포로송환 315, 316, 343
풍중영馮仲纓 144

ㅎ

하극상 390
하세가와 히데카즈長谷川秀一 132
하시바 히데카쓰羽柴秀勝 123, 127
하응조河應潮 271
하치스카 이에마사蜂須賀家政 123, 127
학걸郝杰 124
학경郝敬 209, 213
한우근 50
한응인韓應寅 111
한초명韓初命 224
해생解生 161
행주산성전투 137, 144
허국위許國威 187, 193, 215
허성許筬 105, 106, 154
허욱許頊 151
현몽玄夢 268
형개邢玠 158, 185, 192, 214, 260, 261, 265, 281, 319

호소카와 다다오키細川忠興 132
호택胡澤 151
혼노지 변本能寺の変 98
혼다 마사노부本多正信 388, 397, 402, 413, 414, 417
홍경신 187
홍여순洪汝諄 217, 268
화의조건 7개조和議條件七個條 147
화이변태론華夷變態論 380
황녀강가皇女降嫁 148
황석산성 160
황신黃愼 153, 154, 244, 263, 335, 336
황윤길黃允吉 106
황응양黃應暘 183
회답겸쇄환사回答兼刷還使 410, 413
회답사回答使 404, 413
후광춘侯光春 241
후기 왜구 34
후다이 대명譜代大名 71, 100
후지 노부나오藤信尙 400
후지시마 잇키藤島一揆 113
후지키 히사시藤木久志 35, 82
후쿠시마 마사노리福島正則 123, 127, 254
휴정休靜 348, 357, 360

지은이 **이계황**

1954년 9월 충남 당진군 면천 출생
연세대학교 문과대학 사학과, 대학원 사학과 석사 졸업
일본 교토대학 박사과정 졸업(문학박사)
현 인하대학교 명예교수
전 인하대학교 문과대학 일본언어문화학과 교수
전 국사편찬위원회 위원
전 외교통상부 독도정책 자문위원
전 제2기 한·일역사공동연구위원회 위원
전 고등학교 동아시아사 검정심의회 위원장

임진왜란 동아시아 국제전쟁

이 계 황 지음

초판 1쇄 발행　2023년 3월 21일

펴낸이　오일주
펴낸곳　도서출판 혜안

등록번호　제22-471호
등록일자　1993년 7월 30일

주소　04052 서울시 마포구 와우산로 35길 3(서교동) 102호
전화　02-3141-3711~2 / **팩스**　02-3141-3710
이메일　hyeanpub@daum.net

ISBN　978-89-8494-694-1　93910

값 35,000 원